O Direito na
Pós-Modernidade

SÃO PAULO
EDITORA ATLAS S.A. – 2014

Terceira Edição,
Modificada e Atualizada

O Direito na
Pós-Modernidade

Eduardo C. B.
Bittar

© 2014 by Editora Atlas S.A.

As duas primeiras edições foram publicadas pela Forense Universitária;
3. ed. 2014

Capa: Leonardo Hermano
Composição: Formato Serviços de Editoração Ltda.

Dados Internacionais de Catalogação na Publicação (CIP)
(Câmara Brasileira do Livro, SP, Brasil)

Bittar, Eduardo C. B.
O direito na pós-modernidade / Eduardo C. B. Bittar.
– 3. ed. modificada e atualizada – São Paulo: Atlas, 2014.

Bibliografia.
ISBN 978-85-224-9036-3
ISBN 978-85-224-9037-0 (PDF)

1. Direito – Filosofia 2. Pós-modernismo I. Título.

14-03867
CDU-340.12

Índice para catálogo sistemático:

1. Direito : Filosofia   340.12

TODOS OS DIREITOS RESERVADOS – É proibida a reprodução total ou parcial, de qualquer forma ou por qualquer meio. A violação dos direitos de autor (Lei nº 9.610/98) é crime estabelecido pelo artigo 184 do Código Penal.

Depósito legal na Biblioteca Nacional conforme Lei nº 10.994, de 14 de dezembro de 2004.

Impresso no Brasil/*Printed in Brazil*

Editora Atlas S.A.
Rua Conselheiro Nébias, 1384
Campos Elísios
01203 904 São Paulo SP
011 3357 9144
atlas.com.br

"Com *A condição pós-moderna* Lyotard anunciou o eclipse de todas as narrativas grandiosas. Aquela cuja morte ele procurava garantir acima de tudo era, claro, a do socialismo clássico. Nos textos subsequentes ele ampliaria a lista das grandes narrativas então extintas: a redenção cristã, o progresso iluminista, o espírito hegeliano, a unidade romântica, o racismo nazista, o equilíbrio keynesiano"

(Anderson, Perry, *As origens da pós-modernidade*, 1999, p. 39).

Sumário

Nota do autor, xi
Apresentação, xiii
Introdução, 1

I – MODERNIDADE E PÓS-MODERNIDADE, 3

1 **A Crise do Direito, as Manifestações de Rua e a Indeterminação do Tempo, 5**
    1.1 O papel da Filosofia do Direito em tempos pós-modernos, 10
    1.2 A crise da filosofia e a crise do pensamento jurídico: saber e sociedade em questão, 16
    1.3 Modernidade e pós-modernidade: termos ambíguos e momentos díspares, 20
    1.4 Filosofia Crítica e Filosofia do Direito: por uma Filosofia Social do Direito, 22

2 **A Configuração da Modernidade, 27**
    2.1 A afirmação da modernidade, 27
    2.2 A construção intelectual da Modernidade: os arquétipos filosóficos, 34
    2.3 A domesticação do mundo pela ordem: a eliminação da ambivalência, 42
    2.4 O Estado, a burocracia, a lei e a organização burguesa do mundo, 45
    2.5 O positivismo e a sagração jurídica do espírito da modernidade, 54
    2.6 As ideias de legalidade e ordenamento jurídico: paradigmas modernos de ordem e sistematicidade, 58
    2.7 O desmoronamento dos arquétipos modernos, 70

2.7.1 Progresso, ordem e desordem: O Estado e o Direito entre civilização e barbárie, 70
2.7.2 A consciência da crise da modernidade: o balanço do projeto moderno na história, 75

3 A Descrição da Pós-Modernidade, 81

3.1 O surgimento da pós-modernidade: o contexto histórico de maio de 1968, 81
3.2 A pós-modernidade: conceituação e definição, 84
3.3 A diversidade dentro da pós-modernidade: a formação filosófica do discurso pós-moderno, 94
3.4 Jean-François Lyotard: referencial e marco teórico para a pós-modernidade, 101
3.5 Pós-modernidade, modernidade reflexiva, modernidade líquida, modernidade radicalizada, ou hipermodernidade: diálogos inacabados, 105
3.6 O quadro conceitual da pós-modernidade, 116
3.7 A ética na pós-modernidade: axiologia em transformação, 119
3.8 Os abalos da pós-modernidade: uma radiografia, 126
3.9 A eclosão dos diversos paradoxos: provas históricas do momento pós-moderno, 135
3.10 Os reflexos da pós-modernidade sobre o Direito: entre modernidade e pós-modernidade, 140

II – DIREITO E PÓS-MODERNIDADE, 147

4 O Direito na Pós-Modernidade: a Questão da Eficácia, 149

4.1 A questão da validade: a ordem moderna e o sistema jurídico, 149
4.2 O desafio da eficácia do direito na pós-modernidade, 152
4.3 A conceituação de eficácia: conceitos e ideias, 155
  4.3.1 Hans Kelsen: eficácia como condição de validade, 155
  4.3.2 Norberto Bobbio: eficácia como sentido fenomenológico do direito, 158
4.4 Eficácia jurídica: contornos e características, 160
4.5 A ineficácia jurídica e seus efeitos sociais, 164
4.6 A crise do direito na pós-modernidade e a ineficácia do ordenamento jurídico, 165

5 A Sociedade Pós-Moderna e a Realidade Brasileira, 171

5.1 A realidade brasileira e o ordenamento jurídico brasileiro, 171
5.2 A realidade brasileira e o subdesenvolvimento, 173
5.3 Ineficácia do ordenamento jurídico brasileiro, 175
5.4 Sintomas da crise do direito brasileiro, 180

III – DESAFIOS DO DIREITO NA PÓS-MODERNIDADE, 199

6 A Espiral da Violência na Realidade Brasileira, 201

6.1 Violência e direitos humanos: Estado Democrático de Direito na berlinda entre civilização e barbárie, 201

6.2 Violência e realidade brasileira: a barbárie nacional, 202

6.3 Violência, criminalidade e atentado: o Estado de Direito em seu limite, 206

6.4 Estado de direito: a conversão da linguagem do direito na linguagem da violência, 211

7 A Promoção da Cidadania no Estado Social e Democrático de Direito, 216

7.1 O Estado Democrático e Social de Direito na realidade brasileira, 219

7.2 O Estado Social e Democrático de Direito e a dignidade da pessoa humana, 222

8 A Superação do Individualismo pela Democracia Participativa, 228

8.1 Participação social, cidadania e valores republicanos, 231

8.2 Democracia participativa e superação do atomismo social, 236

9 A Educação como Formação para a Cidadania, 248

9.1 Educação e emancipação, 248

9.2 A problemática condição da subjetividade na pós-modernidade e a educação desafiada, 250

9.3 Os tempos desafiadores: a pós-modernidade e o diálogo com o tempo presente, 253

9.4 A Escola de Frankfurt e a crítica da racionalidade: a razão frenética, 256

9.5 Recuperando a subjetividade perdida: a educação após Auschwitz, 257

9.6 As tarefas para o ensino do direito, 259

9.7 Práticas pedagógicas e o retorno à autonomia, 261

9.8 Por uma pedagogia da autonomia, 262

10 A Devastação Ambiental, a Barbárie Humana e a Realidade Brasileira, 264

10.1 Modernidade e natureza, 264

10.2 Progresso, desenvolvimento e modernidade, 267

10.3 Mundo natural e mundo cultural: por uma filosofia antropo-naturalista, 270

10.4 A dignidade humana em perigo? Proteção ambiental e direitos humanos como desafios, 276

10.5 A equação da nova barbárie: a quantas pegadas estamos do abismo?, 278

10.6 Natureza e revolução: a nova face da barbárie, 281

11 A Liberdade no Ciberespaço e o Respeito à Dignidade Humana, 286
  11.1 Ciberespaço, desafios tecnológicos e direito digital, 286
  11.2 A sociedade digitocêntrica e a crise da liberdade, 291
  11.3 Ameaças na rede, segurança e o risco da impunidade virtual, 294
  11.4 O potencial político da *Internet* e a 'democracia virtual', 297
  11.5 *Internet* e liberdade: expressão e 'responsabilidade digital', 299
  11.6 *Internet*, pluralismo comunicativo e limite à liberdade de expressão, 301
  11.7 *Internet* e a 'integridade virtual' da pessoa humana, 304

Referências, 307

Nota do Autor

A proposta de reflexão trazida por este livro é atualizem-na. O texto original nasceu da Tese de Livre-Docência, apresentada e defendida, em 2003, ao Departamento de Filosofia e Teoria Geral do Direito da Faculdade de Direito da Universidade de São Paulo. A partir das ponderações da Banca Examinadora nasceram reflexões que permitiram uma consolidação e um amadurecimento da proposta inicial. A partir daí, de revisão em revisão, nasce a 1ª edição da obra, publicada em 2005, pela Forense Universitária, e, em seguida, após longo processo de ampliação do escopo original, discussões teóricas com grupos de estudos e pesquisa, atividades em congressos e palestras, atividades de investigação, surge a proposta da 2ª edição da obra, em 2009, com ênfase em reflexões extraídas do pensamento da Escola de Frankfurt, também publicada pela Forense Universitária. O que se percebe é que o trabalho veio recebendo novos estudos, novas incisões, novas versões. Assim, sabendo-se da atualidade do tema, de como o diagnóstico do tempo colabora para formar o quadro de compreensão do direito contemporâneo, da renovação da bibliografia na área, a proposta trazida nesta 3ª edição recebe modificações em relação às edições anteriores. Foram concebidas três partes, como divisões internas da obra, por grandes blocos de temas, para que na última parte pudessem aparecer novos capítulos, contendo a análise de questões pontuais, tratadas com maior verticalidade, seja por sua atualidade, seja por sua especificidade. A obra vem agora generosamente publicada pela Editora Atlas, e permite ao leitor abeirar-se da discussão sobre a modernidade e a pós-modernidade, considerando a crise da modernidade um desafio de envergadura, somente passível de ser compreendida a partir dos horizontes críticos da reflexão.

Apresentação

A sociedade pós-moderna, na qual o Direito contemporâneo se insere, implica uma compreensão de múltiplos fatores que se encontram em jogo, na superfície e na profundidade da experiência jurídica. Ainda que o conceito de 'pós-moderno' esteja pouco sedimentado no âmbito do conhecimento jurídico, o conceito de 'moderno' é muito familiar a toda a concepção de ciência que se conhece, e, por isso, se encontra bem ambientado para a ciência do Direito. É nessa exata medida que se justificam a atualidade e a importância de perceber, nos rumos e nos desrumos da modernidade, o nascimento paulatino, nas ciências sociais, da condição pós-moderna. E é também nessa perspectiva que aparece para o jurista a necessidade de preparar o olhar para compreender a realidade a partir da qual se dá o Direito, considerando os aspectos sociais, culturais, morais, econômicos, nos quais se projeta o conjunto das práticas concretas do Direito. A tarefa de compreender o Direito num quadro de mudanças, especialmente a história do presente, é o empreendimento que se leva adiante através desta obra.

A compreensão dessas mudanças é a tarefa de uma Filosofia Social do Direito que se ocupa de seu objeto de estudo – o Direito *em busca* da Justiça –, destacando-se os fortes traços de ligação com os demais aspectos da vida histórico-social. O Direito, não podendo ser concebido como uma ordem diferente das demais, está submetido aos reflexos das mudanças detectadas no contexto da pós-modernidade. Estudar esses reflexos, analisar essa dimensão, discutir os aspectos positivos e negativos que se destacam dessa nova realidade são o objeto desta pesquisa, tendo em vista especificamente a projeção das diversas questões aí implicadas no domínio jurídico. Juristas imersos na imensa espiral de questões despertadas pelo contexto pós-moderno não podem deixar passar despercebida a necessidade de compreender, conhecer e atuar mais próximos de seu tempo.

Enormes desafios nascem do contexto histórico pós-moderno, considerado o interesse dos juristas. Se, na modernidade, igualdade e universalidade pareciam conceitos sólidos para as práticas do Direito, diferença e pluralismo vêm qualificando e aprimorando o debate tradicional até então conhecido.

O convívio ostensivo com a ineficácia dos procedimentos típicos do Direito, e percepção notória das desigualdades e injustiças sociais, o crescimento exponencial da violência, a desagregação social acelerada, a morte das utopias e a fragilidade da consciência crítica, a deturpação de referenciais, o desbussolamento dos sujeitos, a aceleração da rítmica do convívio, e virtualização da coexistência democrática, a movimentação de um consumismo desenfreado são aspectos a serem ressaltados na experiência histórica contemporânea, e que, direta ou indiretamente, se traduzirão em questões e desafios para a criação, implementação e aplicação do Direito contemporâneo. Este estudo, então, possui a tarefa de identificar, com foco mais apurado, as dimensões dessas transformações sociais, ao mesmo tempo que se compromete a desenvolver os meios para identificar as dificuldades epistemológicas de abordar esse processo.

O saber jurídico, nessa dimensão de análise, tem o dever de ser consciente e sensível a essas mudanças conjunturais, e, não podendo se esquivar da tarefa de promover a resolução de conflitos sociais, a produção de respostas racionais a demandas socialmente fundadas, e de promover o convívio integrado e cidadão, passa a dimensionar sua necessidade de formação a partir da consideração de seu papel historicamente situado. O Direito deve estar presente, e, ainda, deve ser um elo a mais na cadeia de promoção de processos de justiça social e emancipação humana.

Introdução

A presente pesquisa constitui-se em espaço teórico de discussão e radiografia de algumas questões inerentes à pós-modernidade, e trata de inserir o Direito no contexto de crise eficacial, desajuste funcional, desequilíbrio socioinstitucional, instabilidade representativa, contestação de valores, falta de imperatividade, ineficiência e transição paradigmática. Quando se percebem cenas atuantes e vivas no contexto sociocultural contemporâneo em que impera a incapacidade dos agentes sociais de realizarem os intentos centrais de toda política e de toda sistemática de justiça, certamente se está diante de um colapso constatado pela incapacidade de gerenciamento de conflitos, no qual imperam as contradições, a ineficiência, a subversão, a discriminação, a desigualdade, o desvio de poder, a crise dos instrumentos para a justiça... que acabam por se transformar em dados empíricos que participam do cálculo da linha cotidiana dos acontecimentos que atormentam os operadores jurídicos. Pensar sobre essas questões parece um mister imperioso para a jusfilosofia.

A proposta de estudo se debruça em, a partir de certas constatações fáticas, refletir, através de um método realista, dados fenomênicos que são o respaldo empírico para a demonstração da dimensão mais claramente importante da inoperância de alguns ou muitos valores consagrados pelas regras jurídicas – e mesmo pela própria cultura jurídica.

A pós-modernidade é discutida menos como um anseio teórico ou um fetiche acadêmico e mais como um estado de coisas assumido, pois inevitável, presente e fortemente sentido pela sociedade, como um conjunto de mutações que vêm sendo provocadas em diversas dimensões, projetando-se em abalos marcantes sobre os conceitos modernos, sob o manto dos quais se conduzia a vida, se organizavam as instituições, se agia socialmente, se estruturavam os relacionamentos humanos, se concebiam as regras morais e jurídicas etc.

Neste sentido, a pós-modernidade é analisada menos como um anseio e mais como uma realidade, que pode ser somente retratada e descrita, ainda que apenas em linhas gerais, teoricamente. É, pode-se dizer, também, menos um período temporal e mais um processo sentido e sofrido na experiência cotidiana da humanidade, e, em especial, pelo mundo ocidental.

Quais são os impactos gerados pela pós-modernidade sobre as práticas jurídicas? Quais são os efeitos da introdução de novos valores sobre a cultura contemporânea, e seus eventuais distúrbios advindos da afetação de um *status quo* estabelecido secularmente? É com otimismo ou com pessimismo que se deve receber esse novo agrupamento de modificações? Como as ciências sociais têm analisado a pós-modernidade e seus efeitos sobre o pensamento? Qual é o papel da pós-modernidade e de seus valores para a derrocada dos antigos e hegemônicos valores assentados em preconceitos e tradições gestados ao longo da modernidade? Está o ordenamento jurídico preparado para os ventos desafiadores da pós-modernidade?

Quer-se fazer esta pausa para a reflexão, debruçando-se sobre alguns aspectos do problema, tendo em vista a avassaladora torrente de modificações que vêm ocorrendo ao longo dos últimos anos e impactando tanto o ordenamento jurídico positivo, como a reflexão dos juristas a respeito do próprio ordenamento.

O que não se pode negar, e que se assume como pressuposto temático, é que a pós-modernidade traz seus reflexos sobre a realidade jurídica. Isso torna-se claro a partir de uma conjuntura de indícios que tornam inequívoca a invasão dessa nova tendência cultural, e, em sentido mais amplo, essa nova tendência humana, projetando-se por sobre as dimensões do fenômeno jurídico.

Sendo assim, o impacto da pós-modernidade sobre a vida contemporânea, do modo mais lato possível, bem como o conjunto de aquisições e modificações alcançadas no mundo da cultura, somente haveriam de redundar em profundos efeitos sobre o *mundus iuris*.

Neste estudo, procura-se, portanto, fazer uma leitura dessas modificações, ou seja, procura-se recensear o impacto da pós-modernidade sobre o plano dos fenômenos jurídicos, já que estes se encontram umbilicalmente ligados ao plano dos atos sociais. Trata-se de um modo reflexivo, conduzido por um método crítico-realista, de questionar sobre o que passou (século XX) e avançar em direção ao que virá (século XXI), abrindo-se campo para que as perplexidades reflexivas se instalem.

Trata-se, em especial, de tematizar, como foco prioritário da reflexão contemporânea, a vergastada realidade brasileira, que vive e presencia clivagens dos mais diversos planos e perspectivas, no que tange às suas dimensões política, social, econômica e jurídica. Por isso, uma visão mais ampla sobre o cenário no qual se realizam os direitos na realidade brasileira demanda uma consciência filosófica ampla e crítica, como instrumento para alavancar modificações nesse contexto.

I

Modernidade e Pós-Modernidade

1

A Crise do Direito, as Manifestações de Rua e a Indeterminação do Tempo

O diagnóstico do tempo presente contido nesta reflexão serve para indicar que da crise e da falta de eficácia do direito acabam nascendo patologias sociais que colocam o Estado Social e Democrático de Direito e a ordem jurídica na berlinda entre civilização e barbárie. Para além de um diagnóstico teórico, de uma reflexão isolada ou da construção de um quadro com cores tais e quais, tem-se, diante dos olhos, a nítida percepção de que existe um desconforto, um desajuste, que se tornou difícil de ser contornado. No lugar de disfarçá-lo, ou inconscientizá-lo, a proposta desta investigação é deter-se sobre ele. Enquanto conjunto de fatores em ebulição que, somados, dão o sentido de sua erupção na superfície, foi possível assistir, a partir de junho de 2013, a eclosão das manifestações de rua, que vieram ocupando todo o país e que dão um pouco a dimensão de que o incômodo é geral, que o descontentamento já não se pode camuflar e que a população reclama, ainda que sem saber a que se direcionar, ou o que propriamente propor, por novas alternativas.

Nesse sentido, as manifestações iniciadas em junho de 2013 revelam algo de estonteante interesse para o estudo filosófico-sociológico atual, na medida em que, ocupando inúmeras cidades de todo o país, os movimentos irromperam aos poucos, tomando praças, ruas, espaços públicos, cooptando energias estagnadas e indignadas, que se uniram formando uma "onda espontânea", reforçada pelo vínculo virtual e viral da Internet, aparecendo aos olhos de todos, expectadores e interessados, como um "terremoto social". À indeterminação do tempo, surge a reação social na forma de um terremoto, que, na interpretação de Raquel Rolnik, bem evidencia o sentido do processo social vivenciado neste contexto:

> "Podemos pensar essas manifestações como um terremoto – uma metáfora mais adequada do que o trovão mencionado no editorial do semanário francês –, que perturbou a ordem de um país que parecia viver uma espécie de vertigem benfazeja de prosperidade e paz, e fez emergir não uma, mas uma infinidade de agendas mal resolvidas, contradições e paradoxos" (Rolnik, Raquel, Apresentação, As vozes das ruas: as revoltas de junho e suas interpretações. In: Maricato, Ermínia (et al.), *Cidades rebeldes*: Passe Livre e as manifestações que tomaram as ruas do Brasil, São Paulo, Boitempo, Carta Maior, 2013, p. 8).

Se as atitudes irreverentes lembram um pouco o Maio de 68, e se a evocação dos protestos juvenis demonstra a criticidade e a radicalidade de uma geração, deve-se perceber que as vozes que afirmavam a impotência como característica da juventude desses tempos já devem soar mais fracas. O bordão "Esqueçam Maio de 68!" deixou de ter presença, e o fluxo dos movimentos que ocupam ruas, cidades, estradas e monumentos torna possível perceber uma efervescência indefinida, inquieta, movediça, mas de toda forma, insatisfeita, rebelde e carente de respostas. O curioso do movimento é o seu caráter livre e independente, o que revela que as instituições estão em questão com tal intensidade, que nenhuma bandeira de partido, nenhum nome de liderança política e nenhuma identidade político-ideológica em específico foram invocados ao longo das manifestações.

E, de fato, muito do que se manifesta tem a ver com angústia, frustração, desespero, ódio, pânico, desânimo, vazio, indignação... sentimentos que são síntese da decadência de uma era, de irrealização de certos ideais e de ausência de um projeto utópico concreto. Uma sociedade excludente, violenta, desigual, em pânico e desorientada é geradora da reação nas ruas, buscando rumo, norte, inclusão, participação, vida fora da prisão das telas e dos atos de consumo, constituindo o tecido das vivências e expressões concretas de democracia e intersubjetividade político-comunicativa. Assim, o que o Movimento do Passe Livre (MPL-SP) iniciou[1] apenas catalisou forças que já estavam preparadas para um processo de contestação social, desenvolvendo-se da forma como se expressaram as jornadas de junho, e seus atos subsequentes, que praticamente ocuparam o ano inteiro de 2013.

Saúda-se, com isso, entre nós, um sinal de força de uma geração (jovem, urbana, escolarizada),[2] que soube confrontar o *status* de estagnação e desmotivação para a vida

---

[1] "As revoltas de junho de 2013, desencadeadas pela luta organizada pelo MPL-SP contra o aumento das tarifas, não são algo inteiramente novo" (Movimento Passe Livre – São Paulo, Não começou em Salvador, não vai terminar em São Paulo. In: Maricato, Ermínia (et al.), *Cidades rebeldes*: Passe Livre e as manifestações que tomaram as ruas do Brasil, São Paulo, Boitempo, Carta Maior, 2013, p. 14).

[2] "Segundo a Folha de S. Paulo, 84% dos manifestantes paulistanos dia 17 de junho não tinham preferência partidária, 71% participavam pela primeira vez de um protesto e 53% tinham menos de 25 anos. Pessoas com ensino superior eram 77%. Alguns números revelam o óbvio: desde 1992 não havia protestos amplos e generalizados no país, logo, só poderia ser a primeira vez dos jovens manifestantes. Além disso, a preferência partidária sempre foi baixa no Brasil, embora

política, para afirmar a necessidade de que novos avanços aconteçam – exigindo-os ao seu modo, pelo grito das ruas –, o que significa e aponta para a necessidade de aprimoramento das formas e dos meios da política – pois a política institucionalizada foi, na verdade, pega de assalto e de surpresa, restando atônita por alguns dias, enquanto as manifestações desdobravam-se por toda a parte –,[3] na valorização da voz dos cidadãos, no aprofundamento da democracia e na luta por consagração de formas de diálogo e integração entre governo e população que possibilitem mais rápido e eficiente modo de tratamento de demandas socialmente relevantes.

Contudo, o que as manifestações trouxeram para fora foi a sensação de descontentamento generalizado e indeterminado, que reflete um pouco a percepção de um esgotamento, e de que a renovação é mister, apesar de não se saber por quais caminhos efetivos. Para a área do Direito esse tipo de preocupação faz todo o sentido, pois ali estão os atores jurídicos com papéis significativos para colaborarem na correção de rumo e redefinição de uma série de práticas que podem trazer respostas a desafios sociais percebidos como incômodos. A consciência de que os desafios da vivência contemporânea do Direito são muitos, portanto, podendo-se identificar que a matriz cultural, científica, política sobre a qual se construiu sua identidade, veio sofrendo inúmeras transformações. Isso tem permitido e ensejado diversas reflexões, de natureza especulativa, e este trabalho é um esforço de sistematizar e compreender as aflições hodiernas em torno do circuito jurídico. Este tipo de exercício passa, como deve ser, por uma revisão histórica da formação do Direito, enquanto Direito Moderno, para que se possam aquilatar as transformações que vem sofrendo, em sua matriz, e para que se possa discutir, com maior profundidade e acuidade, quais são as dimensões prioritárias de ação de um Direito pós-moderno.

Por isso é que se pode declarar que este texto é fruto teórico de preocupações práticas. Assim, *práxis* e *theoría*, no lugar de se oporem, se somam para representar, a um só tempo, duas dimensões em relação dialética: a partir da *práxis*, o ponto de partida das aflições teóricas; a partir da *theoría*, o ponto de parada para o desenvolvimento da compreensão acerca das transformações em curso; de volta à *práxis*, a teoria faz-se um exercício reflexivo que se coloca a serviço da transformação social, para evocar um cânone marxista.[4]

---

tenha se revelado ainda menor na pesquisa citada" (Secco, Lincoln, As jornadas de junho. In: Maricato, Ermínia (et al.), *Cidades rebeldes*: Passe Livre e as manifestações que tomaram as ruas do Brasil, São Paulo, Boitempo, Carta Maior, 2013, p. 71).

[3] "Governantes, políticos de todos os partidos, imprensa, cronistas políticos e até mesmo cientistas sociais foram pegos de surpresa pelas manifestações de massa que mudaram a face e o cotidiano de nossas cidades em junho" (Vainer, Carlos, Quando a cidade vai às ruas. In: Maricato, Ermínia (et al.), *Cidades rebeldes*: Passe Livre e as manifestações que tomaram as ruas do Brasil, São Paulo, Boitempo, Carta Maior, 2013, p. 35).

[4] Faz-se alusão a uma das teses de Feuerbach, em que Marx afirma: "Os filósofos não fizeram nada mais que interpretar o mundo de forma diferente; trata-se, porém, de modificá-lo" (Marx, Teses sobre Feurbach. In: *Obras escolhidas*, 1960, p. 208).

Sem o exercício filosófico-reflexivo, zetético-regressivo (histórico) e zetético-analítico (conceitual), tornamo-nos simplesmente vítimas do processo histórico e do curso dos fenômenos. A "parada" filosófica é exatamente aquela atitude diante do mundo que faz com que este *"estar no mundo"* heideggeriano se faça de modo pensado. A proposta, portanto, é exatamente esta: avaliar, a partir de uma posição privilegiada, ainda que tumultuada, o processamento das mudanças que a pós-modernidade vem insculpindo na generalidade dos institutos jurídicos, do sistema jurídico como um todo, nas concepções sobre o Estado e as instituições públicas, sobre a própria ciência do Direito e as práticas de saber que se dão em torno do *poder de dizer* o Direito. Este balanço implica, para que se possa compreender a dimensão do *hoje*, uma digressão sobre o *ontem*, até onde se pode medir e aquilatar com segurança a diferença, na linha do tempo, entre estas duas dimensões.

Sem dúvida nenhuma, essa tarefa de pensar um *hoje* transitivo, no qual a marca do *ontem* aparece com uma presença indelével, em direção a um *amanhã* ainda indefinido, dá margem a muitas discussões e a diversas possíveis abordagens. A dificuldade de pensar tempos de indefinição é ainda maior, pois estes tempos estão marcados pela erosão de valores, pela alteração de parâmetros de comportamento, pela decrepitude e pela inadequação das instituições aos desafios presentes, pelas mudanças socioeconômicas, pelas crises simultâneas que afetam diversos aspectos da vida organizada em sociedade, pela explosão de complexidade provocada pela emergência de novos conflitos socioinstitucionais, pela requalificação dinâmica dos modos de produção, pelas alterações profundas nos modos tradicionais de se conceber o ferramental jurídico para a construção de regras sociais...

Cumpre seja dito que a tarefa de se construir um panorama jusfilosófico sobre as aflições mais contemporâneas da vida social, especialmente da vida jurídica, torna-se uma árdua tarefa, na mesma medida em que difícil é não sistematizar demais, pela teoria, a ponto de não ser fiel às próprias aflições oriundas da realidade fenomênica que se quer descrever. De qualquer forma, seja qual for a enormidade da tarefa, é inegável que a reflexão filosófica possui um papel definitivamente importante na condução das questões e aflições surgidas nesse contexto, especialmente em momentos de profundas transformações e de manifestação dos sintomas patológicos da sociedade, que é o que significa, num sentido hipocrático, estar-se vivendo num contexto de crise (*krísis – krínein*, gr.).[5]

Isso é o que permite afirmar que nas pretensões desta reflexão não há qualquer desvio de enfoque em direção às armadilhas das palavras, às teorizações de retórica vazia ou aos esquematismos teorizantes incapazes de vislumbrar situações concretas de vida humana. Pelo contrário, situações reais, necessidades humanas, valores em crise, situações-limite, vivências prático-operacionais do Direito, aflições decorrentes de injustiças sociais, sentimentos de amargura em vida social estarão o tempo todo

---

[5] Cf. Comparato, *A afirmação histórica dos direitos humanos*, 2003, p. 405-406. Ver também, Bauman, *Em busca da política*, 2000.

orientando a reflexão que se pretende desenvolver ao longo destas páginas. E, para retomar uma lição do professor catedrático da Universidade de Coimbra, Castanheira Neves: "Pois logo reconhecemos que esta condição problemática do direito no nosso tempo não exprime senão uma dimensão da nossa própria problemática situação histórico-existencial; situação em que nós mesmos, com todos os sentidos da nossa cultura e herança constituintes, nos pomos em causa até ao limite" (*O direito hoje e com que sentido?*, 2002, p. 17).

Não há por que ocultar que todo este exercício jusfilosófico encontra acolhida nos mais recônditos sentimentos de descontentamento com a situação presente do sistema jurídico, cumprindo ou não sua função elementar, a de pacificação do convívio social. Para aflições caracteristicamente sócio-humanas, só há um modo de serem avaliadas e tratadas, a saber, com o exercício daquela que é a faculdade distintiva e peculiar do humano: o pensamento filosófico.

Para que se possa abordar o fenômeno da pós-modernidade, far-se-á com que o exercício filosófico enrede teias de revoluções filosóficas a transformações culturais contextuais, a eventos históricos marcantes, a fatos da história do Direito Ocidental, de modo a deles fazer nascer uma relação que demonstre os motivos de os conflitos contemporâneos estarem pedindo novas atitudes dos juristas de hoje.

Portanto, este não será um ensaio de demonstração da leitura que um filósofo possa fazer da realidade pós-moderna. Não será muito menos um modo de se demonstrar a aplicabilidade de um modelo filosófico à realidade. Será sim um exercício de balanço, que sopesa os principais momentos e os principais destaques ligados à temática central, a pós-modernidade, com seu impacto sobre o fenômeno jurídico e a crise gerada pela degenerescência dos principais motes da modernidade. A avaliação filosófica se desdobra em diversos níveis (cultural, social, político, jurídico, ético-axiológico...) e é por isso que a recorrência a uma pluralidade de autores, pensadores e correntes de pensamento se torna regra neste texto.[6]

É por isso que se assume, na avaliação, na abordagem e no enquadramento das questões tratadas ao longo desta reflexão, ou seja, os reflexos da pós-modernidade sobre o Direito, um enfoque filosófico não idealista, mas sim realista. Pensa-se não se poder vislumbrar no Direito senão um importante instrumental de mudança social,

---

[6] No tratamento da temática, a proposta interdisciplinar é o principal foco de atenção e análise na constituição destes estudos. Estar-se-á a versar sobre informações, dados, conceitos, ideias e estruturas teóricas, por vezes, colhidos na História Geral e na História do Direito Brasileiro, por vezes, na Sociologia Geral e na Sociologia do Direito, por vezes, na Filosofia Geral e na Filosofia Jurídica. O eixo central do enfoque será, certamente, filosófico, com fortes nuances e influências oriundas de saberes conexos, qual seja, da Teoria Geral do Direito, da Introdução ao Estudo do Direito, da Sociologia do Direito, da História do Direito, da Teoria Geral do Estado, da Ciência Política, bem como da Ética, da Filosofia Geral, da História Geral e da Sociologia Geral, não se negligenciando outras fontes não bibliográficas (jornais, artigos, *sites*, notícias, testemunhos, dados estatísticos...). Autores dessas áreas estarão sendo, textualmente, convidados a dialogar com a problemática *sub foco*.

disponível para a garantia da presença e da aplicação da justiça onde está a sociedade e onde se dá o convívio humano, historicamente determinado e complexamente envolvido com os valores vigentes e aceitáveis para a construção das regras comportamentais.

No lugar de se deslocar a Filosofia do Direito para os altiplanos teóricos implícitos na reflexão idealista, ou normativista-legalista, procura-se direcionar seus esforços para pensar as reais aflições de uma determinada sociedade (a brasileira contemporânea), vivendo determinadas aflições concretas (desigualdades sociais, injustiça, opressão), ante um modelo jurídico-institucional vigente (liberal, moderno, centralizador, burocrático), em um contexto histórico de marcantes transformações (pós-modernidade, modernidade tardia, hipermodernidade, supermodernidade).

Ao se enfrentar o tema da pós-modernidade, dar-se-á clara importância às diversas crises surgidas em seu contexto, bem como às crises que lhe ocasionaram o surgimento. A crise que mais de perto se estará a discutir é aquela referente à eficácia do Direito, pois de nada adianta pensar-se no Direito como regra de *dever-ser* (*Sollen*) isolada do *ser* (*Sein*), na medida em que a distância entre os altiplanos das normas protestivas de direitos fundamentais da pessoa humana se encontra impossibilitada de ser colocada a serviço da maior parte da população, e na mesma medida em que as próprias políticas públicas se convertem em ações episódicas incapazes de perpetrarem seus efeitos práticos, produtores de justiça social, sobre a vida do mais mortal dos homens. Parece ainda ser conveniente acompanhar o pensamento de Castanheira Neves, quando afirma: "Nestes termos, cremos poder compreender-se hoje a afirmação da autonomia do direito e do mesmo passo se reconhecerá que ela é em absoluto indispensável – pois, digamo-lo numa paráfrase à concludente eloquência de Hannah Arendt, o último e verdadeiramente fundamental direito hoje do homem é afinal o 'direito ao direito'" (*O direito hoje e com que sentido?*, 2002, p. 73).

É assim que se entende que a jusfilosofia tem por compromisso pensar os tempos de hoje, afinar-se com as querelas do mundo atual, dimensionar os conflitos que movimentam as classes sociais e incomodam a consciência sobre estes tempos, imiscuir-se na leitura dos mais recentes dados que afetam a vida contemporânea. Enfim, é sua responsabilidade fazer-se capaz de pensar o *hoje*, mais que o *ontem*, claro que sempre servindo-se dos problemas do *ontem*, como experiências negadoras ou afirmadoras do *hoje*, e como parâmetros para a afirmação do *amanhã*.

1.1 O PAPEL DA FILOSOFIA DO DIREITO EM TEMPOS PÓS-MODERNOS

A proposta encetada por esta reflexão acerca da experiência da condição humana na pós-modernidade tem por objetivo operar um diagnóstico crítico-reflexivo, envidar esforços para produzir uma análise filosófica, na medida em que busca a fundamentação no pensamento e nos fatos, entrelaçando-os de modo a não narrativamente conceber a história, mas a *"reler"* a história da produção de certas transformações ideológicas, culturais, políticas e econômicas, no *curso* e no *transcurso* da *modernidade* para a *pós-modernidade*. É certo que modernidade e pós-modernidade não são apenas períodos históricos, são modos de se conceber, por sistemas de pensamento, a dimensão dos fatos que se originam em seus tempos, e é desta forma que se pretende mergulhar na dimensão do que se produziu entre a modernidade e a pós-modernidade, desde as conquistas até as fissuras.

O caráter problematizador do exercício filosófico que se levará adiante, como todo exercício teórico, se dará a partir de um certo caleidoscópio de referências de investigação, com o qual se fará esta navegação nas tormentas dos cabos agitados pelas diversas correntes de pensamento sobre o assunto e pelas diversas oposições que a ideia de pós-modernidade sofre, especialmente num contexto de indefinições. Se existem muitos modos de se abordar a problemática, ela será, basicamente, apoiada e lastreada nos seguintes autores: Jürgen Habermas (*A crise de legitimação do capitalismo tardio*; *O discurso filosófico da modernidade*; *A inclusão do outro*: estudos de teoria política; *Bestialidade e humanidade*; *Consciência moral e agir comunicativo*; *Écrits politiques*; *A constelação pós-nacional*: ensaios políticos); Anthony Giddens (*Modernização reflexiva*; *As consequências da modernidade*); Ulrich Beck (*Modernização reflexiva*); Gilles Lipovetsky (*L'ère du vide*; *Les temps hipermodernes*); Pierre Bourdieu (*Contrafogos*); Cornelius Castoriadis (*O mundo fragmentado*); Zygmunt Bauman (*Ética pós-moderna*; *O mal-estar da pós-modernidade*; *A globalização*; *Modernidade líquida*; *Em busca da política*; *Modernidade e ambivalência*); David Harvey (*Condição pós-moderna*: uma pesquisa sobre as origens da mudança cultural); Agnes Heller (*A condição política pós-moderna*); Bruno Latour (*Jamais fomos modernos*); Boaventura de Souza Santos (*Reconhecer para libertar*; *A crítica da razão indolente*; *Introdução a uma ciência pós-moderna*). Isso dá a medida de que não é possível isolar o debate sobre o contexto pós-moderno do próprio debate sobre o que seja a pós-modernidade, o que mais uma vez duplica a complexidade do tema e afasta a perspectiva de considerá-lo um tema consensual no diálogo sociofilosófico contemporâneo.

Uma vez que já se está imerso na pós-modernidade (tendo-se a obrigação de se falar sobre ela), dever-se-ão determinar, em primeiro lugar, e como arrimo metodológico para o desenvolvimento do próprio tema central das investigações, os desarranjos vividos na experiência cotidiana da fissura entre a pós-modernidade e sua antecedente, a modernidade, atentando-se, pois, para a conjuntura formadora deste contexto. Sabendo-se dos perigos e encruzilhadas existentes na dimensão das investigações da modernidade (conceitual, histórica e filosoficamente) e da pós-modernidade (conceitual, histórica e filosoficamente), conhece-se a dificuldade do trabalho que se está a propor. Investigar, portanto, a existência de conflitos pós-modernos é deter-se para perceber que os tempos que correm possuem seus reflexos projetados sobre a dimensão das práticas jurídicas, e, em especial, do ordenamento jurídico brasileiro, o que motiva a que esta pesquisa se dedique a compreender como e por que as razões tradicionais e modernas já não mais respondem às necessidades corriqueiras do sistema jurídico.

Neste sentido, é mister dizer que se trata de destacar a importância da intervenção reflexiva na constituição de um espaço teórico para a circunscrição do problema. A que outra forma de saber, senão à Filosofia do Direito, está atribuída a tarefa, certamente ingrata, de se deter para avaliar, reflexivamente, como se deu e como está se dando esta passagem entre a modernidade e a pós-modernidade?[7]

Mais que isto, num contexto de transformações, trata-se de avaliar em que condição se encontram as práticas jurídicas, o que implica de certa forma perceber se não está havendo uma vitimização do Direito por forças externas a ele (sistemas paranormativos, crescimento do terrorismo e das ameaças de guerra, impositivos de mercado, determinações externas oriundas de pressões sistêmico-ineficazes, determinação de resultados pelas experiências científicas crescentes, inclusive no plano genético etc.),[8] o que de certa forma comprometeria a dimensão daquilo que é a autonomia do Direito. Em outras palavras: "O problema fulcral que actualmente se põe a reflexão jurídica é decerto o problema da autonomia do direito, e do significado dela, no todo da realidade histórico-cultural e humano-social dos nossos dias" (Castanheira Neves, *O direito hoje e com que sentido? O problema actual da autonomia do direito*, 2002, p. 7).

A renúncia filosófica, o deixar-estar, o absenteísmo teórico com relação ao que se passa certamente são as melhores posturas diante da realidade. Trata-se de questão absolutamente contemporânea, de fenômeno que está em pleno curso de sua produção, de análise de situações e fatos que se passam todos os dias diante de nossos olhos, o que torna a premência deste *postular filosófico* algo ainda mais fundamental. Nas palavras de Castanheira Neves: "O carácter hoje fortemente problemático do direito parece implicar a necessidade e a urgência da filosofia – já o dissemos" (Neves Castanheira, *A crise actual da filosofia do direito no contexto da crise global da filosofia*, 2003, p. 23).

---

[7] Em outra parte de nossos escritos já se pôde afirmar quais são as principais metas do pensamento jusfilosófico e suas contribuições: "proceder à crítica das práticas, das atitudes e atividades dos operadores do direito; *avaliar e questionar a atividade legiferante, bem como oferecer suporte reflexivo ao legislador;* "proceder à avaliação do papel desempenhado pela ciência jurídica e o próprio comportamento do jurista ante ela; *"investigar as causas da desestruturação, do enfraquecimento ou da ruína de um sistema jurídico;* "depurar a linguagem jurídica, os conceitos filosóficos e científicos do Direito, bem como analisar a estrutura lógica das proposições jurídicas; *"investigar a eficácia dos institutos jurídicos, sua atuação social e seu compromisso com as questões sociais, seja no que tange a indivíduos, seja no que tange a grupos, seja no que tange a coletividades, seja no que tange a preocupações humanas universais;* "esclarecer e definir a teleologia do Direito, seu aspecto valorativo e suas relações com a sociedade e os anseios culturais; "origens e valores fundantes dos processos e institutos jurídicos; "por meio da crítica conceitual institucional, valorativa, política e procedimental, auxiliar o juiz no processo decisório; *"insculpir a mentalidade da justiça como fundamento e finalidade das práticas jurídicas;* "estudar, discutir e avaliar criticamente a dimensão aplicativa dos direitos humanos; "abalar a estrutura de conceitos arcaicos, de hábitos solidificados no passado, de práticas desenraizadas e desconexas com a realidade sociocultural, na qual se inserem, de normas desconexas, e que atravancam a melhor e mais escorreita aplicação do sistema jurídico" (Bittar, Almeida, *Curso de filosofia do direito*, 2. ed., 2002, p. 50-51 – *grifo nosso*).

[8] "Já funcionalmente, por fim, quando no horizonte se anunciam, ou se forjam já, outros reguladores sociais mais eficazes e mais dos nossos dias do que seria o direito: seja a política, com o seu poder, seja a ciência-técnica (a tecnologia social) com a sua optimização estratégica, seja a economia (com a libertação do mercado) e a sua motivação racionalizada dos interesses, etc." (Castanheira Neves, *O direito hoje e com que sentido? O problema actual da autonomia do direito*, 2002, p. 13).

Esse presente transitivo e diferenciado, a que se chama de pós-modernidade, por ser gerador de abalos, desacordos, dissonâncias, modificações, a partir de quando inúmeras pequenas revoluções começam a se processar no sentido da superação de cânones da modernidade, precisa ser posto na balança da reflexão jusfilosófica, para que, então, se possa aquilatar até que ponto modernidade e pós-modernidade se cruzam, se antagonizam, enfim, se relacionam. Trata-se, portanto, de diagnosticar esse quadro, enfocando-se, sobretudo, seus reflexos no âmbito do Direito.

Dizer que a Filosofia do Direito desempenha esse conjunto de tarefas imediatas ante a situação contextual que se vive não significa que esteja sozinha no desempenho dessa tarefa, muito menos que possua a onisciência de toda a complexidade de fenômenos que envolve este momento histórico. A Filosofia do Direito, para exercer sua reflexão, pode e deve recorrer a outros instrumentos e recursos técnicos e científicos (de origem histórica, sociológica, dogmática etc.) para apoiar o desenvolvimento de suas premissas teóricas, e esses instrumentos e recursos podem vir de ciências e saberes cúmplices ao programa de análise de situações de interesse temático com a aplicação do Direito e o desenvolvimento eficaz de suas tarefas sociais. Se o Direito é um fenômeno social, o problema da eficácia é, também, um tema de profundo interesse de todo jurista, em especial da jusfilosofia.[9]

Poder-se-iam citar diversas ideologias e metodologias filosóficas que reafirmam a ideia de que o corte positivista não é capaz de traduzir a melhor concepção de saber jurídico, uma vez que amputa o Direito da realidade social. Não são, de fato, poucos os autores, as correntes de pensamento e as tendências que afirmam a dimensão de intersecção do Direito com a sociedade. Encontra-se, por exemplo, em Eros Roberto Grau, também uma perspectiva de afirmar que os objetos culturais são parte efetiva das questões que atraem a problemática para o campo do Direito, especialmente quando afirma:

> "O Direito não é resultado de nenhuma vontade, é uma invenção do homem. Invenção, contudo, produto cultural, resultante da atuação das forças sociais – ou de uma delas, com poder de dominação sobre as demais. Por isso que o Direito legítimo não é somente poder e não deve nem pode a vontade do estado ser considerada a fonte do Direito legítimo. Enquanto produto cultural, o Direito é inicialmente conjunto de sentidos e princípios forjados pela sociedade, sob seus padrões de cultura" (Grau, *Direito, conceitos e normas jurídicas*, 1988, p. 21).

---

[9] Entende-se mesmo tratar-se de dever ético de todo jurista pensar as questões sociais. Já se assinalava uma reflexão nesse sentido, do saber jurídico em prol do social, em nosso *Curso de ética jurídica*, como se destaca a seguir: "É neste espaço do social que se releva o papel da ciência do direito. Os fins sociais e prospectivos da ciência jurídica prevalecem com relação aos fins individuais, pessoais e egoístas que eventualmente a ela se queira dar. A ciência jurídica é mais que um discurso de juristas para juristas; desta forma, deve ser encarada como algo mais que seu discurso interno. Faz-se como prática social e deve estar voltada para o alcance de fins sociais. Esta é a sua finalidade, esta é a sua natureza, esta é a sua vocação; aqui reside a ética da ciência do direito" (Bittar, *Curso de ética jurídica*, 2002, p. 384).

Para efeitos de enriquecimento das investigações aqui levadas adiante, portanto, é possível entrever-se a diversidade de tendências de diversos autores somadas, formando uma espécie de grande caudal sobre o tema em foco (e até mesmo, em alguns momentos, dogmáticas), no sentido de assinalar com maior amplitude os pontos centrais e inafastáveis da reflexão que se assumem como centrais da reflexão. Com Bobbio, fala-se em uma confluência de saberes, da filosofia à sociologia.[10]

Outra visão que corrobora a necessidade de ampliação de espectro de investigação e que permite à Filosofia do Direito conhecer de temas que circundam a relação do Direito com os diversos universos sociais é também de Norberto Bobbio, que faz uma tripartição dos campos de enfoque da Filosofia do Direito, para indicar a existência da por ele chamada fenomenologia, aquela que seria a parte mais afim com o presente objeto de pesquisa. Em suas palavras:

> "Esta tripartição de problemas é hoje geralmente reconhecida pelos filósofos do direito e, ademais, corresponde em parte à distinção das três funções da filosofia do direito (funções *deontológica, ontológica e fenomenológica*) que têm se desenvolvido desde o início do século XX na filosofia do direito italiano, principalmente por obra de Giorgio Del Vecchio" (Bobbio, *Teoria na norma jurídica*, 2001, p. 52).

Há, neste enfoque, uma clara intenção de quebra do paradigma tradicional de fazer com que a filosofia seja um saber afastado das questões de fato.[11] Trata-se de propor que, no cumprimento de seu papel reflexivo, a jusfilosofia seja, ao mesmo tempo, envolvente e envolvida, ou seja, envolvente por pensar reflexivamente os fenômenos, envolvida por estar comprometida com a realidade concreta de agentes sociais histórico-axiologicamente engajados, algo a que não pode se furtar. Inescapavelmente, a universalidade dos problemas que afetam o sistema jurídico está sob a mira da reflexão jusfilosófica (nas perspectivas ética, axiológica, política, técnica, institucional,

---

[10] "O problema da eficácia nos leva ao terreno da aplicação das normas jurídicas, que é o terreno dos comportamentos efetivos dos homens que vivem em sociedade, dos seus interesses contrastantes, das ações e reações frente à autoridade, dando lugar às investigações em torno da vida do direito, na sua origem, no seu desenvolvimento, na sua modificação, investigações estas que normalmente são conexas a indagações de caráter histórico e sociológico. Daí nasce aquele aspecto da filosofia do direito que conflui para a *sociologia jurídica*" (Bobbio, *Teoria na norma jurídica*, 2001, p. 51-52).

[11] A típica afirmação daqueles que entendem que esta temática se afasta da dimensão da reflexão filosófica do Direito, e recai sob o domínio científico da Sociologia do Direito é a seguinte: "A pesquisa para se constatar a eficácia ou ineficácia de uma norma é mais uma pesquisa histórico-sociológica do que o estudo do comportamento dos membros de um determinado grupo social e se diferencia tanto da pesquisa tipicamente filosófica em torno da justiça, quanto daquela tipicamente jurídica em torno da validade.

"Por isso, podemos dizer que o problema da eficácia das normas jurídicas é o problema fenomenológico do direito" (Leone, *Diversos conceitos de validade e eficácia das normas*, 1997, p. 56).

principiológica...), de modo que privilegiar a discussão dessas questões no âmbito da Filosofia do Direito é tarefa de destaque para suas preocupações.

A melhor metáfora para exprimir esta temática de atrair a Filosofia do Direito das dimensões reais do domínio jurídico é, de fato, a do enraizamento,[12] ou seja, uma espécie de mergulho no contexto das questões que assolam a realidade brasileira, propondo-se a ela que não se baste em investigações de caráter conceitual ou abstrato, ou muito menos em investigações sistêmicas sobre o Direito. Tratar das reais condições com as quais se praticam e se constroem valores de justiça é tarefa eminentemente cardeal do pensamento filosófico. Neste sentido, uma imersão em direção à compreensão de como o Direito se imiscui na realidade, bem como de que modo a realidade afeta a construção do Direito, representa um mergulho na compreensão da realidade entre *ser* e *dever-ser*, o que distancia a metodologia de investigação de qualquer positivismo reducionista, ou de qualquer normativismo alienante, como o da filosofia de Hans Kelsen. Assim, menos centrada em investigações puramente conceituais (e, portanto, menos centrada na dimensão da validade, como o queria Kelsen), tem, a Filosofia do Direito, a missão de corresponder à sociedade, triando seus reclamos, em seus diversos anseios, colaborando com os processos de modificação, atualização e crítica do Direito.

Mais do que isto, trata-se de refletir sobre os modos como se faz justiça, e portanto, por mais esse argumento, essa temática possui inigualável interesse para as discussões da jusfilosofia, que deve ser tratada com profundo envolvimento no âmbito do enciclopedismo dos conhecimentos jurídicos. Se a justiça é um tema privilegiado da avaliação da Filosofia do Direito, é certo que a tensão entre justiça e realidade será sempre uma constante no horizonte do pensar jusfilosófico. É exatamente isso que torna esta investigação uma preocupação sobre como a justiça está afastada das possibilidades reais da sociedade, em especial da sociedade brasileira contemporânea.

Isso porque, não bastando à Filosofia do Direito discutir apenas a dimensão da justiça formal, deve-se projetar no sentido da discussão da justiça social, para o que é mister que se misture às forças sociais e às mais candentes tragédias decorrentes do mau uso do poder de governo na sociedade brasileira, na medida em que se vê na Filosofia do Direito um importante vetor de mudanças paradigmáticas para a reflexão jurídica. Por vezes, proporcionar a crítica suficiente para sacudir a letargia das seculares estruturas e instituições jurídicas é a dose na medida necessária para cumprir sua função no direcionamento epistemológico do Direito.

Se a dogmática se esgota na discussão de aspectos formais, conceituais e procedimentais, sempre tendo por ponto de partida a normatividade positivada pelo legislador,

---

[12] Há um simbolismo muito forte na palavra *enraizamento* que não pode permitir seja desprezado: "O enraizamento, nos ensina Simone Weil, é uma das necessidades do ser humano. E ter raiz, nos diz ela, é participar real e ativamente de uma coletividade que conserva vivos certos tesouros do passado e certos pressentimentos do futuro" (Caldart, O MST e a formação dos Sem-Terra: o movimento social como princípio educativo. In: *A cidadania negada*: políticas de exclusão na educação e no trabalho, 2001, p. 140).

a zetética jusfilosófica supre o âmbito de conhecimento ocupado por este importante enfoque de discussão.

Em poucas palavras, entende-se que a tarefa da Filosofia do Direito é a de, a partir da consideração de um certo contexto sociocultural, problematizar e conferir reflexão a questões, por vezes, pouco discutidas, qual a questão da prática da justiça, em especial em sociedades periféricas do capitalismo central. Trata-se de investigar o conjunto das modificações socioinstitucionais que vêm introduzindo profundas repercussões sobre os modos de organização social e de construção de valores, inclusive com amplos reflexos sobre as estruturas normativas e jurídicas.

Nesse contexto, quer-se propor uma pausa para a reflexão acerca da pós-modernidade, e para isso o arsenal filosófico deve ser aquele mais apropriado para corresponder à altura do fenômeno no sentido de indagar das condições, dos efeitos, dos modos pelos quais a pós-modernidade se produz e se refrata através do Direito.

Pensar como o sistema jurídico se inter-relaciona com o seu tempo, com a sociedade à qual se dirige e da qual promana, como apreende valores e como distribui valores, como faz valer suas decisões e como se impõe socialmente é tarefa inerente ao processo de reflexão jusfilosófica. Entende-se mesmo que a Filosofia do Direito possui um papel incisivo sobre a realidade, não devendo dela se alhear. Ao contrário, deve participar de seus problemas para nela melhor imiscuir-se. Pensa-se estar a Filosofia do Direito instrumentada para a realização, para a ação reflexiva e para a reflexão ativa. Assim, assumir esse objeto de pesquisa significa aproximar a reflexão jusfilosófica das reais condições nas quais se encontra e sobre as quais se produz.

1.2 A CRISE DA FILOSOFIA E A CRISE DO PENSAMENTO JURÍDICO: SABER E SOCIEDADE EM QUESTÃO

Tudo indica a necessidade de mudança do eixo das preocupações filosóficas e jurídicas nos últimos tempos... A crise da razão tem posto em xeque a dimensão dos exercícios teóricos e das atividades dogmáticas, e isto é inegável. A consciência deste problema é posta com clareza no seguinte texto de Castanheira Neves:

> "Um outro ponto é a crise actual da razão – 'a razão ocidental está em crise' (M. MEYER), e o paradoxal desta crise da razão é, pode dizer-se, o ser ela afinal a crise de uma dogmática – da dogmática justamente do racionalismo moderno-iluminista. A dogmática que postulava a 'razão' como a potência primeira, se não a única legítima, e pretendia constituir-lhe um estatuto autônomo, sob o paradigma da matemática, depois de DESCARTES (o que já em si era uma unilateralidade ou a absolutização de uma só possível concepção da razão, originariamente sempre plural)" (*A crise actual da filosofia do direito no contexto da crise global da filosofia*, 2003, p. 20).

Assim, uma vez que se pode falar de uma crise que afeta diversas instituições sociais, uma vez que se pode falar de transformações em curso num contexto pós-moderno, uma vez que se pode falar em transição dos tempos e em fechamento de ciclos históricos, pode-se também diagnosticar, simultaneamente a esses processos (econômicos, culturais, sociais, políticos e jurídicos), uma mudança radical na própria dinâmica das ciências, e, em especial, na *gnose* produzida pelos saberes filosóficos. A filosofia e a filosofia do direito não estão isentas disso, encontram-se imersas no mesmo cipoal de questões que incomodam o mundo, nesse contexto a que se chama pós-moderno, como se haverá de estudar mais adiante.

A filosofia ainda tem a tarefa de compreender a si própria, no processo de exploração e compreensão do mundo, e é nessa abordagem diagnóstica do mundo que acaba por concluir que não consegue enxergar a si própria. Uma filosofia contextualizada num momento histórico em que está determinada pelo desencantamento do mundo, para utilizar da expressão de Max Weber, é uma filosofia que vive a aflição de ter sido a proclamadora da própria consciência cética, relativista, racionalista que se tornou. É ela, em parte, a autora do próprio aguilhão que fustiga seu corpo, fato que permite que se torne refém de si mesma, no desencanto de estar sob os influxos de suas próprias concepções.

Diante desses desafios, consideradas as modificações ocorridas ao longo do século XX, e também no início do século XXI, qual é o papel da filosofia jurídica?[13] Os papéis da Filosofia do Direito são muito variados e atendem às necessidades reflexivas do universo das questões jurídicas. São seus papéis, entre outros, a crítica das estruturas de pensamentos convencionais, a crítica das leis e decisões judiciais, a discussão analítica ou conceitual, a valorização da justiça, a discussão sobre os modos de harmonização dos interesses sociais, a manutenção regrada da legalidade em face do arbítrio, o fomento do intercâmbio global de experiências entre os povos, a aposta no diálogo como meio de mediação relacional humano, entre outros. Se esse amplo leque de questões se encontra sob o enfoque da jusfilosofia, não seria necessário dizer que também a questão da pós-modernidade suscita uma importante reflexão para a dinâmica do pensamento jusfilosófico?

Se a Filosofia do Direito foi fundada em pleno bojo da emergência do movimento do positivismo filosófico e jurídico,[14] uma vez superada a dimensão do positivismo

---

[13] "Parece, pois, evidente que o papel da jusfilosofia nessa era de globalização e da pós-modernidade transcende em muito as tarefas ainda consideradas adequadas a jusfilosofia contemporânea, e que propõem o resgate da *philosophia perennis*, ainda que alimentada pelos avanços nas ciências do homem e da sociedade" (Coelho, *A teoria do direito na pós-modernidade*, São Paulo, 2002. Disponível em: <http://www2.uerj.br/~direito/publicacoes/mais-artigos/a-teoria-critica.html>. Acesso em: 26 ago. 2002, p. 3).

[14] Esta é a posição de Miguel Reale, quanto à fundação da Filosofia do Direito. Também a de Castanheira Neves, que é citado a seguir: "Novo estatuto da filosofia de direito – mais exactamente, o estatuto fundador da 'filosofia do direito' – que bem se poderá dizer também definido por HEGEL, e justamente no prefácio das '*Grundlinien der Philosophie des Recht*'" (Castanheira Neves, *A crise actual da filosofia do direito no contexto da crise global da filosofia*, 2003, p. 29).

jurídico, alienador e redutor, responsável por sufocar anos de reflexão jusfilosófica,[15] é hora de se deter a pensar quais são os ferramentais da Filosofia do Direito no sentido de compreender o seu próprio tempo, ou seja, o tempo no qual está imersa como parte do conjunto das instituições e práticas sociais vigentes. Ora, ela não somente olha para o que está fora de si, mas, ao questionar, fá-lo também sobre si e, às vezes, contra si. A Filosofia do Direito não se furtará a ser reflexiva sobre a sua presença ou sua ausência no contexto em que pensa os problemas que a circundam.

Não há dúvida de que o discurso pós-moderno inseriu novas preocupações no cenário das reflexões da filosofia geral, como também da jusfilosofia, o que faz com que, da interação dessas duas se possa acenar no sentido de um quadro cujo destaque se dá em direção a questões diversas daquelas que motivaram o pensamento anteriormente. Acompanhando a lição de Castanheira Neves é que se poderá perceber a que nível essas interferências *reagrupam* novas perspectivas de ação para o pensamento reflexivo:

"1) Que, além da irredutível fragmentaridade invocada pela pós-modernidade e já atrás referida, a verdade em si não seria afinal acessível à razão, dada a condicionalidade e a relatividade histórico-culturais e sociais das suas posições e dos seus resultados, as quais relevariam que as pseudoverdades, enunciadas pela razão, mais não eram do que 'interpretações', com a contingência e os limites de todas as interpretações – à verdade opunham-se 'interpretações', relativas, variáveis e contingentes."

2) Que não só à razão, mas a outras diferentes 'formas de vida' (religião, arte, tradições culturais etc.) se teria de reconhecer legitimidade para tentarem o acesso à verdade – 'afirmo não existirem razões 'objectivas', sustenta FEYERABEND, para preferir a ciência e o racionalismo ocidental a outras tradições', 'a ciência é uma tradição entre outras'; tal como o 'pensamento selvagem' não seria afinal um pensamento inferior, e sim um pensamento diferente (LEVY-STRAUSS) –, nem a razão e a racionalidade são titulares, no quadro do seu relevo para o homem, de qualquer privilégio, bem pelo contrário, perante a estética e a sensibilidade etc.;

3) Que o lugar que a razão ocupava estaria hoje ocupado pela linguagem – linguagem, e não a razão, seria o verdadeiro transcendental – na pluralidade dos seus 'jogos' incomunicáveis;

4) Que a verdade mesma (a verdade razão-ciência) deveria ceder o seu tradicional a outras intencionalidades – desde logo à 'solidariedade';

5) Assim como ao monismo da razão moderno-científica, na sua pretensão de definidora da razão em si, se opõe o pluralismo das racionalidades e à sua in-

---

[15] "Pois o positivismo jurídico, que se afirmara no decurso do séc. XIX simultaneamente ao aparecimento desta 'filosofia do direito' e que concorrera mesmo para esse aparecimento, postulava exigências culturais e epistemológicas que se opunham a qualquer intenção filosófica ou especulativamente transpositiva" (Castanheira Neves, *A crise actual da filosofia do direito no contexto da crise global da filosofia*, 2003, p. 30).

tenção de *reductio ad unum* se contrapõe o *dissenso* irredutível (de novo no *différend* de LYOTARD e na *'diferença'* radical de G. DELEUZE;

6) Depois, e numa final desmitificação, reconhecia-se detrás de aparente 'vontade de verdade' (da validade intersubjectiva) uma oculta, mas a verdadeiramente real, 'vontade de poder' (*Wille zur Macht*) – tal como se propuseram denunciá-lo, primeiro NIETZSCHE e depois FOUCAULT, com a sua 'microfísica do poder' e a denúncia genealógica das 'heterotopias', e não menos, de outra forma mas também fortemente, HORKHEIMER e ADORNO;

7) Por último, o próprio *logos*, com o seu imperialista 'logocentrismo', de que se sustentaria todo o discurso metafísico (ontometafísico) que desconhecia a 'diferença ontológica' entre 'ente' e 'ser', mais não seria do que uma contingente e epocal manifestação, e simultaneamente ocultação, do 'ser temporalizado' (*Zeithafte Sein*) – assim o proclamou HEIDEGGER e analogamente DERRIDA." [16]

No lugar de se pensar na renúncia do filosofar, ante os pesares práticos, ante as experiências históricas mais recentes, ante as mudanças operadas dentro da própria concepção dos saberes, deve-se mesmo perceber, nesse processo de *rearranjo* de sentido para as coisas (incluindo fatos, valores e saberes), uma reviravolta em processamento, no sentido de um evolver das concepções em rumo. Ora, a marcha que segue adiante deve ser estagnada para que se possa, por meio da parada reflexiva, aquilatar os prejuízos e ganhos do processo, o que só faz com que se engrandeçam as tarefas do pensar filosófico, em especial da Filosofia do Direito que cuida de um objeto de investigação tão caro à estruturação do convívio social e tão fundamental para a delimitação do sentido de justiça, valor esse que, segundo Bobbio, possui o equivalente peso de significação para a sociedade, como a ideia de liberdade tem para o indivíduo.[17]

O que se percebe, portanto, é que, num contexto de transformações, de emergência do pragmatismo, de dominância das consciências pelo imediatismo, de subserviência das mentalidades em relação aos imperativos de consumo, de decréscimo do 'poder de dizer a verdade' pelas ciências, de intensificação da presença das leis do mercado na construção das políticas públicas, que deve se reafirmar o destaque da atividade do pensar filosófico, como uma prática de saber profundamente comprometida com as aflições humanas. Como exercício *humanístico* é que se reacende, como desdobramento de uma prática ético-teórica, à mentalidade teleológica do agir filosofante. Num certo sentido, *pensar*, num mundo com estas características, é já *agir* na contramarcha da simples aceitação dos fatos.

Isso importa em dizer que pensar a tarefa da Filosofia do Direito é pensar, neste momento, sobretudo o seu papel social no meio em que se encontra, vale dizer, pensar a sua inserção na 'realidade fenomenal', como modo e método de, se imiscuindo na realidade social, poder na fluidez dos fatos perceber a potencialidade de ação que tem,

---

[16] Castanheira Neves, *A crise actual da filosofia do direito no contexto da crise global da filosofia*, 2003, p. 21-22.

[17] Bobbio, *Igualdade e liberdade*, 1997, p. 75.

ao atuar criticamente sobre uma realidade marcada pela injustiça social. Se clima e atmosfera conspiram contra o aparecimento desse compromisso, pouco importa, porque, mais uma vez (de Sócrates a Nietzsche, de Platão a Foucault), trata-se de se resistir a simplesmente viver condicionado pelos fatos, deixando-os destituídos de significados.

1.3 MODERNIDADE E PÓS-MODERNIDADE: TERMOS AMBÍGUOS E MOMENTOS DÍSPARES

Para que se possam discutir com propriedade o sentido, o conceito, bem como as transformações implicadas através da expressão 'pós-modernidade', parece fundamental e preliminar compreender que a ambiguidade aí está presente em muitas perspectivas. Num certo sentido, 'pós-modernidade' implica um momento histórico, ou seja, uma certa conjuntura temporal que se processa 'após a modernidade'. Isso importaria na necessidade de refinamento da própria ideia de 'modernidade', aí contida, uma vez que se a expressão 'pós-modernidade' pretende significar algo, e nesse algo está presente uma historicidade, então aquilo que é após a modernidade só pode ser um fenômeno que ou compreende, ou supera, ou, no mínimo, implica a 'modernidade'.

Qual é a relação da 'pós-modernidade' com a 'modernidade'? O que é que se pode compreender pelo termo *modernidade*, contido na expressão *pós-modernidade*? É positiva ou negativa a referência à 'modernidade', dentro da referida expressão? 'Após a modernidade' pode significar também acima da 'modernidade'? Além dessas questões, que são reflexões preliminares sobre a própria expressão que aparece em destaque no contexto desses estudos, outras figuram como importantes de serem apresentadas. O que é a modernidade, um projeto filosófico ou uma mudança socioeconômica? Quando se iniciou a 'modernidade'? Há consenso em determinar quando a 'modernidade' teve início? Isso tudo porque, na medida em que é polêmica a expressão *pós-modernidade*, essa polêmica passa a se instalar a partir mesmo do próprio termo nela contido, *modernidade*, uma vez que esse vem carregado por uma tensão muito particular decorrente das próprias reflexões que se aguçam sobre seu ideário, como nos reporta Bruno Latour.[18] A investigação a seguir tenta reunir elementos que integrem um quadro reflexo a respeito destas questões.[19]

---

[18] Reproduz-se aqui o trecho em que expõe a fragilidade do termo e as tensões nele contidas, na exata medida da própria complexidade semântica, filosófica, espaçotemporal e ideológica que marca o termo: "A modernidade possui tantos sentidos quantos forem os pensadores ou jornalistas. Ainda assim, todas as definições apontam, de uma forma ou de outra, para a passagem do tempo. Através do adjetivo moderno, assinalamos um novo regime, uma aceleração, uma ruptura, uma revolução do tempo. Quando as palavras 'moderno', 'modernização' e 'modernidade' aparecem, definimos, por contraste, um passado arcaico e estável. Além disso, a palavra encontra-se sempre colocada em meio a uma polêmica, em uma briga onde há ganhadores e perdedores, os Antigos e os Modernos. 'Moderno', portanto, é duas vezes assimétrico: assinala uma ruptura na passagem regular do tempo; assinala um combate no qual há vencedores e vencidos" (Latour, *Jamais fomos modernos*, 2000, p. 15).

[19] Os autores que mais estudam pós-modernidade são aqueles mesmos que detectam a dificuldade de lidar com cronologizações e definições para a 'modernidade'. Um destes é Bauman,

A necessidade de discutir ambas as expressões decorre da transação provocada por um certo estado de transição. Essa transação de dupla mão entre a modernidade e a pós-modernidade se dá exatamente porque é impossível não prever choques e antagonismos, que estão além da mera questão conceitual, e que moram, sobretudo, na dimensão do factual. Onde se inicia a pós-modernidade, em antagonismo ao fim da modernidade? Será que nada há de moderno dentro da experiência pós-moderna? Será que a crítica pós-moderna à modernidade pode ser aceita como uma espécie de superação temporal e ideológica da modernidade? Até onde a pós-modernidade aglutina a modernidade, até onde a pós-modernidade rompe com a modernidade?[20]

Não se pode furtar de dizer que a sensação de crise da razão (Horkheimer), de crise da modernidade (Escola de Frankfurt), de exploração consumista (Marcuse), de falência da participação da filosofia na construção dos valores sociais (Ortega y Gasset) encontram ecos muito anteriores ao período daquilo que se chama de pós-modernidade. Se essa teria se tornado uma fase clara da configuração da vida contemporânea, seja após a Segunda Guerra Mundial, com a formação da ONU, seja após a década de 1950, seja após maio de 1968, não importa agora. Importa pensar que os sinais da falência do pensamento ocidental, bem como do projeto da modernidade começam a se espalhar desde o final do século XIX, com Nietzsche, estendendo-se por todo o século XX.

Se se for perceber que essa discussão já não é de hoje, e que sua presença na filosofia pode remeter a Foucault e a Derrida, a Deleuze e a Sartre, proximamente, a Adorno e a Horkheimer, mais remotamente, e a Nietzsche, finalmente, estar-se-á a constatar que esta transação da transição está em processo há longo tempo.[21] Se a expressão *pós-modernidade* foi cunhada mais recentemente, e pode remontar às investigações de Lyotard e de Bauman, de Lipovetsky e de Habermas, de Antony Giddens e de Beck, é porque a

---

que expressamente proclama: "Quanto tempo tem a modernidade é uma questão discutível. Não há acordo sobre datas nem consenso sobre o que deve ser datado" (Bauman, *Modernidade e ambivalência*, 1999, p. 11).

[20] Estas e outras dúvidas são postas, por exemplo, por Sergio Paulo Rouanet, em sua análise crítica às concepções pós-modernas: "Mas, se não há ruptura, há vontade de rupturas. Se tantos críticos e artistas perfeitamente inteligentes acham que estamos vivendo uma época de pós-moderna, é porque querem distanciar-se de uma modernidade vista como falida e desumana. O desejo de ruptura leva à conclusão de que essa ruptura já ocorreu. A consciência pós-moderna é crepuscular, epigônica. Ela quer exorcizar uma modernidade doente, e não construir um mundo novo, embalado em seu berço pelo *bip* de uma utopia eletrônica. Ela tem razão quando critica as deformações da modernidade, como a administração crescente da vida, a aplicação cega da ciência para fins destrutivos e um progresso econômico transformado em seu próprio objetivo. Porém, não tem razão em distanciar-se da própria modernidade" (Rouanet, *As razões do iluminismo*, 2000, p. 25).

[21] A crítica à modernidade como um registro da Escola de Frankfurt, é dada por Sergio Paulo Rouanet: "Adorno escreveu em *Minima Moralia* que a modernidade tinha ficado fora de moda. Hoje estamos confrontados, ao que parece, com algo de mais definitivo: não a obsolescência, mas a morte da modernidade. Seu atestado de óbito foi assinado por um mundo que se intitula pós-moderno e que já diagnosticou a rigidez cadavérica em cada uma das articulações que compunham a modernidade" (Rouanet, *As razões do iluminismo*, 2000, p. 20).

declaração do absurdo do entrecruzamento entre essas duas eras (períodos, momentos, interpretações de tempo...) se tornou estonteantemente indisfarçável. Como todo processo histórico, nenhuma ruptura se faz do dia para a noite, nenhuma transformação se dá de um instante para o outro, nenhuma desconstituição de paradigmas se faz sem maiores comprometimentos das estruturas envolvidas. Assim, a modernidade parece se diluir na pós-modernidade, enquanto esta traga os restos sobreviventes do espírito da modernidade, algo que se deverá investigar de mais perto no próximo capítulo.

1.4 FILOSOFIA CRÍTICA E FILOSOFIA DO DIREITO: POR UMA FILOSOFIA SOCIAL DO DIREITO

Diante do cenário de discussões a respeito da pós-modernidade, vale seja refeita a questão que classicamente ocupa a filosofia, qual seja, a de seu sentido. Ao contrário de ser questão de somenos importância, é relevante a clássica pergunta sobre a utilidade da filosofia. A pergunta sobre a utilidade da filosofia ganha sentido, desde que pensada não enquanto projeção da exigência utilitária e pragmática de mercado, e nem como manifestação de qualquer forma de dogmatismo cientificista, mas no interior do debate sobre a *práxis* do pensamento, ou seja, de seu compromisso social. Por isso, a teoria crítica nega legitimidade à teoria tradicional e sua inspiração no pensamento burguês, na medida em que este promete progresso e realiza ilusão, promete liberdade e realiza opressão, além de conduzir à incrementação da desigualdade e da reificação, estagnando a possibilidade de transformação social. É muito fácil se perder no bosque escuro dos conceitos filosóficos, seguindo a trilha da teoria tradicional. A feição de uma filosofia que provoca estagnação, enclausuramento e imobilismo social é propriamente a de uma filosofia cujo compromisso é intrasubjetivo, e não intersubjetivo e solidário.

Na perspectiva de uma abordagem crítica, a filosofia permite e consente o abalo do que simplesmente aparece aos olhos como sendo a dimensão do *dado*, a experiência da *evidência*. A filosofia pressupõe uma atitude radical, perante a vida e perante o mundo. Onde há ordem, ela *pode ver* desordem, onde há desordem ela *pode ver* ordem. É dessa subversão que acaba por colher o espírito de sua tarefa desafiadora, porque comprometida com a possibilidade do *novo*, do não visto e não experimentado, do inovador, daquilo que desafia a ordem da regularidade dos fenômenos e da aceitação da tutela da vida desde fora. Ou seja, a filosofia acaba por consentir uma certa *atitude* perante o mundo, que potencializa sua capacidade transformadora, na medida em que *desaliena*, por abalar a estrutura e refundar de sentido a experiência sobre o mundo. A filosofia, como *Weltweisheit*, como sabedoria mundana, como razão capaz de agir no mundo, significa um tipo de atitude perante o mundo fundadora de sentido.

A filosofia carrega conceitos, transporta-os, como prática de linguagem entre indivíduos socializados, que se tornam, uma vez conscientizados, os agentes portadores da capacidade de modificar as estruturas sociais. A transformação social se dá quando os conceitos são abandonados de sua característica abstrata e materializados em discursos, instituições, movimentos organizados de indivíduos, ações concretas que modificam a face do mundo. O mundo não é o que está aí, somente, mas também o que dele se faz a partir de ações concretas. Por isso, a filosofia tem um compromisso ético com a transformação, pois representa consciência dessa latência que pressupõe linguagem e ação. A filosofia significa, nesse sentido, um interdito a toda forma de banalizar a vida, o mundo, a existência, as coisas, na medida em que o seu exercício favorece um movimento de resistência racional e de reflexão diante de uma tendência à simples aceitação das coisas como elas são, enquanto dados brutos que independem da reinvenção e do processo criativo do pensamento. A filosofia, nessa linha, é interpretada como força transformadora.

A teoria crítica se coloca, pois, em posição oposta à tradição da metafísica e do positivismo que marcam as definições do pensamento da teoria tradicional. Onde a teoria tradicional, que se confunde com o pensamento cientificista, enxerga fenômenos estagnados, e defende a conservação, a teoria crítica enxerga dinâmica e dialética, e, por isso, tem um impulso voltado para a transformação social.[22] O pensamento acrítico tende a congelar a realidade, ao compreendê-la como um conjunto de relações estáveis que carecem de ser desveladas pelo rigor do método, e, exatamente por isso, comete o grande equívoco de hipostasiar a tarefa da teoria, com relação à práxis transformadora.[23] Por isso, Horkheimer afirma: "*S'abandonner au conformisme intellectuel, s'obstiner à croire que la pensée est en elle-même une profession, un domaine autonome et clos à l'intérieur du corps social, c'est renier, c'est trahir la nature spécifique de la pensée*" (Théorie traditionnelle et théorie critique, 1974, p. 79).[24] Enquanto o pensamento acrítico contempla uma verdade petrificada na busca de essências, reconduzindo sob o bastião da razão os antigos ideais metafísicos da unidade e da essência, a teoria crítica postula a compreensão dos fenômenos a partir de uma visão que faz com que a análise realista se ajuste àquela outra dialética. A tendência à naturalização dos fenômenos é um traço determinante da visão de mundo de toda filosofia acrítica, que lida com um determi-

---

[22] "Ignorando determinações da totalidade social em que no entanto se insere, a Teoria Tradicional mostra-se não somente incapaz de compreender a sociedade e sua transformação; mais que isso, impedindo o descobrimento das causas reais das crises que acometem a sociedade capitalista, esse modelo de teoria apresenta um caráter ideológico" (Chiarello, *Das lágrimas das coisas*, 2001, p. 54).

[23] "Desde o seu texto capital de 1937, *Traditionelle und Krittische Theorie*, Horkheimer opunha a teoria crítica, que examina os fatos em sua dinâmica, como produtos históricos e como realidades transformáveis, à teoria tradicional, cujo protótipo é a razão positivista, que examina os fatos como fragmentos discretos, e vê o mundo perceptível como o somatório desses fatos, inalteráveis em sua estrutura. Para a teoria tradicional, a compreensão se esgota na descrição; para a teoria crítica, compreender inclui a compreensão das leis do movimento do real que está sendo descrito, e portanto supõe, necessariamente, sua superação" (Rouanet, *Teoria crítica e psicanálise*, 1998, p. 100).

[24] "Abandonar-se ao conformismo intelectual, se obstinar e crer que o pensamento é uma profissão, um domínio autônomo e fechado no interior do corpo social, é trair a natureza específica do pensamento."

nismo que torna a crítica e a transformação fatores de somenos importância na definição da tarefa do pensar.[25]

A filosofia acrítica é, por isso, ela mesma, forma de ideologia. Sem a sua superação, não há como pensar em transformação social, o que comanda a necessidade de que a jusfilosofia esteja irmanada com o ideal advindo da teoria crítica.[26] A filosofia acrítica pode ser vista, ela mesma, como ideologia, na medida em que se converta em um instrumental que, hipostasiando o "eu teórico", anule as forças da transformação social que potencializam o processo de transformação social. Por isso, uma filosofia social do direito rejeita no exercício intelectual o estigma da erudição autocircular do filósofo. A tarefa da filosofia social do direito se transfere ao jusfilósofo, ele mesmo, como compromisso de que seu pensar funcione como o detector que percebe a opressão, como a navalha que acusa a exploração e como a fala que age e interage na esfera pública traduzindo palavras em atos de fala racionalmente publicizáveis e universalizáveis na esfera pública. Nessa perspectiva, não há filosofia no vazio, porque a "filosofía combate el hiato entre las ideas y la realidad..." (Horkheimer, *Crítica de la razón instrumental*, 2006, p. 184). Acaba aqui o dilema do filósofo de pensar sobre o *flatus vocis* das letras jurídicas. Seu operar é pelas ideias, como veículo de transformação social. O exercício nefelibata da jusfilosofia é um desserviço ao seu papel socioconstrutivo, este último assinalado por uma linha crítica. Se não há transformação sem ação, então é verdade constatar que não há filosofia sem *práxis*.

Se o *Iluminismo* introduziu alguma contribuição definitivamente importante para a história contemporânea, essa contribuição foi a ideia de que não há *indivíduos autônomos* se não houver espaço para a *razão* e para a *crítica*. Razão e crítica significam *liberdade*. Fora da *razão*, ou se está à pura mercê do *determinismo natural*, ou se está à pura mercê da *promessa teológica*. Um indivíduo autônomo é aquele que guarda o distanciamento necessário para se tornar autor de si mesmo, e, por isso, legislador pela sua racionalidade de sua própria condição. No entanto, não há autonomia sem capacidade de reflexão. Nossos tempos, pós-modernos, são tempos de profunda apatia intelectual, de anestesia da consciência coletiva, de desmobilização ideológico-política, de falencismo das

---

[25] "A teoria tradicional é construída (já desde Descartes) segundo o modelo matemático, baseada num procedimento dedutivo-formal que (Horkheimer, 1937, p. 246) 'isola as atividades particulares e os ramos de atividades juntamente com os seus conteúdos objetivos', e cuja concepção de mundo tradicional resulta num 'conjunto de facticidades'; 'o mundo existe e tem de ser aceito'. Em suma, a 'representação tradicional de teoria é abstraída do funcionamento da ciência tal como ocorre um nível dado da divisão do trabalho'; para o cientista, 'o dualismo entre pensar e ser, entendimento e percepção' é algo natural. Que nome se dá a essa caracterização senão 'pensamento burguês'" (Nobre, Da dialética do esclarecimento à teoria estética: algumas questões. In: *Kriterion*, Revista de Filosofia, nº 85, p. 75).

[26] "O próprio Horkheimer o confirma no prefácio de *Kritische Theorie*, escrito em 1968, quando da reedição de seus ensaios da década de 30: 'Repudiar a filosofia idealista e, com o materialismo histórico, ter como objetivo o término da pré-história da humanidade, eis a alternativa teórica – tal me pareceu – em face da resignação com a espantosa marcha para o mundo administrado" (Chiarello, *Das lágrimas das coisas*, 2001, p. 64).

estruturas institucionais, de derrocada de paradigmas do direito e de justiça. Em tudo predomina a força do mercado. Tudo é pensado a partir do mercado. Daí a expandida sensação de insatisfação pela realidade, daí o mais do que presente espírito de desalento de nossos tempos. Apesar da necessidade mais do que urgente do pensamento, sob essas condições, a reflexão é, ao mesmo tempo, *impedida de se realizar*.

O interdito ao pensamento vigora em todos os meios, pois se o pensamento significa autonomia, ele incomoda, ele provoca, ele modifica, ele desestabiliza, ele causa distúrbios e produz a perda de hegemonias. Onde está o pensar está também o princípio da renovação e da mudança. Nem sempre a mudança é bem-vinda, especialmente para aqueles que se arvoram na condição de conservadores das estruturas reinantes. Nesse sentido, conta-se com a omissão da maioria, com a desmobilização dos intelectuais e também com a inconsciência das novas gerações, adestradas que foram pelo consumismo e pela consciência do imediatismo.

Diante deste quadro crítico sobre a sociedade pós-moderna, somente se pode constatar que a filosofia burguesa representa apenas mais uma forma de alienação; pode ser entendida como filosofia burguesa, atualmente, toda manifestação do pensamento que pactue com a lógica neoliberal e consinta com a barbárie que se processa sob o signo da globalização. Para a superação desta forma de pensamento, o eu da *práxis* deve aparecer pré-configurado na forma de uma teoria crítico-dialética, situando o sujeito na história e afastando o fantasma da alienação por falta de compreensão histórica e de compromisso com a transformação social. Uma filosofia que se desatrele da função transformadora se torna por si só neoconservadora e, por isso, acrítica.

Ao contrário, uma filosofia social do direito não deixa a história passar em branco, pois, ao conscientizar, ajuda a fazer a história da transformação. A reflexão jusfilosófica possui um papel incisivo sobre a realidade, não devendo dela se alhear. Ao contrário, deve participar de seus problemas para nela melhor imiscuir-se. Como afirma Lukács: "A ética, por exemplo, impele à prática, ao ato e, assim, à política" (Lukács, *História e consciência de classe*, 2003, p. 5). Pensa-se estar a filosofia do direito, numa perspectiva crítica, instrumentada para a realização, para a ação reflexiva e para a reflexão ativa. Assim, assumir esse objeto de pesquisa significa aproximar a reflexão jusfilosófica das reais condições nas quais se encontra e sobre as quais se produz. Significa também resgatar a verdadeira tarefa do direito na sociedade, crescentemente desvirtuada por seus usos estratégicos e por sua forma de afirmação como instrumento do próprio poder. Sem esse compromisso, a filosofia do direito é mero adereço das dogmáticas. Desprovida dessa sensibilidade, na leitura habermasiana, a filosofia do direito se converte em instrumento a serviço da justificação dos modos de dominação social, sejam eles os do poder administrativo, no modelo legal-burocrático weberiano, sejam eles os do poder econômico, no modelo neoliberal e de mercado.

Uma filosofia que se queira social trabalha na perspectiva de sua constante intervenção no plano da ação histórica e, por isso, pensa a *práxis* como o lugar de especial relevo para o debate sobre as formas de dominação em sociedade. A filosofia social postula e reivindica uma posição claramente normativa em suas pesquisas e reflexões, e, exatamente por isso, distancia-se do foco de produção de perfectíveis sistemas teóricos e de coerentes redes de descrição total da realidade.[27] Diagnósticos e prognósticos são tecidos com base nos mutantes quadros da dinâmica da vida social, e, exatamente por isso, a prática da ética da resistência, como "núcleo impulsionador da resistência", na afirmação de Adorno,[28] pela ação e pela teoria, revela-se na análise do enquadramento concreto das ações históricas que visam à transformação social.[29] Dessa forma, a reflexão sobre a relação entre direito e sociedade ganha especial atenção, se considerada a tensão inelimínável entre faticidade e validade, para invocar a ideia de direito apresentada por Habermas.[30]

As pesquisas de uma filosofia social do direito devem, sobretudo, acenar no sentido desse visceral compromisso com as tarefas fundamentais que definem as premissas de ação de uma cultura democrática, com a promoção da educação para os direitos humanos e a preservação do debate sobre a dignidade da pessoa humana. O compromisso de reflexão que o direito mantém com a dignidade da pessoa humana deve caminhar no sentido dos incentivos a uma vida isenta dos níveis intoleráveis de violência, quando a dialética conceitual entre não violência e direito parece ser um apelo essencial à ideia de que o direito possui um compromisso com a racionalidade da interação social. Em seu compromisso social parece definir a exigência de uma agenda que consinta um rico estudo do ideário da Escola de Frankfurt como uma obra em aberto, cuja significação continua de extrema atualidade, provocando as mentes do presente para a intervenção ético-política sobre o real, como mecanismo de transformação da própria sociedade.

---

[27] "A teoria crítica seria uma passagem para uma concepção em que a unilateralidade que afeta necessariamente a teoria tradicional – já que os processos parciais foram retirados do conjunto da práxis social – será novamente suprimida" (Nobre, Da dialética do esclarecimento à teoria estética: algumas questões. In: *Kriterion*, Revista de Filosofia, nº 85, p. 75).

[28] Adorno, *Educação e emancipação*, 3. ed., 2003, p. 154.

[29] Bittar, Capitalismo, corrupção e movimentos sociais. In: *Folha de S.Paulo*, São Paulo, 24 de fevereiro de 2007, Tendências e Debates, p. A3.

[30] A respeito, ver Bittar, A discussão do conceito de direito: uma reavaliação a partir do pensamento habermasiano. In: *Boletim da Faculdade de Direito da Universidade de Coimbra*, Coimbra, nº 81, p. 797-826, 2005.

2

A Configuração da Modernidade

2.1 A AFIRMAÇÃO DA MODERNIDADE

A começar por uma avaliação da palavra, moderno (*modernus*, lat.)[1] não foi uma palavra criada pela 'modernidade', pois suas origens remontam ao século V (para significar o novo-cristão em oposição ao velho-pagão), como afirma Habermas, encontrando forte *reinserção* semântica a cada nova época histórica dos sucessivos períodos de transformação da Europa, especialmente durante o Renascimento. Apesar de ser curioso esse detalhe etimológico, o termo ganha uso vulgar sendo muito bem aceito e empregado para designar, sinonimicamente, o novo, o inovador, o avançado, o desconhecido, como referência necessária para a oposição ao passado (antigo).

---

[1] "Moderno (lat. *modernus*; ingl. *modern*; franc. *modern*; alem. *modern*). Este adjetivo, aceptado por el latín pósclasico y que significa precisamente 'actual' (de modo = atualmente), fue usado en la escolástica, a partir del siglo XIII, para indicar la nueva lógica terminista designada como vía moderna frente a la vía antiqua de la lógica aristotélica. [...]

En el sentido histórico, en el cual la palabra es usada actualmente por lo común y por el cual se habla en este diccionario de filosofía moderna, indica el periodo de la historia occidental que comienza después del Renascimento, o sea a partir del siglo XVII. Dentro del periodo M. se distingue a menudo el contemporáneo, que comprende los últimos decenios" (Abbagnano, *Diccionario de filosofía*, Mexico, Fondo de Cultura Económica, 1998, verbete *moderno*, p. 814).

Com Habermas: "A palavra *modernus* foi utilizada inmicialmente no final do século V para diferenciar um presente tornado cristão de um passado romano *pagão*. Desde então a palavra possui uma conotação de uma descontinuidade proposital do novo diante do antigo. A expressão moderno continuou a ser utilizada na Europa – cada vez com conteúdos diferentes – para expressar a consciência de uma nova época" (*A constelação pós-nacional*: estudos políticos, 2001, p. 168).

Ora, a palavra revela, portanto, uma preocupação de designar o que está nascente, o que está associado ao *presente que deseja o futuro*, e, portanto, coube bem para designar um período histórico que haveria de ser plantado sob a insígnia da liberdade e da racionalidade. A modernidade, para designar o período histórico pós-renascentista, é a expressão do próprio espírito de um tempo ansioso pela superação dos dogmas e das limitações medievais. O século XVII é, portanto, o momento de eclosão de vários destes anseios, que, sob condições peculiares, permitiu o florescimento de uma nova dimensão social e econômica, especialmente na Europa, onde o espírito da modernidade vem associado à ideia de progresso (Bacon, Descartes).[2]

É permitido mesmo, ao termo *modernidade* associar uma variedade de outros termos, que, em seu conjunto, acabam por traçar as características semânticas que contornam as dificuldades de se definir modernidade. Estes termos são: *progresso*; *ciência*; *razão*; *saber*; *técnica*; *sujeito*; *ordem*; *soberania*; *controle*; *unidade*; *Estado*; *indústria*; *centralização*; *economia*; *acumulação*; *negócio*; *individualismo*; *liberalismo*; *universalismo*; *competição*. Estes termos não estão aleatoriamente associados à ideia do moderno, pois nasceram com a modernidade e foram sustentados, em seu nascimento, por ideologias e práticas sociais nascentes e que se afirmam como uma espécie de sustentáculo dos novos tempos, saudados com muita efusividade pelas gerações ambiciosas pela sensação (hoje tida como ilusória) da liberdade prometida pela modernidade.

É exatamente isso que faz com que a associação entre o que é dito 'moderno' e o que é dito 'progressista' se costure, na medida em que esses termos passam a se misturar no contexto de formação, estruturação e avanço da modernidade. Será exatamente essa característica que fará dos modernos seres iludidos com os deslumbres do progresso, o que permite a Bruno Latour afirmar:

---

[2] "Depois, no início do século XVII, Francis Bacon liberta o pensamento da autoridade constrangente dos antigos, afirmando que a Idade Moderna é mais avançada que as idades passadas, porquanto se acha mais desenvolvido o conhecimento e está, por isso, mais próximo da verdade. Descartes, enfim, descobre leis naturais invariáveis e faz delas a base da ciência, excluindo com isso no processo histórico a ideia de um guia providencial. Com tais pressupostos, a civilização ocidental estava pronta para acolher a teoria do Progresso" (Bobbio, Matteucci, Pasquino, *Dicionário de política*, 5. ed., 2000, verb. Progresso, p. 1010). Derrida, por exemplo, na pós-modernidade, haverá de ser um crítico mordaz e antagônico do pensamento de Descartes, na medida em que este foi o grande sistematizador da filosofia moderna, da ideia de razão (*cogito ergo sum*) e da capacidade de controle de certezas pela intelectualidade. De fato, "Em *A escritura e a diferença* (1967), Derrida ataca aquele que era o epítome do pensamento francês, o racionalista do século XVII, Descartes, o primeiro filósofo moderno. Por meio da razão, Descartes havia procurado a certeza intelectual definitiva. Para resolver a questão, iniciou um processo de dúvida sistemática. Como resultado, descobriu que podia duvidar de toda certeza. Seus sentidos poderiam enganá-lo, até sua sensação de realidade, por vezes, seria incapaz de distinguir entre o sonho e a vigília. Da mesma forma, um dissimulado espírito malicioso poderia estar enganando-o sobre a certeza absoluta da matemática. (E uns três séculos mais tarde, Derrida voltaria a mostrar como isso poderia de fato ocorrer.) Mas, por fim, Descartes descobriu que havia uma coisa da qual não poderia duvidar. Essa era a certeza definitiva: *Cogito ergo sum* (Penso, logo existo). Não importa como ele estava sendo enganado pelo mundo, a única coisa de que não poderia duvidar era de que estava pensando" (Strathern, *Derrida*, 2002, p. 26-27).

"Já que tudo aquilo que acontece é para sempre eliminado, os modernos têm realmente a sensação de uma flecha irreversível do tempo, de uma capitalização, de um progresso" (*Jamais fomos modernos*, 2000, p. 68).

A modernidade, portanto, significa, numa perspectiva geográfico-temporal, "[...] o estilo, costume de vida ou organização social que emergiam na Europa a partir do século XVII e que ulteriormente se tornaram mais ou menos mundiais em sua influência", como afirma Anthony Giddens (Giddens, *As consequências da Modernidade*, 1991, p. 11). Mas, a modernidade, não podendo ser deslocada do tempo e do espaço, também não pode ver-se atrelada simplesmente a esses dois elementos. Deve também ser compreendida como um conjunto de transformações culturais, sociais e econômicas, bem como políticas, que haveriam de se produzir, sustentadas por fortes ideais filosóficos, entre os séculos XVII e XIX, com vistas à consolidação de características (que serão destacadas ao longo do texto) tornadas projeto-meta para a *reconfiguração* das relações humanas e sociais na Europa Ocidental, algo que acabou por se universalizar.

A modernidade traz consigo a avalanche de transformações históricas que soterram o mundo medieval em diversas dimensões (religiosa, política, social, cultural, econômica). O processo de germinação da modernidade dá-se uma vez plantada no espírito medieval a semente de sua própria corrosão: o anseio de liberdade (comercial, intelectual, científica, religiosa) e a crença na razão. A fé religiosa, a crença em valores espirituais como determinantes da vida temporal, que imperava na mentalidade e no pensamento medievais é, paulatinamente, substituída por uma fé racional, a crença em explicações racionais tornando-se cosmovisão necessária para a laicização cultural do Ocidente.[3] O amplo leque de estremecimentos, promovidos pela Modernidade, inaugura, na concepção de Zygmunt Bauman, novas linhas de modulação da ação, da cultura e do pensamento:

"Já debatemos uma dessas conceituações: a visão da história como marcha não irrefreável das *lumières*; uma luta difícil, mas afinal vitoriosa, da Razão contra as emoções ou os instintos animais; da ciência contra a magia; da verdade contra o preconceito; do conhecimento correto contra a superstição; da reflexão contra a existência acrítica; da racionalidade contra a afetividade e o domínio dos costumes. No interior dessa conceituação, a Era Moderna se definiu, acima de tudo, como o reino da Razão e da racionalidade; de maneira coerente, as outras formas de vida eram vistas como deficientes em ambos os aspectos" (Bauman, *Legisladores e intérpretes*: sobre modernidade, pós-modernidade e intelectuais, 2010, p. 157).

---

[3] Com isto a fé no progresso, na superação do campesinato, na evolução material, na criação científica, na descoberta de soluções prático-comerciais etc. determina a formação de uma nova conjuntura de eventos que haveriam de transformar a vida na Europa da transição do período medieval, passando pelo renascentismo, em direção à modernidade: "Uma expressão deste estado de espírito é a fé da Idade Moderna no progresso, que será produzido pela lógica da natureza e da criação humanas" (Guardini, *O fim da Idade Moderna*, 2000, p. 65).

O choque da fé *versus* a razão se dá apenas em certos termos, pois, em verdade, o culto da razão substitui o culto da religião, a um ponto extremo em que os positivistas do século XIX inauguram um templo onde a deusa da razão é louvada com os mesmos rituais e a mesma pompa das atribuições de fé dos cultos cristãos tradicionais.[4] Em outras palavras, é o que vem dito por Max Horkheimer, da Escola de Frankfurt, quando, em sua análise crítica do projeto da modernidade, afirma:

> "Assim como a igreja defendia a capacidade, o direito e o dever de ensinar às pessoas como o mundo havia sido criado, qual a sua finalidade, e como todos deveriam se comportar, também a filosofia defendia a capacidade, o direito e o dever da mente de descobrir a natureza das coisas e derivar desta compreensão os modos corretos da atividade humana. O catolicismo e a filosofia racionalista europeia estavam em total acordo sobre a existência de uma realidade em relação à qual pudesse ser alcançada tal compreensão; na verdade, a suposição desta realidade era o terreno comum em que tinham lugar os seus conflitos" (*Eclipse da razão*, 2003, p. 25).

Sem dúvida, diversos fatores foram paulatinamente colaborando para a construção desse cenário: a intensificação do comércio com o Oriente e a criação de rotas de mercadores e de burgos de trocas de mercadorias; a afirmação de uma nova classe social ascendente, não possuidora de terras, de vida centradamente urbana, que haveria de se afirmar como burguesia mercantil; a descoberta de novas terras nas Américas, com a abertura dos estreitos horizontes europeus e com o contato com novos povos e novas culturas; a introdução do pensamento pagão juntamente à teologia cristã, como ocorreu com a introdução do pensamento de Aristóteles por Abelardo e Tomás de Aquino; a abertura das primeiras Universidades, que depois se espalhariam por toda a Europa, a iniciar de Bolonha e Paris, com a difusão de uma forma de conhecimento escolástico e dialético, propiciando a formação de centros de pensamento e práticas dialógico-racionais; o crescente papel da ciência na definição das atividades sociais, bem como no assessoramento das atividades políticas; a perda paulatina do poder de determinação dos costumes sociais pela Igreja; o retorno a matrizes gregas de inspiração nas artes e nas práticas de conhecimento, revitalizando o modelo de livre reflexão pagão; a abertura de contatos com povos de hábitos diversos e possuidores de conhecimentos diversos dos padrões europeus medievais; o surgimento de artistas, pintores, escultores, intelectuais e escritores subvencionados por mecenas desvinculados de forças

---

[4] A visão tradicional é essa segundo a qual o choque conflituoso entre o medievo e a modernidade se dá pela oposição fé *versus* razão, como nesta leitura: "No entanto, a maior parte das situações da vida social moderna é manifestamente incompatível com a religião como uma influência penetrante sobre a vida cotidiana. A cosmologia religiosa é suplantada pelo conhecimento reflexivamente organizado, governado pela observação empírica e pelo pensamento lógico, e focado sobre tecnologia material e códigos aplicados socialmente. Religião e tradição sempre tiveram uma vinculação íntima, e esta última é ainda mais solapada do que a primeira pela reflexividade da vida social moderna, que se coloca em oposição direta a ela" (Giddens, *As consequências da Modernidade*, 1991, p. 111).

religiosas, dedicados, portanto, a causas diversas daquelas apregoadas como modelo pela Igreja; o desenvolvimento da experimentação em ciência e medicina, na contramão das exigências religiosas, como forma de se desenvolverem técnicas alternativas ao tratamento de doenças e epidemias; a aparição de uma preocupação metodológico-racionalista de demonstração das evidências científicas, cujo maior representante foi Descartes (*cogito, ergo sum*) etc.

A ideia de "natureza" como algo estático, divino e contemplativamente misterioso para o homem transforma-se, para assumir um novo sentido a partir da modernidade, o que se processou pelas mãos de Giordano Bruno, Montaigne, Rousseau, Spinoza, Goethe e Hoelderlin, até os materialistas do fim do século XIX.[5] A natureza, à medida que é testada, objetualmente colocada *sub foco* da ciência e dos saberes técnicos, se converte em algo de que se apropria, de que se usa, de que se pode fruir um proveito, desde que esteja a serviço do saber, da descoberta, do progresso da vida e da intensificação dos modos de dominação do meio pelo homem.[6] A cosmovisão, ao tornar-se antropocêntrica com o Renascimento, inverte a polaridade da relação de Natureza-homem para Homem-natureza. Mais que mera inversão de palavras, a partir da modernidade o que se tem é uma intensificação dos modos de racionalização como meios e técnicas de desbravar, vasculhar e de dominar o desconhecido da natureza, ou seja, o desconhecido mundo em que se habitava, e no qual a própria humanidade se sentia à mercê de caprichos naturais e/ou divinos. Quando a ciência cria hipóteses, testa e comprova, nada mais de misticismo, de lendário, de incognoscível resta, pois devassar é a

---

[5] Cf. Guardini, *O fim da Idade Moderna*, 2000, p. 62. Também se pode encontrar forte lição neste sentido nas leituras da Escola de Frankfurt, em especial neste trecho de Horkheimer: "O homem tornou-se gradativamente menos dependente de padrões absolutos de conduta, de ideais universalmente unidos. Tornou-se tão completamente livre que não precisa de padrões exceto o seu próprio. Paradoxalmente, contudo, esse aumento de independência conduziu a um aumento paralelo de passividade. Por argutos que se tenham tornado os cálculos do homem em relação aos seus meios, a sua escolha de fins, que era anteriormente correlacionada com a crença numa verdade objetiva, tornou-se insensata: o indivíduo, purificado de todos os resíduos das mitologias, inclusive a mitologia da razão objetiva, reage automaticamente, de acordo com padrões gerais de adaptação. As forças econômicas e sociais adquiriram o caráter de poderes naturais cegos que o homem, a fim de poder se preservar a si mesmo, deve dominar, ajustando-se a eles. Como resultado final do processo, temos de um lado o eu, o ego abstrato esvaziado de toda substância, exceto da sua tentativa de transformar tudo no céu e na terra em meios para a sua preservação, e do outro lado uma natureza esvaziada e degradada a ser um simples material, simples substância a ser dominada, sem qualquer outro propósito do que esse de sua própria dominação" (Horkheimer, *Eclipse da razão*, 2003, p. 102).

[6] Nisto estão absolutamente de acordo as análises de Guardini e de Bruno Latour. Destaca-se aqui este trecho ilustrativo da instrumentalização da natureza como atividade produtora típica do espírito moderno: "*A assimetria entre natureza e cultura torna-se então uma assimetria entre o passado e futuro*. O passado era confusão entre as coisas e os homens; o futuro, aquilo que não os confundirá mais. A modernização consiste em sair sempre de uma idade de trevas que misturava as necessidades da sociedade com a verdade científica para entrar em uma nova idade que irá, finalmente, distinguir de forma clara entre aquilo que pertence à natureza intemporal e aquilo que vem dos humanos" (Latour, *Jamais fomos modernos*, 2000, p. 70).

força diretiva que conduz o homem moderno em direção à superação de sua condição anterior ou medieval. O processo de dominação da natureza, estendido à dominação do homem, leva ao exaurimento da natureza, ao esvaziamento das relações, à desumanização e à pilhagem do mundo natural.

> "A Idade Moderna esqueceu tudo isto porque a fé revoltada do autonomismo produziu uma espécie de cegueira. Pensaram que o homem podia possuir o poder e sentir-se em segurança com ele – através de uma lógica qualquer das coisas cujo comportamento lhe podia inspirar tanta confiança no domínio de sua liberdade como no domínio da natureza. Mas não é assim. Logo que uma energia, uma matéria, uma estrutura ou qualquer coisa entra no domínio do humano, passa a ter um novo caráter. Deixa de ser simplesmente natureza e passa a ser um elemento do mundo do homem. Integra-se na liberdade mas também na debilidade do homem e é a partir daí que pode ter vários significados, ser portadora de possibilidades quer de caráter positivo quer de caráter negativo" (Guardini, *O fim da Idade Moderna*, 2000, p. 19)"

A *razão instrumental* (ou *razão pragmática*),[7] portanto, ou seja, aquela colocada a serviço da produção, da riqueza, do pragmatismo produtivo, do fazer, escravizada pelas condições capitalistas, que lhe haveriam de ditar os caminhos a seguir, parece ter sido a geradora de diversos desvios (previsíveis) nas rotas e nos rumos da própria modernização.[8]

Sem dúvida, a partir do desenvolvimento do espírito moderno, da consciência da superposição da razão escorada em certos procedimentos sociais para a superação do

---

[7] Perceba-se que a crítica à modernidade feita pela Escola de Frankfurt beira uma crítica da razão da concepção de razão e ao seu aniquilamento reducionista à ideia da razão instrumental: "A redução da razão a um mero instrumento afeta finalmente até mesmo o seu caráter como instrumento. O espírito antifilosófico que é inseparável do conceito subjetivo de razão, e que na Europa culminou com a perseguição totalitária aos intelectuais, fossem ou não os seus precursores, é sintomático da degradação da razão" (Horkheimer, *Eclipse da Razão*, 2003, p. 61). Em outra passagem: "Esses exemplos são citados apenas com o fim de mostrar que a razão pragmática não é nova. Todavia, a filosofia que há por trás disso, a ideia de que a razão, a mais alta faculdade humana, se relaciona exclusivamente com instrumentos, ou melhor, é um simples instrumento em si mesma, é formulada mais claramente e aceita mais geralmente hoje do que jamais foi outrora. O princípio de denominação tornou-se o ídolo ao qual tudo é sacrificado" (Horkheimer, *Eclipse da razão*, 2003, p. 109).
"O que significava, e é a conclusão relevante, que a compreensão do ser, e com ela a de tudo, adquiria um sentido funcional e se via submetido ao tipo de razão a que Horkheimer designou por 'razão instrumental' (*Zur kritik instrumentellen Vernunft*, 2. ed.)" (Castanheira Neves, *O direito hoje e com que sentido?* O problema actual da autonomia do direito, 2002, p. 33).

[8] Ainda uma vez convergem as análises de Guardini e Latour, na interpretação do sentido da modernidade e dos próprios desvios da modernidade. Leia-se: "A modernização, mesmo tendo destruído a ferro e sangue quase todas as culturas e naturezas, tinha um objetivo claro. Modernizar permitia distinguir claramente as leis da natureza exterior e as convenções da sociedade" (Latour, *Jamais fomos modernos*, 2000, p. 129).

medievo, parte-se para a construção de um conjunto ideológico altamente favorável à aliança entre produção, ação e saber, grandes traços identificadores da razão instrumental, na leitura de Horkheimer:

> "O pensamento moderno tentou extrair uma filosofia dessa visão das coisas, tal como se apresenta no pragmatismo. O centro dessa filosofia é a opinião de que uma ideia, um conceito ou uma teoria nada mais são do que um esquema ou plano de ação, e portanto a verdade é nada mais do que o sucesso da ideia" (*Eclipse da razão*, 2003, p. 49).

Hoje, ao contrário de se terem encontrado abundância, solução para doenças, liberdade plena de expressão, eliminação das disputas territoriais, pacificação das guerras, eliminação das diferenças de classes, igualdade, liberdade e fraternidade, outras forças parecem oprimir os espíritos, outras sutis formas de dominação medram na estruturação da sociedade, outras formas de pestes bubônicas afetam o mundo contemporâneo, estranhamente ainda medieval, ou pré-moderno. Nessa medida, feito o escorço histórico, abordada a dimensão constitutiva da modernidade, vale que se questione o sentido do projeto moderno, bem como os sucessos/insucessos decorrentes da execução do projeto moderno. Onde estão a ordem, o progresso e a razão calculadora que se pretendiam os arautos de tempos infindavelmente modernos? Se a razão, incorporada no Estado hegeliano, fosse capaz de prever e conter todos os dilemas sociais, estar-se-ia a falar de uma crise do Estado? Como é possível à razão justificar a própria razão, uma vez que está escorada na própria razão, como aponta criticamente Anthony Giddens?[9] Pode-se, afinal, falar em crise da razão na medida em que a própria razão se converteu num arcabouço a serviço dos modos fabris de estruturação da vida, como questiona Max Horkheimer?[10] Onde estão a clareza, a retidão e a plenipotenciária presença da

---

[9] "Ao invés destes desenvolvimentos nos levarem para "além da modernidade", eles nos proporcionam uma compreensão mais plena da reflexividade inerente à própria modernidade. A modernidade não é perturbadora apenas devido à circularidade da razão, mas porque a natureza desta circularidade é decisivamente intrigante. Como podemos justificar um compromisso com a razão em nome da razão? Paradoxalmente, foram os positivistas lógicos que tropeçaram mais diretamente nesta questão, como resultado da própria extensão na qual eles procuraram remover todos os resíduos de tradição e dogma do pensamento racional. A modernidade revela-se enigmática em seu cerne e parece não haver maneira deste enigma pode ser 'superado'. Fomos deixados com perguntas que uma vez pareceram ser respostas, e devo argumentar ulteriormente que não são apenas os filósofos que se dão conta disto. Uma consciência geral deste fenômeno se filtra em ansiedade cuja pressão todos sentem" (Giddens, *As consequências da Modernidade*, 1991, p. 55).

[10] A crítica é, mais uma vez, atribuída a Horkheimer: "Ao tentar transformar a física experimental num protótipo de todas as ciências e modelar todas as esferas da vida intelectual segundo as técnicas do laboratório, o pragmatismo é o correlato do industrialismo moderno, para quem a fábrica é o protótipo da existência humana, e que modela todos os ramos da cultura segundo a produção na *linha de montagem* ou segundo o escritório executivo racionalizado. A fim de provar seu direito a ser concebido, todo pensamento deve ter um álibi, deve apresentar um registro da sua utilidade" (Horkheimer, *Eclipse da razão*, 2003, p. 57).

razão na arquitetura das grandes decisões sociais, que acabam sendo dominadas por outros instintos de mercado mais vorazes que a própria capacidade de se detê-los?

2.2 A CONSTRUÇÃO INTELECTUAL DA MODERNIDADE: OS ARQUÉTIPOS FILOSÓFICOS

A modernidade, como se vem estudando, deu-se, a um só tempo, no plano dos fatos e no plano das ideias. A modernidade implica um longo processo histórico, a iniciar-se em meados do século XIII e a desdobrar-se em sua consolidação até o século XVIII, de desenraizamento e de laicização, de autonomia e liberdade, de racionalização e de mecanização, bem como de instrumentalização e de industrialização.[11] Desta forma, pode-se dizer que a modernidade envolve aspectos do ideário intelectual (científico e filosófico) associados a outros aspectos econômicos (Revolução Industrial e ascensão da burguesia) e políticos (soberania, governo central, legislação) conjunturalmente relevantes. O que se pretende neste momento é detectar as raízes da formação de uma consciência intelectual, especialmente filosófica, que desse sustentação e formasse os pilares de estruturação da arquitetura moderna.[12]

A intimidade dialética das ideias com seus tempos dá-se de modo muito curioso. Às vezes são as ideias as propulsoras de alterações culturais e ideológicas significativas em seu tempo. Às vezes são as ideias apenas o fruto das modificações ambientais sentidas e formalizadas no discurso das ciências e da filosofia. Nem tanto ao determinismo e nem tanto ao imanentismo das ideias, considera-se que as ideias são engendradas dialeticamente em condições sem as quais (por antagonismo ou por favorecimento) elas não seriam possíveis de serem trazidas à superfície do pensamento. Dessa forma é que se vê, no conjunto dos pensadores a seguir abordados, um processo claro de intensificação e apoio intelectual ao projeto da modernidade.

O que se quer discutir é exatamente a concepção de que razão, sujeito, ordem, soberania e Estado não são casualmente termos ligados ao vocabulário moderno. Eles

---

[11] A citação necessária recorre a Horkheimer: "A reificação é um processo cuja origem deve ser buscada nos começos da sociedade organizada e do uso de instrumentos. Contudo, a transformação de todos os produtos da atividade humana em mercadorias só se concretizou com a emergência da *sociedade industrial*. As funções outrora preenchidas pela razão objetiva, pela religião autoritária, ou pela metafísica, tem sido ocupadas pelos mecanismos reificantes do anônimo sistema econômico" (Horkheimer, *Eclipse da razão*, 2003, p. 48).

[12] Quem se dedica a este tipo de análise crítica do surgimento da modernidade é Max Horkheimer, quando afirma: "Nos termos modernos, a razão tem revelado uma tendência para dissolver o seu próprio conteúdo objetivo. É verdade que na França do século XVI o conceito de uma vida dominada pela razão como suprema força obteve novos avanços. Montaigne adaptou-se à vida individual, Bodin à vida das nações, e Del'Hôpital praticou-o na política. A despeito de certas declarações céticas da parte desses homens, suas obras promoveram a abdicação da religião em favor da razão como suprema autoridade intelectual" (Horkheimer, *Eclipse da razão*, 2003, p. 22).

foram paulatinamente sendo tornados possíveis pela prática histórica dos séculos, mas também foram sendo lapidados no laboratório das ideias. Ora, é impossível pensar o *modus vivendi* moderno, centrado na ideia de 'sujeito do conhecimento', na ideia de cidadania constitucional, de democracia representativa, de direitos humanos, de organização estatalrepressivo-burocrática das dimensões social e econômica, e de progresso técnico-científico, sem a recorribilidade necessária aos arcanos do ideário moderno. Trata-se de um ideário que vê na história um processo linear em direção à racionalização, à capitalização, à estruturação do Estado, ao progresso, à centralização do poder. É o que se faz quando se pretende entrelaçar a faticidade do que é feito à idealidade do que é pensado.

Os intentos classificatórios, delimitadores e consensuadores de convenções nesse terreno são muitos. As divergências surgem exatamente quando se tenta qualificar quem seria o pensador que carregaria o ônus de ter dado início consciente à modernidade. As afirmativas fazem com que se circule entre autores do século XVI até autores do século XIX, numa disparidade enorme de contrastes temporais e de concepções de mundo! Com o pensamento de cartesiano, segundo alguns, é que se teria iniciado a consciência da subjetividade cognitiva. Este seria o *start* da modernidade como forma de dominação e colonização do mundo (*res extensa*) pela razão (*res cogitans*). Isso, no entanto, não é consenso entre os autores, e os referenciais teóricos mudam. A modernidade, para Habermas, por exemplo, teria nascido com Hegel, e seu racionalismo onipresente seria a máxima manifestação da vontade colonizadora moderna do mundo. A modernidade, para Foucault, teria nascido com Kant, na medida em que ninguém melhor que Kant teria se pronunciado sobre a dimensão do indivíduo e sobre a consciência ética do dever que esse filósofo de Köenigsberg, e a era crítica seria a *Aufklärung*.[13] Prefere-se identificar, com Castoriadis, que a modernidade possuiria três fases: a da formação do Ocidente (XII ao XVII), com as primeiras manifestações da acumulação e da revolução que se preparava no bojo do Idade Média; a da crítica da modernidade, com sua afirmação (XVIII até Segunda Guerra Mundial), quando se solidificam os gran-

---

[13] "Sei que se fala frequentemente da modernidade como uma época ou, em todo caso, como um conjunto de traços característicos de uma época; ela é situada em um calendário, no qual seria precedida de uma pré-modernidade, mais ou menos ingênua ou arcaica, e seguida de uma enigmática e inquietante 'pós-modernidade'. E nos interrogamos então para saber se a modernidade constitui a consequência da *Aufklärung* e seu desenvolvimento, ou se é preciso ver nela uma ruptura ou um desvio em relação aos princípios fundamentais do século XVIII.

Referindo-me ao texto de Kant, pergunto-me se não podemos encarar a modernidade mais como uma atitude do que como um período da História. Por atitude, quero dizer um modo de relação que concerne à atualidade; uma escolha voluntária que é feita por alguns; enfim, uma maneira de pensar e de sentir, uma maneira também de agir e de se conduzir que, tudo ao mesmo tempo, marca uma pertinência e se apresenta como uma tarefa. Um pouco, sem dúvida, como aquilo que os gregos chamavam de êthos. Consequentemente, mais do que querer distinguir o 'período moderno' das épocas 'pré' ou 'pós-modernas', creio que seria melhor procurar entender como a atitude de modernidade, desde que se formou, pôs-se em luta com as atitudes de 'contramodernidade'" (Foucault, *Arqueologia das ciências e história dos sistemas de pensamento*, 2000, p. 341-342).

des pilares da mudança social, econômica e política das sociedades; a da retirada para o conformismo (Segunda Guerra Mundial em diante), com a queda das hegemonias ideológicas e a retirada para a crítica dos arquétipos da modernidade.[14]

Independente de como essas classificações se deem, quando se parte nessa aventura de detectar como o pensamento se relaciona com o seu tempo, especialmente no contexto aqui estudado, se pode presentificar o conjunto de ideias que favoreçam o aparecimento e a justificação das mudanças ocorridas que se consolidaram na arquitetura do Estado Moderno. Se se tomar, por exemplo, o pensamento de Jean Bodin (século XVI), detectar-se-á que traz consigo uma reflexão inteiramente voltada para a compreensão da importância da ideia de soberania, em pleno momento de nascimento do Estado Moderno, cuja sedimentação primeira se dá, segundo alguns autores, no plano da geopolítica, em pleno século XVII. Ora, em parte, a ideia de legalidade está implicada na capacidade de ser soberano, de modo que a soberania aparece como um conceito fundamental na construção do Estado Moderno. "A primeira marca do príncipe soberano é o poder de dar lei a todos em geral e a cada um em particular" (*República* I, 10, p. 306).[15] Ainda que justificando a limitação no exercício da soberania pelo seu detentor em leis divinas e naturais, Bodin acaba por incentivar e incrementar conceitualmente a formação do imperativo filosófico da modernidade, segundo o qual, sem uma ordem central, torna-se impossível qualquer projeto para a construção de uma sociedade moderna. Há um certo reforço dos poderes centrais, em detrimento até mesmo dos poderes de resistência que tornam a ideologia da supremacia estatal (que haverá de vigorar na modernidade) uma espécie de consenso intelectual, se se for considerar o conjunto dos estudos a respeito do tema.

Outra importante referência do período é encontrada em Nicolau Maquiavel (séculos XV-XVI), que evoca no pensamento filosófico-político de seu tempo uma reflexão que exala uma preocupação que corre muito próxima do próprio diário de vida do príncipe, sendo que seu mais reconhecido escrito (*O príncipe*, 1513-14) orientando-o para a ação, dando-lhe conselhos de como governar e manter o governo. A convergência das preocupações com a estabilidade do poder leva Maquiavel a dissociar qualquer espécie de sentimento ético-subjetivo do príncipe das próprias finalidades de exercente da soberania de dizer as regras do jogo político. A separação e o afastamento entre ética e política começam a se dar num momento em que a própria dissociação da aliança entre Igreja e Estado passava a se tornar possível, na medida da própria falência das instituições religiosas e de seu poderio espiritual-temporal sobre os espíritos. Exatamente por construir uma nova moralidade para a política, Maquiavel se destacou como um pioneiro das preocupações políticas mais práticas, introduzidas como questão de reflexão na medida em que o poder carece de sustentar-se, inclusive, filosoficamente; nesse sentido, os fins podem justificar os meios.

---

[14] Cf. Castoriadis, *O mundo fragmentado*, 2000, p. 16-18.
[15] Apud Barros, *A teoria da soberania de Jean Bodin*, 2001, p. 240.

Mas a modernidade não pode ser pensada sem Thomas Hobbes (1588-1679), que se destaca por colocar o seu pensamento a serviço da unidade do poder estatal. O Leviatã torna-se essa espécie de monstro-ficção que está acima de todos (e até de tudo), na medida em que se coloca a serviço das causas de unificação de laços extremamente frágeis, e, portanto, débeis até então, entre cidadãos. Em nome da conservação do espírito de todo, pode-se justificar, na concepção hobbesiana, antes que homens em estado de natureza se eliminem uns aos outros, a pena de morte e outros recursos extremos para a manutenção da ordem. O pensamento hobbesiano é marcantemente voltado para uma clara definição do imperativo conjunto de poderes e tarefas assumidos pelo Estado Moderno, que deve se distinguir das partes-componentes (cidadãos) até mesmo por suas forças plenipotenciárias.

A ideia de liberdade de mercado, da mão invisível, constrói os fundamentos para o liberalismo moderno, que remontam a John Locke,[16] especialmente trazidos pela obra de Adam Smith (século XVIII), tornando-se grande via de escape para os intentos capitalistas, na medida em que a posse de direitos, a estabilização das fronteiras, as garantias de Estado, a proteção do direito de propriedade, bem como outros fatores de acumulação bem-estruturados, permitiram o fortalecimento e o crescimento de uma burguesia ascendente, cada vez mais interessada na solidificação da ideia de Estado. O pensamento econômico liberal, como o de Smith, está empenhado em promover o comércio, e, nessa visão, as regras de mercado funcionam mais eficazmente que as regras de Estado.[17] Aliás: "Essa é a chave econômica de sua obra. Quanto mais amplo for o circuito comercial, mais especialização e mais progresso haverá. Se cada um se dedica a uma tarefa especial, cada um vai desenvolver o que faz melhor. Logo, terá todo o tempo para dedicar-se exclusivamente a isso" (Grondona, *Os pensadores da liberdade*, 2000, p. 59). Há nisto uma clara preocupação com o crescimento, com o progresso, com a ampliação do mercado, com a lei do esforço pessoal, este que é o axioma moral do individualismo burguês.[18]

---

[16] Grondona nos faz esta afirmação: "John Locke inicia esta linha de pensadores. Poderíamos remeter a Calvino ou a Francis Bacon, mas é preciso limitar o tempo. John Locke é o ponto de partida do liberalismo *político*; se tivéssemos que dizer quem é o fundador do liberalismo, diríamos 'Locke'. Na realidade, na época em que John Locke escreve, no final do século XVII, há outros escritores políticos similares. Até se diz que Locke sistematizou e vulgarizou um pensamento que já estava no ambiente. Todo grande pensador, como os grandes músicos, é o cume de uma cordilheira. No século XVIII houve muitos como Mozart, mas só um Mozart" (Grondona, *Os pensadores da liberdade*, 2000, p. 18).

[17] "Esse dogma do liberalismo afirma que, trabalhando cada um para o próprio bem, resulta disso um bem 'geral' graças a uma 'mão invisível', a uma espécie de harmonia preestabelecida que opera com mais eficácia que o Estado" (Grondona, *Os pensadores da liberdade*, 2000, p. 39).

[18] "Na era da livre empresa, a chamada era do individualismo, a individualidade estava totalmente subordinada à razão autopreservadora. Nessa era, a ideia de individualidade pareceu ter-se desembaraçado das armadilhas metafísicas e ter-se tornado simplesmente uma síntese dos interesses materiais do indivíduo. Que por esse meio não se livrou de ser usada como um joguete pelo ideólogo, não há necessidade de provar. O individualismo é o próprio coração da teoria e prática do liberalismo burguês, que vê a sociedade como um todo que progride através

"O liberalismo descobriu a chave do progresso. Em *Riqueza das nações* (1790), Smith pergunta-se: que está sucedendo, por que as nações estão enriquecendo? É um fenômeno absolutamente novo na história. No liberalismo há a compreensão de por que está ocorrendo essa revolução que é o progresso econômico-social. A fórmula é uma mistura de segurança jurídica, livre comércio e competição. O progresso é uma regra do jogo estável que instaura e regula a competição. Logo, os indivíduos começam a 'florescer', a ser cada um a flor especial e única que deveria ser no mundo. Nesse quadro, só a pessoa pode dar o melhor de si. Essa é a fórmula do progresso. Sobre esse sistema pode haver correções marginais e secundárias, mas pretender substituí-lo é ilusório: o subdesenvolvimento não é uma situação, mas um erro. E ideia de que o subdesenvolvimento seja uma 'fase', como a adolescência, é falsa. A Índia é velhíssima e subdesenvolvida. A Austrália é jovem e tem um alto grau de desenvolvimento. Velhos ou novos, os países subdesenvolvidos são os que não aceitam a fórmula do progresso. Velhos ou novos, os países desenvolvidos a aceitaram" (Grondona, *Os pensadores da liberdade*, 2000, p. 58).

Smith, além de observar a dimensão econômica, em seu texto *Teoria dos sentimentos morais* (1759) discorre sobre a justiça, dela afirmando que se trata do cimento das relações sociais.[19] O direito aí figura como um instrumento para garantir a fixação da dominação econômica pelas classes burguesas, impedindo que o Estado se intrometa na dimensão econômica, âmbito onde deveria reinar a mais ampla liberdade dos agentes econômicos.

Um importante passo no sentido da compreensão da dinâmica do poder e da necessidade de sua distribuição por leis a órgãos competentes para legiferar, julgar e executar vem dada por Montesquieu (século XVIII), que enfatiza sua reflexão sobre a questão da participação da lei na formação da arquitetura do Estado. Mais que isso, seus estudos o conduzem, especialmente em *O espírito das leis* (1748), a partir da evidência da necessidade de tripartição de poderes, constituída com base no paradigma da legalidade e da objetividade de uma Constituição que representa as forças sociais e os interesses gerais da sociedade. Sem a divisão das tarefas-atividades do Estado, parece se diluir a organicidade e comprometer-se a capacidade de produzir e distribuir justiça em condições severas de avaliação político-institucional. É isso que o leva a afirmar que: "Há, em cada Estado, três espécies de poderes: o poder legislativo, o poder executivo das coisas que dependem do direito das gentes, e o executivo das que dependem do direito civil [...]. Chamaremos este último o poder de julgar e, o outro,

---

da interação automática de interesses divergentes num mercado livre" (Horkheimer, *Eclipse da razão*, 2003, p. 140-141).

[19] "Sem justiça não pode haver sociedade; sem beneficência poderia haver, ainda que fosse lamentável. Enquanto a justiça é o 'cimento' da sociedade política, a beneficência é o 'ornamento', o que a faz mais bela, nobre, digna de imitar" (Grondona, *Os pensadores da liberdade*, 2000, p. 36).

simplesmente o poder executivo do Estado" (Montesquieu, *Do espírito das leis,* Livro XI, capítulo VI, trad., p. 148-149).

É certo que o Estado Moderno depende visceralmente da obra de Jean-Jacques Rousseau (século XVIII) para a sua construção, uma vez que haverá de, com sua teoria contratualista e suas inspirações jusnaturalistas, ensinar a liberalização das concepções limitativas do poder de Estado, na medida em que nem a soberania e nem o hobbesianismo eram satisfatoriamente suficientes para equilibrar as tensões e diferenças entre classes sociais. O brado rousseauniano é no sentido da democratização do poder, o que significa que a vontade geral e a soberania são populares, sendo os exercentes do poder apenas representantes (limitados em suas ações) dos poderes a eles delegados. Suas ideias são inspiradoras da Revolução Francesa na medida em que a luta popular francesa se torna uma causa de direito natural libertário face às opressões das cortes e do clero, sabendo que o terceiro Estado encontrava-se completamente alijado das deliberações de Estado. O pensamento rousseauniano haverá de determinar a imprescindível postura de afirmação das democracias modernas e dos limites ao exercício do poder pelo soberano, que, ao contrário de Hobbes, não está acima da lei, mas que se encontra na condição de seu fiel cumpridor.

Como legatário da Revolução Francesa, Immanuel Kant (século XVIII) tece um conjunto teórico refinado, de marca racionalista, inaugurando o criticismo, bem como declarando a inabilidade da razão em penetrar os arcanos da metafísica e os segredos divinos, trazendo consigo, ao mesmo tempo, o idealismo moral, a liberdade como premissa ética do dever (ética deontológica, subjetivista e racional-dedutiva), bem como a concepção do direito como instância capaz de regular o contraste entre as liberdades individuais atritantes, representando a força do impositivo categórico na dimensão prática da vida social. A presença do pensamento kantiano no século XVIII é marcante, sendo até mesmo determinante para o nascimento do pensamento hegeliano, no século XIX. Sua doutrina do Estado e do poder circunscreve-se nos limites do próprio anseio de liberdade alardeado pelos seus escritos, onde se encontram ideias que propugnam a máxima liberdade individual, assim como também a máxima responsabilidade individual, bem como a máxima capacidade para realizar essa responsabilidade individual. Os reflexos e as crenças da Revolução Francesa ainda eram muito recentes para serem esquecidos, de modo que foram encampados e absorvidos sutilmente pela doutrina filosófica kantiana, que vislumbrava novos ares de autonomia e racionalismo para a modernidade.[20] A *Aufklärung* não pode ser mais bem compreendida senão por sua presença em Kant, pois o novo é entendido como capaz de engendrar desejáveis

---

[20] A liberdade está inscrita na bandeira da Revolução Francesa. E é exatamente ela o elemento primordial da filosofia kantiana, sobretudo no que tange à liberdade moral: "Ele esmiuçou a 'sociabilidade' básica do homem e enumerou como seus elementos a comunicabilidade – a necessidade de os homens comunicarem-se – e a publicidade, a liberdade *pública* não apenas para pensar, mas também para publicar – 'a liberdade de escrita'; mas ele desconhece tanto uma faculdade quanto uma necessidade para a *ação*" (Arendt, *Lições sobre a Filosofia Política de Kant,* 1993, p. 28).

mudanças para a vida individual.[21] Os ecos da Revolução são, de modo otimista, lidos e interpretados pelo subjetivismo idealista kantiano, que dá formação e fundamentação aos grandes pilares para a construção da ideia de Direito Moderno (minha liberdade vai até onde esbarra na do outro) e para a autonomia crítica da razão na condução e realização do dever. É isso que faz com que a função do filósofo, conforme afirma Kant na *Crítica da razão pura*, "não é meramente um artista, que se ocupa de concepções, mas um doador de lei, que legisla para a razão humana" (Bauman, *Modernidade e ambivalência*, 1999, p. 29).

Em G. W. F. Hegel (século XIX), razão e Estado se consolidam através de seu idealismo, ao mesmo tempo que o fim da história parece declarar-se numa visão capaz de perceber no Estado a máxima realização da razão nos tempos. Com sua clássica sentença segundo a qual *"O que é racional é real e o que é real é racional"* (Hegel, *Princípios da filosofia do direito*, 1990, p. 13), o entrelaçamento do real com o racional é visto apenas como uma declaração da plenipotenciária onipotência da razão na construção e reconstrução da própria natureza. Em seu pensamento, deleita-se aquele que pretende ver no Direito o momento em que o espírito determina a liberdade, na medida em que é através do Direito que serão regulados os comportamentos de múltiplos sujeitos, na projeção da liberdade em sua exterioridade, ainda mais considerando-se a tarefa de fixarem-se limites entre o justo e o injusto, entre o lícito e o ilícito. O império da razão encontra sua máxima manifestação em Hegel, o que, sem dúvida nenhuma, consolida a perspectiva de tecnização e racionalização modernas.

No entanto, as desigualdades, a exploração, a apropriação de bens pela classe burguesa são temas que estão flagrantes para Karl Marx (século XIX), que inaugura, por sua vez, uma análise crítica da economia e da política, especialmente em *O capital*, na medida em que a dominação de classes, a Revolução Industrial e a exploração do homem pelo homem se tornam evidências e resultantes do próprio processo de acumulação primitiva, desde o final da Idade Média. Na passagem do Medievo à Modernidade, o crescimento econômico era um fato escancarado para os olhos dos teóricos, e Marx enfrenta a questão detectando que a riqueza das nações estaria sendo dirigida a uma só classe, dela excluída a classe proletária.[22] Sua crítica ao capitalismo, bem como seu idealismo revolucionário pelas classes exploradas (proletariado) em direção ao comu-

---

[21] "Em Kant, a importância da história [*story*] ou do evento jaz precisamente não no final, mas no fato de que ele abre novos horizontes para o futuro. Foi a *esperança* para as gerações futuras contida na Revolução Francesa que a fez um evento tão importante. Esse sentimento era disseminado. Hegel, para quem a Revolução Francesa também fora o mais importante ponto de mutação, sempre a descreve por metáforas como 'um esplêndido nascer do Sol', a 'aurora' etc. É um evento da 'história do mundo', porque contém as sementes do futuro" (Arendt, *Lições sobre a Filosofia Política de Kant*, 1993, p. 73).

[22] "O homem vivera estagnado por milênios. Anos de vacas gordas e anos de vacas magras, sim, mas nunca um 'processo' de crescimento. É justamente a surpresa ante o crescimento que o obriga a escrever nos séculos XVIII e XIX. Smith o interpreta como algo positivo, Marx negativamente. Smith se surpreende do fato 'escandaloso' de que as nações estejam começando a crescer, a enriquecer" (Grondona, *Os pensadores da liberdade*, 2000, p. 31).

nismo, conduzem a um acirramento das necessidades de revolução social e econômica que insculpem na mentalidade do século XIX (pense-se em 1848) e do século XX a ideia de oposição de classes e a dicotômica oposição entre capitalismo e comunismo. A crítica marxista, unida aos escritos de seus contemporâneos e intérpretes, forma um grande caudal de fundamentos filosóficos para a reivindicação social e para a luta trabalhista que inauguraria décadas de lutas sociais e econômicas ao longo do século XX. O ideal comunista é exatamente a manifestação direta de uma reação opositiva ao imaginário geral da modernidade, reagindo modernamente à indesejada modernidade, como afirma Bauman: "O comunismo moderno foi um discípulo super-receptivo e fiel da Idade da Razão e do Iluminismo e, provavelmente, o mais consistente dos seus herdeiros do ponto de vista intelectual" (Bauman, *Modernidade e ambivalência*, 1999, p. 45).

O ilusionismo da razão figurando como uma espécie de cintilante sedutor dos espíritos modernos, que se tornam criticamente cegos aos defeitos de suas próprias concepções, não afasta a possibilidade de erro, apenas mascarando a dimensão do que estaria para ser vivido ainda na dimensão dos anos em que a modernidade começa a ser colocada em questão. Ao se vangloriar a razão, cartesianamente, não se sabia que ela seria capaz de criar a bomba atômica? Ao se vangloriar a liberdade ética do dever, não se sabia que a liberdade ética é facilmente convertida em subjetivismo ético? Ao se propugnar a igualdade de todos, não se sabia que a igualdade não pode ser cumprida sem grandes injustiças perante aqueles que 'são menos iguais que outros'? Ao se transformar o homem em instrumento das máquinas, não se haveria de perceber que em certo momento seria substituído por estas máquinas?[23] Ao se transformar a natureza em objeto, não se poderia entender que haveria de ser colocada à mercê da ganância e da exploração exauriente humana? Ao se pensar soberania e na centralidade unitária do Estado, não se teria previsto ser o povo completamente alijado de qualquer participação na construção da sociedade? Ao se pensar a criação do comunismo, não se estaria a correr o risco de o próprio Estado-transitivo em direção ao comunismo se transformar ele mesmo no novo detentor dos modos de produção, o que faria, portanto, da burocracia a nova classe burguesa, invertendo apenas o poder econômico de mãos? É bem cabível aqui, após tantas perguntas, a afirmativa de Bauman:

> "Nós, humanos, somos dotados de tudo de que todos precisam para tomar o caminho certo que, uma vez escolhido, será o mesmo para todos. O sujeito de Descartes e o homem de Kant, armados da razão, não errariam em seus cami-

---

[23] A crítica da razão instrumental é feita por Horkheimer, na esteira do pensamento da Escola de Frankfurt: "A crise da razão se manifesta na crise do indivíduo, por meio do qual se desenvolveu. A ilusão acalentada pela filosofia tradicional sobre o indivíduo e sobre a razão – a ilusão da sua eternidade – está se dissipando. O indivíduo outrora concebia a razão como um instrumento do eu, exclusivamente. Hoje, ele experimenta o reverso dessa autodeificação. A máquina expeliu o maquinista; está correndo cegamente no espaço. No momento da consumação, *a razão tornou-se irracional e embrutecida*. O tema deste tempo é a autopreservação, embora não exista mais um eu a ser preservado. Em vista desta situação, cabe-nos refletir sobre o conceito de indivíduo" (Horkheimer, *Eclipse da razão*, 2003, p. 131).

nhos humanos a menos que empurrados ou atraídos para fora da reta trilha iluminada pela razão" (Bauman, *Modernidade líquida*, 2000, p. 193).

Por essas e outras questões mais que se poderiam formular, é que a desilusão ante a modernidade é reveladora de muitos indícios da necessidade de sua superação. Não por outro motivo é que escreve Zygmunt Bauman: "A maior parte de sua história, a modernidade viveu na e da autoilusão" (*Modernidade e ambivalência*, 1999, p. 245). A superação dessas condições da cegueira moderna, que se seguiu à cegueira medieval, é condição imprescindível para a forja de novos paradigmas.

2.3 A DOMESTICAÇÃO DO MUNDO PELA ORDEM: A ELIMINAÇÃO DA AMBIVALÊNCIA

A modernidade é guardiã de seu ideário e faz de seus princípios e ideologias fontes primordiais para a inspiração da consciência das gerações. Se tudo está para a razão, com a razão e em função da razão, a ordenação racional é o sistema que tudo penetra, determinando as condições para a preeminência do projeto moderno. Da pré-modernidade em direção à modernidade está-se a falar da passagem da dimensão do impreciso para o preciso, da heterogeneidade à homogeneidade, do desordenado ao ordenado, do ambivalente ao certo, ao desconhecido ao conhecido, do natural ao artificial.[24] O cálculo, o exercício métrico da razão, que se imporá sobre o mundo das coisas, é parte do processo arquitetural e ordenador. Dominação, projeção, cálculo, configuração, organização, planejamento são atitudes de ação racional sobre o mundo da desordem, que precisa ser triado e esquadrinhado, antes de ser colocado à disposição para utilização.[25]

A ordem aparecerá como uma espécie de projeção da razão *ordeira* e *ordenadora* no limiar de todas as grandes dimensões de organização da vida (individual e social). "A ordenação – o planejamento e execução da ordem – é essencialmente uma atividade racional, afinada com os princípios da ciência moderna e, de modo mais geral, com o espírito da modernidade" (Bauman, *Modernidade e ambivalência*, 1999, p. 47). Eis o momento do nascimento das grandes instituições modernas (a ciência empírica, a burocracia de Estado, o ordenamento jurídico, o planejamento urbano etc.). Isso permite dizer, com clareza que é fato que a modernidade se atribuiu a tarefa de criar "[...]

---

[24] "A ciência moderna nasceu da esmagadora ambição de conquistar a Natureza e subordiná-la às necessidades humanas" (Bauman, *Modernidade e ambivalência*, 1999, p. 48).

[25] "Podemos dizer que a existência é moderna na medida em que é produzida e sustentada pelo *projeto, manipulação, administração, planejamento*. A existência é moderna na medida em que é administrada por agentes capazes (isto é, que possuem conhecimento, habilidade e tecnologia) e soberanos. Os agentes são soberanos na medida em que reivindicam e defendem com sucesso o direito de gerenciar e administrar a existência: o direito de definir a ordem e, por conseguinte, pôr de lado o caos como refugo que escapa à definição" (Bauman, *Modernidade e ambivalência*, 1999, p. 15).

ordem (mais precisamente e de forma mais importante, a da *ordem como tarefa*) como a menos possível das impossíveis e a menos disponível das indispensáveis – com efeito, como o arquétipo de todas as outras tarefas, uma tarefa que torna todas as demais meras metáforas de si mesmas" (Bauman, *Modernidade e ambivalência*, 1999, p. 12).

Nesse sentido, hierarquizar, conceituar, descobrir, cientificar, conhecer, classificar, nomear, implementar tecnicamente e construir são apenas práticas engenhosas e tentáculos do exercício da razão, no sentido de realizar a ordem almejada pelo espírito moderno.[26] Trata-se de moldar a realidade, a exemplo do que fazem a arquitetura ou a jardinagem, modo que todo dado da natureza pode ser amoldado ao "construído" da razão. Avultam as pranchetas e os projetos, as imposições por decreto, o remanejamento das estruturas para estimular o comportamento racional, permitindo a eficácia do sistema que gera lucros.[27] Na medida em que tudo está fundamentado pelo ideário da utilidade para o bem-estar do homem, a razão se manifesta no Estado burocraticamente organizado, na nação sociologicamente construída, no território geográfico mapeado, na natureza cientificamente controlada, nos procedimentos produtivos fabris controlados pela arquitetura das esteiras de produção e técnicas de mecanização do trabalho (cuja maior expressão foi o fordismo),[28] nas doenças remediadas pela medicina, nos corpos perigosos encarcerados pela prisão etc. Aqui se manifesta a verdadeira ideologia da modernidade, qual seja, o "domínio no sentido mais extremo da palavra que se exprime numa nova forma do mundo. Procura tocar elementos da Natureza e da existência humana. Isto significa possibilidades insuspeitadas de construir mas também de destruir, sobretudo quando se trata da natureza humana, muito menos fixa e segura de si do que se pensa geralmente" (Guardini, *O fim da Idade Moderna*, 2000, p. 53).

A ordem é somente a expressão da racionalidade, projetada para as diversas dimensões da economia, da cultura, do comportamento social, do saber médico etc. Medir

---

[26] A eliminação da ambivalência é o projeto de construção da ordem homogênea intentada pela modernidade: "A ambivalência, possibilidade de conferir a um objeto ou evento mais de uma categoria, é uma desordem específica da linguagem, uma falha da função nomeadora (segregadora) que a linguagem deve desempenhar. O principal sintoma de desordem é o agudo desconforto que sentimos quando somos incapazes de ler adequadamente a situação e optar entre ações alternativas" (Bauman, *Modernidade e ambivalência*, 1999, p. 9).

[27] Cf. Bauman, *Modernidade líquida*, 2000, p. 58.

[28] "O fordismo era a autoconsciência da sociedade moderna em sua fase 'pesada', 'volumosa', ou 'imóvel' e 'enraizada', 'sólida'. Nesse estágio de sua história conjunta, capital, administração e trabalho estavam, para o bem e para o mal, condenados a ficar juntos por muito tempo, talvez para sempre – amarrados pela combinação de fábricas enormes, maquinaria pesada e força de trabalho maciça. Para sobreviver, e principalmente para agir de modo eficiente, tinham que 'cavar', desenhar fronteiras e marcá-las com trincheiras e arame farpado, ao mesmo tempo em que faziam a fortaleza suficientemente grande para abrigar todo o necessário para resistir a um cerco prolongado, talvez sem perspectivas. O capitalismo *pesado* era obcecado por volume e tamanho, e, por isso, também por fronteiras, fazendo-as firmes e impenetráveis. O gênio de Henry Ford foi descobrir o modo de manter os defensores de sua fortaleza industrial dentro dos muros – para guardá-los da tentação de desertar ou mudar de lado" (Bauman Zygmunt, *Modernidade líquida*, 2000, p. 69).

o mundo é dispô-lo numa ordem que convém aos olhos do espírito moderno. Não se afugentar diante dos destinos preatribuídos às coisas (pela natureza ou por Deus), mas determinar as coisas pelo seu próprio destino, *reconstruindo* o mundo numa malha profunda de interesses humanos. Em suma, a ordem é a escravização das coisas às vontades humanas, na medida em que estas convêm, e enquanto convêm. Onde não há ordem, há a ambivalência, ou mesmo, há o caos, e o caos é o descontrole incompreendido pela razão, que tudo ordena e tudo calcula. "Por causa da nossa capacidade de aprender/memorizar, temos um profundo interesse em manter a ordem no mundo. A ambivalência confunde o cálculo dos eventos e a relevância dos padrões de ação memorizados" (Bauman, *Modernidade e ambivalência*, 1999, p. 10).

O século XX será o consequente direto e necessário dos intentos ordenadores do século XIX, especialmente expressos no pensamento filosófico positivista. Assim também, as duas guerras mundiais serão legatárias da herança da modernidade. Stalin e Hitler serão os gênios da engenharia social e do controle dos comportamentos desviantes.[29] A potencialização do conflito atômico será um produto do próprio incremento da relação entre economia, política e ciência, nascida e gestada na modernidade. A segregação social, a má distribuição de rendas, a injustiça social, a inacessibilidade do Estado às demandas sociais serão todas características plantadas em tempos modernos germinando em um momento pós-moderno. O que não estava previsto (ou estava previsto, mas não estava calculado o efeito da desproporção causada a partir dos reflexos destes sobre o projeto inicial) no projeto moderno é que teria que dar conta de sustentar, manter e equilibrar o refugo, a erva daninha, da limpeza do jardim; o soluto, da decantação; a sujeira, da limpeza; o ser humano marginalizado, das políticas sociais; o prisioneiro, da separação entre lícito e ilícito etc.) que cria, como sendo o resto do processo de produção da homogeneidade e da ordem.[30] O dejeto, normalmente, desaparece na lista das coisas desinteressantes e com as quais se deseja evitar o contato (o segregado, o desempregado, o semita); seu destino natural é o monturo. A eliminação da ambivalência, como tarefa primordial do espírito da modernidade, seria a causadora dos abalos que haveriam de desestabilizar a própria crença na modernidade.[31]

---

[29] "Os casos mais extremos e bem documentados de 'engenharia social' global na história moderna (aqueles presididos por Hitler e Stalin), não obstante as atrocidades resultantes, não foram nem explosões de barbarismo ainda não plenamente extinto pela nova ordem racional da civilização, nem o preço pago por utopias alheias ao espírito da modernidade" (Bauman, *Modernidade e ambivalência*, 1999, p. 38).

[30] "Assim, a produção de refugo (e, consequentemente, a preocupação sobre o que fazer com ele) é tão moderna quanto a classificação e a ordenação. As ervas daninhas são o refugo da jardinagem, ruas feias o refugo do planejamento urbano, a dissidência o refugo da unidade ideológica, a heresia o refugo da ortodoxia, a intrusão o refugo da construção do Estado-nação. São refugos porque desafiam a classificação e a arrumação da grade. São a mistura desautorizada de categorias que não se devem misturar. Receberam a pena de morte por resistir à separação. O fato de que não ficariam em cima do muro se, antes de mais nada, o muro não tivesse sido construído não seria considerado pelo tribunal moderno uma defesa válida. O tribunal está aí para preservar a nitidez do muro erguido" (Bauman, *Modernidade e ambivalência*, 1999, p. 23).

[31] Cf. Bauman, *Modernidade e ambivalência*, 1999, p. 15-16.

2.4 O ESTADO, A BUROCRACIA, A LEI E A ORGANIZAÇÃO BURGUESA DO MUNDO

O aparecimento do Estado, a configuração do Direito, a criação do espírito das leis do mercado, a ideologização da ordem liberal, a afirmação do modelo capitalista, o surgimento da nação como fonte de segurança e estabilidade territoriais,[32] a crença na ideia de progresso são características marcantes daquilo que se chama de modernidade. Ser moderno e estar de acordo com a modernidade parece ser corroborar para que esses termos se unam indelevelmente. Mas, para que isto ocorra, é necessário que se pense que apenas paulatinamente essa fusão vai se produzindo, sendo que o Direito, a legalidade, o Estado e a burocracia desempenham um papel garantidor nesse contexto da afirmação dos interesses burgueses, da realizabilidade do liberalismo político, bem como da fortificação do mercado.[33] Neste sentido, se comparada a pré-modernidade à modernidade, as mudanças sociais, política e econômicas, assim como culturais, se dão pelo ritmo, pelo espaço e pela institucionalidade, conforme nos assegura Anthony Giddens.[34] Com todas essas mudanças, as conhecidas e as desconhecidas, o Estado Moderno haveria de se tornar uma espécie de "Estado jardineiro", que corta e recorta, assim como molda e controla as pragas.[35]

A expressão do crescimento da consciência da subjetividade, da individualidade e da racionalidade se dá especialmente na aparição do pensamento kantiano, com a construção do imperativo categórico (expressão de uma ética do dever pelo dever), e com as regras de um idealismo filosófico que coloca o sujeito na condição plenipotenciária de gerenciador dos universos do dever (ético, social e jurídico). A máxima representação do espírito da modernidade se arquiteta enquanto fermenta a própria condição de afirmação histórica da modernidade, que haverá de sagrar o ideário revolucionário ao seu cume máximo, fazendo da liberdade o bastião fundamental da constituição dos espaços sociais e, por consequência, da própria consciência da necessidade de criação, sagração e proclamação de direitos.[36]

---

[32] Cf. Bauman, *Modernidade líquida*, 2000, p. 211.

[33] Tudo de acordo com o princípio do espírito acumulador e trabalho presente na ideologia religiosa protestante, conforme estudos de Max Weber, no século XIX, em *A ética protestante e o espírito do capitalismo*. Neste estudo é que Weber demonstra aquilo que parece uma evidência à sua época: "Uma simples olhada nas estatísticas ocupacionais de qualquer país de composição religiosa mista mostrará, com notável frequência, uma situação que muitas vezes provocou discussões na imprensa e literatura católicas e nos congressos católicos, principalmente na Alemanha: o fato de que os homens de negócios e donos do capital, assim como os trabalhadores mais especializados e o pessoal mais habilitado técnica e comercialmente das modernas empresas é predominantemente protestante" (Tradução Pietro Nassetti. São Paulo: Martin Claret, 2001, p. 35).

[34] Cf. Giddens, *As consequências da modernidade*, 1991, p. 15-16.

[35] A expressão é retirada de Zygmunt Bauman: "A sociedade racionalmente planejada era a *causa finalis* declarada do Estado moderno. O Estado moderno era um Estado jardineiro. Sua postura era a do jardineiro" (Bauman, *Modernidade e ambivalência*, 1999, p. 29).

[36] Cf. Guardini, *O fim da Idade Moderna*, 2000, p. 38-41.

Quando se pensa que o Direito possa ser uma espécie de instrumento neutro de controle social, na medida em que olha objetivamente os conflitos sociais e procura pacificar-lhes o confronto, deixa-se de pensar que, já em seu nascedouro, o Direito nasce comprometido com a ordem burguesa e liberal em ascensão, como parte de um *panneaux* de grandes dimensões amplificado por grandes teorias, justificado por sistemas de pensamento e desejado por grandes contingentes humanos, especialmente pelas elites detentoras de riquezas. O Direito passa a assumir um papel fundamental na constituição da arquitetura moderna. De fato, quando se fala mesmo em modernidade, e, especialmente, em modernidade jurídica, está-se a falar que "a modernidade representa o equivalente a um certo e inusitado grau de complexidade que a organização do direito adquiriu em nossa civilização" (Adeodato, Modernidade e direito, *Revista de Ciências Sociais*, Universidade Gama Filho, Rio de Janeiro, 1997, p. 265). De acordo com Adeodato, pode-se mesmo falar que a modernidade traz consigo os pressupostos para a afirmação paulatina do Direito, quais sejam: o monopólio da produção normativa; a sobrevalorização das fontes formais do Direito com relação a fontes espontâneas do Direito; a autorreferibilidade do Direito como sistema sobre si mesmo.[37]

Há, sem dúvida alguma, uma relação de entrosamento íntimo no nascimento, aparecimento e desenvolvimento do Estado Moderno com o modelo de legitimação fundado no espírito objetivo e legalista pertencente à dinâmica do Direito. Seja o que for, ocorra o que ocorrer, seja quem for o governante, o Direito é um ordenamento de regras que definem, previamente a qualquer mandato ou exercício de cargo, as competências, atribuições e funções do exercente do poder. Ora, dessa neutralidade decorre um modo de estruturação, estabilização e manutenção do Estado extremamente favorável ao crescimento do espírito burocrático, uma vez que a burocracia é a máxima expressão da literalidade das regras, dos procedimentos e da estabilidade das instituições de Estado. Se há vários tipos puros de dominação legítima (tradicional, para a qual a obediência decorre da tradição; carismática, para a qual a obediência decorre da virtude ou do dom do dominante; e, legal, para a qual a obediência se funda numa ordem normativa e de competências previamente definidas), juntamente com o Estado Moderno se afirma a dominação legal-racional como modelo fundante das relações estruturais do corporativismo jurídico-burocrático. De fato, seguindo a lição weberiana, o que se pode perceber é que:

> "Toda a história do desenvolvimento do Estado moderno, particularmente, identifica-se com a da moderna burocracia e da empresa burocrática, da mesma forma que toda a evolução do grande capitalismo moderno se identifica com a burocratização crescente das empresas econômicas. As formas de dominação burocrática estão em ascensão em todas as partes" (Weber, Os três tipos puros de dominação legítima. In: *Sociologia*, 2003, p. 130).

---

[37] Cf. Adeodato, *Modernidade e direito*, 1997, p. 266-268.

Seguindo, também, uma lição de José Eduardo Faria, se chega à mesma conclusão, na medida em que:

> "Partindo do entendimento da sociedade como um sistema estável, concebendo o direito como um conjunto de normas promulgadas pelos órgãos competentes do Estado, defendendo a determinação de um esquema rigidamente hierarquizado de instâncias normativas e baseado no primado das leis gerais e abstratas, e considerando o ordenamento jurídico como um sistema hermético, completo, auto-suficiente e fechado, os paradigmas comuns ao final do século XVIII e ao século XIX tendiam a colocar o direito no centro do estudo das civilizações, buscando a natureza e as linhas de desenvolvimento de um povo no *espírito das leis*" (Faria, *Eficácia jurídica e violência simbólica*: o direito como instrumento de transformação social, 1988, p. 32).

Assim é que o Direito vai, aos poucos, de sua dispersão e insignificância medieval, tornando-se uma espécie de fenômeno central para a modernidade, alcançando seu cume de glorificação e fetichização no século XIX, especialmente com as Escolas Pandectista e Exegese.

Diante disto tudo, o controle (a mecanização robótica da fábrica fordista; o *big brother*; o panóptico; a burocracia) tornar-se-ia um incremento necessário para a arquitetura do poder.[38] Com Bauman, é possível afirmar: "A imaginação dos racionalizadores

---

[38] "Essa *modernidade* pesada/sólida/condensada/sistêmica da 'teoria crítica' era impregnada da tendência ao totalitarismo. A sociedade totalitária da homogeneidade compulsória, imposta e onipresente, estava constante e ameaçadoramente no horizonte – como destino último, como uma bomba nunca inteiramente desarmada ou um fantasma nunca inteiramente exorcizado. Essa modernidade era inimiga jurada da contingência, da variedade, da ambiguidade, da instabilidade, da idiossincrasia, tendo declarado uma guerra santa a todas essas 'anomalias'; e esperava-se que a liberdade e a autonomia individuais fossem as primeiras vítimas da cruzada. Entre os principais ícones dessa modernidade estavam a *fábrica fordista*, que reduzia as atividades humanas a movimentos simples, rotineiros e predeterminados, destinados a serem obediente e mecanicamente seguidos, sem envolver as faculdades mentais e excluindo toda espontaneidade e iniciativa individual; a *burocracia*, afim, pelo menos em suas tendências inatas, ao modelo ideal de Max Weber, em que as identidades e laços sociais eram pendurados no cabide da porta da entrada junto com os chapéus, guarda-chuvas e capotes, de tal forma que somente o comando e os estatutos poderiam dirigir, incontestados, as ações dos de dentro, enquanto estivessem dentro; o *panóptico* com suas torres de controle e com os internos que nunca podiam contar com os eventuais lapsos de vigilância dos supervisores; o *Grande Irmão*, que nunca cochila, sempre atento, rápido e expedito em premiar os fiéis e punir os infiéis; e – finalmente – o *Konzlager* (mais tarde acompanhado no contrapanteão dos demônios modernos pelo Gulag), lugar onde os limites da maleabilidade humana eram testados em laboratório e onde aqueles que suposta ou realmente não eram maleáveis o suficiente eram condenados a morrer de exaustão ou mandados às câmaras de gás ou aos crematórios" (Bauman, *Modernidade líquida*, 2000, p. 33-34). Sobre o panóptico, a digressão de Foucault e a hermenêutica do sistema de Bentham: "*M. Foucault*: De fato, acho que encontrei a figura que dá conta desse tipo de poder, desse sistema de poder. Uma descrição dele bastante exata me foi dada pelo panóptico de Bentham. Podemos descrever, de maneira muito geral, o sistema pelo qual se excluiu a loucura nos séculos XVII e XVIII. No

é tentada pela perspectiva de um Estado de perfeição última e estável, um Estado do qual terá sido eliminada a própria possibilidade de desafio à ordem estabelecida" (*Modernidade e ambivalência*, 1999, p. 47).

Isso permite dizer que não há um aparecimento casual do Direito nesse contexto, esse que seria o paradigmático modelo centralizador, distribuidor, controlador e gestor dos poderes sociais. Ou, mesmo pelo que investiga Foucault, não há ascensão da ideia de controle sem nenhum compromisso com causas modernas, afirmadoras cada vez mais de uma espécie de tomada do indivíduo, e não de um *laissez faire* (*lascia stare*) como de princípio se parece constatar. O *laissez faire* se aplica somente na economia, porque política, direito e clínica estão alinhadas em direção ao controle, à exclusão e à condenação.[39] Incessantemente o indivíduo é assumido como uma parte descartável e invisível do sistema, na medida em que prevalece o intento de afirmação do grupo como força corporificada no Direito, no Estado e no Mercado. Há nisto, na mensagem de Foucault, o crescimento de tramas de poder, enredadas em diversas dimensões das práticas sociais, verdadeiro combustível para alimentar a fornalha do modelo de controle da sociedade moderna.[40]

---

final do século VIII, a sociedade instaurou um modo de poder que não se fundamentava sobre exclusão – é ainda o termo que se emprega –, mas sobre a inclusão no interior de um sistema no qual cada um devia ser localizado, vigiado, observado noite e dia, no qual cada um devia ser acorrentado à sua própria identidade. Vocês sabem Bentham sonhou com a prisão ideal – quer dizer, o tipo de prédio que pudesse ser tanto um hospital como uma prisão, um asilo, uma escola ou uma usina: no centro, uma torre, circundada de janelas, depois um espaço vazio, e um outro prédio circular contendo as celas varadas por janelas. Em cada uma dessas celas se podem alojar, segundo o caso, um operário, um louco, um estudante ou um prisioneiro. Um só homem postado na torre central basta para observar, exatamente, o que, a cada instante, a pessoas estão fazendo em sua pequena cela. Isto, para Bentham, figura a fórmula ideal de internamento de todos esses indivíduos em instituições. Encontrei em Bentham o Cristóvão Colombo da política. Acho que opanóptico representa uma espécie de motivo mitológico de um novo tipo de sistema de poder: aquele ao qual nossa sociedade recorre nos dias de hoje" (Foucault, *Ditos e escritos IV*: Estratégia poder-saber, 2003, p. 255).

[39] É exatamente o que afirma Antônio Cavalcanti Maia, quando disserta sobre as afinidades entre a Escola de Frankfurt, Foucault e Weber: "A questão da emergência e do desenvolvimento das formas de racionalidade na cultura ocidental e seus efeitos constituem um dos temas cardeais tanto nas pesquisas de Weber, quanto nas dos frankfurtianos e nas de Foucault. Quando, em uma das teses mais polêmicas de *Vigiar e Punir*, assevera que as mesmas Luzes que descobriram as liberdades inventaram as disciplinas, situa-se no mesmo campo de crítica e reprovação dos autores da primeira geração da Escola de Frankfurt, afinal eles "[...] começaram a expor o que chamaram de 'a dialética do Iluminismo' – o lado sombrio do Iluminismo que fomenta sua própria destruição" (Bernstein, 1993, p. 35-36). Tanto Weber como Adorno e Horkheimer são, ao mesmo tempo, herdeiros do Iluminismo e seus críticos" (Rago; Orlandi; Veiga-Neto (Org.). *Imagens de Foucault e Deleuze*: ressonâncias nietzschianas. Rio de Janeiro: DP&A, 2002, p. 73-74).

[40] "Essa é a razão pela qual não procuro descrever um paradigma do poder. Gostaria de observar a maneira como diferentes mecanismos de poder funcionam em nossa sociedade, entre nós, no interior e fora de nós. Gostaria de saber de que maneira nossos corpos, nossas condutas do dia a dia, nossos comportamentos sexuais, nosso desejo, nossos discursos científicos e teóricos

Aos poucos, a modernidade foi desempenhando suas funções precípuas (proteção da propriedade privada, valorização da iniciativa privada, sedimentação das forças produtivas, arregimentação de mão de obra...), insculpindo alguns valores no lugar de outros. Isso importou em um deslocamento de concepções, e, se a riqueza tem de ser acumulada, algum custo social deve estar presente na garantia dessa mecânica, sendo que alguns pagam até mesmo com o corpo para a manutenção do espírito de construção da modernidade e da acumulação. Estão criadas as condições para o afastamento do banditismo (inimigo da propriedade), para o banimento do louco, para o ensurdecimento da sociedade diante das desigualdades. Como afirma Foucault, dirigindo-se à ideia do bandido:

> "Até o século XVII, se podia fazer do bandido, do ladrão, uma personagem heroica. Mandrin, Guillery etc. deixaram na mitologia popular uma imagem que, esgueirando-se pelas sombras, era muito positiva. O mesmo se passou com bandidos córsicos e sicilianos, ladrões napolitanos... Ora, esse ilegalismo tolerado pelo povo acabou aparecendo como um sério perigo, quando o roubo cotidiano, a pilhagem, a pequena escroqueria se tornaram demasiado custosos no trabalho industrial ou na vida urbana. Então, uma nova disciplina econômica foi imposta a todas as classes da sociedade (honestidade, exatidão, poupança, respeito absoluto da propriedade). Portanto, foi preciso, por um lado, proteger mais eficazmente a riqueza; por outro, fazer de tal modo que o povo adquirisse, para com o ilegalismo, uma atitude francamente negativa. Foi assim que o poder fez nascer – e a prisão muito contribuiu para isso – um núcleo de delinquentes sem comunicação real com as camadas profundas da população, mal tolerado por ela; devido a esse mesmo isolamento, ela era facilmente penetrável pela polícia e podia desenvolver a ideologia do 'meio' que vimos se formar no decorrer do século XIX. Não há por que se surpreender de encontrar, hoje, no meio da população, uma desconfiança, um desprezo, um ódio pelo delinquente: é o resultado de 150 anos de trabalho político, policial, ideológico. Não há por que se surpreender tampouco de que o mesmo fenômeno se manifeste na URSS hoje" (Foucault, *Ditos e escritos IV*: estratégia poder-saber, 2003, p. 194-195).[41]

---

se ligam a muitos sistemas de poder que são, eles próprios, ligados entre si" (Foucault, *Ditos e escritos*, IV: Estratégia poder-saber, 2003, p. 258-259).

[41] De fato, a arquitetura do banimento social e o crescimento dos instrumentos de controle jurídico estão alinhados *pari passu*: "A dificuldade a ser explicada consistia em se entender como teria sido possível o aparecimento de uma nova tática punitiva, como aprisionamento, na mesma época em que se formulava e se colocava em prática, no interior das instituições do Direito Penal, o princípio do criminoso como inimigo social.

A noção de criminoso como inimigo público, para Foucault, teria surgido no início do século XVIII, a partir das análises sobre a delinquência realizadas pelos Fisiocratas, segundo um ponto de vista determinado pelos processos econômicos" (Fonseca, *Michel Foucault e o direito*, 2002, p. 131).

A docilização dos corpos e sua perfectibilização instrumental para que sirvam como força de trabalho parecem ser o grande intento das instituições e mecanismos criados pela modernidade para a sustentação do projeto liberal, burguês, repressor e controlador.

Se entre os séculos XVII e XVIII circulam ideias contratualistas e naturalistas, especialmente as ideias jusnaturalistas, que fundamentam o direito na própria natureza humana (natureza social, natureza racional...), em verdade, esses esquematismos racionais-filosóficos estão a serviço da dessacralização das fundamentações imanentistas e metafísicas, fundadas no espírito pré-moderno ou medieval. Era necessário *refundamentar* para que fosse possível *recomeçar*, a um ponto em que a dimensão do dito e do não dito se fizesse a partir de produtos racionais humanos afirmadores da liberdade. É isso que faz crer que o Direito não é mera expressão da natureza humana, de uma vontade político-filosófica claramente delineada em tempos em que se almejam especiais condições de fortalecimento da capacidade de ditar comportamentos, regras e ordens em sociedade. Essa análise não se distancia daquele crítica trazida por Horkheimer:

> "No século XVIII a convicção de que o homem é dotado de certos direitos não era uma repetição de crenças sustentadas pela comunidade, nem mesmo uma repetição de crenças transmitidas às gerações posteriores pelos ancestrais. Era um reflexo da situação dos homens que proclamam esses direitos; expressava uma crítica das condições que clamavam imperiosamente por uma mudança, e tal exigência foi compreendida por aqueles que a transformaram em pensamento filosófico e ações históricas. Os pioneiros do pensamento moderno não inferiram das leis o que fosse o bem – tendo eles mesmos provocado uma ruptura das leis – mas tentaram reconciliar as leis com o bem. Seu papel na História não foi adaptar suas palavras e ações ao texto de velhos documentos ou doutrinas geralmente aceitas: eles mesmos criaram os documentos e causaram a aceitação das suas doutrinas" (Horkheimer, *Eclipse da razão*, 2003, p. 41).

Como se vê, há sim, no projeto da modernidade, invocando ainda a análise arqueológica de Foucault, um corrente sentido de *normalização*,[42] do qual participa a

---

[42] Para uma compreensão precisa deste termo *normalização*: "Assim, é importante apontar a diferença, existente em Foucault, entre um caráter 'normativo' da lei, um 'normatividade' inerente à lei e a 'normalização'. É necessário marcar uma diferença entre ambas, com o intuito de se mostrar que não há uma concepção meramente imperativista de lei em Foucault. Nesse sentido, pode-se citar uma entrevista de Meirelle Delmas-Marty, que aborda o tema da lei a partir do pensamento foucaultiano. Em um momento da entrevista dirá que Foucault descreve, em *Vigiar e punir* e em *A vontade de saber*, a passagem 'da lei a norma' e que este seria um dos 'problemas maiores do direito atualmente', pois movimento da referida passagem não seria um 'deslizamento' num único sentido. Não se estaria 'passando' da lei 'a norma. Mas o que haveria entre ambas seria espécie de 'engavetamento'. E a descrição desse 'engavetamento' só poderia ser feita a partir da consideração de dois conceitos: a 'normatividade' da lei e a "normalização". Enquanto o primeiro, apesar dos 'movimentos' que envolve, está sempre referido a limites e interdições, ou seja, a um plano de um 'deve-ser', o segundo reporta-se 'às noções de 'média' ou 'medida', estando referido a um plano do 'ser'. De um lado, a 'normatividade' da lei responde

normatização como instrumento jurídico de homogeneização dos comportamentos e de pasteurização das condições necessárias para a fabricação do homem-modelo ideal para a garantia do sistema moderno. O Direito é um ingrediente, cada vez mais importante, da ideia de *normalização*. O trajeto da modernidade, se declarada a partir do século XVII em diante, é um trajeto em que o Direito haveria de estar presente como garantidor de oposição ao Estado (ao soberano, ao Monarca, aos abusos de poder, à não intervenção sobre o indivíduo como agente liberal do mercado), ao mesmo tempo que como codificador da unidade massificadora de comportamentos sociais, que deveriam se estandardizar em uniformidades favoráveis ao desenvolvimento do controle normalizador. De fato, há um paralelo entre o surgimento das codificações de direitos e o enriquecimento dos sistemas de aprisionamento, enclausuramento, distanciamento e exclusão sociais, onde a anormalidade é tratada como severidade:

> "Especialmente em relação a esta última regra, percebe-se a presença do imperativo da codificação das regras de direito que se instaura progressivamente a partir daquele momento. Identifica-se em tal regra a necessidade de um código exaustivo e explícito, que defina os crimes a partir da fixação das penas. A partir desse conjunto de prescrições e procedimentos inerentes à punição, pode-se que o novo regime das formas punitivas que se instaura com a reforma humanista do Direito Penal para um sentido inédito que as práticas punitivas incluirão um pouco adiante. Trata-se de uma objeção, não só do crime, mas também do criminoso. Esta segunda linha de objetivação terá de esperar ainda um certo tempo para se realizar concretamente na figura do *homo criminalis*, tornando um objeto definido no campo de conhecimento científico. Entretanto, o sentido dessa objeção já está dado na forma de punição representada pelas penas proporcionais aos crimes. Tanto é assim que todo o processo de codificação, calcado na ideia de uma especificação crescente das penas em relação aos crimes, inclui indiretamente a ideia de uma especificação e uma individualização do próprio infrator, individualização que permitirá sua designação como aquele que saiu do pacto social formador da sociedade civil, como o inimigo de todos, o celerado, o louco, o doente, o 'anormal'. Não só especificação e individualização dos crimes e das penas que lhes correspondem, mas também especificação do criminoso como um 'indivíduo a se conhecer'" (Fonseca, *Michel Foucault e o direito*, 2002, p. 137).

---

aos critérios de 'medida' dados pela norma. De outro lado, a norma se reporta 'as formas da lei para atuar concretamente. Em direito Penal, por exemplo, a responsabilidade do indivíduo está tradicionalmente fundada sobre a falta, e a sanção consiste em punir tal falta. Mas a ideia de segurança leva a se considerar menos a falta que a 'periculosidade' do indivíduo que a cometeu, inclusive para efeitos de pena e liberação. O condenado, em certos tipos de crimes em que entra em jogo o problema da sanidade mental, é encerado para ser punido de uma falta, mas não pode ser liberado sem o parecer médico sobre sua periculosidade. Desse modo se vê o 'deslizamento' recíproco entre a normalidade da lei e os mecanismos da normalização" (Fonseca, *Michel Foucault e o direito*, 2002, p. 150).

A afirmação da necessidade de um novo conjunto de regras jurídicas, especialmente de regras objetivamente dadas (código), textualmente garantidas (legalização e burocratização dos procedimentos), exegeticamente controladas (hermenêutica literal), nesse contexto, não haveria de tardar, pois a transformação da sociedade haveria de se traduzir em uma transformação dos modos pelos quais as regras de comportamento são construídas em ambiente societal. É falacioso colocar as teorias novecentistas numa análise que simplesmente apela para a ideia de que estar-se-ia construindo o Direito como objeto cientificamente neutro, em pleno nascimento da *Rechtswissenchaft*. Em verdade, a neutralização do Direito em codificações trazia condições suficientemente favoráveis ao controle dos sentidos da lei pela nascente ciência dogmática do direito. O sistema jurídico funciona como uma espécie de sistema-garantidor da eficácia das pressões advindas do sistema econômico, e essa intimidade está declarada já no século XIX.[43]

É nesse sentido e nesse contexto que a estabilização do projeto moderno reclama a lei escrita e codificada como projeto próprio para unificação dos direitos (1) e, mais isto, para a estratificação das relações sociais em conteúdos controláveis de realização de poder (2), de modo que a semântica da lei deixa de ser simplesmente a expressão de um Direito neutro e textual, para, numa análise crítica, significar a expressão do poder de:

1. *Organizar* sistemas de sentido e modos, bem como práticas procedimentais, pelas quais parece se neutralizar a subjetividade na condução de processos.

2. *Distinguir* espécies diversas de delitos, crimes, comportamentos ilícitos e eventos possíveis de serem previstos pela engenhosidade do legislador.

3. *Definir* conceitos e sentidos normativos, colocando minimamente possível a arbitrariedade do intérprete em funcionamento, uma vez que previamente tudo deveria estar dado pelo código.

4. *Classificar* por força e por hierarquia fontes normativas aplicáveis, dotando umas de mais imperatividade e aplicabilidade que outras.

5. *Ordenar* e *impor* modos uniformes de comportamento social na dimensão da esfera do permitido, do proibido e do obrigado.

6. *Coarctar* diferenças entre comportamentos subjetivos e entre diversas modalidades de interpretação moral, afunilando-as em direção a uma única ética, a ética consensuada da legalidade.

---

[43] É a leitura que se faz deste trecho de Horkheimer: "O declínio do indivíduo deve ser atribuído não às realizações técnicas do homem e nem mesmo no próprio homem – as pessoas são geralmente melhores do que pensam, dizem ou fazem – mas sim à atual estrutura e conteúdo da 'mente objetiva', o espírito que penetra a vida social em todos os seus setores. Os modelos de pensamento e ação que as pessoas aceitam já preparados e fornecidos pelas agências de cultura de massas agem por sua vez no sentido de influenciar essa cultura como se fosse as ideias do próprio povo. A mente objetiva da nossa época cultua a indústria, a tecnologia e a nacionalidade sem nenhum princípio que dê um sentido a essas categorias; espelha a pressão de um sistema econômico que não admite tréguas nem fugas" (Horkheimer, *Eclipse da razão*, 2003, p. 154-155).

7. *Controlar* situações e comportamentos imprevisíveis, adiantando-se o legislador (fato normado como *dever-ser – Sollen*) à própria infração (fato ocorrido como *ser – Sein*).

8. *Tipificar* condutas possíveis, discriminando-as das condutas inaceitáveis, estas que são levadas ao fosso comum da ilegalidade.

9. *Determinar* valores padronizados por meio de condutas-tipo estampadas nas letras do código e interpretadas pela autoridade da doutrina conservadora.

10. *Codificar* a dispersão das fontes que permitiam a vivência fragmentária de valores antagônicos e desconhecidos, ante a impossibilidade de decidir harmonicamente.

11. *Conceituar* e *assegurar* que não haverá diferenciação aplicativa da lei nas mãos dos juízes, pois todo Direito se resume ao poder de dar a lei.

12. *Estabilizar, cristalizar* e *perpetuar* valores e tradições, sentimentos e condutas que homogeneamente se petrificam nas tradições de um tempo (normalmente duradouro) e costumes da própria sociedade (que se faz pela moral geral vigente).

13. *Enclausurar* aquilo que não é exemplar, e expurgar aquilo que não deve estar contaminando o espaço-ambiente das negociações sociais.

14. *Legitimar* o poderio de dizer quem está fruindo de sua liberdade com consentimento do Estado e quem está denegrindo o projeto de convívio social.

15. *Decidir* com rapidez, clareza, objetividade e emergência os conflitos surgidos e que reclamam eficaz resposta do Estado.

16. *Condenar* os comportamentos desviantes sem incorrer em juízos de valor, pois o apelo é previamente dado pelo consenso social em torno da lei.

17. *Separar*, no meio social, como se faz com o joio e com o trigo, para usar uma linguagem bíblica de purificação, por meio de categorias, ficções, conceitos e palavras jurídicas, o criminoso do não criminoso, o estrangeiro do não estrangeiro (nacional, normalmente, portador de maiores direitos e vantagens),[44] o trabalhador do não trabalhador (marginal, não sociável...).

18. *Atribuir* e *dividir* em competências, permitindo a ação da burocracia de Estado na condução das obrigações permanentes de estabilidade política e econômica, sabendo-se que a prévia definição de tarefas é dada por lei e, especialmente, pela Constituição.

---

[44] "No reino político, expurgar a ambivalência significa segregar ou deportar os estranhos, sancionar alguns poderes locais e colocar fora da lei aqueles não sancionados, preenchendo assim as 'brechas da lei'. No reino intelectual, expurgar a ambivalência significa acima de tudo deslegitimar todos os campos de conhecimento filosoficamente incontrolados ou incontroláveis. Acima de tudo, significa execrar e invalidar o 'senso comum' – sejam 'meras crenças', 'preconceitos', "superstições" ou simples manifestações de 'ignorância'" (Bauman, *Modernidade e Ambivalência*, 1999, p. 33).

19. *Criar* e *instituir* órgãos, divisões e repartições, que atribuem cargos, serviços, tarefas e deveres institucionais, independente da pessoa exercente, o que favorece o clima de permanência das missões político-institucionais, desvinculada da pessoa ou do indivíduo que na pré-modernidade era a chave do serviço.

2.5 O POSITIVISMO E A SAGRAÇÃO JURÍDICA DO ESPÍRITO DA MODERNIDADE

Dentro dessas perspectivas críticas sobre a ascensão e afirmação do espírito moderno, é possível entrelaçar o fortalecimento da consciência social moderna e o estabelecimento de uma cultura jurídica, a positivista, favorável ao assentamento destes intentos pseudocientíficos do Direito. Há, portanto, um paralelo crescimento do Direito, com um crescimento da ordem (que se torna parte da bandeira positivista), da expansão do mercado, da intensificação da acumulação do capital, da fetichização do progresso (que se torna parte da bandeira positivista), e do aparelhamento do Estado. Nisso, a transição dever-se-ia produzir com o auxílio do instrumental jurídico, daí a necessidade de uma cumplicidade entre o progresso material e o progresso dos saberes jurídicos, que redunda na formação da *Rechtswissenchaft* de Savigny. A transição significava a passagem de uma era pré-moderna (fragmentação dos centros de poder; pulverização das fontes jurídicas; dispersão do direito estatal; concorrência e superposição entre direito canônico, direito romano, direito estatal; costumes bárbaros) a uma era moderna (centralização do poder; estatização das responsabilidades sociais; unificação das fontes jurídicas; concentração do direito no Estado; positivação de todo o direito aplicável).

A filosofia de época, que haveria de fundamentar esse posicionamento de base socioeconômica, só poderia encontrar acolhida no pensamento de Augusto Comte, com a superação das eras mítica (fundamentação pela natureza e pela mitologia) e metafísica (fundamentação pela revelação e pelas fontes divinas), pela era positivista (fundamentação da ação pela tecnologia, pela razão, pela ciência empírica). Nesse contexto, é concomitante o desaparecimento das filosofias, com um consequente imperialismo hipostasiado do cientificismo novecentista (na verdade, as filosofias se resumem no cientificismo), que haverá de se alastrar pelo primeiro quartel do século XX.[45] A crítica a esse espírito virá dada, como reveladora desse processo ideologizante da mo-

---

[45] Atente-se para o que diz Horkheimer a respeito: "Existe hoje um acordo quase geral em torno da ideia de que a sociedade nada perdeu com o declínio do pensamento filosófico, pois um instrumento muito mais poderoso de conhecimento tomou seu lugar, a saber, o moderno pensamento científico. Já foi dito com *frequência* que todos os problemas que a filosofia tentou resolver ou não tem sentido ou podem ser resolvidos pelos modernos métodos experimentais. De fato, uma das correntes dominantes na filosofia moderna é passar à ciência a tarefa que não chegou a ser cumprida pela especulação tradicional. Essa tendência para hipostasiar a ciência caracteriza todas as escolas que hoje são chamadas *positivistas*" (Horkheimer, *Eclipse da razão*, 2003, p. 65).

dernidade, pela Escola de Frankfurt: "A ciência hoje, sua diferença de outras forças e atividades sociais, sua divisão em áreas específicas, seus procedimentos, conteúdos e organização, só podem ser entendidos em relação com a sociedade para qual ela funciona. *A filosofia positivista, que considera o instrumento 'ciência' como o campeão automático do progresso, é tão falaciosa quanto outras glorificações da tecnologia. A tecnocracia econômica espera tudo da emancipação dos meios materiais de produção*" (Horkheimer, *Eclipse da razão*, 2003, p. 66, grifo nosso).

Reflexo do positivismo científico do século XIX,[46] o positivismo jurídico,[47] como movimento de pensamento antagônico a qualquer teoria naturalista, metafísica, sociológica, histórica, antropológica... adentrou de tal forma nos meandros jurídicos que suas concepções se tornaram estudo indispensável e obrigatório para a melhor compreensão lógico-sistemática do Direito. O paulatino esvaziamento da noção de Direito como uma dimensão de poder temporal fundada em uma ordem metafísica, ou natural, ou transcendental-natural, faculta o aparecimento de uma noção de Direito tecnizada, esvaziada de conteúdo axiológico, voltado mais para a compreensão da idéia de que o Direito só pode ser entendido como Direito positivo (*ius positum*) e o que está fora dele, ou é invenção ou é idealismo relativista. Assim, o direito moderno "[...] pode ser visto dentro de um contexto de progressivo esvaziamento de conteúdo axiológicos, os quais tradicionalmente forneciam as bases consensuais do direito positivo. Em outras palavras, a modernidade caracteriza-se pelo abandono do essencialismo ontológico em prol de um nominalismo semântico e de positivismo funcionalista" (Adeodato, *Ética e retórica*, 2002, p. 98).

Sua contribuição é notória no sentido de que fornece uma dimensão integrada e científica do Direito, porém, a metodologia do positivismo jurídico identifica que o que não pode ser provado racionalmente não pode ser conhecido; sem dúvida nenhuma, retira os fundamentos e as finalidades, contentando-se com o que *ictu oculi* satisfaz às exigências da observação e da experimentação, daí sua restrição ao posto (*positum – ius positivum*).[48] A filosofia juspositivismo acaba por se tornar a própria sentenciadora de sua morte, dando lugar à hipervalorização da ciência dogmática do Direito, como afirma o Professor da Universidade de Coimbra, Castanheira Neves: "Só que, neste sentido, o positivismo jurídico não era já uma outra filosofia jurídica, e sim ver-

---

[46] "Il est généralement admis que la théorie de Kelsen est radicalement positiviste, et ceci dans plusieurs sens de ce terme." "É geralmente admitido que a Teoria de Kelsen é radicalmente positivista, e isto considerando os múltiplos sentidos do termo" (Grzegorczyk, Michaut, Troper, *Le positivisme juridique*, 1992, p. 56).

[47] "A pureza metodológica perseguida por Kelsen baseia-se na ausência de juízos de valor, de que acabamos de falar, e na unidade sistemática da ciência: volta-se, portanto, para uma nova noção de ciência fundada em pressupostos filosóficos da escola neokantiana" (Mario Losano, Introdução. In: *O problema da justiça*, p. XIII).

[48] "A sua teoria pura do direito constitui a mais grandiosa tentativa de fundamentação da ciência do Direito como ciência – mantendo-se embora sob império do conceito positivista desta última e sofrendo das respectivas limitações – que o nosso século veio até hoje a conhecer" (Larenz, *Metodologia da ciência do direito*, 1989, p. 82).

dadeiramente uma antifilosofia. E o certo é que através dele a filosofia do direito se viu superada pela ciência do direito. Com estas consequências, desde logo: o anterior objectivo da filosofia do direito convertia-se agora em teoria da ciência do direito (em reflexão apenas sobre a sua epistemologia e a sua metodologia) e o lugar intencional que pretendera ser o seu (a reflexão do último nível) seria ocupado pelo estrato mais abstracto da ciência do direito – a *"Teoria Geral do Direito"* (Castanheira Neves, *A crise actual da filosofia do direito no contexto da crise global da filosofia*, 2003, p. 31).

A mais clara demonstração do império da lei, como expressão jurídica da razão e da vontade geral rousseauniana, vem dada pelo dito da Declaração de 1789: *"La loi est l'expréssion de la volonté générale* (art. 6º, *Déclaration Universelle des droits de l'homme et du citoyen,* 1789)". Ora, esta proclamação, que parece ser a máxima expressão do espírito das crenças de época vem sendo construída desde longa data. O mesmo se pode dizer com relação ao dito científico de Hans Kelsen (Escola de Viena), máxima expressão do pensamento normativista-positivista do século XX, quando afirma: "A ordem jurídica de um Estado é, assim, um sistema hierárquico de normas legais" (Kelsen, *O que é a justiça,* p. 215).[49]

O que há de se pensar neste momento é que antecedentes dão suporte a essas expressões, na lei e na filosofia, de tais crenças? Navegar na história da positivação do direito e das concepções normativistas parece ser o melhor caminho para se detectar esse enraizamento. O positivismo dos séculos XIX e XX não haveria de ser nada mais que um conjunto de emanações de fundamentações anteriormente dadas e treinadas na consciência de gerações de pensadores e na ideologia geral dos consensos sociais. É nesse ponto que se alcança a concepção segundo a qual o poder público é o único legítimo (e nem mesmo as leis naturais e nem as leis divinas agem sobre o homem) a instituir regras de comportamento socialmente controláveis, como se verá afirmado no *Cours* de Demolombe: "... a regra civilmente obrigatória é sempre positiva, e que, sob esse ponto de vista, não se tem senão uma única espécie de direito, uma espécie de lei, a saber: o direito, as leis, sancionados pelo poder público" (Demolombe, *Cours de code Napoléon*, 4. ed., Paris, Auguste Durand, Hachette et Cie., 1869, p. 6).[50]

É exatamente isto que permite acompanhar o pensamento de Miguel Reale (*Filosofia do Direito*, 1999, p. 409-433), quando afirma que a racionalização do Direito se ini-

---

[49] Sobre as escolas positivistas em sua formação e a cultura contemporânea de Direito: "Como também visto no capítulo terceiro, o juspositivismo vem recusar qualquer referência transcendente à ordem jurídica positiva. Começa por assim dizer ingenuamente, com as pretensões exclusivamente *legalistas* da Escola da Exegese francesa, apura-se em diversas direções, como a Escola Histórica, a Jurisprudência de Conceitos e outras, até atingir seu ponto alto com o *normativismo pluralista* (no sentido de que as normas jurídicas provêm de outras fontes que não apenas a lei) da Escola de Viena. Todas essas correntes tiveram seus reflexos no modo como os juristas brasileiros viam e veem sua própria realidade jurídica, ainda que esse postulado não seja discutido aqui" (Adeodato, *Ética e retórica*: para uma teoria da dogmática jurídica, 2002, p. 99).

[50] Lições mais detidas sobre o positivismo jurídico podem ser encontradas em Bobbio, *O positivismo jurídico*: lições de filosofia do direito, 1999.

ciou com a Escola dos Glosadores, especialmente com Acúrsio, no século XII, na Idade Média, passando à Escola dos Humanistas, especialmente com Cujácio, no século XVI e à consciência doutrinária dos juristas do século XVIII, como Pothier. A culminância da positivação e da história da legalização e normatização de documentos jurídicos, dar-se-á, é claro, apenas no século XIX, especialmente com o desenvolvimento das Escolas: 1. Pandectística, que vê o direito como corpo de regras cujo modelo era o direito romano – o *usus modernus pandectarum* (Alemanha, Glück, Windscheid; Jellinek); 2. Exegese, que vê a codificação como uma espécie de iconização dogmático-exegética, guiada pelo axioma da intocabilidade do sentido normativo atribuído pelo legislador (França, Demolombe; Troplong; Laurent; Aubry et Rau); 3. Jurisprudência dos Conceitos, que traça a arquitetura dos conceitos e do ordenamento jurídico cientificamente interpretado num sistema de regras (Jhering; Puchta); entre outras tendências, como a Escola Analítica da Jurisprudência, de John Austin. Neste contexto, é voz dissonante a Escola Histórica, com Savigny (*Da vocação de nosso tempo para a legislação e a jurisprudência* – 1814), uma vez que se opõe à criação de um Código Alemão por acreditar no *Volkgeist* e na força dos costumes, não deixando, não obstante, de pensar também lógico-dedutivamente as fontes históricas do Direito.

O Código Civil Francês, 1804, trouxe consigo um conjunto de promessas afirmadoras dos ideais da modernidade, e também da própria Revolução Francesa de 1789 (liberdade, igualdade, fraternidade), corroborada pela doutrina e jurisprudência de seu tempo, conforme o que o próprio espírito de época entendia como missão do direito legislado codificado, tornando nítida a homogeneização e unificação do direito no mundo moderno.

É esse perfil social e esse momento de formação científica do Direito que favorece a que juristas franceses do final do século XIX e início do século XX proclamem a perfeição (a ordem, a clareza, a objetividade, a legalidade, a literalidade), em seus cursos, sobre o Código Civil Francês (1804):

> "*Comme document historique, son autorité, après plus d'un siècle d'application, na pas diminué. Il a été, à son apparition, le résumé de toutes les luttes du passé; il a marqué la fin de l'ancien régime et l'avènement du droit moderne. Aujourd'hui, il reste le dépositaire et le gardien des conquêtes de la Révolution dans l'ordre civil; c'est le livre des droits de l'individu, des droits individuels: il consacre et sauvegarde la liberté civile. Régler les droits de chacun, fixer exactement leur étendu et leurs limites, arrêter les conditions de leur exercice, les garantir contre les prétentions opposées, c'est assurer la sécurité de tous. Or la liberté civile n'est pas autre chose, elle consiste, d'après Montesquieu, dans la sûreté ou du moins dans l'opinion qu'on a de sa sûreté*" (Ch. Beaudant, *Cours de droit civil français*, 2. ed., Tome I, Introduction et explication du titre préliminaire du Code Civil, Paris, 1934, Paris, Rousseau et Cie. Éditeurs, ps. 11/12).

O Código é visto como uma espécie de obra *per secula seculorum* (garantida a imortalidade, ao gosto dos antigos como Heródoto), que deve ser mantida em sua sacralidade, como um texto das Sagradas Escrituras não podem ser deturpados pela intervenção ou interferência da mente do exegeta. É isto que faz com que as Escolas do século XIX se afinizem em certos conceitos e ideias: sistemismo; unidade; exegese literal; ciência do direito como abstração de institutos; ausência de lacunas; exegese como forma de interpretação autêntica... A função do código é reunir as regras de Direito, de modo que o Direito torna-se uma espécie de agrupamento de todas as regras jurídicas, como afirma Demolombe, no seu *Cours*:

> "*La loi véritable et proprement dite, la loi qui fait l'objet de nos études comme jurisconsultes, est donc une règle sanctionnée par la puissance publique, une règle civilement et juridiquement obligatoire. Le droit est le résultat, ou bien encore l'ensemble et la collection de ces règles*" (Demolombe, C., *Cours de code Napoléon*, 4. ed., Paris, Auguste Durand, Hachette et Cie., 1869, p. 3).

Todo este arcabouço que entrelaça poder e saber jurídico é que será extremamente favorável à intensificação da positivação dos direitos e à formação dos grandes sistemas de direitos contemporâneos. A intensificação do aparecimento de documentos legislativos se dá a partir do século XVIII,[51] obviamente, não por coincidência. Como se pode perceber, o século XIX é o momento de convergência das ideologias que determinariam a formação dos sistemas legislados contemporâneos (Declaração Universal dos Direitos do Homem e do Cidadão, 1789; Código Civil Francês, 1804; Código Civil Austríaco, 1811; Código Penal Alemão, 1871; Código Civil Alemão, 1900; Constituição de Weimar, 1919; Carta del Lavoro da Itália, 1927; Declaração Universal dos Direitos Humanos, 1948).

2.6 AS IDEIAS DE LEGALIDADE E ORDENAMENTO JURÍDICO: PARADIGMAS MODERNOS DE ORDEM E SISTEMATICIDADE

"Ninguém será obrigado a fazer ou deixar de fazer alguma coisa senão em virtude de lei" (Art. 5º, inciso II da CF 88). Eis o princípio da legalidade na vigente ordem constitucional brasileira. Citado por uns como sendo o alfa e o ômega do ordenamento jurídico brasileiro, e citado por outros como o princípio e o fim de toda a ideia de Direito,[52] trata-se de linha mestra do texto constitucional e de regra matriz da organização dos direitos e deveres dentro do sistema jurídico nacional.

---

[51] Sobre esta especial aceleração a partir do século XVIII do aparecimento de normas escritas, consulte-se Gilissen, *Introdução histórica ao direito*, 1988, p. 420.

[52] Sabendo-se que se adota um conceito de direito como algo muito mais amplo e complexo que a lei: "Adopto aqui uma concepção ampla de direito: o direito é um corpo de procedimentos regularizados e de padrões normativos, considerados justificáveis num dado grupo social, que contribui para a criação e prevenção de litígios, e para a sua resolução através de um discurso argumentativo, articulado com a ameaça de força. Dizem-se justificáveis os procedimentos e os padrões normativos com base nos quais se fundamentam pretensões contraditórias e se geram

De inspiração moderna, a ideia de um Estado de Direito decorre exatamente de uma concepção liberal-burguesa de domesticação do poder pelo Direito, na medida em que o princípio da legalidade se insculpe, especialmente após a Revolução Francesa como uma espécie de libelo antimonárquico, o que é traduzido na tradição posterior como sendo um libelo antiarbítrio. Se há regras predeterminadas, se há um sistema de leis previamente dado, se existem normas que regulamentam a vida social, será segundo estas regras que haverão de se definir as condutas, seja de cidadãos (povo), seja de exercentes do poder (Estado).[53]

É parte, portanto, do ideário de Estado Moderno o princípio da legalidade.

Seria plausível sustentar-se uma concepção segundo a qual o Direito se expressa como um sistema autopoiético de regras? Seria cabível uma visão sistemista do Direito, ainda hoje? Especialmente diante da realidade brasileira, seria aplicável o modelo luhmanniano da autopoiese e autorreferibilidade do sistemas de normas a si mesmo? Considerando tratar-se de uma sociedade subdesenvolvida (o que importa em traços culturais e econômicos, além de políticos e sociais, de subdesenvolvimento), seria a autopoiese sistêmica do Direito a melhor tradução do universo de normas jurídicas?

Mas, será que este princípio é realmente o princípio de toda a ideia de legalidade? De onde deriva, então? Como se assentou a ideia de legalidade como garantia na ordem jurídica ocidental? Qual é o significado político-ideológico de legalidade? Será isso garantia em face do Estado? Será isso garantia concedida pelo Estado ao cidadão? Será isto direito de se opor ao Estado? Será isso limitação ao poder do Estado? Qual é o sentido de legalidade? Ainda mais resumidamente, qual é o sentido de lei? De onde veio a ideia de lei? Por que a lei é necessária? Quais são as formas pelas quais se legislou? Será a legislação e a normatização das condutas sociais um procedimento ritual semelhante aos ritos religiosos e aos mandamentos divinos? E, o mais importante de tudo, será a lei suficiente para alcançar demandas fundamentais e realizar com efetividade justiça social?

A ideia de legalidade e de um ordenamento jurídico sistematizado de fontes jurídicas, escalonado, hierárquico, positivado, rigidamente organizado na distribuição das competências... encontram um eco muito forte na tradição kelseniana acerca do siste-

---

litígios susceptíveis de serem resolvidos por terceiras partes não directamente envolvidas neles (juízes, árbitros, mediadores, negociadores, facilitadores etc.)" (Santos, *A crítica da razão indolente*: contra o desperdício da experiência, 2001, p. 296).

[53] "A legislação não é uma invenção da atualidade" (Luhmann, *Sociologia do direito*, 1984, p. 228). "O direito positivo vige não porque normas superiores permitem, mas poreque sua seletividade preenche a função do estabelecimento de congruência" (Luhmann, *Sociologia do direito*, 1984, p. 237). "Finalmente, a positividade do direito pode ser concebida como a seletividade intensificada do direito" (Luhmann, *Sociologia do direito*, 1984, p. 238). "C'est justement parce qu'elle considère les systèmes comme des êtres capacbles d'adaptation et ouverts à l'environnement, que la théorie systémique récente connaît son plus grand succès et son plus grand dynamisme" (Teubner, *Le droit: un système autopoïétique*, 1993, p. 25).

ma jurídico. É seu positivismo-normativista[54] o grande dispersor de fortes tendências teóricas que influenciaram os juristas do século XX, dentre as quais se destacam aquelas principais questões que distinguem seu pensamento: (1) a metodologia da ciência funcionando como uma forte bitola de delimitação das áreas de conhecimento, onde somente se entendia como concebível aquela forma de saber capaz de isolar-se das contaminações estranhas e externas através de um purismo e de um hermetismo científicos capazes de produzir objetos delimitados e circunscritos;[55] (2) a centralidade das reflexões jurídicas sobre o princípio da validade, questão que se torna o foco de atenção de toda a esquemática de funcionamento do sistema jurídico; (3) a redução do Direito às regras postas pelo Estado, não importando os juízos de valor e a axiologia que viessem acopladas à moldura da norma jurídica; (4) a impossibilidade de fundamentação do sistema piramidal e hierárquico de normas por princípios externos ao próprio Direito, para o que a norma fundamental (*Grund Norm*), de conteúdo indeterminado, cumpre destacado papel de fechamento e pressuposto lógico para a fundamentação última da validade das normas pertencentes ao sistema. Esses quatro grandes traços formam a lógica do pensamento kelseniano, que se torna a linguagem do Direito do século XX.[56]

O ordenamento aparece, aí, portanto, definido da seguinte forma:

> "O ordenamento jurídico não é, portanto, um sistema jurídico de normas igualmente ordenadas, colocadas lado a lado, mas um ordenamento escalonado de várias camadas de normas jurídicas. Sua unidade se deve à conexão, que acontece porque a produção e, desta forma, a validade de uma reverte para a outra, cuja produção novamente é determinada pela outra; um regresso que desemboca, finalmente, na norma fundamental, na regra fundamental hipotética e, consequentemente, no fundamento de validade mais alto, aquele que cria a unidade desta conexão de produções.
>
> O escalonamento (*stufenbau*) do ordenamento jurídico – e com isso se pensa apenas no ordenamento jurídico estatal único – pode ser representado talvez esquematicamente da seguinte maneira: o pressuposto da norma fundamental – o sentido deste pressuposto já foi abordado anteriormente – coloca a Cons-

---

[54] Veja-se esta paradigmática e significativa frase de Kelsen: "A Teoria Pura do Direito é a teoria do positivismo jurídico" (Kelsen, *Teoria pura do direito*, 2002, p. 77).

[55] "Quando se intitula Teoria 'Pura' do Direito é porque se orienta apenas para o conhecimento do direito e porque deseja excluir deste conhecimento tudo o que pertence a esse exato objeto jurídico. Isso quer dizer: ela expurgará a ciência do direito de todos os elementos estranhos. Este princípio fundamental do método e parecer ser claro" (Kelsen, *Teoria pura do direito*, 2002, p. 51).

[56] Sabe-se, por certo, que num contexto pós-moderno é que irrompem as principais manifestações anti-kelsenianas a desenvolver ideias refratárias ao pensamento purista (Rudolf Stammler, Chaïm Perelman, Recaséns Siches, Carlos Cossio, Theodor Viehweg...). Aqui se destaca apenas a reflexão, extraída a partir de Michel Foucault, tendente à negativa de toda forma de purismo: "Assim, talvez não seja incorreto afirmar que essa Segunda imagem do direito para o autor se constrói a partir de um pressuposto: o que indica a impossibilidade de uma prática e de uma teoria "pura" do direito" (Fonseca, *Michel Foucault e o direito*, 2002, p. 154).

tituição na camada jurídico-positiva mais alta – tornando-se Constituição no sentido material da palavra –, cuja função essencial consiste em regular os órgãos e o procedimento da produção jurídica geral, ou seja, da legislação" (Hans Kelsen, *Teoria pura do direito*, janeiro de 2002, p. 103).

O desaquecimento das preocupações do pensamento jurídico com a questão da justiça faz da realidade normada o ponto pacífico (positivismo jurídico), ou mesmo o consenso, em torno do qual devem gravitar as polêmicas dos juristas, e isto porque: "A tendência anti-ideológica da Teoria Pura do Direito confirma que ela procura isolar o direito positivo de qualquer tipo de ideologia da justiça jusnaturalista" (Kelsen, *Teoria Pura do Direito*, 2002, p. 77).

A par de ser, a legalidade, uma questão fortemente presente no pensamento kelseniano, com sua pirâmide de normas jurídicas, trata-se acima de tudo de uma invenção do século XIX. Aliás, deve-se ressaltar a matriz de toda essa concepção acerca do Estado, do Direito e da Política remonta a um contexto histórico anterior ao vivido por Hans Kelsen. Essas concepções foram gestadas quando do assentamento da ordem burguesa, da hegemonia econômica do capitalismo, do racionalismo científico positivista e do liberalismo político, se tornando fatores que reclamam a formação de um Direito seguro, estável, documental, rígido e formal, capaz de salvaguardar a sociedade dos arbítrios do soberano e de conferir igualdade formal a todos indistintamente, permitindo que o mercado aja por suas próprias forças, sob a proteção de direitos e garantias.

A cristalização das fronteiras territoriais, o crescimento econômico produzido pela Revolução Industrial, a mecanização elementar dos ambientes de trabalho fabril, o desenvolvimento de técnicas e mecanismos anteriormente desconhecidos, as descobertas científicas e o aumento do prestígio racional dos saberes científicos, a expansão das consciências positivista e evolucionista do mundo, a estabilização das aglomerações urbanas, a definição do poderio de classes burguesas emergentes, o progressismo invadindo as mentalidades populares, a definição exata das fronteiras entre os direitos humanos e os deveres do Estado, a burocratização da estrutura estatal etc. são fenômenos que se somam para criar as condições necessárias para a formatação da concepção de Estado de Direito e, portanto, do assentamento da ideia de legalidade. O positivismo jurídico somente viria a dar crédito e a consolidar estas expectativas na formação de um conjunto de ideologias, pensamentos e práticas burocráticas capazes de sustentar o Estado de Direito. Com Lloyd:

> "Como já vimos, era um dos objetivos do pensamento positivista estabelecer a autonomia da lei como um sistema de normas positivas cuja validade pode ser determinada dentro da estrutura básica do próprio sistema jurídico, sem recurso a nenhum outro sistema, seja religioso, moral etc. Além disso, a ideia de direito positivo parece também acarretar a noção de uma regra estabelecida (*positum*) por algum legislador humano identificável. A teoria de que todo o Estado independente possuía necessariamente o poder soberano de legislação apontou o caminho para mostrar como a lei estava apta a possuir essa auto-

nomia sem recorrer a alguma autoridade externa. Pois a própria soberania era um conceito jurídico e se o direito positivo podia ser definido em termos de soberania, então aí estava um padrão-suficiente pelo qual a validade legal podia ser testada e demonstrada, livre de quaisquer considerações extrajurídicas" (Lloyd, *A ideia de lei*, 1998, p. 215).

Nesse momento cabe retornar à perplexidade inicial dessa reflexão e formular a seguinte pergunta: a legislação é uma invenção da modernidade? Certamente, não. Há fortes notícias do uso e emprego de leis escritas (*nómos*; *lex*) desde as épocas mais remotas da Antiguidade. A Lei das Doze Tábuas, na cultura romana, é, sem dúvida, o marco mais admirável desses testemunhos da criação normativa escrita na tradição jurídica ocidental. A própria ideia de código também não é uma novidade moderna, pois o termo remete à palavra *codex*, ligado à história romana.[57] No entanto, a modernidade inventou a legislação como meio único de realização das práticas jurídicas vinculando-as a procedimentos escritos formais a serem emanados por atos estatais. Com José Eduardo Faria se pode contextualizar melhor o surgimento do princípio da legalidade com todas as implicações sociais, políticas, econômicas, jurídicas nele refletidas:

"Este direito, como é sabido, surgiu quando os laços sociais de natureza estamental foram rompidos pela modernização burguesa, levando ao fim da fragmentação ou dispersão de poder em feudos, ducados, baronatos, principados e igreja; à supressão das diferenças religiosas (por meio de um direito laico), das diferenças de nascimento (por meio de um direito crescentemente igualitário, em termos formais), e das diferenças locais e regionais (por meio de um direito nacional); à progressiva centralização e unificação dos diferentes regimes jurídicos particulares; à consagração do princípio da liberdade como base nas relações jurídicas e funcionamento das instituições civis; às distinções cada vez mais precisas – ou à diferenciação funcional, em linguagem, sistêmica – entre espaço familiar e espaço produtivo, entre esfera pública e esfera privada, entre política e economia e entre controle político-administrativo e liberdade de ação individual ou coletiva; a uma concepção eminentemente individualista da vida sociojurídica, fundada na valorização do livre-arbítrio ou da autonomia da vontade, na ênfase ao contrato como núcleo das relações intersubjetivas e no reconhecimento dos direitos subjetivos; e, por fim, à uniformização e estatização das fontes de direito, até culminar na consagração de um princípio capaz de responder à incerteza gerada pelo decisionismo decorrente da monopolização da violência por um poder central, exclusivo e soberano. Esse princípio é o da legalidade. No plano político ele expressa o não reconhecimento de qualquer outro ordenamento jurídico além do estatal e de qualquer outra forma de or-

---

[57] Leia-se a notícia histórica: "O termo *codex* é de origem romana; *caudex* é um conjunto de várias tábuas unidas; daí, tabuinha de escrever, livro; *codex* significa a união material de vários elementos antes dispersos. Os códigos de Teodósio (438) e de Justiniano (529 e 534) são os exemplos mais antigos" (Gilissen, *Introdução histórica ao direito*, 1988, p. 448).

denamento jurídico além do estatal e de qualquer outra forma de ordenamento estatal que não seja a lei. E, do ponto de vista sociológico, traduz a ideia de uma comunidade capaz de determinar-se a si mesma, a partir de uma diferenciação funcional entre o sistema político e o sistema jurídico-judicial" (Faria, *O direito na economia globalizada*, 1999, p. 323).

Deve-se lembrar aqui que a própria delimitação do Estado, de seus poderes e de suas características, dos limites de exercício do poder e de suas competências... passam a ser determinados por uma lei, a chamada Lei Magna de todo Estado, a Constituição, mas que não deixa de ser um texto normativo escrito.[58] A emergência concomitante das ideias de legalidade e constitucionalidade com a Modernidade é fato incontestável, assim como comprovável pela opinião e pelos estudos dos historiadores especializados. Paulatinamente, na transição de final do Medievo em direção à Modernidade, a lei vai ganhando mais força que qualquer outra fonte de direito, sufocando a existência das demais, sobretudo mitigando a força do costume nas decisões jurídicas:

"Na época moderna, pelo contrário, a relação entre as duas principais fontes de direito é totalmente diferente: a lei adquire a preponderância, eliminando progressivamente o costume" (Gilissen, *Introdução histórica ao direito*, 1988, p. 291).

A ênfase moderna na ideia de controle do poder soberano pela lei, a ordem burguesa carente de afirmação sólida, normalizadora e excludente das diferenças,[59] o supedâneo filosófico iluminista a respeito da soberania popular e da vontade legislativa por órgãos representativos,[60] a necessidade de constituição de normas com conteúdos objetivamente previstos e previsíveis, o imperativo de distribuição de competências e

---

[58] O número de constituições aumenta significativamente no período da Modernidade: "A partir dos fins do século XVIII, o número de constituições escritas aumentou muito consideravelmente; assim, atualmente, os cerca de 150 Estados existentes têm cada um a sua constituição, salvo raras exceções; e alguns deles conheceram várias, por vezes dezenas, desde há dois séculos" (Gilissen, *Introdução histórica ao direito*, 1988, p. 420).

[59] Perceba-se que o contexto é um só, o que motiva a crítica foucaultiana ao assunto: "Para Foucault, em face das tecnologias do poder disciplinar-normalizador, a teria da soberania não só continuou a existir como ideologia do direito, mas também continuou a organizar os Códigos jurídicos que a Europa do século XIX elaborou a partir dos Códigos Napoleônicos. A teoria da soberania teria servido para dar a forma a um direito que seria, a partir daquele momento, cada vez mais investidos pelos mecanismos da normalização: "uma vez que as coerções disciplinares deviam ao mesmo tempo exercer-se como mecanismo de dominação e seres escondidas como exercício efetivo do poder, era preciso que fosse apresentada no aparelho jurídico e reativada, concluída, pelos códigos judiciários, a teoria da soberania" (Fonseca, *Michel Foucault e o direito*, 2002, p. 244 e 245).

[60] Na base destas reflexões, localiza-se: "A Escola do Direito Natural no séc. XVII, a filosofia das Luzes do séc. XVIII, com Grotius, Locke, Pufendorf, Vatel, Montesquieu e, sobretudo, J. J. Rousseau, estão na origem das declarações dos direitos do séc. XVIII. Certas ideias do *Bill of rights* são tiradas da obra de Locke; uma grande parte da Declaração Francesa de 1789 provém diretamente de J. J. Rousseau; a Declaração de 1793, que precede a Constituição do ano I, afir-

funções a uma burocracia crescente do Estado, a necessidade de consolidar o emprego e o uso do poder de modo uniforme dentro de bases territoriais fixas, entre outros fatores, agigantam a participação da legislação na formatação das atividades ligadas à distribuição da justiça na sociedade. Isto redunda, em pleno século XIX, no seguinte:

> "Nos países de direito romanista, a lei tornou-se a principal fonte de direito no séc. XIX. Ela é mesmo, segundo a teoria do positivismo legalista, a única fonte de direito positivo; pois só o Estado pode fixar e formular as normas obrigatórias sob a forma de leis; a lei constituiria todo o direito; não haveria outro direito senão a lei; a *Cour de Cassation* (supremos tribunais) não pode revogar uma decisão judicial senão no caso de violar uma lei" (Gilissen, *Introdução histórica ao direito*, 1988, p. 417).

Um casamento harmonioso entre o estado do pensamento jurídico e as condições sociocontextuais criou o ambiente propício para um positivismo jurídico como filosofia teórica do Direito e como prática efetiva das principais instituições sociais. A matriz de todo o movimento, sem dúvida alguma, se encontra na França:

> "Napoleão conseguiu dar à França um conjunto de Códigos, que constituem um dos mais notáveis esforços de sistematização de regras jurídicas de toda a história: de 1804 a 1810 foram sucessivamente promulgados um Código Civil, um Código de Processo Civil, um Código Comercial, um Código Penal e um Código de Instrução Criminal" (Gilissen, *Introdução histórica ao direito*, 1988, p. 448).

Nesse contexto de assentamento do positivismo, são de se destacar a Escola Histórica, entendendo o direito como sistema em movimento na história, a Escola Pandectista, compreendendo que o retorno ao Direito Romano como fonte seria o caminho metodológico mais adequado para o resgate da experiência romana, e a Escola da Exegese, entendendo ser a interpretação literal o melhor recurso para o exercício da fidelidade à letra da lei (Código Civil Francês), além da importante Escola da Jurisprudência dos Conceitos, e da Escola da Jurisprudência dos Interesses, todas escolas vinculadas a discutir a real condição na qual se implantaria o projeto positivista, cada qual de acordo com seu entendimento. A Escola da Jurisprudência dos Conceitos,[61] em particular com Puchta, chega a afirmar que o conceito de sistema aparece como noção primordial, exigência de clareza e racionalidade que influenciam o idealismo alemão do século XIX, sendo que a ciência jurídica, neste sentido, se estruturaria como um sistema lógico, como uma pirâmide de conceitos, onde o conceito superior determina os demais conceitos subordinados, num procedimento lógico-dedutivo.[62]

---

ma que o esquecimento e o desprezo dos direitos naturais são 'a causa única das desgraças do mundo'" (Gilissen, *Introdução histórica ao direito*, 1988, p. 424).

[61] Cf. Larenz, *Metodologia da ciência do direito*, 1989, p. 19-26.
[62] Cf. Larenz, *Metodologia da ciência do direito*, 1989, p. 23-24.

Nesse quadrante de identidades valorativas, culturais, econômicas, históricas, ideológicas e políticas, o que se tem é a ideia de ordenamento traduzindo-se na ideia de sistema, e a ideia de lei traduzindo-se em ordem. Aí está tudo o de que o Estado carece para se fixarem e cumprirem suas imediatas funções e aspirações, como uma verdadeira máquina de perfeita engenharia social, nas palavras de Boaventura de Souza Santos, amparado que está em calculadas ações registrárias, envolvendo minuciosa escalonagem de funcionários públicos, com regras e procedimentos previamente conhecidos de todos, e, inclusive, servindo ao papel de estar a serviço de todos.

A intocabilidade plástica do Estado é a representação perfeita da consubstanciação do espírito da legalidade e da burocraticidade dos procedimentos escudados por uma forte ideologia da cientificidade, da ordem, da legalidade, do controle e da regulação da sociedade. Trata-se da própria encarnação do Estado burguês, capitalista e liberal, idealizado ao longo do século XIX, a partir de concepções advindas dos séculos anteriores. Assim:

> "O Estado constitucional do século XIX foi concebido como a máquina perfeita de engenharia social. A sua constituição formal, mecânica e artificial, conferia-lhe uma força e uma plasticidade nunca antes conseguidas por qualquer outra entidade política. A força era simultaneamente externa e interna; exercida externamente por um poder militar e econômico, contra os Estados estrangeiros e os concorrentes na acumulação mundial de capital; exercida internamente, sobretudo por meio do direito, contra os inimigos internos de uma transformação social normal e ordeira. A plasticidade, resultante de uma manuseabilidade institucional e jurídica praticamente infinitas, residia na capacidade do Estado para decidir quais os meios normais e anormais e quais os fins normais e anormais da transformação social. Estas extraordinárias características convertiam o Estado na unidade natural – de espacialidade e temporalidade homogêneas – da transformação social e da inteligibilidade social. Esta naturalização do Estado exigia a naturalização do direito moderno como direito estatal" (Santos, *A crítica da razão indolente*: contra o desperdício da experiência, 2001, p. 170).

Nesse contexto é que a lei vem esculpida como uma camisa de força para o jurista, tornando-se o veículo de promoção da certeza e da segurança jurídicas.[63] Em substituição ao arbítrio, um Estado constitucional, em substituição aos princípios de direito natural, a regularidade da lei, em substituição à retórica argumentativa, procedimentos calculados de defesa e acusação no processo, no lugar da verdade real, a verdade formal, em substituição à investigação de provas, o quietismo da verdade dos autos (*quod non est in actis non est in mundu*), no lugar da negociação, a sentença, etc. Ora, tudo está a

---

[63] Três coisas caminham conjuntamente: soberania, separação de poderes, legalidade. Leia-se, a respeito do século XIX, citando-se Tércio: "Quanto às primeiras, assinale-se a noção de soberania nacional e o princípio da separação de poderes; quanto às segundas, o caráter privilegiado que a lei assume como fonte do direito e a concepção do direito como sistema de normas postas" (Ferraz Junior, *Introdução ao estudo do direito*, 2002, p. 73).

autorizar que se diga que a ideia de lei que hoje vigora nos meios jurídicos, como 'senso comum teórico dos juristas', valendo-se sempre da linguagem de Boaventura de Souza Santos, nada mais é que fruto de uma concepção ideologicamente muito bem determinada e claramente identificável. A ideia é, portanto, fruto ideológico das concepções novecentistas, estando profundamente arraigada à gama de valores defendidos nestas condições históricas, retratando certos anseios conjunturais aqui já esboçados. Assim:

> "Quando nos referimos a alguma ideia ou conceito como sendo de caráter 'ideológico', queremos dizer com isso que faz parte de nossa concepção do mundo, da relação do homem com o mundo e com a sociedade em todas as suas manifestações. A ideia de lei certamente participa desse caráter ideológico e o nosso ponto de vista será, inevitavelmente, influenciado pelo nosso pensamento geral acerca do lugar do homem no mundo, pela opinião que adotemos sobre a natureza do homem ou da condição humana, como alguns autores modernos preferem chamar, e sobre as finalidades ou propósitos que o homem pode ser chamado ou solicitado a realizar" (Lloyd, *A ideia de lei*, 1998, p. 3).

Diversas reduções vão-se produzindo ao longo do uso e do abuso desta ideologia, em grande parte responsáveis pelas consequências atualmente vividas, num contexto pós-moderno, tendo-se em vista a resistência dos diversos setores da sociedade, sobretudo das classes jurídicas, em enfrentar mudanças sociocontextuais não previstas, e talvez não previsíveis, à época da elaboração da maior parte dos juízos modernos sobre a Política, o Direito e o Estado. Então, ou os conflitos ocorrem e são ignorados pelo Estado, ou o Estado tenta controlá-los com os mecanismos tradicionais, donde o arbítrio e o aumento de tensão nas questões político-jurídicas, ou o Estado abole as formas tradicionais pelas quais pensava as questões sociais, e reconstrói a lógica do sistema para alcançar seus fins sociais. Sabendo-se que o Estado, profundamente alienado em valores positivistas, imerso na crise paradigmática, não consegue divisar com clareza as mudanças à sua volta ocorridas, vive-se uma situação paradoxal de simultâneo desmonte da estrutura estatal, onde a ineficácia prevalece e o caráter explosivo dos conflitos sociais se acentua, enquanto o Estado continua a viver na linguagem abstrata e conceitual, individual e marcantemente privatista do século XIX:[64]

> "A decantada 'crise' jurídica ocorre, assim, no momento, em que os mecanismos legais tradicionais de neutralização dos conflitos e trivialização das tensões já não conseguem mais rechaçar aquelas ameaças, obrigando o aparelho estatal a ampliar o poder discricionário de seus organismos judiciais, legislativos e buro-

---

[64] Sobre estes traços: "Notamos, assim, que o desenvolvimento da dogmática no século XIX, em termos de sua função social, passa a atribuir a seus conceitos um caráter abstrato que lhe permite uma emancipação das necessidades cotidianas dos interesses em jogo. Com isso tornou-se possível uma neutralização dos interesses concretos na formação do próprio direito, neutralização essa já exigida politicamente pela separação dos poderes e pela autonomia do poder judiciário" (Ferraz Junior, *Introdução ao estudo do direito*, 2002, p. 80).

cráticos para manter intocado seu padrão de dominação. As diferentes versões do positivismo revelam-se, desta maneira, incapazes de perceber que, por trás da permanente tensão entre normas e realidade, encontram-se as inevitáveis contradições da sociedade de classes, responsáveis pela ampliação das funções econômicas estatais e pela explosão dos parâmetros de identidade, controle e garantia dos sistemas jurídicos de inspiração liberal" (Faria, *Eficácia jurídica e violência simbólica*: o direito como instrumento de transformação social, 1988, p. 90).

Com Boaventura de Souza Santos, as reduções simplificadoras que causaram o enclausuramento da consciência jurídico-política em face das modificações ocorridas ao longo do século XX são de três ordens: (1) jurídica, onde todo o Direito se esgota na lei; (2) científica, onde todo o conhecimento se esgota na ciência; (3) política, onde todo o poder social se esgota na política liberal.

"Ao reduzir as ricas tradições epistemológicas do primeiro período do Renascimento à ciência moderna e as ricas tradições jurídicas desde a recepção do direito romano ao direito estatal, o Estado liberal oitocentista teve um papel fundamental, e concedeu a si próprio um extraordinário privilégio político enquanto forma exclusiva de poder. Esta tripla redução do conhecimento à ciência, do direito ao direito estatal e dos poderes sociais à política liberal – por muito arbitrária que tenha sido nas suas origens – atingiu uma certa dose de verdade à medida que se foi inserindo na prática social, acabando por se tornar uma ortodoxia conceptual" (Santos, *A crítica da razão indolente*: contra o desperdício da experiência, 2001, p. 258).

Ora, envelhecendo a lei, envelhecem consigo a justiça e as formas de solução de litígios? Desaparecendo a lei, está o jurista sem horizontes de aplicação do direito? E se a lei estiver maculada por três vícios (os tribunais aplicarem decisões contrárias à lei, os tribunais não serem parciais no momento da aplicação da lei, a lei não ser sob nenhum crivo de justiça julgada como justa), apresentados por Lloyd,[65] que mais a associam à injustiça que à justiça?

Será que ainda se pode conviver, num contexto pós-moderno, com fluxos ininterruptos de mudança social, com uma estrutura jurídica inteiramente voltada para a neutralização, apenas ideológica, dos paradoxos sociais? A função do Direito não poderia deixar de estar sintonizada com as querenças e necessidades da sociedade do século XIX, para estruturar-se, por ora, em torno de problemas conjunturais e históricos sensivelmente mais agudos na contemporaneidade? Não deveriam as estruturas conceituais dogmáticas e as molduras legislativas se adaptarem para servir à realidade sócio-histórica da pós-modernidade, em vez do contrário ser o tentando pelos Tribunais? Os paradigmas encontram-se em mutação, e os valores anteriormente consagrados como nucleares para o sistema jurídico se erodiram. Leia-se:

---

[65] Cf. Lloyd, *A ideia de lei*, 1998, p. 15-159.

"No direito, a temática já não é a liberdade individual e seus limites, como no Estado liberal; ou a intervenção estatal e seus limites, como no *welfare state*. Liberdade e igualdade já não são os ícones da temporada. A própria lei caiu no desprestígio. No direito público, a nova onda é a governabilidade. Fala-se em desconstitucionalização, delegificação, desregulamentação. No direito privado, o código civil perde sua centralidade, superado por múltiplos microssistemas. Nas relações comerciais revive-se a *lex mercatoria*. A segurança jurídica – e seus conceitos essenciais, como o direito adquirido – sofre o sobressalto da velocidade, do imediatismo e das interpretações pragmáticas, embaladas pela ameaça do horror econômico. As fórmulas abstratas da lei e a discrição judicial já não trazem todas as respostas. O paradigma jurídico, que já passara, na modernidade, da lei para o juiz, transfere-se agora para o caso concreto, para a melhor solução, singular ao problema a ser resolvido" (Barroso, Luíz Roberto. Fundamentos teóricos e filosóficos do novo direito constitucional brasileiro (pós-modernidade, teoria crítica e pós-positivismo), Salvador, *Revista Diálogo Jurídico*, CAJ, v. I, nº 6, set. 2001. Disponível em: <http://www.direitopublico.com.br>. Acesso em: 26 ago. 2002, p. 3-4).

Em poucas palavras, na pós-modernidade, o sistema jurídico carece de sentido, até mesmo de rumo, e sobretudo de eficácia (social e técnica), tendo em vista ter-se estruturado sobre paradigmas modernos inteiramente caducos para assumirem a responsabilidade pela litigiosidade contemporânea. Assim, a própria noção de justiça vê-se profundamente contaminada por esta falseada e equívoca percepção da realidade (uma realidade distante, infraestatal, tormentosa, carente de 'imposições' normativas...). As lentes do ordenamento jurídico parecem estar ainda ajustadas para miopia do homem do século XIX:

"É por essa razão que a ênfase liberal à estatização das fontes do direito e à sistematização global dos ordenamentos foi, especialmente a partir do século XIX, acompanhada da crescente valorização das ideias de ordem pública, segurança coletiva e certeza de expectativas, *legalizando* assim a própria concepção de justiça. O justo e o jurídico, nesse sentido, terminam por confundir-se. Ou seja: na medida em que a estabilidade das instituições burguesas – família, propriedade e democracia formal – não exige que as normas e as leis sejam desta ou daquela natureza, ou que tenham este ou aquele conteúdo, mas sim que sejam coerentemente aplicadas em termos procedimentais, justo é o que está na conformidade do ordenamento jurídico vigente. A tarefa básica do direito, então, na perspectiva da *tyrannia quoad exercitium*, não é propriamente o de estabelecer *o que* os indivíduos devem fazer em suas relações recíprocas – é, isto sim, a de explicar *como* devem fazê-lo para evitar os riscos desagregadores dos conflitos sociais" (Faria, *Eficácia jurídica e violência simbólica:* o direito como instrumento de transformação social, 1988, p. 80).

Por ora, cabe perguntar, será que esta miopia aumentou ou diminuiu? Será que a miopia se transformou em astigmatismo ou algo que o valha? De que males padece o ordenamento jurídico contemporâneo? Está a cultura jurídica preparada para os desafios do final do século XX e início do século XXI? As fases transitivas são momentos em que o maior número de perguntas avulta e em que as respostas parecem se tornar, além de escassas, fugidias.

Toda esta ideia não somente conquistou e se alastrou entre as culturas ocidentais civilizadas, mas permeou o modo pelo qual se faz e se pratica o Direito durante o século XX. As próprias tratadísticas internacionais e a positivação do Direito Internacional, ao longo do século XX, testemunham a importância da positivação e demonstram fortes esforços no sentido da codificação escrita e sistemática das regras sociais, com o consequente esmagamento de outras formas e práticas de justiça consensuais. O Poder Legislativo passa a ter, na ideia de tripartição dos poderes do Estado, como ideado no projeto da modernidade, forte preponderância com relação aos demais poderes do Estado (Poder Executivo é o soberano a ser controlado; Poder Judiciário atua somente excepcionalmente para cumprir objetivamente a lei anteriormente emanada do Poder Legislativo), aniquilando quaisquer outros modos informais de produção e construção do Direito. Todo o Direito passa a ser produzido e ideado a partir do Legislativo, segundo a ideia de que uns legislam, outros governam e outros judicam; a sociedade passa a ser estruturada a partir deste tripé, relegando-se as demais forças sociais ao jogo visceral das garras do mercado liberal.

Mas o que se percebe, num quadro breve de análise da participação da ideia de lei na formação das políticas públicas e do ideário de justiça social, é um voluptuoso crescimento das leis escritas em todo o mundo.[66] O Brasil não se manteve isento disto, reproduzindo-se e proliferando-se as praxes legislativas e os despachos de gabinete, enquanto a cruenta realidade social revela disparidades e conflitos alarmantes.[67] A ideia da universalidade do problema da reprodução das normas, sobretudo durante o século XX, é questão claramente delineada e facilmente constatável:

> "O número de leis não parou de crescer em todos os países a partir do início do séc. XIX; o crescimento é sobretudo considerável no séc. XX, e muito es-

---

[66] Sobre o tema, algumas reflexões anteriores são de se destacar, na linha de Niklas Luhmman, como em texto anterior a respeito. *Ver* Bittar, *Linguagem jurídica*, Saraiva, 2002. Sobre a temática da explosão normativa, da multiplicação textual das regras jurídicas, e do trilema regulatório na visão e na concepção de Gunther Teubner, *ver* Faria, *O direito na economia globalizada*, 1999, p. 137. Destaca-se na nota de rodapé n. 24 dessa citada página que se encontram fartas referências bibliográficas acerca de Teubner que podem servir para um aprofundamento da discussão teórica dessa temática.

[67] Enquanto se esfacelam os princípios de ordem e regra do Estado moderno, as ordens paralelas e os desmandos se proliferam, como também reflete Celso Fernandez Campilongo: "Por fim, esvaziados os princípios da legalidade e da publicidade, praticamente inexistem instrumentos eficazes para o controle do Estado. Instaura-se a irresponsabilidade política e jurídica dos governantes" (Campilongo, *Direito e democracia*, 1997, p. 117).

pecialmente desde os anos 50. Fala-se, com razão, duma verdadeira 'explosão legislativa'" (Gilissen, *Introdução histórica ao direito*, 1988, p. 462).

Para todos os efeitos, hoje, se trata menos de pensar em regulamentação do Estado (e, sim, em desregulamentação), em formação de um sistema de normas sem lacunas (e, sim, de microssistemas de normas setoriais), e mais que se está sendo esmagado pelo excessivo número de leis, como no famoso adágio latino se dizia (*Obruimur legibus* – "Somos esmagados pelo grande número de leis"), sabendo-se que as mesmas são, em sua boa parte, socialmente ineficazes, ou seja, incapazes de trazer os reflexos concretos, as mudanças sociais necessárias e atingir a vida e as perspectivas reais nas quais se inserem os cidadãos. Eis a preocupação com a questão da lei na pós-modernidade: menos validade e mais eficácia, menos forma e mais sentido prático-social.

2.7 O DESMORONAMENTO DOS ARQUÉTIPOS MODERNOS

2.7.1 Progresso, ordem e desordem: O Estado e o Direito entre civilização e barbárie

O progresso é uma ideologia moderna por excelência.[68] É do alento a essa ideia que parece que se nutre um consenso social otimista com relação aos prognósticos de desenvolvimento da história. Se os medievais acreditavam em Deus, e sacralizavam rituais de vida em nome de Deus, e cometiam barbaridades em nome de Deus, os modernos descobriram um novo Deus, a quem se devota igualmente a mesma dedicação febril e cega: o progresso.[69] Totemizado, esse novo Deus da era das luzes polariza as energias sociais focando olhares entusiasmados no amor abstrato ao futuro prometido, ao mesmo tempo em que dá alento a processos de desintegração social e provoca profundas distorções na vida social.[70]

A ilusão de que investir em progresso conduziria ao bem-estar continua operando no interior de uma sociedade encantada com o princípio básico que alimenta o materialismo social hodierno. Afirma Marcuse: "O sacrifício compensou bastante: nas áreas tecnicamente avançadas da civilização, a conquista da natureza está praticamente

---

[68] No entanto: "O paradoxo inerente do capitalismo é, a longo prazo, sua perdição: o capitalismo é como uma cobra que se alimenta do próprio rabo..." (Bauman, *Tempos líquidos*, 2007, p. 33).

[69] "A terra prometida é uma das tantas imagens teológicas da *fé no progresso*, que fundam a história da salvação e, por conseguinte, o conceito mesmo de história" (Borges, *Crítica e teorias da crise*, 1994, p. 136).

[70] "O progresso, que já foi a manifestação mais extrema dói otimismo radical e uma promessa de felicidade universalmente compartilhada e permanente, se afastou totalmente em direção ao polo oposto, distópico e fatalista da antecipação: ele agora representa a ameaça de uma mudança inexorável e inescapável que, em vez de augurar a paz e o sossego, pressagia somente a crise e a tensão e impede que haja um momento de descanso" (Bauman, *Tempos líquidos*, 2007, p. 16).

concluída, e mais necessidades de um maior número de pessoas são satisfeitas numa escala nunca anteriormente vista. Nem a mecanização e padronização da vida, nem o empobrecimento mental, nem a crescente destrutividade do atual progresso fornecem bases suficientes para pôr em dúvida o 'princípio' que tem governado o progresso da civilização ocidental. O contínuo incremento da produtividade torna cada vez mais realista, de um modo constante, a promessa de uma vida melhor para todos" (Marcuse, *Eros e civilização*: uma interpretação filosófica do pensamento de Freud. Tradução de Álvaro Cabral. 8. ed. Rio de Janeiro: LTC, 1999).

As promessas nascidas com a modernidade se convertem em realizações materiais inegáveis.[71] Mas a ciência, ao mesmo tempo, converteu a natureza em produto, e uma vez tornada produto sob a lupa de investigação do cientista, também se tornou produto na esteira de produção capitalista. Afirma Horkheimer que "[...] *la naturaleza es considerada hoy más que nunca como un mero instrumento de los hombres. Es el objeto de una explotación total, que no conoce objetivo alguno puesto por la razón, y, por lo tanto, ningún límite. El imperialismo limitado del hombre jamás se ve saciado* [...]" (Horkheimer, *Crítica de la razón instrumental*, 2006, p. 127).

O pragmatismo insaciável, que de tudo retira a aura, nascido desse processo, que se infla da ideia progressista, é o mesmo que alimenta os processos de acelerada destruição do mundo natural e exaustão do ambiente físico sobre o qual se lastreia a própria sobrevivência da humanidade.[72] Em nome do progresso, conseguiu-se um regresso tão ilimitado que ameaça colocar a humanidade toda sob uma catastrófica e irreversível condição de barbarização. Mas esta advertência já havia sido feita por Adorno e Horkheimer, quando afirmam: "A maldição do progresso irrefreável é a irrefreável regressão" (Adorno, Horkheimer, *Dialética do esclarecimento*, 1985, p. 46). Com isso, o auge da civilização é a sua própria aniquilação, e dessa forma, se realiza a dialética do esclarecimento.

Mais que isso, o processo de afirmação das sucessivas etapas do capital, do industrial ao financeiro, do nacional ao global, condicionou a própria identidade humana a um processo de alienação de sua própria natureza, onde o instrumento se converte em fim, e os meios operam independentemente do próprio ingrediente humano. Com

---

[71] "Não podemos negar o progresso técnico e material; ninguém quer hoje voltar à candeia de azeite e à escravidão – em que pesem os problemas com o meio ambiente e com a formalização do direito – mas são inevitáveis a consideração da ideia mesma de progresso e a sensação de que nessa área do conhecimento e da argumentação não demos ainda um bom passo adiante" (Borges, *Crítica e teorias da crise*, 1994, p. 228).

[72] "Esse sossego se radicaliza em solidão e autoerotismo, evidenciando impossibilidades de estabelecer e sustentar laços e compromissos para além das próprias aspirações e necessidades; o domínio sobre a natureza converte-se facilmente em destruição sistemática dos recursos necessários à preservação da vida sobre a Terra e a sistemática dos recursos necessários à preservação da vida sobre a Terra e a intoxicação química sustenta redes planetárias de usurpação e monitoração dos desejos que, imantados na satisfação química imediata e absoluta, se aniquilam no esgotamento da autonomia, encontrando no objeto um encerramento autoerótico, consumido, muitas vezes, até a morte" (Endo, *A violência no coração da cidade*, 2005, p. 142).

a modernidade, abriu-se campo para a possibilidade de instrumentalização da razão, que agora se converte na inoperância de uma razão que tolera o convívio com a degradação humana, com a violência e com a fome.

Por isso, quando se pergunta a respeito da questão da ascensão da violência, que desocupa o direito de ser a linguagem de regulação do espaço do comum, alcançando estatísticas brutais em nossos tempos, atravessando de modo preocupante a vida brasileira,[73] deve-se aí enxergar mais do que simplesmente um fenômeno episódico do cotidiano de grandes metrópoles entrecortadas por uma forma de vida em acentuado estado de desagregação social. Numa leitura de semiose psicossocial, que vê na violência um vestígio de patologias sociais mais profundas e sistêmicas, a violência é hoje mais do que uma questão acidental, lateral, ou passageira, mas sim o próprio modo de realização da dialética do esclarecimento, e, exatamente por isso, o modo de assinatura de nossa era. Ela cumpre o papel de fazer vir à tona o caráter degradante da lógica interna da modernidade, denunciando que nem somente de luzes, de ordem e progresso, mas também de trevas, de exploração e de miséria, vive a modernidade. Por isso, nossa era, é aquela em que *tánatos* suplanta o vigor de éros para realizar-se através de vestígios e rastros de degradação que se alastram pela superfície do globo com a mesma velocidade com a qual a globalização do capitalismo avança sem fronteiras e desimpedido de óbices na base de uma *lex mercatoria*.

No fundo, se trata de perceber que as promessas da modernidade haveriam, paradoxalmente, de conduzir à Auschwitz, este que pode ser considerado o trauma do século XX, quando os ideais da *Aufklärung*,[74] do século XVIII, foram transformados em aparato para a realização de *tánatos*.[75] O pensamento de Freud não deixa de ser sensível a esta profunda contradição, o paradoxo da civilização moderna ocidental.[76] Esse mo-

---

[73] "Como vêm indicando vários estudos e pesquisas de opinião pública, o medo diante do crime constitui um dos quesitos principais na agenda de inseguranças e incertezas do cidadão, em qualquer grande metrópole (Wright, 1987.) Na sociedade brasileira, esse sentimento parece exacerbado diante da expectativa, cada vez mais provável, de qualquer um ser vítima de ofensa criminal. Em pesquisa realizada no Rio de Janeiro, observou-se que cerca de 30% dos entrevistados já haviam sido assaltados; 77% já tiveram algum morador de sua residência assaltado; 60% não confiam na justiça, proporção um pouco mais elevada (63%) para a desconfiança na polícia (cf. Zaluar, 1989). Nesse mesmo sentido, enquete realizada pela PNAD revelou que, no Brasil, do total de pessoas que se envolveram em conflitos criminais, 72% não se utilizaram da justiça para solução de seus problemas (IBGE-DEISO, 1990, v. 1)" (Adorno, Crime, Justiça Penal e Desigualdade Jurídica. In: *Sociologia e Direito*, p. 314-315).

[74] "Seu conteúdo reduzia-se na verdade a isto: todo *Aufklärung*, até agora, não o era autenticamente e impedia, ao contrário, a realização do verdadeiro *Aufklärung*." (Wiggershaus, *A Escola de Frankfurt*: História, desenvolvimento teórico, significação política, 2002, p. 364).

[75] "Um dos poucos aforismos indubitáveis da Psicanálise é que o nascimento de qualquer forma psíquica é traumático. Qual o trauma fundamental de nosso tempo; digamos, da segunda metade do Século XX?" (Herrmann, Psicanálise e política: no mundo em que vivemos. In: Percurso, *Revista de psicanálise*, São Paulo, Instituto Sedes Sapientiae, ano XVIII, nº 6, 1, 2006, p. 19).

[76] "As provas aduzidas por Freud têm duplo aspecto: primeiro, deriva-as analiticamente da teoria dos instintos; e, segundo, encontra analise teórica corroborada pelas grandes doenças e

vimento próprio da dialética da modernidade, que ainda não cessou de operar, e que se desdobra com as mais recentes transformações do capitalismo toyotista mundializado, continua a produzir seus efeitos. Desta forma é que nosso tempo se torna uma sucessiva onda de manifestações de violência, atentados, genocídios, guerras e formas de dominação, que tornam a assinatura deste tempo muito mais afim com a dimensão de *tánatos* do que de *éros*.[77] Quando *tánatos* ecoa em nosso tempo, a condição hodierna se vê marcada pela indelével marca da ressonância do medo, do temor, da violência, do trauma psicossocial, de cujas ondulações não se pode libertar os indivíduos do hoje.[78] Suas ressonâncias tornam inaudíveis as vozes que falam a favor de *éros*.

Trata-se, portanto, de desmistificar a ideia moderna de progresso. À ideia de progresso estão ligados falsos predicados daquilo que o capitalismo por si só não é capaz de fazer. A ideia de progresso está associada à imagem de um "andar para a frente". Na base dessa filosofia da história forjaram-se boa parte das instituições e ideias que marcaram a identidade do discurso moderno. Será que esta imagem sobrevive intacta? Geralmente, se costuma "medir" esses passos pela quantificação de índices econômicos, mas, no geral, esses índices de crescimento econômico estão dissociados de índices de desenvolvimento humano. A falácia contida na crença na ideia de progresso, e que parece funcionar como superestrutura social para a legitimação das ações de afirmação do capital em direção ao futuro, se expressa pelo fato de que "andando para frente" também se "marcha para trás". Como afirma Benjamim: "Para que falar de progresso a um mundo que afunda na rigidez cadavérica?" (Benjamin, Parque central. In: *Obras escolhidas*, III, 1989, p. 171). O progresso pressupõe, dialeticamente, crise, de modo que nenhuma crise do capitalismo é acidental, mas parte do processo de afirmação do próprio capital. Um mundo tomado por essa lógica, cuja expansão se dá na base do neoliberalismo internacional, é um mundo tomado por uma parelha de forças que tornam incontornável e irreversível a marcha em direção a catástrofes cada vez mais

---

descontentamentos da civilização contemporânea: um ciclo ampliado de guerras, perseguições ubíquas, antissemitismo, genocídio, intolerância e a imposição de ilusões, trabalho forçado, doença e miséria, no meio de uma riqueza e conhecimento crescentes" (Marcuse, *Eros e civilização*: uma interpretação filosófica do pensamento de Freud, 1999, p. 83).

[77] "Contudo voltando ao político, a violência desmedida dos próprios atentados terroristas, incluída a imolação do agente, é, em escala, uma reprodução bastante convincente, do Grande Atentado que continua suspenso sobre nossas cabeças e ativo na psique social, assim como o são as medidas profiláticas e retaliatórias das potências militares. Digamos que se trata de *suicídios coletivizados*. Em conjunto, e só em conjunto são compreensíveis, metaforizam pequenas guerras finais, uma atrás da outra" (Herrmann, *Psicanálise e política*: no mundo em que vivemos, *in* Percurso, *Revista de psicanálise*, São Paulo, Instituto Sedes Sapientiae, ano XVIII, nº 6, 1, 2006, p. 21).

[78] "Clausewitz afirmou, não sem algum cinismo, que a *guerra é a continuação da política* por *outros meios*, e seu dito tornou-se lugar comum. A *guerra que não houve*, no entanto, tirou as coisas de seus lugares comuns. Porque ela está em curso, é a política de nosso tempo. Seria mais rigoroso, pois, concluir que a política tem sido continuação da guerra por outros meios, menos fragorosos, às vezes mais cruéis" (Herrmann, Psicanálise e política: no mundo em que vivemos. In: Percurso, *Revista de psicanálise*, São Paulo, Instituto Sedes Sapientiae, ano XVIII, nº 6, 1, 2006, p. 24).

cíclicas, profundas e arrasadoras, tanto do ponto de vista produtivo, quanto dos pontos de vista econômico e natural.

A razão instrumental, que converteu a natureza em objeto da volúpia do progresso e do incremento do poder (*Macht*), acessória da planificação capitalista é a mesma que orienta e dá condições de expansão ao capital global contemporâneo, que fundando ilusões de vida que se esgotam em consumo e posse, faz com que se respire atualmente uma atmosfera na qual se sente em suspensão o cheiro de morte. Nosso mundo tem odor de morte porque foi convertido em praça de convergência das múltiplas forças do capital mundial. A carnificina implícita provocada pela volúpia do ter é tolerada por parecer não ter autoria e nem culpados diretos. E, quando não há a quem imputar direta e visualmente a culpa, parece que a responsabilidade se dilui para o sistema. E, quando se olha para o sistema, ele parece automaticamente responder: "É assim que as coisas funcionam. Não há outro modo." Ao menos, essa é a lei de Fukuyama.

Apesar da aparente vitória do capital, a questão problemática do capitalismo não parece se resolver, pois permanece ameaçada a sua sobrevivência futura por limitações que se darão a partir da escassez de recursos e de uma radical intervenção natural sobre os processos econômico-mundiais hodiernos. O fim da história, nos muitos sentidos que essa expressão comporta, tem sido evocado com muita constância por diversas correntes teóricas contemporâneas. Mas, o que se processa não é o fim *da* história, mas o fim *de uma* história. O discurso moderno promoveu às alturas a ideia de que haveria a vitória da civilização, mas o que se vive é o começo do fim de uma barbárie, a exploração do homem pelo homem, o que somente poderá se operar por meio da própria barbárie natural. Em Adorno das *Notas marginais sobre teoria e práxis*, se encontra a seguinte afirmação: "A recaída já se produziu. Esperá-la para o futuro, depois de Auschwitz e Hiroshima, faz parte do pobre consolo de que ainda é possível esperar algo pior" (Adorno, Notas marginais sobre teoria e práxis, in: *Palavras e sinais*: modelos críticos, 2, 1996, p. 214). À espreita se encontra o desafio de conviver com mais uma crise cíclica do capitalismo, agora global, e seus terrificantes efeitos sociais.

A consciência, portanto, de que violência e degradação são termos presentes na vida hodierna com maior constância do que se deseja, representando um óbice à autoafirmação da legitimidade do Estado Democrático de Direito, deve permitir que a *práxis* retome o seu sentido, para significar o "[...] lugar-tenente da liberdade", como afirma Adorno (Adorno, Notas marginais sobre teoria e práxis, in: *Palavras e sinais*: modelos críticos, 2, 1995, p. 207). Se não há liberdade fora da história, é na história que ela pode se realizar, motivo que deve animar o espírito de ação coletiva em direção a conquistas e alternativas ao que está posto, e uma delas está na releitura do sentido do termo progresso. Com Adorno: "Pode-se imaginar um estado no qual a categoria perca seu sentido que, no entanto, não seja este estado de regressão universal que hoje se associa com o progresso" (Adorno, Progresso, in: *Palavras e sinais*: modelos críticos, 2, 1995, p. 61). O progresso deve ser lido e medido não mais por critérios materiais e econômicos, simplesmente, mas por outros fatores ligados à realização da dignidade humana. Nestes termos, para Adorno, então, o progresso "[...] transformar-se-ia na resistência contra o perdurável perigo da recaída. Progresso é esta resistência em todos os graus, não o entregar-se à degradação mesma" (Adorno, Progresso, in *Palavras e sinais*: modelos críticos, 2, 1995, p. 61). A negação da degradação fala a linguagem da dignidade humana e da busca de alternativas à vitória da opressão que se expressa por diversas fontes. Mas, isto não é possível sem que os indivíduos se sintam na responsabilidade histórica pela mudança do *status quo,* baseada na insatisfação com o *establishment*.[79]

O contrário disso é o convívio com uma sociedade desencantada e que vive a angústia do fim das utopias, da exaustão das grandes metanarrativas, a ascensão de um modo de vida menos político e mais estético, menos coletivo e mais individual, mais leve e consumista, mais líquido e inconsistente, mais frenético e desbussolado. Certamente, como massa de manobra, esse modelo parece ser mais condizente. No entanto, como sentimento, o conformismo derrotista serve de alento ao processo de acovardamento que, antes mesmo de viver a tentativa de intervir na história, encontra nela uma história já narrada e predeterminada. O mal que acomete a sociedade contemporânea e seus valores é o mal-estar na pós-modernidade.[80] A crítica aqui serve para sinalizar que, sem o alento do inconformismo, o que se colhe é mera apatia, liquidez, languidez e falta de rumos, atores que nos fazem abandonar a carruagem para que siga orientada pelas bestas desgovernadas que cavalgam no trote dos impulsos indomáveis para *adelante*, deixando tudo o mais para trás.

2.7.2 A consciência da crise da modernidade: o balanço do projeto moderno na história

A história é a maior testemunha das mudanças socioeconômicas, político-jurídicas e culturais ocorridas nos últimos tempos. Ora, se o surgimento da pós-modernidade está contextualizado em finais do século XX, como já se viu anteriormente, nada melhor do que aumentar o grau de compreensão do momento histórico inerente ao período, como forma de se enriquecerem os argumentos que demonstram o destronamento da modernidade e a ascensão de indícios da progressão de novos valores e novas ideias.[81]

O mister da reflexão histórica, portanto, se instaura aqui exatamente com o fito de elucidar à análise a contextualidade na qual se inserem as mudanças responsáveis pelo

---

[79] "Em outras palavras, é uma recusa a continuar aceitando e a se conformar com a cultura da sociedade estabelecida, não só com as condições econômicas, não só com as instituições políticas, mas com todo o sistema de valores que eles sentem estar apodrecido no âmago. Penso que a esse respeito pode-se de fato falar também de uma revolução cultural. Revolução cultural porque é dirigida contra todo o *establishment* cultural, incluindo a moralidade da sociedade existente" (Marcuse, *A grande recusa hoje,* 1999, p. 63-64).

[80] A respeito, ver Bauman, *O mal-estar na pós-modernidade,* 1998.

[81] Sobre a importância da história e do estudo das causas sociais para a reconstituição do surgimento do pós-modernismo: "Se a única coisa certa sobre a modernidade é a incerteza, devemos sem dúvida dar considerável atenção às forças sociais que produzem tal condição" (Harvey, *Condição pós-moderna,* 1992, p. 113).

advento da pós-modernidade. Seguindo essa linha de raciocínio, pode-se dizer que esta parada história empreende um importante papel descritivo e informativo: recensear e identificar pontos de maior significação informativa, dados carregados de um alto valor simbólico e paradigmático, sem dúvida alguma, relevantes para fins desta abordagem.

Nessa linha de pensamento, a história do século XX parece ser representativa para a contextualização da problemática em discussão, bem como para a demonstração da existência de um esquematismo de paradoxos infindáveis e de inquietantes rupturas. O que faz do século XX um século ímpar na história da humanidade é o fato de ser profundamente ambivalente. É dessa ambivalência que se nutre a reflexão, para pensar soluções e emanar suas flechas críticas. O breve e rápido século XX possui uma fisiognomia, na leitura de Habermas:

> "A *fisiognomia* de um século é marcada pelas cesuras dos grandes eventos. Hoje em dia há um consenso entre os historiadores que ainda estão de modo geral dispostos a pensar em grandes unidades, quanto ao fato de que o 'extenso' século XIX (1789 – 1914) foi sucedido por um 'breve' século XX (1914 – 1989). O início da Primeira Guerra Mundial e o esfacelamento da União Soviética emolduram um antagonismo que se estendeu pelas duas guerras mundiais e pela Guerra Fria" (Habermas, *A constelação pós-nacional*: ensaios políticos, 2001, p. 58).

Mais do que isto, trata-se de ponto crucial da análise enfrentar, ainda que de modo perfunctório, o amplexo das condições que gestaram, ao longo do último século, esse que é o breve século XX, chamado de 'Era das Catástofres', ou mesmo de 'Era dos Extremos', pelo historiador Eric Hobsbawm,[82] o desmoronamento dos anseios da 'modernidade', pois é exatamente nesta perspectiva que se poderá divisar, com clareza ainda maior, o surgimento da 'pós-modernidade'. Ora, e isso porque "O século XX é o século da guerra, com um número de conflitos militares sérios envolvendo perdas substanciais de vidas, consideravelmente mais alto do que em qualquer um dos dois séculos precedentes. No presente século, até agora, *mais de 100 milhões de pessoas foram mortas em guerras*, uma proporção mais alta da população do mundo do que no século XIX, mesmo considerando-se o crescimento geral da população" (Giddens, *As consequências da modernidade*, 1991, p. 19). A morte anunciada de Deus por Nietzsche, bem como o fim da história proclamado por Hegel, no século XIX, tornam-se fato ao longo do século XX: século esvaziado pela técnica, mutilado por milhares de mortes; século em que se viveu o fosso da indignidade na Segunda Guerra Mundial; século em que se

---

[82] A segunda expressão é o título mesmo do livro, batizado como 'Era dos extremos: o breve século XX'. A primeira expressão aparece com grifo nosso no seguinte parágrafo: "Não podiam, e não permaneceram. *A Era das Catástrofes* foi portanto também uma das comparativamente poucas eras de cientistas politizados, e não só porque a migração em massa de cientistas racial e ideologicamente inaceitáveis de grandes zonas da Europa demonstrava que os cientistas não podiam ter certeza de sua imunidade pessoal" (Hobsbawm, *Era dos extremos*: o breve século XX, 1914-1991, 2002, p. 524).

proclamou a morte da filosofia (Heidegger); século em que se constatou o fim das ontologias (Sartre); século em que se revela o fim das estruturas de discurso (Derrida).

O que há de tão calamitoso nos fatos que se desdobraram ao longo do século XX? Pode-se saborear desta impressionante informação, ao lado de Hobsbawm, para que se possa dimensionar com maior lucidez o tumultuado contexto no qual se encontra contextualizado o surgimento da pós-modernidade:

> "Antes do colapso do sistema soviético, estimava-se que cerca de 19 – talvez mesmo 20 – milhões de pessoas haviam sido mortas em mais de cem 'guerras maiores e ações e conflitos militares' entre 1945 e 1983, praticamente todas no Terceiro Mundo: mais de 9 milhões no leste da Ásia; 3,5 milhões na África; 2,5 milhões no sul da Ásia; cerca de meio milhão no Oriente Médio, sem contar a mais assassina de suas guerras, o conflito Irã – Iraque de 1980-8, que mal começara; e um pouco menos na América Latina (*UN World Social Situation*, 1985, p. 14). A Guerra da Coreia, de 1950-3, cujos mortos foram estimados entre 3 e 4 milhões (em um país de 30 milhões) (Halliday & Cumings, 1988, p. 200-201), e os trinta anos de guerra do Vietnã (1945-75) foram de longe as maiores guerras, e as únicas em que as próprias forças americanas se envolveram diretamente em grande escala. Em cada uma delas, cerca de 50 mil americanos foram mortos. As perdas dos vietnamitas e outros povos indochineses são difíceis de estimar, mas a estimativa mais modesta chega a 2 milhões. Contudo, algumas das guerras anticomunistas travadas indiretamente foram de barbaridade comparável, sobretudo na África, onde se diz que cerca de 1,5 milhão de pessoas morreram entre 1980 e 1988 nas guerras contra o governo do Moçambique e Angola (população conjunta de cerca de 23 milhões), com 12 milhões de deslocados de suas terras ou ameaçados de fome (*UN África*, 1989, p. 6)" (Hobsbawm, *Era dos extremos*: o breve século XX, 1914-1991, 2002, p. 422).

Ora, os antecedentes históricos são claramente depoimentos da falência do que se pregou como solução para a humanidade. Apesar de no século XX terem-se consolidado as legislações e as codificações de diversos países (europeus, sul e norte-americanos, asiáticos...), de terem-se multiplicado as nações democráticas, de terem-se alastrado os esforços tratadísticos de manutenção da paz mundial, de ter-se desenvolvido a lógica dos direitos humanos de modo mais expandido e global, nada disso evitou a condução da humanidade a diversos momentos e instantes em que se pensou e se vivenciou o extermínio geral, o fim das condições de sobrevivência para todas as formas de vida sobre a Terra.

Os dados são realmente significativos para assinalar em que sentido se desdobra a importância da parada em prol do recenseamento daquilo que se considera a contribuição filosófico-histórica às questões aqui encetadas. Mais do que isso, é através da análise histórica que se percebe quão fundamental, para fins desta reflexão, é pensar acerca dos fatos marcantes do século XX, dos acontecimentos e seus desdobramentos, dos efeitos da bomba atômica, da multiplicação das guerrilhas... que não trouxeram consigo somente mortes e destruição, horrores e abusos, mas também todo um processo de contestação de valores, um despontar de novas ideias, um renovar dos modos e práticas sociopolítico-jurídicas. Eis a linha das ambiguidades trazidas pela história de um século preparado para promessas de avanços e milagres econômicos, de desenvolvimento e de cientificização da vida, e, ao mesmo tempo, coalhado de conflitos. Esta é a constatação de Sarlo:

> "É desnecessário repetir, pois todos se recordam, que essas tomadas de partido produziram o melhor e o pior das práticas intelectuais deste séculos: a denúncia do caso Dreyfus; o pacifismo durante a Primeira Guerra Mundial; a luta contra o fascismo e o nazismo; a complacência e a cumplicidade com o autoritarismo soviético; a defesa da Revolução Cubana diante da prepotência dos Estados Unidos, mas também a defesa da Revolução Cubana diante da prisão de homossexuais, velhos revolucionários e intelectuais dissidentes; as campanhas pela paz no Vietnã e a impossibilidade de compreender de imediato, com senso crítico, que tipo de sociedade estava surgindo ali; as lutas contra o antissemitismo, mas também o silêncio diante do racismo árabe; a denúncia do fundamentalismo muçulmano, mas também o silêncio diante dos excessos cometidos nas guerras contra os árabes; o apoio à Revolução Argelina, mas também a total ausência de crítica a seus métodos revolucionários e às lutas intestinas que dali emergiram; a gigantesca mobilização do feminismo, mas também a estreiteza de algumas de suas intervenções em episódios típicos do cenário americano, porém não só dele; o movimento pelos direitos dos negros, mas também o racismo negro" (Sarlo, *Cenas da vida pós-moderna:* intelectuais, arte e videocultura na Argentina, 2000, p. 170).

O que se percebe é um conjunto de fracassos e mentiras se encontrando num momento peculiar da história da humanidade. Daí não se poder falar que a pós-modernidade nasceu do dia para a noite, donde o motivado desapego a datas e cronologias exatas ou aritméticas. A pós-modernidade veio se produzindo como consciência ao longo de todo o século XX, com cada fracasso, com cada engodo, com cada engano, com cada destruição, com cada abalo da modernidade que se provocava com doloridas marteladas político-econômicas, sobretudo as advindas dos países desenvolvidos. Sem dúvida alguma, fala-se de um paulatino processo de desmantelamento da modernidade, de seus arcanos valorativos, de seus princípios, de suas crenças, de suas instituições, pois cada fator de desgaste da modernidade é uma semente ou um passo em direção à pós-modernidade.

Está-se, sobretudo, preocupado em retratar que são as condições que provocam o desmoronamento paulatino da modernidade as causadoras de um contexto de múltiplas falências institucionais, de práticas incoerentes e desumanas, de incongruências sociais e desatinos econômicos geradoras de um estado de crise, inegável e perceptível, em diversos níveis e sob diversos focos de análise, atributo esse inerente ao estado atual da pós-modernidade. A pós-modernidade mantém-se por um enlace em contato com a modernidade, ainda, através de uma forte e marcante fase de crise. A crise é o sinal mais claro da transição, da mudança, da passagem, da travessia, que não há de ser pouco traumática, entre duas eras tão diferentes. Portanto, a crise é a demonstração clara e evidente das desrazões modernas, crise que em parte é o que a pós-modernidade pode mostrar e oferecer, por hora, ao mundo:

> "Também concluo que há mais continuidade do que diferença entre a ampla história do modernismo e o movimento denominado pós-modernimso. Parece-me mais sensível ver este último como um tipo particular de crise do primeiro, uma crise que enfatiza o lado fragmentário, efêmero e caótico da formulação de Baudelaire (o lado que Marx disseca tão admiravelmente como parte integrante do modo capitalista de produção), enquanto exprime um profundo ceticismo diante de toda prescrição particular sobre conceber, representar ou exprimir o eterno e imutável" (Harvey, *Condição pós-moderna*, 1992, p. 111).

O quadro pintado não carrega ilusões nem idealismos, pois trabalha com dados e fatos empíricos. O que se destacam são cores rubras, fortes, fluorescentes, sob pena de se estar a imaginar borboletas num jardim de plantas carnívoras. Os paradoxos originados de diversas crises gestadas, engordadas, aglomeradas e mal administradas ao longo da modernidade permitiram a criação de situações duais e extremamente complicadas de serem desfeitas num passe de mágica. As heranças históricas que a mundialidade carrega a faz padecer de males de difícil solução em função das próprias políticas que medraram durante anos, décadas, ou, quiçá, séculos, na orientação e na condução das formas de viver. Num mundo globalizado, a única vantagem que se tem é poder enxergar com maior nitidez ainda de que flagelos são afetados os diversos povos sobreviventes deste planeta...[83]

Como ignorar um Terceiro Mundo tamanhamente castigado pela fome e pelo desprezo aos direitos humanos? Como não divisar nos episódios de Kosovo e da Somália flagrantes situações de perseguição étnica e de abuso político? Como não perceber a existência de países inteiros, periféricos e impermeáveis ao capitalismo, vivendo em condições precárias de vida? Como desconsiderar o subdesenvolvimento como causa de inúmeras violações a direitos humanos? Como apagar da história das potências militares e econômicas atuais um vínculo estreito com o mercado negro e o tráfico de armamentos militares? Como deixar de considerar que boa parte do tráfico de espécies naturais para patentes ocorre com patrocínio e financiamento de países desenvolvidos? Como negar a existência de empresas que vivem exclusivamente da venda de remédios e equipamentos industrializados defasados para o Terceiro Mundo? Como aceitar que a discriminação seja um dilema ainda presente na caracterização das relações profissionais e humanas, determinando e condicionando a não ascensão de etnias

---

[83] O panorama é gritantemente conflituoso e paradoxal; enquanto quantias expressivas de americanos morrem por problemas correlatos ao da obesidade, milhares de pessoas passam fome no planeta, e outras milhares são vítimas de situações-limite que as levam ao conhecimento da tênue distância entre a vida e a morte.

a situações econômicas mais expressivas? Como dizer que o *apartheid*, apesar de todos os esforços em sentido contrário, não produz e não produzirá por longos tempos seus nefastos efeitos sobre inteiras populações negras sulafricanas? Como valorar a questão do genocídio judaico durante o holocausto praticado pelos nazistas durante a Segunda Guerra Mundial e seus efeitos sobre milhões de pessoas? Como apagar da histórica, sofrida e desgastada vivência entre israelitas e palestinos, todo o acúmulo de atentados e violências praticados ao longo dos últimos anos, na medida em que a geopolítica econômica define fronteiras e costura etnias, territórios e apaga a história de povos inteiros? Como negar a ascensão do neonazismo na Europa, num momento de crise axiológica vivida hodiernamente? Como avaliar os marcantes atentados de 11 de setembro, e seus subsequentes (Bali...), sem uma profunda carga de desesperança, em face da renovação das seculares rivalidades étnicas e monopolísticas? Como admitir que seria possível entrever a bandeira da liberdade americana tremulando o idealismo de uma guerra, não autorizada pelo Conselho de Segurança da ONU, com fortes reações do mundo ocidental e oriental, sem nisto entrever uma grande carga de arbitrariedade e interesses unilaterais dos EUA em face das demais nações e as regras do Direito Internacional?

Entende-se que um balanço consciente das questões inerentes aos tempos contemporâneos permita e favoreça a ampliação dos horizontes de reflexão e de discussão, dotando de características mais especificamente tematizáveis as rápidas, enervantes e vigorosas mudanças pelas quais a sociedade contemporânea passa. É interessante que se atente para o fluxo dos acontecimentos, para que deles se extraiam condições reflexivas necessárias para a análise da significação da história, e de seus reflexos sobre as relações sociojurídicas.

3

A Descrição da Pós-Modernidade

3.1 O SURGIMENTO DA PÓS-MODERNIDADE: O CONTEXTO HISTÓRICO DE MAIO DE 1968

Quando se trata de refletir a respeito dos fenômenos históricos e de suas consequências, no final do século passado, o ano de 1968 aparece como uma data de ampla significação social e que, exatamente por isso, não pode ser olvidada. Geralmente desprezada pela cultura jurídica, tem-se em maio de 1968 uma grande revolução se processando, esta que é o epicentro de um conjunto de transformações da sociedade contemporânea, que haverão de se consolidar na consciência da crise da modernidade. Essa consciência contagia o ambiente acadêmico, que, através do pensamento crítico de Herbert Marcuse e da sociologia de Jean-François Lyotard, incentiva, capta e descreve o estado das formas sociológicas e dos valores após maio de 1968 dando *status* científico a respeito do debate acerca do nascimento da 'pós-modernidade', debate este que continua profundamente aceso atualmente, não obstante enigmaticamente interpretado. Um dos grandes legados teóricos desse período será exatamente a impossibilidade, em ciências sociais, de se ignorar o sentido dessa expressão após essa data. Nesse sentido, se modernidade e pós-modernidade estão imbricadas, o direito hodierno muito deve a maio de 1968 por sua atual conformação.

Nesse contexto, uma grande força teve papel de protagonista da história: o movimento estudantil.[1] Em maio de 1968, ao longo de todo o mês, mobilizando a princípio

---

[1] "O movimento começou muito inocentemente... como um movimento pela reforma da universidade" (Marcuse, *A grande recusa hoje,* 1999, p. 57).

cerca de 10 a 15 mil estudantes, para envolver ao final cerca de 80 mil estudantes, o movimento, que, a princípio era estudantil, e, em seu decorrer, se torna um movimento social, havia a motivar o seu estopim um romantismo utópico suspenso no ar e uma profunda sensação de responsabilidade histórica pela mudança do *status quo*, baseada na insatisfação com o *establishment*.[2] Desta atmosfera se nutriam indivíduos embriagados pelo ópio do ideário libertário e pós-moderno que surgia; tratava-se de um ideário que mesclava ideais marxistas e anarquistas de sociedade, com movimentos estudantis e reivindicações juvenis sociais e/ou de minorias portadoras de pequenas narrativas que construíam a mentalidade de um tempo de efervescência, culminando com a eclosão de maio de 1968, em Paris.[3]

Esse é um evento histórico de alto simbolismo; trata-se da eclosão de reivindicações informadas por altos ideais de transformação social, e profundamente influenciadas pelos referenciais marxiano e frankfurtiano, com destaque para Herbert Marcuse, mas que hoje representam o selo de uma mudança radical de concepção de mundo. Esse episódio pode ser considerado a grande revolução do final do século XX, pois movimenta forças eróticas contra forças destrutivas,[4] alavancando mudanças radicais nos modos de vida e na conformação social desde então. Ali estava nascendo a pós-modernidade, que será alguns anos mais tarde lida e dissecada por Jean-François Lyotard.[5] É do pensamento político de Agnes Heller que se pode ouvir a seguinte frase: "Como teoria social, o pós-modernismo nasceu em 1968" (Heller, Fehér, *A condição política pós-moderna*, 1998, p. 200).

Contra este movimento, as alas sociais mais conservadoras se levantam, seja para invocar a "ordem", seja para recorrer à "lei", seja para recriminar toda forma de "violência". O recurso ao uso da força é invocado como necessário sob a justificativa de que a "retomada da ordem" é necessária, pois afinal o capitalismo precisa continuar marchando impetuosamente em direção ao futuro. Por isso, o recurso à implicação

---

[2] "Em outras palavras, é uma recusa a continuar aceitando e a se conformar com a cultura da sociedade estabelecida, não só com as condições econômicas, não só com as instituições políticas, mas com todo o sistema de valores que eles sentem estar apodrecido no âmago. Penso que a esse respeito pode-se de fato falar também de uma revolução cultural. Revolução cultural porque é dirigida contra todo o *establishment* cultural, incluindo a moralidade da sociedade existente" (Marcuse, *A grande recusa hoje*, 1999, p. 63-64).

[3] "A primeira grande explosão dessa consciência em transformação foi o movimento estudantil de maio de 68" (Marcuse, *A grande recusa hoje*, 1999, p. 17).

[4] "Algo assim existe. Em grande medida vejo essas tendências a uma ascensão de energias eróticas contra a pulsão destrutiva no movimento ecológico, no movimento de proteção ao meio ambiente. Pois a criação de um meio ambiente pacífico, calmo e belo é justamente trabalho de Eros" (Marcuse, *A grande recusa hoje*, 1999, p. 17).

[5] "A condição política pós-moderna se baseia na aceitação da pluralidade de culturas e discursos. O pluralismo (de vários tipos) está implícito na pós-modernidade como projeto. O colapso da grande narrativa é um convite direto à coabitação entre várias pequenas narrativas (locais, culturais, étnicas, religiosas, ideológicas)" (Heller, Fehér, *A condição política pós-moderna*, 1998, p. 16). Lyotard, *A condição pós-moderna*, 1989.

da força policial parece costumeiro nestes episódios, como relata Marcuse: "A polícia apareceu e invadiu a Sorbonne, pela primeira vez na história dessa universidade" (Marcuse, *A grande recusa hoje*, 1999, p. 58). Será que se deve tratar com polícia os temas implicados nos movimentos estudantis e movimentos sociais? Antes, portanto, de se tratar da necessidade de apresentar uma *solução* aos conflitos instaurados na linha dos movimentos estudantis, trata-se de perceber que cumprem um processo fundamental na dialética da história, remodelando os traços do real, provocando cisões e rupturas que dão o tônus dos processos emancipatórios.

O contrário disso sim, é lamentável. O contrário disso é o convívio com uma juventude desencantada e que vive a angústia do fim das utopias, da exaustão das grandes metanarrativas, a ascensão de um modo de vida menos político e mais estético, menos coletivo e mais individual, mais leve e consumista, mais líquido e inconsistente, mais frenético e desbussolado. Certamente, como massa de manobra, esse modelo parece ser mais condizente. No entanto, só se pode enxergar na juventude a forja do amanhã; por isso, uma juventude conformista é uma juventude acovardada antes mesmo de viver a tentativa de intervir na história.

Ainda que 40 anos nos distanciem desse período, as energias utópicas que movimentaram maio de 1968, como explosão histórico-erótica, no sentido marcusiano,[6] continuam acesas, apesar dos refluxos sofridos e dos novos matizes assumidos pelas bandeiras à época levantadas. Trata-se de um período conturbado, política e ideologicamente, dividido pela partição bipolar do mundo entre capitalismo e socialismo, cheio de muita agitação transformadora, decorrente da força de uma juventude marcada por um ímpeto emancipatório extremamente vigoroso. Uma profusão de eventos marca a distinção de uma época de tensões, que envolvem diversos temas: a guerra, a fome, a injustiça, a ditadura, o conservadorismo, o machismo, a sexualidade, a liberdade estética, entre outros. Por isso, o ano de 1968 será marcado por significativos eventos: em 28 de março de 1968, o estudante Édson Luis de Lima Solto é morto pela ditadura, revelando o caráter sádico do poder, sendo um estopim para revoltadas crescentes em torno da ideia da liberdade política; em 4 de abril de 1968, o pastor Martin Luther King é assassinado, líder que foi do movimento pelos direitos civis dos negros nos Estados Unidos, após longa campanha de vida pela garantia de direitos à minoria negra e contra a discriminação; no embate de forças contra o governo conservador de Charles de Gaulle, o movimento estudantil, de 2 a 30 de maio de 1968, na França, sob a liderança de Daniel Cohn-Bendit, provoca uma série de eventos de mobilização que geram mobilização civil generalizada, envolvendo operários, mulheres, minorias, em favor de diversas causas, entre elas a de reforma universitária; em 26 de junho de

---

[6] "O protesto dos jovens continuará porque é uma necessidade biológica. 'Por natureza', a juventude está na primeira linha dos que vivem e lutam por Eros contra a Morte e contra uma civilização que se esforça por encurtar o 'atalho para a morte', embora controlando os meios capazes de alongar esse percurso.

Hoje, a luta pela vida, a luta por Eros, é a luta política" (Marcuse, *Eros e civilização:* uma interpretação filosófica do pensamento de Freud, 1999, p. 23).

1968, na passeata dos 100 mil, a juventude e os movimentos sociais se reúnem para protestar contra a ditadura, marcando fortemente presença de oposição que haveria de criar as condições para o desenvolvimento de forças políticas contrárias à manutenção do golpe militar; em prol das causas e discussões a respeito do feminismo, Robin Morgan queima sutiãs em praça pública em Nova York, em setembro de 1968, declarando guerra ostensiva à lógica de repressão à liberdade sexual e comportamental feminina; diversas manifestações, especialmente com o movimento hippie e suas filosofias de vida, dão nascimento à lógica da contracultura, que tem no movimento tropicalismo brasileiro (Gilberto Gil; Caetano Veloso; Nara Leão) um símbolo vigoroso de resistência (recorde-se das canções de Chico Buarque) ao imperialismo consumista e à lógica da indústria cultural mercadurizada.

Se todo esse conjunto de ebulições momentâneas não chegou a se consolidar em uma revolução política, e nem desses movimentos tenha nascido propriamente um modelo político concreto, apesar de conquistas localizáveis aqui e ali, ao menos esse conjunto de lutas formou, do ponto de vista mais abrangente, e que repercutiu em transformações em todo o mundo, no caldo necessário para uma profunda *revolução cultural*. Maio de 1968, por isso, pode ser tomado como o momento histórico de quebra de padrões comportamentais, de padrões sexuais, de emergência da liberdade sexual, da liberdade política, dos direitos de minorias, de redefinição do papel político da estética, de redefinição do papel da moral em direção ao pluralismo ético, de luta por redemocratização e pelo reconhecimento da diferença, questões que, em muitos de seus significados, redundaram na atual redação da democrática Constituição Federal de 1988. Hoje, as mulheres têm lugar no mundo do trabalho, as minorias reivindicam crescentemente lugar na consagração de seus direitos, a hipocrisia cedeu em muitos temas, a liberdade amplia suas fronteiras, a força dos movimentos sociais tem demonstrado grandes conquistas. Por isso, as cicatrizes históricas deixadas por esse período são incontornáveis para o pensamento crítico contemporâneo, que está tentando lidar com a questão até hoje, bem como inesquecíveis são as conquistas de direitos que não podem ser desprezadas.

3.2 A PÓS-MODERNIDADE: CONCEITUAÇÃO E DEFINIÇÃO

A expressão *pós-modernidade*, que haverá de ser largamente utilizada ao longo da exposição, para designar um contexto sócio-histórico particular, marcado pela transição, não gera unanimidades, e seu uso não somente é contestado como também está associado a diversas reações ou a concepções divergentes. O surgimento da expressão está eivado de contestações, o seu uso e emprego são passíveis de severas críticas, bem como a sua significação ganha coloridos e matizes diversos conforme a tendência ou a corrente de pensamento.

Outras expressões já foram indicadas para designar esse *status quo*, com suas diversas projeções sobre a vida humana, como *supermodernidade* (Georges Balandier), *moder-*

nidade reflexiva (Ulrich Beck), entre outras, sem lograrem o mesmo êxito ou o mesmo emprego expandido na literatura especializada.[7] Na linha de Bauman:

> "Não é em toda parte, porém, que essas condições parecem, hoje, estar prevalecendo: é numa época que Anthony Giddens chama de 'modernidade tardia', Ulrich Beck de 'modernidade reflexiva', Georges Balandier de 'supermodernidade', e que eu tenho preferido (junto com muitos outros) chamar de 'pós-moderna': o tempo em que vivemos agora, na nossa parte do mundo (ou, antes, viver nessa época delimita o que vemos como a 'nossa parte do mundo')" (Bauman, *O mal-estar da pós-modernidade*, 1998, p. 30).

Apesar de toda a problemática que envolve a afirmação dessa expressão, pós-modernidade parece ter ganho maior alento no vocabulário filosófico (Lyotard, Habermas, Beck) e sociológico (Bauman, Boaventura de Souza Santos) contemporâneos, e ter entrado definitivamente para a linguagem corrente. O curioso é perceber que é esta já a primeira característica da pós-modernidade: a incapacidade de gerar consensos. Nisso está o que há de mais próprio na expressão, conforme indica Boaventura de Souza Santos:

> "Como todas as transições são simultaneamente semi-invisíveis e semicegas, é impossível nomear com exactidão a situação actual. Talvez seja por isso que a designação inadequada de 'pós-moderno' se tornou tão popular. Mas, por essa mesma razão, este termo é autêntico na sua inadequação" (Santos, *A crítica da razão indolente*: contra o desperdício da experiência, 2001, p. 50).

Mesmo entre aqueles que aceitam o uso do termo para designar um estado atual de coisas, um processo de modificações que se projeta sobre as diversas dimensões da experiência contemporânea de mundo (valores, hábitos, ações grupais, necessidades coletivas, concepções, regras sociais, modos de organização institucional...), não há sequer unanimidade na determinação da data que seria um marco para o início deste processo.

Muito menos que se prendendo a datas e a referências estanques, e aceitando mesmo os riscos inerentes ao uso e emprego da expressão *pós-modernidade*, entende-se interessante a identificação desse processo de ruptura como modo de se diferenciar e de se designar com clareza o período de transição irrompido no final do século XX, que possui por traço principal a superação dos paradigmas erigidos ao longo da modernidade.[8] Trata-se da chamada transição paradigmática, a que se refere Boaventura de Souza Santos:

---

[7] Para muitos, acima da própria literatura na área, a afirmação da pós-modernidade ter-se-ia dado com o marco político-referencial da figura de Margaret Tatcher e de seu modelo político: "Margaret Thatcher deve ter compreendido esse estado das coisas de modo intuitivo ao inventar o *slogan* que afirma que 'não existe de modo algum' algo como a sociedade. Ela é o fenômeno propriamente 'pós-moderno'" (Habermas, *A constelação pós-nacional:* ensaios políticos, 2001, p. 76).

[8] Este traço da pós-modernidade é posto em questão, por alguns: "Por pós-modernidade se entende o conjunto de características que demarcam uma nova 'era histórica', o fim da moder-

"A transição paradigmática é um período histórico e uma mentalidade. É um período histórico que não se sabe bem quando começa e muito menos quando acaba. É uma mentalidade fraturada entre lealdades inconsistentes e aspirações desproporcionadas entre saudosismos anacrônicos e voluntarismos excessivos. Se, por um lado, as raízes ainda pesam, mas já não sustentam, por outro, as opções parecem simultaneamente infinitas e nulas. A transição paradigmática é, assim, um ambiente de incerteza, de complexidade e de caos que se repercute nas estruturas e nas práticas sociais, nas instituições e nas ideologias, nas representações sociais e nas inteligibilidades, na vida vivida e na personalidade" (Santos, *A crítica da razão indolente*: contra o desperdício da experiência, 2001, p. 257).

A sensação de crise, em amplas magnitudes e alcançando diversos aspectos da vida no século XX, estava sensivelmente presente nos anos 1960, momento em que diversos movimentos globais de protestos e revoltas, caracteristicamente antimodernistas, eclodiam no sentido de identificar novas formas de combater a racionalidade brutalizante da vida sob os paradigmas modernos. Se Habermas aponta os anos 1950 e 1960 como favoráveis ao surgimento da pós-modernidade, a culminância de grande significação dessa inteira efervescência cultural, social e política ocorre em 1968, em todas as partes do mundo, com as marcantes manifestações estudantis, preparando-se o terreno para o advento de novas identidades:

"Embora fracassado, ao menos a partir dos seus próprios termos, o movimento de 1968 tem de ser considerado, no entanto, o arauto cultural e político da subsequente virada para o pós-modernismo. Em algum ponto entre 1968 e 1972, portanto, vemos o pós-modernismo emergir como um movimento maduro, embora ainda incoerente, a partir da crisálida do movimento antimoderno dos anos 60" (Harvey, *A condição humana*, 1992, p. 44).

Para muitos, também a modernidade estar-se-ia fragmentando com maior nitidez e clareza a partir de 1970,[9] com a irrupção de inúmeros fenômenos sociais e culturais

---

nidade do mundo contemporâneo e uma nova maneira de ver e ser no mundo. Mas não seria, como a maioria dos pesquisadores acredita, apenas uma ruptura com o paradigma da modernidade, surgido com a Revolução Francesa. Ainda mais porque, como demonstrado, se existe uma ruptura paradigmática, ela tem uma causa, uma origem, mediata e imediata, em fatos que produziram o efeito da mudança.

"Ou seja, a pós-modernidade foi gerada na modernidade, assim como a Revolução Francesa o foi no Absolutismo e no Protestantismo; e a Revolução Russa, por sua vez, na Francesa. A mudança de um 'paradigma', para ocorrer, necessita de um processo lento de transformação de valores e costumes" (Siqueira, Holgonsi Soares G. *A pós-modernidade*: consequência da revolução gnóstica e igualitária. Disponível em: <http://www.angelfire.com/id/Viotti/PosModern.html>. Acesso em: 25 ago. 2002, p. 1).

[9] Eis a cronologia apontada por Harvey: "Assim sendo, que é esse pós-modernismo de que muitos falam agora? Terá a vida social se modificado tanto a partir do início dos anos 70 que

que marcam de modo incontestável a sua falência paradigmática. É exatamente nesse contexto que o ideia de absurdo, a filosofia da existência, a desesperança no projeto da modernidade, o desencatamento do mundo surgem como ideias fortes, na tentativa de entrever respostas, ainda que lânguidas, aos desesperos existenciais de um modelo esfacelado e desprovido de um sentido filosófico. Nesse sentido, leia-se este trecho da *Náusea*, de Sartre, cuja tradução confere exatamente a dimensão da carência de sentido das coisas vivida no momento:

> "A palavra 'Absurdo' surge agora sob minha caneta; há pouco no jardim não a encontrei, mas também não a procurava, não precisava dela: pensava sem palavras, sobre as coisas, com as coisas. O absurdo não era uma ideia em minha cabeça, nem um sopro de voz, mas sim aquela longa serpente morta aos meus pés, aquela serpente de lenho. Serpente ou garra, ou raiz, ou gafa de abutre, pouco importa. E sem formular claramente nada, compreendi que havia encontrado a chave da Existência, a chave de minhas náuseas, de minha própria vida" (Sartre, *A náusea*, 2000, p. 190-191).

O esfacelamento da modernidade, e a percepção desta sensação de passagem, tornam os olhos filosóficos da contemporaneidade críticos de todo o imperialismo da racionalidade moderna.[10] Questionar a modernidade, significa pensar o que é a modernidade, ou ainda, ao que ela serviu e o que ela trouxe de resultados para a vida social desde a sua concepção. No lodaçal do em que a filosofia do pós-guerra se encontrava, a consciência dos destinos da modernidade ainda era muito parcamente entrevista. Aliás, aí está já a raiz de toda a dificuldade; se o termo modernidade (modernismo) é, em si, um termo ambíguo, que dizer, então do termo *pós-modernidade* (pós-modernismo), que carrega em sua estrutura semântica dupla carga de ambiguidades?[11]

A pós-modernidade chega para se instalar definitivamente, mas a modernidade ainda não deixou de estar presente entre nós, e isso é fato. Suas verdades, seus preceitos, seus princípios, suas instituições, seus valores (impregnados do ideário burguês, capitalista e liberal),[12] ainda permeiam grande parte das práticas institucionais e so-

---

possamos falar sem errar que vivemos numa cultura pós-moderna, numa época pós-moderna?" (Harvey, *A condição pós-moderna*, 1992, p. 18).

[10] Duvida-se até mesmo das palavras e dos modos pelos quais as palavras constituem o sentido das coisas: "As palavras se haviam dissipado e com elas o significado das coisas, seus modos de emprego, os frágeis pontos de referência que os homens traçaram em sua superfície" (Sartre, *A náusea*, 2000, p. 187).

[11] Quem assinala esta peculiaridade do termo pós-modernismo é Harvey: "Quanto ao sentido do termo, talvez só haja concordância em afirmar que o 'pós-modernismo' representa alguma espécie de reação ao 'modernismo' ou de afastamento dele. Como o sentido de modernismo também é muito confuso, a reação ou afastamento conhecido como 'pós-modernismo' o é duplamente" (Harvey, *A condição pós-moderna*, 1992, p. 19).

[12] É esclarecedora a lição de Boaventura sobre paralelismo entre capitalismo e modernidade: "A modernidade ocidental e o capitalismo são dois processos históricos diferentes e autônomos.

ciais, de modo que simples superação imediata da modernidade é ilusão. Obviamente, nenhum processo histórico instaura uma nova ordem, ou uma nova fonte de inspiração de valores sociais, do dia para a noite, e o viver transitivo é exatamente um viver *intertemporal,* ou seja, entre dois tempos, entre dois universos de valores, enfim, entre passado erodido e presente multifário.

A transição paradigmática envolve, necessariamente um processo de resistência contínua e conjugada contra os fortes, complexos, arraigados e enraizados valores da modernidade que se insculpiram com ares de eternidade no horizonte da sociedade ocidental:

> "A eficácia da transição pós-moderna consiste em construir um novo e vasto horizonte de possíveis futuros alternativos, um horizonte pelo menos tão novo e tão vasto como aquele que a modernidade outrora construiu e que depois destruiu ou deixou destruir.
>
> O paradigma da modernidade é muito rico e complexo, tão susceptível de variações profundas como de desenvolvimentos contraditórios. Assenta em dois pilares, o da regulação e o da emancipação, cada um constituído por três princípios ou lógicas. O pilar da regulação é constituído pelo princípio do Estado, formulado essencialmente por Hobbes, pelo princípio do mercado, desenvolvido sobretudo por Locke e por Adam Smith, e pelo princípio da comunidade, que domina toda a teoria social e política de Rousseau. O princípio do Estado consiste na obrigação política vertical entre cidadãos e Estado. O princípio do mercado consiste na obrigação política horizontal individualista e antagónica entre os parceiros de mercado. O princípio da comunidade consiste na obrigação política horizontal solidária entre membros da comunidade e entre associações. O pilar da emancipação é constituído pelas três lógicas de racionalidade definidas por Weber: a racionalidade estético-expressiva das artes e da literatura, a racionalidade cognitivo-instrumental da ciência e da tecnologia e a racionalidade moral-prática da ética e do direito" (Santos, *A crítica da razão indolente*: contra o desperdício da experiência, 2001, p. 50).

Mas pode-se mesmo prenunciar que os decênios de desenvolvimento e de introdução de uma nova cultura pós-industrial e pós-moderna, provocados pelo uso canônico do capitalismo pelas ideologias implantadas no poder mundial, coincidem com o

---

O paradigma sociocultural da modernidade surgiu entre o século XVI e os finais do século XVIII, antes de o capitalismo industrial se ter tornado dominante nos actuais países centrais. A partir daí, os dois processos convergiram e entrecruzaram-se, mas, apesar disso, as condições e a dinâmica do desenvolvimento de cada um mantiveram-se separadas e relativamente autónomas. A modernidade não pressupunha o capitalismo como modo de produção próprio. Na verdade, concebido enquanto modo de produção, o socialismo marxista é também, tal como o capitalismo, parte constitutiva da modernidade. Por outro lado, o capitalismo, longe de pressupor as premissas socioculturais da modernidade para se desenvolver, coexistiu e até progrediu em condições consideradas pré-modernas ou mesmo antimodernas" (Santos, *A crítica da razão indolente*: contra o desperdício da experiência, 2001, p. 49).

advento de um modo de vida compatível com as novas formas de conceituar o mundo e as relações sócio-humanas. Eis aí, como afirma Tércio Sampaio Ferraz Júnior, em gérmen, o pós-modernismo:

> "Desenvolvimento é uma palavra cuja voga data de meados deste século. A partir dos anos 50, as nações do hoje chamado Primeiro Mundo, incluindo o Japão, conhecem um período de extraordinário crescimento econômico, de progresso científico e tecnológico, de instauração de um *way of life* que prenunciava o que hoje se chama de pós-moderno (Vaz, Lima. Ética e razão moderna. Ética. Marcílio/Ramos (coord.) São Paulo, 1999, p. 57 ss.)" (Ferraz Junior, *Estudos de filosofia do direito*, 2002, p. 279).

A pós-modernidade, não sendo apenas um movimento intelectual, ou muito menos um conjunto de ideias críticas quanto à modernidade, vem sendo esculpida na realidade a partir da própria mudança dos valores, dos costumes, dos hábitos sociais, das instituições, sendo que algumas conquistas e algumas desestruturações sociais atestam o estado em que se vive em meio a uma transição. No entanto, a pós-modernidade foi efetivamente constatada, identificada e descrita, assim como batizada e nomeada, a partir de uma tomada de consciência das mudanças que vinham acontecendo e dos rumos tomados pela cultura contemporânea, pela filosofia e pela sociologia contemporâneas (*A filosofia e o espelho da natureza*, de Richard Rorty; *A condição pós-moderna*, de Jean-François Lyotard, com datação de 1979),[13] dando-se preeminente destaque para a repercussão do texto de Jean-François Lyotard.

Mas, a instauração de uma nova ordem, que irrompe trazendo novas concepções e novos modos de ser, não se faz sem quebras abruptas e sem resistências. Por se tratar de um movimento que está em franco processo de produção, desenrolando sob os olhos dos próprios narradores envolvidos a linha histórica da pós-modernidade, ainda é muito tenuemente percebido, e muito sutilmente afeito a fortes descrições teóricas. Aliás, mais mitos e lendas, mais fantasias e ilusões estão presentes do que propriamente reais condições empíricas que comprovem esta ou aquela qualidade da pós-modernidade, ou mesmo, o rumo a ser tomado pelas sociedades a partir das modificações introduzidas ao longo dessas últimas décadas.

Em poucas palavras, quer-se dizer que se sabe menos sobre a pós-modernidade do que efetivamente acerca dela se especula. O enevoado diáfano domina o cenário a ponto de tornar-se turva a visão para contemplar o horizonte. Há um grande afã cabalístico, ou até mesmo apocalíptico, nas tentativas de antevisão das consequências e dos possíveis frutos advindos da introdução de novos padrões de conduta social com a pós-modernidade. Nesse contexto, poucas certezas são certas, a não ser aquela que afirma que o certo é que não há certezas.[14]

---

[13] Cf. Lemert, *Pós-modernismo não é o que você pensa*, 2000, p. 126.

[14] "Quem odeia bestas, sapos, aberrações pós-modernas e outras coisas sombrias do tipo pode em algum momento ter exagerado, mas não está errado em se preocupar como se preocupou.

Como se vem afirmando, a pós-modernidade não surge como algo pensado, não é fruto de uma corrente filosófica. Muito menos constitui um grupo unitário e homogêneo de valores, ou modificações facilmente identificáveis, mas é sim uma força subterrânea que irrompe à superfície somente para mostrar o seu vigor, aqui e ali, trazendo instabilidades, erosões e erupções, sentidas como abalos da segurança territorial na qual se encontravam anteriormente instaladas as estruturas valorativas e vigas conceptuais da modernidade.

Este trecho de Harvey é ilustrativo:

> "Os sentimentos modernistas podem ter sido solapados, desconstruídos, superados ou ultrapassados, mas há pouca certeza quanto à coerência ou ao significado dos sistemas de pensamento que possam tê-los substituído. Essa incerteza torna peculiarmente difícil avaliar, interpretar e explicar a mudança que todos concordam ter ocorrido" (Harvey, *Condição pós-moderna*, 1992, p. 47).

O estranho é sentido e percebido como algo que deve ser resistido. Daí, explicável de modo natural, a aversão criada pelo novo, pelo pós-moderno. Essa dúvida permeia o discurso cotidiano das pessoas, está presente nos conselhos de pais para filhos, nas lamentações dos mais velhos, bem como é voz corrente na imprensa, nas instâncias administrativas do poder, nos bastidores das repartições públicas, integra os modos pelos quais se faz política, participa das discussões das ciências sociais, domina a fala do judiciário e é bandeira de algumas alas do terceiro setor. Sua introdução e sua recente percepção instauram a insegurança nos grupos sociais.[15] O que há de peculiar nos tremores provocados pelo momento pós-moderno, se se quer recordar que Balzac e outros já haviam anunciado tais tremores em seu tempo, é o fato de que esse estado de coisas tem coalhado a realidade de incontestáveis marcas de estremecimentos simultâneos, complexos, intensificados, irresolúveis e que implicam a sempre difícil intersecção de diversos setores (econômico, social, cultural, político, comunicativo etc.).

O mundo moderno está passando por alguma espécie de mudança. Mesmo os que desejariam o contrário admitem isso" (Lemert, *Pós-modernismo não é o que você pensa*, 2000, p. 37).

[15] "O *pós-modernismo* – em termos gerais: a cultura de um mundo dito moderno – diz respeito sobretudo a interrogações desse tipo. As perguntas em si são perfeitamente razoáveis. Pessoas íntegras, de condição mediana ou mais baixa, mas especialmente os pais de jovens recém-graduados, estão certas ao fazê-las. Suas preocupações são realistas, portanto razoáveis. Se são razoáveis, por que tanto alvoroço em torno das várias teorias pós-modernistas sobre os fracassos ou fim do moderno? Não é absurdo que os pais se preocupem com os filhos ou acalentem a ideia de que o mundo é fundamentalmente distinto daquele que herdaram. Assim sendo, por que tantos pais e outras pessoas com um ardente interesse nas condições mundiais exibem tanta hostilidade ao pós-modernismo? Ou, em outra perspectiva, pergunta-se: por que essas teorias pós-modernistas sobre o mundo moderno são tão terrivelmente provocativas que pessoas razoáveis com perguntas arrazoáveis não se inclinam a levá-las a sério? Daí advém uma das mais interessantes incoerências de nossos dias. Dado que o mundo moderno não é o que costumava ser (quem discorda disso?), por que se tem a impressão de que as teorias do mundo depois-do-moderno são monstros irracionais?" (Lemert, *Pós-modernismo não é o que você pensa*, 2000, p. 26).

Uma certa sensação de instabilidade, de incerteza, de indeterminismo pairam simultaneamente no ar, enquanto fluxos e ondas de determinismo, de estabilidade conservadora, certezas e verdades modernas ainda pairam na atmosfera. É dessa mistura, como afirma Boaventura de Souza Santos, que se originam as inconstâncias que caracterizam a passagem transitiva à pós-modernidade:

> "Há um desassossego no ar. Temos a sensação de estar na orla do tempo, entre um presente quase a terminar e um futuro que ainda não nasceu. O desassossego resulta de uma experiência paradoxal: a vivência simultânea de excessos de determinismo e de excessos de indeterminismo. Os primeiros residem na aceleração da rotina. As continuidades acumulam-se, a repetição acelera-se. A vivência da vertigem coexiste com a de bloqueamento. A vertigem da aceleração é também uma estagnação vertiginosa. Os excessos do indeterminismo residem na desestabilização das expectativas. A eventualidade de catástrofes pessoais e colectivas parece cada vez mais provável. A ocorrência de rupturas e de descontinuidades na vida e nos projectos de vida é o correlato da experiência de acumulação de riscos inseguráveis. A coexistência destes excessos confere ao nosso tempo um perfil especial, o tempo caótico onde ordem e desordem se misturam em combinações turbulentas. Os dois excessos suscitam polarizações extremas que, paradoxalmente, se tocam. As rupturas e as descontinuidades, de tão frequentes, tornam-se rotina e a rotina, por sua vez, torna-se catastrófica" (Santos, *A crítica da razão indolente*: contra o desperdício da experiência, 2001, p. 41).

Alguns depoimentos mais severamente acalorados sobre o âmago desse debate chegam a afirmar que:

> "O pós-modernismo tem de fato o poder de deixar as pessoas loucas, perturbadas, como avaliamos pela utilidade da palavra como insulto viável" (Lemert, *Pós-modernismo não é o que você pensa*, 2000, p. 28).

As revoluções que se processam afetam sobretudo a dimensão do cultural.[16] Ora, essa afetação do cultural, por óbvio, gera um choque de culturas, entre o novo e o velho, que, até que se estabilizem as crenças e se consensuem homogeneidades, gera expectativas, como sói ocorrer sempre no plano cultural. É assim que se pensa estar diretamente relacionada a temática enfocada como tema central dessas reflexões, tendo

---

[16] Para checar a revolução operada pelo pós-modernismo, é necessário observar suas intromissões no mundo da cultura. É o que afirma Lemert: "Mal se precisa dizer que o pós-modernismo tem algo a ver com o que alegadamente acontece com o modernismo. Assim, se o *modernismo* é a cultura da Idade Moderna (ou simplesmente da *modernidade*), *pós-modernismo* se relaciona com o colapso do modernismo. Logo, se se quer encontrar o pós-modernismo, é necessário antes de tudo olhar a cultura – não porque a cultura seja a única coisa importante do mundo, mas porque é um aspecto particularmente sensível da vida social" (Lemert, *Pós-modernismo não é o que você pensa*, 2000, p. 43).

em vista que todo cerne das questões jurídicas está implantado no cerne das questões culturais. Qualquer afetação dos modos pelos quais a cultura é feita traduz-se, quase imediatamente, em soluções ou crises, em modificações ou alterações, em inovações ou em retrocessos, que afetam diretamente o *mundus iuris*.

Se o Direito pressupõe uma certa estabilização de valores majoritários ou consensuais, para que a norma exerça seu *poder de escolha* de conteúdos normativos, a pergunta, num momento transitivo, acaba sendo: quais são os consensos possíveis num mundo em transformação? Então, passam a ser debates correntes: clonar o ser humano ou proibir cientistas de realizarem experiências genéticas com seres humanos? Autorizar casamentos entre homossexuais ou proibir a constituição dessas sociedades maritais? Diminuir a idade penal e reconhecer a incapacidade da sociedade de atrair novas gerações à consciência social, ou deixar relativamente impunes atrocidades cometidas por menores. Diferentemente de como se concebia o Direito como centro de especulações na ideologia burguesa e iluminista dos séculos XVIII e XIX, passa-se a concebê-lo, em meio a tantas transformações socioculturais, como um processo em transformação, permeável às novas demandas e adaptado aos novos atores sociais.

Na visão do tridimensionalismo histórico-axiológico de Miguel Reale, são incindíveis as dimensões do fato, do valor e da norma na identificação do que é o Direito, e é por essa mesma vertente que se pensa ser extremamente sensível o Direito a toda e qualquer intervenção de modificações culturais a todo o universo de valores jurídicos e aos modos instituídos pela sociedade para a proteção destes mesmos valores identificados e eleitos como primordiais.

> "Mas, você poderá perguntar, o que é *cultura*? Uma maneira razoavelmente simples de descrever a cultura é dizer que é o complexo produzido de valores, regras, crenças, letras, artes, mídias, códigos penais, leis, ideias políticas e outras distrações, por meio dos quais uma sociedade, ou qualquer grupo social, representa sua visão do mundo tal como seus membros (ou pelo menos os que estão no comando) creem que ele é ou deveria ser" (Lemert, *Pós-modernismo não é o que você pensa,* 2000, p. 57).

É certo que tantas turbulências conceituais e valorativas não haveriam de produzir, como consequência, senão a criação de um cenário marcante de embates ideológicos acerca das próprias características centrais da pós-modernidade. Todo processo cultural é sempre um processo de reavaliação e de revaloração: a história das culturas é a tradução disso. No entanto, quando a intensificação das modificações reclama uma lavagem simultânea, intensa e profunda de todas as dimensões pelas quais se espraiam as atividades sociais (pense-se nas transformações dos hábitos de consumo, dos modelos de comportamento, das atitudes sexuais, dos sentidos da moda, da vertiginosa aceleração das relações de comunicação, das transformações institucionais, na requalificação das concepções de trabalho etc.), está-se mais do que diante de um simples processo de confronto de gerações, com valores diferentes, está-se diante da mudança de uma época, diante de uma transição *intertemporal*, fator de polêmicas, rejeições, ansiedades e clamor social. Por isso é que o que há de curioso nessa expressão é a grande capacidade que possui de gerar dissensos e questionamentos. Assim, podem-se perceber duas grandes facções: (1) a dos que enfrentam a pós-modernidade com otimismo; (2) a dos que identificam na pós-modernidade motivos suficientes para a xenofobia e para a aversão.

A capacidade para gerar atração ou alergia, a capacidade para causar deslumbre ou medo, a capacidade para originar excitação ou insegurança é um atributo específico do novo. A experiência nova, por não vivida e incalculada, traz o gérmen da intranquilidade pela consequência. Restam, então, as perguntas: onde tudo isto vai nos levar? O que isto haverá de causar? O que é bom e o que é mau no meio de todas estas mudanças? Onde está o porto seguro? Por que as coisas devem mudar se estavam boas no modo como se conduziam? Projetada sobre a ideia de pós-modernidade está toda uma carga de ansiedade inerente ao processo de vivência do novo (de um novo contraditório, onde valores novos se apresentam como contravalores, que sobrevivem em ondas de contestação ao lado de valores velhos), que descortina dimensões tentadoras e saborosas para os que possuem paladar pelo desconhecido, mas que causam, com a mesma intensidade, o desgosto daqueles que têm paladar pelo trivial.

Numa avaliação sumária, que leva em consideração as estimativas de mudança, que tem em conta as instabilidades vividas e a serem vividas, que enxerga o surgimento do múltiplo com bons olhos, que antevê a perspectiva de que as crises inerentes ao contexto pós-moderno possam redundar em importantes desenlaces com padrões modernos inaceitáveis, concorda-se com Harvey que é com otimismo que se pode acolher a vinda de uma nova tendência social. Deve-se, portanto, dar crédito à sua expectativa, manifestada por estas palavras:

> "Como avaliar o pós-modernismo em geral? Como avaliação preliminar, eu diria que, em sua preocupação com a diferença, as dificuldades de comunicação, a complexidade e nuanças de interesses, culturas, lugares, etc., *ele exerce uma influência positiva*. As metalinguagens, metateorias e metanarrativas do modernismo (particularmente em suas manifestações ulteriores) tendiam de fato a apagar diferenças importantes e não conseguiam atentar para disjunções e detalhes importantes" (Harvey, *Condição pós-moderna*, 1992, p. 109, grifo nosso).

Portanto, após ter ouvido tantas concepções e destacado a protoformação do conceito de *pós-modernidade*, ante tantas tentativas, recidivas, idas e vindas em torno da expressão, assumem-se os riscos de tê-la próxima como *modus designandi* de um tempo, de um momento, de uma sensação coletiva, que passa a ganhar corpo nas últimas décadas e pode receber o nome de pós-modernidade, com todas as mazelas implicadas na expressão. Se há imprecisões e se há contestações em meio a esse tiroteio, é que parece interessante assinalar-se o que se entende e o que se assume como pós-modernidade.

Pode-se repetir, sem titubear, com Guardini:

> "Não se trata aqui de reprovar ou de exaltar, mas de reconhecer o fim da idade Moderna, e a nova época que se aproxima e que ainda não foi designada pela história" (Guardini, *O fim da Idade Moderna*, 2000, p. 50).

A pós-modernidade, na acepção que se entende cabível, é o estado reflexivo da sociedade ante as suas próprias mazelas, capaz de gerar um revisionismo completo de seu *modus actuandi et faciendi*, especialmente considerada a condição de superação do modelo moderno de organização da vida e da sociedade. Nem só de superação se entende viver a pós-modernidade, pois o revisionismo crítico importa em praticar a escavação dos erros do passado para a preparação de novas condições de vida. A pós--modernidade é menos um estado de coisas, exatamente porque ela é uma condição processante de um amadurecimento social, político, econômico e cultural, que haverá de alargar-se por muitas décadas até a sua consolidação. Ela não encerra a modernidade, pois, em verdade, ela inaugura sua mescla com os restos da modernidade. Do modo como se pode compreendê-la, deixa de ser vista somente como um conjunto de condições ambientais, para ser vista como certa percepção que parte das consciências acerca da ausência de limites e de segurança, num contexto de transformações, capaz de gerar uma procura (ainda não exaurida) acerca de outros referenciais possíveis para a estruturação da vida (cognitiva, psicológica, afetiva, relacional etc.) e do projeto social (justiça, economia, burocracia, emprego, produção, trabalho etc.).[17]

3.3 A DIVERSIDADE DENTRO DA PÓS-MODERNIDADE: A FORMAÇÃO FILOSÓFICA DO DISCURSO PÓS-MODERNO

São muitas as formas de se conceber aquilo que se chama de pós-modernidade. A diversidade está presente no modo como o conceito é discutido, bem como na aceitação ou não de certos pontos nucleares que distinguem a pós-modernidade de outros momentos históricos, e até mesmo no processo histórico-filosófico que lhe dá origem à possibilidade de criação e sustentação do termo hodiernamente. Alguns autores, como Sergio Paulo Rouanet, são contrários à aceitação da concepção de que se estaria diante de um momento pós-moderno, na medida em que sequer a modernidade teria sido al-

---

[17] A sensação de insegurança, de minimização do ego e de esmagamento dos controles do indivíduo sobre si mesmo já eram percebidos nas décadas de 1950 e 1960 pela Escola de Frankfurt, como se percebe por esta análise de Horkheimer: "Nessa época de grandes negócios, o empresário independente não é mais uma figura típica. O homem comum acha cada vez mais difícil planejar para os seus herdeiros e mesmo para o seu futuro remoto. O indivíduo contemporâneo pode ter mais oportunidades do que seus ancestrais, mas suas perspectivas concretas tem prazo cada vez mais curto. O futuro não entra rigorosamente em suas transações. Ele sente apenas que não estará perdido inteiramente se conservar a sua eficiência e a ligação com sua corporação, associação etc. Assim, o sujeito da razão individual tende a tornar-se um ego, encolhido, cativo do presente evanescente, esquecendo o uso das funções intelectuais pelas quais outrora era capaz de transcender a sua real posição na realidade" (Horkheimer, *Eclipse da razão*, 2003, p. 142).

cançada. A razão não poderia deixar campo para a implantação do irracionalismo absoluto, ou para o voluntarismo exacerbado de matriz nietzschiana. Na falência da ideia de razão instrumental (cognitiva e instrumental), ou na decrepitude do projeto moderno, estar-se-ia diante de um convite à revisão da razão, agora de uma razão consciente de suas fragilidades, mas não propriamente diante do abandono do princípio segundo o qual a razão deve governar as relações. Desse modo é que afirma: "Precisamos de um racionalismo novo, fundado numa nova razão. A verdadeira razão é consciente dos seus limites, percebe o espaço irracional em que se move e pode, portanto, libertar-se do irracional" (Rouanet, *As razões do iluminismo*, 2000, p. 12-13). Que os teóricos da pós-modernidade existem e que os tempos pós-modernos se autodeclaram dessa forma, isso é fato, mas será que a anunciada pós-modernidade é, efetivamente, uma ruptura com a modernidade? Esta é a reflexão trazida por Rouanet, como se vê a seguir: "Não tenho dúvidas sobre a realidade de todas as tendências que se autoclassificam de pós-modernas, ou que são designadas como pós-modernas pelos críticos e teóricos, mas tenho dúvidas muito profundas sobre se elas representam efetivamente uma ruptura com a modernidade" (Rouanet, *As razões do iluminismo*, 2000, p. 21).

Como se vê, a pós-modernidade gera polêmicas, até mesmo no que tange à aceitação de sua reivindicação de oposição ou superação da modernidade. Essa polêmica se acirra ainda mais se a expressão vem associada para rotular certos filósofos, sociólogos e pensadores. A expressão mexe com os ânimos e os brios de intelectuais de todas as categorias, daqueles que aceitam que o fenômeno existe, àqueles que rejeitam a possibilidade de discussão da própria experiência fática pós-moderna. Em meio a essa turba de indefinições, de expurgos e modificações da expressão, bem como de disputas e diálogos inconclusos, é fundamental perceber:

> 1) Em primeiro lugar, que a história da filosofia contemporânea revela traços progressivos de uma crítica à modernidade.
>
> 2) Em segundo lugar, que a filosofia contemporânea, em grande parte, tem se agrupado em tendências de filósofos pós-modernos ou antipós-modernos.
>
> 3) Em terceiro lugar, que a filosofia contemporânea, quer se aproprie da expressão *pós-modernidade*, quer a desconheça, quer a renegue, quer a modifique ou adapte, está o tempo todo considerando dialeticamente o diálogo pós-moderno na constituição de sua linguagem.

Assim, parece oportuno que a análise se detenha na compreensão do processo de produção de condições de intervenção de uma consciência filosófica da existência da pós-modernidade e no estudo das grandes tendências e diversidades que moram atrás dos intensos debates e ideias que circulam em torno da ideia de pós-modernidade.

Não sendo possível sobre todos versar e nem a todos apelar, deve-se considerar que essa sumária apresentação de perspectivas teóricas anunciadoras, proclamadoras, propagandistas da pós-modernidade, ou pós-modernas não autodeclaradas ou mesmo não autoconscientes, serve de parâmetro para o processo de agrupamento das correntes intelectuais que começam a marcar o epílogo de uma era, a moderna, e inscrever as preocupações de uma nova era, a pós-moderna.

Nesse sentido, essa era parece começar a ser descrita pelo pensamento de Nietzsche, filósofo que decompõe a certeza no relativismo, a razão na vontade, a hegemonia moral na imperfeição do caráter, constituindo uma doutrina cética que haveria de declarar a morte de Deus e assinalar os primeiros indícios de falseamento na ilusão do projeto racional da modernidade. É assim que F. Nietzsche (1844-1900),[18] em *Humano, demasiadamente humano* (1878) e *Além do bem e do mal* (1887), exacerba seu criticismo ao *status quo* filosófico, bem como faz-se analista mordaz da moralidade burguesa, denunciando a hipocrisia cristalizada atrás da maior parte dos conceitos que estruturam a moral social, bem como adentra em direção às grandes genealogias ideológicas formadoras do espírito das crenças, inclusive da crença em Deus. Por maior repugnância e estrepitude que seu pensamento possa ter gerado à sua época, denunciado por sua ruptura com Richard Wagner, seu pensamento foi uma espécie de denúncia *avant la lettre*, do momento pós-moderno, em que a tempestade da fluidez e do relativismo haveria de invadir a vida e os costumes tradicionais. Em grande parte, o martelo nietzschiano detectava a derrocada da mediocridade dos valores modernos, e seria o principiador de uma torrente de outras ideias que haveriam de segui-lo.[19] Ainda que segregado como louco, identificou a hipocrisia nas práticas éticas e morais mais arraigadas à sociedade de seu tempo. Suas palavras são sábias, nesse aspecto, quase que uma previsão dos porquês da quebra da hegemonia dos valores modernos, tendo em vista suas contradições internas e sua aparência de moralidade, quando em profundo tom de crítica acerca dos reais calabouços da moral e das práticas éticas majoritárias, afirma:

> "Recordem-se os antigos castigos na Alemanha, entre outros a lapidação (já a lenda fazia cair a pedra do moinho sobre a cabeça do criminoso), a roda (invenção germânica), o suplício da força, o esmagamento sob os pés dos cavalos, o emprego do azeite ou do vinho para cozer o condenado (isto ainda no

---

[18] O fato de Nietzsche poder ser apontado como um dos preceptores da pós-modernidade, claramente sem nunca ter utilizado esta expressão, é motivo mesmo de críticas, uma vez que a este filósofo não poderia antevê-la no século retrasado! Então, estar-se-ia somente diante da crítica da modernidade, e não da adivinhação da pós-modernidade: "Além disso, se Nietzsche foi o principal autor a desvincular a pós-modernidade, um fenômeno que se supõe estar ocorrendo atualmente, como é possível que ele tenha visto há quase um século atrás? Por que teria sido Nietzsche capaz de uma tal ruptura sem ter, como ele mesmo disse, feito nada mais que revelar os pressupostos ocultos do próprio Iluminismo?" (Giddens, *As consequências da Modernidade*, 1991, p. 53)

[19] É o de que nos convence o Professor da Universidade de Coimbra, Castanheira Neves: "Pensamento do *novum* e da diferença que começou precursoramente em NIETZSCHE – verdadeiramente o primeiro pensador pós-moderno –, que se fez explícito com a radical 'diferença ontológica' de HEIDEGGER e com a 'estrita' (texto 'escrito' e a 'desconstrução') de DERRIDA e não menos radicalmente já com a diversidade dos 'jogos da linguagem' de WITTGENSTEIN, já com o *différend* de LYOTARD." (Castanheira Neves, *A crise actual da filosofia do direito no contexto da crise global da filosofia*, 2003, p. 19).

século XIV e no século XV), o arrancar os peitos, o expor o malfeitor untado de mel sob um sol ardente às picadas das moscas. Em virtude de semelhantes espetáculos, de semelhantes tragédias, conseguiu-se fixar na memória cinco ou seis 'não quero', cinco ou seis promessas, a fim de gozar as vantagens de uma sociedade pacífica e com estas ajudas da memória, 'entrou na razão!'. Ah! A razão, a gravidade, o domínio das paixões, toda esta maquinação infernal que se chama reflexão, todos os privilégios pomposos do homem, quão caro custaram! Quanto sangue e quanta desonra se encontra na fundo de todas estas 'coisas boas'!" (Nietzsche, *A genealogia da moral*, 1991, p. 32).

O que há de significativo nesta reflexão no sentido de dizer que há uma discrepância entre a aparência e a essência, pois esta última pode ser desvelada pelo método genealógico, uma vez que amadurece de uma *releitura* da história e de seus trâmites na construção de conceitos hegemonicamente aceitos como reinantes e imperativos. São os preceitos morais tão universais e ilibados assim? São deduções abstratas que fazem da moral um código de honra e sobrevivência da sociedade? Esse questionamento causa tantos abalos quanto estremecimentos. Ora, esses abalos avultam à consciência pós-moderna, fato que somente iria acontecer pelo menos 70 anos após sua morte. Enfim, pode-se mesmo dizer que Nietzsche foi anunciador de um tempo, e, rejeitado em seu pensamento à sua época, foi recolocado em questão com o pensamento posterior, e, em especial com as filosofias de Deleuze e Foucault.[20]

Mas a história das transformações no panorama filosófico contemporâneo não estaria completa se não se considerasse da reflexão de Ludwig Wittgenstein (1889-1951), como uma contribuição fortemente transformadora. Em sua segunda fase (*Investigações filosóficas*, 1930), responsável por um *linguistic turn*, conduziu os estudos de linguagem e as reflexões sobre o discurso em direção à pragmática e à ideia de uso discursivo, neutralizando os ontologismos clássicos e semânticos, bem como ultrapassando suas próprias concepções enunciadas em seu célebre escrito de primeira fase, *Tractatus Logico-Philosophicus*. Essa mudança haverá de determinar a constituição dos debates em ciência, epistemologia, lógica e filosofia da linguagem, trazendo para o cenário das discussões pós-modernas a grande preocupação com a linguagem, com o discurso, com os *jogos de linguagem*, com o *estar em comunicação*, que caracterizam a fala pós-moderna da grandes teorias e sistemas filosóficos contemporâneos.[21] A partir de seu pensamento, a fuga da ontologia em direção à linguagem passa a caracterizar a grande mudança de comportamento da filosofia contemporânea. As semióticas e teorias da linguagem, a partir daí, passam a ser alternativas aos ontologismos filosóficos, constituindo um

---

[20] Ver a respeito: Rago, Orlandi, Veiga-Neto (Org.), *Imagens de Foucault e Deleuze:* ressonâncias nietzschianas, 2002.

[21] Pode-se perceber que esta constatação é claramente feita por Bruno Latour, quando afirma: "A linguagem tornou-se, em si, sua própria lei e seu próprio mundo. O 'sistema de língua', os 'jogos de linguagem', o 'significante', a 'escritura', o 'texto', a 'textualidade', as 'narrativas', o 'discurso', estes são alguns dos termos que designam o Império dos signos" (Latour, *Jamais fomos modernos*, 2000, p. 63).

espaço-debate sobre a língua-objeto, tornando-se questão central para o debate pós--moderno.

Na esteira das críticas mais diretas e constitutivas à ideia de modernidade, e a tudo que ela possa significar de positivo e de negativo (progresso, modernização, sujeito, acumulação, dominação, exploração, tecnologização, demissão do humano etc.), a Escola de Frankfurt foi um marco importante, destacando-se por uma atuação no cenário intelectual-pragmático (no sentido de que a filosofia deve escoar em direção à *práxis*), onde o diálogo com vários tipos de profissionais produziu uma corrente de pensamento, somente interrompida pelo hitlerismo alemão do *Reich* retomada após a Segunda Guerra Mundial. Nesse contexto, há que se destacar a contribuição de Herbert Marcuse (1891-1979), que denuncia o caráter altamente consumista e desapropriador da sociedade contemporânea, demonstrando as fragilidades das estruturas que cooptam o indivíduo em direção à sedução e ao prazer do ter, ao lado das célebres contribuições de Max Horkheimer (1895-1973), especialmente em *Eclipse da razão* (1947) e *Dialética do iluminismo* (1947), que traz consigo uma visão crítica do reducionismo provocado pela intersecção da modernidade na instrumentalização da razão, algo que acaba por provocar fortes abalos na compreensão dos resultados do projeto moderno para a humanidade. Por fim, é com Theodor W. Adorno (1903-1969) que se percebe uma crítica aos arautos do iluminismo, em especial na obra *Dialética do iluminismo* (1947), em colaboração com Horkheimer, no sentido da descoberta dos grandes indícios da construção de uma ideia de razão vinculada a um projeto de assujeitamento do indivíduo.[22]

Ainda em solo alemão, ao mesmo tempo em que Martin Heidegger (1889-1976), em *Ser e tempo* (1927) e *Que é a metafísica?* (1929), através da fenomenologia, emancipa o pensamento ocidental da problematização ontológica, para pensar-se a si mesmo enquanto *ser no mundo* (*Dasein*), pregando a preponderância da existência sobre a essência, e desconstituindo-se o debate metafísico como algo possível, na esteira e na continuidade da Escola de Frankfurt é que desponta o pensamento de Jürgen Habermas (1929-), com suas principais obras sobre discurso, linguagem e ética (*Teoria do agir comunicativo*, 1981; *Consciência moral e agir comunicativo*, 1983; *O discurso filosófico da modernidade*, 1983; *Teoria dos meios de comunicação*, 1989; *A ética da discussão*, 1991), partindo do eixo idealista da reflexão alemã, unindo até certo ponto matrizes marxistas e kantianas, propondo uma discussão sobre a teoria do agir comunicativo,[23] que surge como uma teoria volta-

---

[22] Sergio Paulo Roaunet, apesar de crítica da pós-modernidade, está de acordo com as críticas dirigidas por Adorno e Foucault à modernização da razão como instrumento: "A razão dominadora e reificante, que Adorno e Foucault criticam com toda justiça, é uma razão monológica, que se evadiu, no início da modernidade, da matriz mais completa da ação comunicativa e que tende a submeter a totalidade da vida a apenas um dos aspectos da razão comunicativa – a relação cognitiva e instrumental com as coisas –, esquecendo-se de que existem outras esferas, a das normas e das vivências subjetivas, que não podem ser avaliadas no âmbito dessa relação" (Sergio Paulo Rouanet, *As razões do iluminismo*, 2000, p. 15).

[23] Para um estudo mais aprofundado desta noção, pesquise-se Habermas, *Teoria do agir comunicativo*, Frankfurt, 1981; Habermas, Esclarecimentos acerca do conceito do agir comunicativo. In: Habermas, *Estudos preliminares e suplementos à teoria do agir comunicativo*, Frankfurt, 1984.

da para a compreensão da dimensão da verdade não enquanto conformidade da mente com as coisas, mas como fruto de uma experiência intersubjetiva e dialógica no espaço social.[24] Mais que buscar a solução do problema da verdade, desmitificada de qualquer correlação com o gênio singular, ou mesmo com a criação pura do teórico na solidão,[25] Habermas quer falar de uma linguagem que constitua uma proposta de pragmática universal, que possui seus pressupostos para existir.[26] No sentido de valorizar a dimensão da intersubjetividade, e de combater a unilateralidade da ideia da razão solitária, é que se funda a teoria do agir comunicativo. No lugar da *ratio*, eivada de categorias lógicas e transcendentais, como pós-metafísico e pós-kantiano, é que Habermas aparece como um pensador ligado à questão do compartilhar que a comunicação permite. Na entreface de preservar a ideia de modernidade, onde ela ainda é possível, e de desmascará-la, ao estilo da Escola de Frankfurt, é que Habermas acaba representando um pensador moderado em meio a outros que se encontram num cenário pós-moderno.

O pensamento alemão, portanto, teve sérias interferências no processo de solidificação à crítica da modernidade, como se percebe, o que não anula e nem distrai a atenção daquilo que se fez em solo francês, de onde se destacam Gilles Deleuze (1925-95), com sua antidialética e sua antipsicanálise,[27] Jean-Paul Sartre (1905-1980), fundando o existencialismo, investigando a existência e desnudando-lhe a angústia, a náusea, o nada e a desconstituição do espaço das essências fora da existência (*O ser e o nada; A náusea; Verdade e existência;* Questão de método), Jacques Derrida (*A escritura e a diferença*, 1967), causador da desintegração da unidade do discurso (linear, monossêmico,

---

[24] "Essa concepção de verdade abre passagem para uma *Teoria Consensual da Verdade* e possibilita transitar, como veremos oportunamente, de um *agir comunicativo* a um *agir discursivo*, considerado este o 'locus' e a forja em que se produz um consenso autêntico" (Stieltjes, Claudio. *Jürgen Habermas*: a desconstrução de uma teoria, São Paulo, Germinal, 2001, p. 67).

[25] Habermas chega a afirmar expressamente em um de seus textos: "[...] la ética del discurso supera el planteamiento meramente interno, monológico de Kant, quien cuenta con que cada individuo particular realice la verificación de sus máximas de acción en su fuero interno ("en la solitaria vida del alma", como decía Husserl)" (Habermas, Jürgen, *Aclaraciones a la ética del discurso*, 2000, p. 23 e 24).

[26] "Encontramo-nos, portanto, diante de quatro pretensões de validez: 1) *inteligibilidade*, 2) *verdade*, 3) *veracidade*, 4) *retidão*. As *pretensões de validez* estabelecem o fundamento da pragmática universal: não lhe atribuem nem o objetivo, nem o conteúdo. O fim da pragmática universal, como já mencionamos neste texto, é instituir uma forma de razão, um tipo de racionalidade – *A Razão Comunicativa*. Este é o seu teor" (Stieltjes, Claudio. *Jürgen Habermas*: a desconstrução de uma teoria. São Paulo, Germinal, 2001, p. 57).

[27] Nesta associação de Deluze, Foucault e outros autores Sergio Paulo Roaunet vê apenas a ascensão de um irracionalismo que mudou de rosto: "A partir de uma certa leitura de Foucault, Deleuze e Lyotard, e sob a influência de um neonietzscheanismo que vê relações de poder em toda parte, ele considera a razão o principal agente da repressão, e não o órgão da liberdade, como afirma a velha esquerda. Ora, sustento que o irracionalismo mudou de rosto, mas não mudou de natureza. Hoje como ontem, só a razão é crítica, porque seu meio vital é a negação de toda facticidade, e o irracionalismo é sempre conformista, pois seu modo de funcionar exclui o trabalho do conceito, sem o qual não há como dissolver o existente" (Rouanet, *As razões do iluminismo*, 2000, p. 12).

uniforme e lógico),[28] e Jacques Lacan (1901-1981), com seus profícuos escritos, através dos quais traça novas dimensões de intersecção entre linguagem, semiologia e psicanálise, revolucionando a dimensão do inconsciente freudiano através de arquétipos centrados na compreensão do fato linguístico inconsciente. Nesse cenário, é relevante que se considere, na linha dos estudos de matriz nietzschiana, o pensamento de Michel Foucault (1926-1984), que, através de seus diversos textos (*História da loucura*, 1961; *As palavras e as coisas*, 1967; *Arqueologia do saber*, 1969), denuncia a associação entre a modernidade e o surgimento de uma ideia de poder enquanto controle disciplinar (prisão, hospital, escola e clínica).[29]

Não se pode perder de vista que será exatamente em solo francês que se dará o primeiro grande passo em direção à constituição de um espaço consciente, dentro da literatura filosófica, no sentido da divulgação e da compreensão daquilo que começava a se aventar por chamar de *pós-modernidade*. Será Jean-François Lyotard (1924-1998), com *A condição pós-moderna* (1979), que haverá de inaugurar as reflexões sobre a pós-modernidade na medida em que batiza a problematização da discussão sobre os arquétipos modernos e a decadência do saber universal em pleno processo de descoberta das fragilizações do projeto moderno.[30] Sobre isto vale a pena se deter um pouco, antes

---

[28] "A intenção de Derrida era, nada menos, a de destruir toda a 'escritura' pela demonstração de sua inevitável falsidade. O escritor escreve com uma das mãos, mas o que ele está fazendo com a outra? Toda escritura e todos os textos têm suas próprias metas obscuras, contêm suas próprias pressuposições metafísicas. Isso é especialmente válido para a linguagem propriamente dita. O escritor, na maioria das vezes, está desatento para esse fato. A própria linguagem que utiliza, inevitavelmente, distorce o que ele pensa escrever. Em *A escritura e a diferença* (1967), Derrida ataca aquele que era o epítome do pensamento francês, o racionalista do século XVII, Descartes, o primeiro filósofo moderno. Por meio da razão, Descartes havia procurado a certeza intelectual definitiva. Para resolver a questão, iniciou um processo de dúvida sistemática. Como resultado, descobriu que podia duvidar de toda certeza. Seus sentidos poderiam enganá-lo, até sua sensação de realidade, por vezes, seria incapaz de distinguir entre o sonho e a vigília. Da mesma forma, um dissimulado espírito malicioso poderia estar enganando-o sobre a certeza absoluta da matemática. (E uns três séculos mais tarde, Derrida voltaria a mostrar como isso poderia de fato ocorrer.) Mas, por fim, Descartes descobriu que havia uma coisa da qual não poderia duvidar. Esta era a certeza definitiva: *Cogito ergo sum* (Penso, logo existo). Não importava como ele estava sendo enganado pelo mundo, a única coisa de que não poderia duvidar era de que estava pensando" (Paul Strathern, *Derrida em 90 minutos*. 2002, p. 26-27).

[29] Se se for opor Foucault a Habermas, poder-se-á chegar à conclusão de que Haberma ainda acredita nela, na medida de seu revisionismo, mas Foucault não mais: "Aceite essa moldura, Habermas e Foucault estariam em radicalmente opostos. Pois, para Habermas, a modernidade não é um projeto falido, mas um projeto incompleto. Não se trata de negar a modernidade, mas de completar esse projeto, realizando através de um novo paradigma – o da racionalidade comunicativa – as virtualidades emancipatórias contidas no projeto iluminista. Foucault, pelo contrário, repudia a modernidade. Mas, tentando ultrapassá-la, ficou de fato aquém dela, pois não percebeu que as patologias sociais geradas pela modernidade somente podem ser corrigidas pela própria modernidade" (Rouanet, *As razões do iluminismo*, 2000, p. 150).

[30] Parece haver um consenso quanto ao fato de que Lyotard tenha sido o principal divulgador da expressão *pós-modernidade*, ao mesmo tempo que se tornou uma espécie de símbolo do movimento de estudos pós-modernos, como constata Anthony Giddens: "Hoje, no final do século

de prosseguir em direção aos debates mais recentes sobre a estado atual da filosofia que acena pela pós-modernidade.

3.4 JEAN-FRANÇOIS LYOTARD: REFERENCIAL E MARCO TEÓRICO PARA A PÓS-MODERNIDADE

Como se viu, a onda de tendências e teorias pós-modernas vem sendo preparada e gestada desde o pensamento de Nietzsche, e torna-se inegável que o pensamento filosófico do século XX faz-se uma torrente favorável à constituição de uma crítica profunda ao racionalismo do iluminismo, bem como aos arquétipos teóricos da sociedade progressista e consumista que surge desta pregação. Num momento de culminância intelectual e sociocultural (pós-maio de 1968, pós-guerra fria, pós-ascensão do feminismo) é que se propaga a paradigmática contribuição de Jean-François Lyotard (*Condição pós-moderna*), que deve ser ressaltada como um importante fator de amadurecimento das concepções de pós-modernidade, como tradução do fim das grandes narrativas.

Como todos os demais que, pioneiramente, se utilizaram da palavra *pós-modernidade*, Lyotard pode ser identificado como um de seus precursores. Sua doutrina não é um sistema, a ser discutido ou implantado para a solução ou mesmo para a discussão de todos os problemas da contemporaneidade, em todas as esferas e projeções, mas um fundamento para uma mudança de perspectivas teóricas, fomentador de diversas outras importantes contribuições paralelas e posteriores. Da leitura de Lyotard surgiram diversos comentários, diversas polêmicas, bem como deu-se início à real consciência da existência de um projeto teórico para a pós-modernidade, processo este que se foi avolumando enquanto ganhavam corpo, como se viu, as propostas de Michel Foucault, Jacques Derrida, Jean-Paul Sartre, Jürgen Habermas, entre outros.

O estudo do termo *pós-moderno*, na visão de Lyotard implica, necessariamente, um reestudo da ideia de jogos de linguagem, concepção esta, como já se assinalou, revolucionária da concepção de linguagem na filosofia contemporânea, introduzida por

---

XX, muita gente argumenta que estamos no limiar de uma nova era, a qual as ciências sociais devem responder e que está nos levando para além da própria modernidade. Uma estonteante variedade de termos tem sido sugerida para esta transição, alguns dos quais se referem positivamente à emergência de um novo tipo de sistema social (tal como a 'sociedade de informação' ou a 'sociedade de consumo'), mas cuja maioria sugere que, mais que um estado de coisas precedente, está chegando a um encerramento ('pós-modernidade', 'pós-modernismo', 'sociedade pós-industrial', e assim por diante). Alguns dos debates sobre estas questões se concentram principalmente sobre transformações institucionais, particularmente as que sugerem que estamos nos deslocando de um sistema baseado na manufatura de bens materiais para outro relacionamento mais centralmente com informação. Mais frequentemente, contudo, estas controvérsias enfocam amplamente questões de filosofia e epistemologia. Esta é a perspectiva característica, por exemplo, do autor que foi em primeiro lugar responsável pela popularização da noção de pós--modernidade, Jean-François Lyotard" (Giddens, *As consequências da Modernidade*, 1991, p. 11-12).

Wittgenstein (segunda fase),[31] desconstituída qualquer pretensão de universalismo teórico,[32] qualquer compromisso com metanarrativas, o que faz desse seu pensamento um conjunto de ideias necessariamente pós-estruturalista, apontando para o fragmentário, para a 'pragmática das partículas de linguagem'.[33]

Neste sentido, sua proposta para a pós-modernidade chega a ser menos pretensiosa que a de Habermas, com quem polemiza sobre esta questão da universalidade do consenso. Textualmente:

> "Por esta razão, não parece possível, nem mesmo prudente, orientar, como o faz Habermas, a elaboração do problema da legitimação no sentido da procura de um consenso universal através do que ele chama de *Diskurs*, ou seja, o diálogo das argumentações" (Lyotard, *Condição pós-moderna*, 2. ed., 1989, p. 130).

Os jogos de linguagem ganham novo aleno em suas perspectivas teóricas na medida em que o autor passa a se dedicar a uma proposta desenraizada de questionamentos essencialistas, de sustentáculos metafísicos, ou até mesmo de comprometimentos com soluções ontológicas; estudar a pós-modernidade é, para Lyotard, fundamentalmente, desapegar-se das influências e fontes de inspiração medievais ou modernas, dedicando-se à compreensão das práticas de linguagem, através das quais *interagem* atores linguísticos,[34] uma vez que isto redunda em capacidade para produzir compreensão e entendimento sociais.

Mas a proposta de Lyotard não se apega a modelos linguísticos ou semióticos centristas, desvinculando-se de nutrir-se com exclusividade das matrizes contemporâneas da Semiologia e da Linguística (Ferdinand de Saussure) e da Semiótica (Charles Sanders Peirce). O que Lyotard pretende não é precisão conceitual no campo da teoria da

---

[31] Lyotard, além de se referir e dialogar com Habermas, reconhece textualmente sua inspiração em Wittgenstein: "Quando Wittgenstein, ao retomar do zero o estudo da linguagem, central a sua atenção sobre os efeitos dos discursos, ele chama jogos de linguagens aos diversos gêneros de enunciados que ele referencia desta forma e de que acabamos de enumerar alguns" (Lyotard, *Condição pós-moderna*, 2. ed., 1989, p. 29).

[32] Contra o que também se insurgem as propostas sociológicas de estudo da pós-modernidade mais respeitadas da atualidade, entre elas a de Boaventura de Souza Santos, que é expresso neste sentido: "O nosso lugar é hoje um lugar multicultural, um lugar que exerce uma constante hermenêutica de suspeição contra supostos universalismos ou totalidades" (Santos, *A crítica da razão indolente*: contra o desperdício da experiência, 2001, p. 27).

[33] A expressão é de Lyotard: "Assim, a sociedade que se avizinha releva menos de uma antropologia newtoniana (como o estruturalismo ou a teoria dos sistemas) e mais de uma pragmática das partículas de linguagem. Há muitos jogos de linguagem diferentes: é a heterogeneidade dos elementos. Eles permitem a instituição apenas por sectores: é o determinismo local" (Lyotard, *Condição pós-moderna*, 2. ed., 1989, p. 12).

[34] Para Lyotard o ato de fala corresponde a uma participação intromissiva na vida social, por isso se refere à ideia de que falar é combater: "Esta última observação leva a admitir um primeiro princípio que sustém todo o nosso método: falar é combater, no sentido de jogar, e os atos de linguagem relevam de uma agonística geral" (Lyotard, *Condição pós-moderna*, 2. ed., 1989, p. 30).

linguagem. Os jogos de linguagem são, portanto, vistos e interpretados numa linhagem instrumental, a serviço dos usos sociais possíveis e como modelo compreensivo para a discussão das redes de realização da intersubjetividade nos espaços sociais.

Portanto, a proposta deste teórico encerra a ideia de desvelar criticamente as incertezas da pós-modernidade a partir da incredulidade nas metanarrativas modernas:

> "Simplificando ao extremo, considera-se que o 'pós-moderno' é a incredulidade em relação às metanarrativas. Esta é, sem dúvida, um efeito do progresso das ciências, mas este progresso, por sua vez, pressupõe-na. Ao desuso do dispositivo metanarrativo de legitimação corresponde especialmente a crise da filosofia metafísica e da instituição universitária que dela dependia. A função narrativa perde os seus funtores, o grande herói, os grandes perigos, os grandes périplos e o grande objetivo" (Lyotard, *Condição pós-moderna*, 2. ed., 1989, p. 12).

A pós-modernidade não é um processo que nasce, ou mesmo se desenvolve, sozinho, estando aliado à ideia de um estado atual das sociedades pós-industriais. A pós-modernidade (cultural) corresponde ao conjunto dos processos de mutação cultural ocorridos no final do século XX, sendo que este vem acompanhado de um processo de modificação das relações econômico-produtivas nas sociedades pós-industriais (econômico-produtivo).[35] Com Lyotard, inexiste a ideia de uma teoria universal, que fale para todas as sociedades, através de uma linguagem e de princípios universalistas, ou mesmo para todos os tempos, independentemente do condicionamento histórico-social. Sua teoria, portanto, está direcionada para o estudo e a discussão das sociedades contemporâneas, ocidentais e economicamente abertas para a vivência capitalista:

> "Este estudo tem por objeto a condição do saber nas sociedades mais desenvolvidas. Decidiu-se nomeá-la 'pós-moderna'. A palavra está em uso no continente americano, na escrita de sociólogos e de críticos. Ela designa o estado da cultura após as transformações que afetaram as regras dos jogos da ciência, da literatura e das artes a partir do fim do século XIX. Estas transformações serão situadas aqui relativamente à crise das narrativas" (Lyotard, *Condição pós-moderna*, 2. ed., 1989, p. 11).

Mais que isso, o estudo da pós-modernidade parece tornar-se relevante quando evidencia-se a previsão de que o processo de produção e reprodução ganha significativas modificações no pós-guerra (década de 1950), momento em que a categoria do saber evidencia-se no centro das preocupações sociais (trabalho e detenção de serviços e in-

---

[35] Esta distinção vem bem claramente expressa na seguinte frase: "Na sociedade e na cultura contemporâneas, sociedade pós-industrial, cultura pós-moderna, a questão da legitimação do saber põe-se noutros termos. A grande narrativa perdeu a sua credibilidade, qualquer que seja o modo de unificação que lhe está consignado: narrativa especulativa, narrativa de emancipação" (Lyotard, *Condição pós-moderna*, 2. ed., 1989, p. 79).

formações),[36] políticas (poder e dominação a partir da informação), estratégicas (militarização tecnológica das políticas expansionistas e defensivas) e econômicas (*royalties*, patentes e tecnologias do saber), com o crescente aumento da hegemonia americana na centralidade das decisões globais, período reconhecido e identificado por Harvey sob o nome de fordista-keynesiano.[37] Mas, a preocupação não é a de descrever, ou mesmo de reescrever, a história do século XX, o que não aparece em ponto algum da obra de Lyotard, mas sim de identificar que a sua proposta se encerra na discussão de questões atinentes à emergência de certos valores e modificações no mundo ocidental (determinação esférica), verificáveis não com uniformidade entre os países ocidentais (determinação relativa), no período pós-guerra (determinação cronológica). Ora, essa tripla determinação é a garantia de que nenhum tipo de universalismo permeará a proposta de estudo da pós-modernidade, como se esse assunto fosse possível se pronunciar de modo igualitário para comunicar valores ligados aos muçulmanos, aos israelitas, aos chineses, aos bascos, aos curdos e aos nova-iorquinos. Longe disto, a proposta vem muito bem delimitada em sua circunferência de atuação. Assim:

> "A nossa hipótese de trabalho é que o saber muda de estatuto ao mesmo tempo que as sociedades entram na era dita pós-industrial e as culturas na era dita pós-moderna. Esta passagem começou, pelo menos, no fim dos anos 50, que para a Europa marca o termo da sua reconstrução. Ela é mais ou menos rápida segundo os países e, neste, segundo os sectores de actividade: donde, que haja uma discronia geral, que não facilita o quadro de conjunto. Uma parte das descrições não pode deixar de ser conjectual. E saber-se que é imprudente dar um crédito excessivo à futurologia" (Lyotard, *Condição pós-moderna*, 2. ed., 1989, p. 15).

Num contexto de emergência da pós-modernidade, tanto as questões da justiça social como da decisão legítima estariam, nessa perspectiva, fadadas ao descrédito pela perda de eficácia e seriam laureadas com o crédito da força popular quando e se vinculadas à ideia de eficácia. Em suas palavras:

> "Os decisores tentam, no entanto, gerir estas nuvens de sociedade (*socialité*) com matrizes de *input/output*, segundo uma lógica que implica a comensurabilidade

---

[36] Leia-se: "Esta orientação corresponde à evolução das interações sociais, onde o contrato temporário suplanta de fato a instituição permanente em matérias profissionais, afetivas, sexuais, culturais, familiares, internacionais, assim como nos assuntos políticos. A evolução é, por certo, equívoca: o contrato temporário é favorecido pelo sistema devido à sua maior maleabilidade, ao seu menor custo e à efervescência das motivações que o acompanham. Todos estes fatores contribuem para uma melhor operatividade" (Lyotard, *Condição pós-moderna*, 2. ed., 1989, p. 131). Veja-se este outro trecho sobre o futuro: "Abre-se a perspectiva de um vasto mercado de competências operacionais. Os detentores deste género de saber são e serão alvo de ofertas, e até de políticas de sedução. Deste ponto de vista, não é o fim do saber que se anuncia, bem pelo contrário. A enciclopédia de amanhã serão os bancos de dados. Eles excedem a capacidade de cada utilizador e são a 'natureza' para o homem pós-moderno" (Lyotard, *Condição pós-moderna*, 2. ed., 1989, p. 105).

[37] Ver Harvey, *Condição pós-moderna*, 1992, p. 119.

dos elementos e a determinabilidade do todo. A nossa vida encontra-se destinada por eles ao crescimento do poder. A sua legitimação, tanto em matéria de justiça social como de verdade científica, adviria da otimização das *performances* do sistema, da eficácia" (Lyotard, *Condição pós-moderna*, 2. ed., 1989, p. 12).

Sem dúvida alguma, superada a era das tiranias, das ditaduras e da clausura dos sistemas políticos totalitários, a pós-modernidade, para Jean-François Lyotard, até como resultado da crise do sujeito, traz consigo a necessidade se pensar o coletivo na figura do povo-deliberador, agente da legitimidade (1), da deliberação direta ou representativa (2) e detentor de toda a soberania (3).[38]

As ideias de Lyotard, nesse aspecto, pronunciam-se contrariamente a qualquer forma de alcance de magnitudes abstratas ou igualitaristas nas concepções sobre as temáticas do social e do jurídico. Assim, tornam-se assunto *démodé* os grandes temas da modernidade: universalidade da lei; abstração das normas; consenso e vontade geral; universalidade dos direitos humanos; ordenamento jurídico como sistema fechado e completo; sociedade como organismo; essencialidade do caráter gregário do homem; soberania como um ponto inquestionável e incontrastável da constituição do Estado moderno; formas capitalistas de produção e competição fordista do espaço produtivo serial; entre outras questões. Em lugar do universalismo, o fragmentário, em lugar do centralismo, o periférico, em lugar do consenso *omnium*, os regionalismos, em lugar da igualdade, a identidade. Em poucas palavras, Lyotard é daqueles que identificam o surgimento de uma nova cultura a partir de novas referências e paradigmas, desmotivados de causas modernas, geralmente fundadas no mito do consenso:

"O consenso tornou-se um valor em desuso e suspeito contrariamente à justiça que não esteja ligada à do consenso" (Lyotard, *Condição pós-moderna*, 2. ed., 1989, p. 131).

3.5 PÓS-MODERNIDADE, MODERNIDADE REFLEXIVA, MODERNIDADE LÍQUIDA, MODERNIDADE RADICALIZADA, OU HIPERMODERNIDADE: DIÁLOGOS INACABADOS

A discussão inaugurada por Jean-François Lyotard (*A condição pós-moderna*), em torno do pós-moderno, criou um verdadeiro caudal de reflexões posteriores, que ainda hoje se acirram por se afirmar, cada qual de modo diferenciado entre si, no sentido de

---

[38] "Esta forma de interrogar a legitimidade sociopolítica combina-se com a nova atitude científica: o nome do herói é o povo, o sinal da legitimidade é o seu consenso, o seu modo de normatividade é a deliberação. Daqui resulta infalivelmente a ideia de progresso: ela não representa mais do que o movimento pelo qual se pressupõe que o saber é acumulado, mas este movimento é alargado ao novo sujeito sociopolítico" (Lyotard, *Condição pós-moderna*, 2. ed., 1989, p. 66).

representar mais que uma mera nomenclatura para os tempos que correm sob nossos olhos e escorrem entre nossos dedos, e sim a descrição sociológica e filosoficamente possível para, plausivelmente, colocar-se como versão autorizada da dimensão do que é (pós-modernidade), em face do que era (modernidade). Essa questão, que se tornou um dilema do pensamento contemporâneo, pois não cessa de não se resolver, caiu numa radical polemização que tem ocupado e desorientado os mais atentos olhos dedicados à compreensão da temática, tamanha a atualidade, sempre contingente, das concepções que se lançam na tentativa de esquadrinhar o *modus vivendi* contemporâneo. Os diálogos são tão intensamente acalorados, e tão vivazmente enraizados na vida intelectual contemporânea, que se corre o risco, ao se tentar exaurir a descrição do panorama dessas discussões, de esquecer de destacar esse ou aquele pensador, essa ou aquela concepção, de modo que esse quadro aparece em caráter efêmero e contingente, assumindo a fragilidade de se inserir num contexto em que a questão não pode ser dada por acabada.

Nesse contexto, aparecem ensaios de alguns autores até mesmo no sentido de compilar as tendências e assinalar as perspectivas específicas assinaladas por cada uma. Assim, as teorias pós-modernas, segundo Jacques Lemert, podem ser agrupadas conforme as seguintes tendências:

> 1. O *pós-modernismo radical*, cujo principal enfoque residiria na sustentação da ideia de que a pós-modernidade irrompe com uma nova ordem de valores, se afirmando sobre a modernidade, destacando-se, neste contexto, seus principais expoentes como sendo Michel Foucault, Jacques Derrida e Jacques Lacan.[39]

> 2. O *modernismo radical*, corrente que nega a morte da modernidade, tendendo a dela extrair algum tipo de continuidade ou princípio unificador, destacando-se como principal expoente Jürgen Habermas, revitalizando à sua maneira os fundamentos iluministas da filosofia.[40]

> 3. O *pós-modernismo estratégico*, tendência conciliadora das duas anteriores.[41] A terceira via empreende um importante papel, com teóricos mistos, procurando

---

[39] "Há uma categoria de pensadores que são comumente agrupados com os *pós-modernistas radicais*, embora haja pouco indício de que eles aceitariam (ou teriam aceitado) essa designação para si mesmos. Isso porque, quando tentam compreender o pós-modernismo, os teóricos sociais gravitam naturalmente em torno dos escritos de figuras que têm reputação justificadamente sólida e cujo pensamento *parece* pós-moderno. Os mais famosos deles são: Michel Foucault, Jacques Derrida e Jacques Lacan" (Lemert, *Pós-modernismo não é o que você pensa*, 2000, p. 65).

[40] "Hoje, o mais importante teórico crítico é o teórico social alemão Jürgen Habermas. Como é o caso de outros em sua tradição, os volumosos escritos de Habermas costumam apoiar-se em profundas reinterpretações de textos clássicos da modernidade. Também como seus predecessores, Habermas critica a tradição do Iluminismo, com suas perigosas tentações de essencializar toda a humanidade numa totalidade unidimensional desprovida de quaisquer diferenças reais. Mas essa posição é um *modernismo* radical porque busca descobrir criticamente o potencial liberador da cultura moderna" (Lemert, *Pós-modernismo não é o que você pensa*, 2000, p. 64).

[41] Cf. Lemert, *Pós-modernismo não é o que você pensa*, 2000, p. 58.

dissolver os preconceitos com a modernidade, encaminhando o diálogo para a somatória de forças entre estas duas épocas e suas ideologias.[42]

Sabendo-se dos riscos inerentes à assunção de posturas classificatórias, prefere-se dar campo para que a obra e a fala de cada autor revelem suas próprias tendências, algo que, como se verá, às vezes se torna inagrupável, para efeitos didáticos, como na tentativa de Lemert. É certo que se podem perceber claras afinidades entre Foucault e Deleuze, mas qual é a relação entre Ulrich Beck e Bruno Latour? Qual é a identidade possível entre as inconstâncias teóricas da Zygmunt Bauman e as digressões de Anthony Giddens? Quais são as afinidades e dissonâncias entre Agnes Heller e Gilles Lipovetsky? Considerados esses aspectos, é assim que se pode fazer desfilar, nesta parte, as principais discussões que têm ocupado o cenário intelectual contemporâneo em torno da polêmica, destacando-se as ideias de:

- Cornelius Castoriadis (1922-1997), que foi *Dirécteur d'études* da *École des Hautes Études en Sciences Sociales*, em Paris, especialmente em *Le monde moncelé: les carrefours du labyrinthe* (1989), utilizando a expressão *pós-modernidade*, pronuncia-se no sentido de verificar a declaração de decadência dada pelos tempos hodiernos a respeito de si mesmos, na medida em que se trata de uma época que "é levada a definir-se como, muito simplesmente, 'pós-qualquer-coisa', em referência ao que foi mas já não é, e a autoglorificar-se pela afirmação bizarra de que o seu sentido é o não-sentido, e o seu estilo a ausência de qualquer estilo" (Castoriadis, *O mundo fragmentado:* as encruzilhadas do labirinto, 2003, p. 11). Há, na configuração desses tempos uma espécie de retorno, de redução, de retrospectiva anunciada no sentido de algo que já se foi. Sua análise, portanto, aponta o desaparecimento da filosofia, o esfacelamento do espaço público como espaço da *koinonía,* a decadência da ambiência democrática, entre outras questões que tornam clara a desmontagem do ideário moderno. Não por outro motivo, em sua concepção, "O pós-modernismo, como tendência histórica efetiva e como teoria, é sem dúvida a negação do modernismo" (Castoriadis, *O mundo fragmentado:* as encruzilhadas do labirinto, 2003, p. 23). No entanto, esta negação não traz consigo o gérmen da mudança, na medida em que se sente um certo incômodo estagnário que nos faz a todos vítimas inertes e estáticas de seu tempo, carecendo para qualquer projeto de efetiva mudança

---

[42] "Mas há uma terceira postura entre as muitas pessoas perturbadas pela atual estrutura das coisas. Afora os nostálgicos que anseiam pela casa, e as bestas pós-modernas que os nostálgicos temem, uma terceira via é a do visionário profético. Tal como as bestas pós-modernas, os visionários de hoje se inclinam a considerar a ordem moderna ou no fim ou precisando de uma inspeção que a tornaria distinta do que tivera sido. Tal como os nostálgicos, mas diferentemente dos pós-modernos, os visionários ainda confiam na racionalidade empreendedora da ordem moderna. Eles rejeitam a famosa e desagradável afirmação de André Lorde de que não se pode reconstruir a casa do senhor com as ferramentas do senhor" (Lemert, *Pós-modernismo não é o que você pensa,* 2000, p. 178).

um sentido, um *télos,* uma meta, um destino, ou uma crença-orientadora. O fim das ideologias e a decrepitude do ideário moderno trazem consigo a descrença generalizada nas perspectivas de futuro, o que torna ainda mais clara a dimensão pós-moderna. A característica da pós-modernidade, portanto, em sua visão, é exatamente o *sem-sentido* do *estar-no-mundo-contigente* sem a guarida de qualquer pretensão de sentido, pois é dessa fragmentação (que não permite personificação, que não permite identificação ou permanência) que se alimenta o homem pós-moderno: "Para o ressurgimento do projeto de autonomia, são necessários novos objetivos políticos e novas atitudes humanas, dos quais há por agora raros indícios" (Castoriadis, *O mundo fragmentado:* as encruzilhadas do labirinto, 2003, p. 24).

- Gilles Lipovetsky (1944-), professor de filosofia em Grénoble, com seus textos *Le crepuscule du devoir, L'empire de l'éphémère,* e especialmente, *L'ère du vide:* essais sur l'individualisme contemporain (1983), problematiza a dimensão da desconstituição do duradouro, em meio ao surgimento da fluidez volátil dos tempos contemporâneos. A televisão, a uniformização, a monotonia, a identificação pelo consumo, o recrudescimento dos espaços públicos, a fraqueza dimensão do público, a apatia *new-look,* a desertificação de massa são temas presentes em suas imersões teóricas, que acentuam a presença de uma espécie de espírito da indiferença no cenário das relações intersubjetivas contemporâneas. Estas e outras características é que o levam a pensar o momento presente como retrato de um mundo pós-moderno, cuja cultura é "[...] celle du *feeling* et de l'émancipation individuelle élargie à toutes les catégories d'âge et de sexe" (Lipovetsky, *L'ère du vide,* 1993, p. 32). Seus últimos escritos e suas tendências anunciadas mais recentemente apontam no sentido da discussão de uma nova concepção para a descrição dos tempos que se vivem: a *hipermodernidade,* anunciada em seu livro *Les temps hipermodernes,* 2004, cuja descrição poderia repousar no fato de que uma cultura do excesso, e, portanto, da hiperacumulação de características exasperadas da modernidade estaria em curso.[43]

- Ulrich Beck (1944-), professor de sociologia da Universidade de Munique, através de seus intensos diálogos com Anthony Giddens e Scott Lash (*Reflexive modernization:* politics, tradition and aesthetics in the modern social order, 1995), presente que está nos debates também com Bauman,[44] vem desnudando a perspectiva de teorizar o mundo contemporâneo como sendo uma mundo de destradicionalização, onde predomina uma mudança substancial da sociedade industrial a uma sociedade pós-industrial, confi-

---

[43] Vide a respeito, a entrevista publicada na *Folha de S.Paulo,* O nascimento do hipermoderno, Caderno Mais!, 14 de março de 2004, p. 5-7.

[44] Veja-se esta remissão textual de Bauman a Beck: "Ouve-se algumas vezes a opinião de que a sociedade contemporânea (que aparece sob o nome de última sociedade moderna ou pós-moderna, a sociedade da 'segunda modernidade' de Ulrich Beck ou, como prefiro chamá-la, a 'sociedade da modernidade fluída) é inóspita para a crítica' (Bauman, *Modernidade líquida,* 2000, p. 31).

gurando-se, portanto, uma nova etapa da modernidade, a que intitula de *modernidade reflexiva*. Com isto quer dizer o que segue: "Se, no fundo, a modernização simples (ou ortodoxa) significa primeiro a desincorporação e, segundo, a reincorporação das formas sociais tradicionais pelas formas sociais industriais, então a *modernização reflexiva* significa primeiro a desincorporação e, segundo, a reincorporação das formas sociais industriais por outra modernidade. Assim, em virtude do seu inerente dinamismo, a sociedade moderna está acabando com suas formações de classe, camadas sociais, ocupação, papéis dos sexos, família nuclear, agricultura, setores empresariais e, é claro, também com os pré-requisitos e as formas contínuas de progresso técnico-econômico. Este novo estágio, em que o progresso pode se transformar em autodestruição, em que um tipo de modernização destrói outro e o modifica, é o que eu chamo de etapa da *modernização reflexiva*" (Beck, A reinvenção da política: rumo a uma teoria da modernização reflexiva. In: Giddens, Beck, Lash, *Modernização reflexiva*: política, tradição e estética na ordem social moderna, 1997, p. 12). Na expressão *modernidade reflexiva* não está contida a pretensão de dizer que a modernidade tornou-se autocompreensiva de si mesma, ou reflexiva, mas que se tornou, de repente, refratária de si mesma, inaugurando uma nova fase da configuração da própria modernidade.[45] Em suma, o momento presente, portanto, não é um momento em que estejam identificados desaparecimentos definitivos, muito menos criações definitivas. Há movimentos creacionistas e movimentos de decomposição instalados dentro do processo pós-moderno de constituição das relações contemporâneas, que tornam complexa a análise social. É o que ocorre se se tenta detectar o *status quo* do debate sobre o Estado.[46]

---

[45] Estas advertências são importantes: "Por isso, supõe-se que modernização reflexiva signifique que uma mudança da sociedade industrial – ocorrida sub-repticiamente e sem planejamento no início de uma modernização normal, autônoma, e com uma ordem política e econômica inalterada e intacta – implica a radicalização da modernidade, que vai invadir as premissas e os contornos da sociedade industrial e abrir caminhos para outra modernidade" (p. 13). "À luz desses dois estágios, o conceito de 'modernização reflexiva' pode ser diferenciado em contraposição a um equívoco fundamental. Este conceito não implica (como pode sugerir o adjetivo 'reflexivo') reflexão, mas (antes) autoconfrontação. A transição do período industrial para o período de risco da modernidade ocorre de forma indesejada, despercebida e compulsiva no despertar do dinamismo autônomo da modernização, seguindo o padrão dos efeitos colaterais latentes. Pode-se virtualmente dizer que as constelações da sociedade de risco são produzidas porque as certezas da sociedade industrial (o consenso para o progresso ou a abstração dos efeitos e dos riscos ecológicos) dominam o pensamento e a ação das pessoas e das instituições na sociedade industrial. A sociedade de risco não é uma opção que se pode escolher ou rejeitar no decorrer de disputas políticas. Ela surge na continuidade dos processos de modernização autônoma, que são cegos e surdos a seus próprios efeitos e ameaças. De maneira cumulativa e latente, estes últimos produzem, ameaças que questionam e finalmente destroem as bases da sociedade industrial" (Beck, A reinvenção da política: rumo a uma teoria da modernização reflexiva. In: Giddens, Beck, Lash, *Modernização reflexiva:* política, tradição e estética na ordem social moderna, 1997, p. 16).

[46] "Podem-se dizer coisas contraditórias sobre o Estado moderno; por um lado, ele está definhando, mas, por outro, está mais importante do que nunca, e as duas coisas têm suas razões.

- Zygmunt Bauman (1925-), sociólogo emérito das Universidades de Leeds e Varsóvia, possui vários escritos sobre o tema, sendo considerado um dos grandes dísticos intelectuais da pós-modernidade, trabalhou muito tempo sob a insígnia da expressão 'pós-modernidade'[47] (*O mal-estar da pós-modernidade; Modernidade e holocausto; Modernidade e ambivalência; globalização: as consequências humanas; Em busca da política*). No entanto, seu movimento teórico o levou a um revisionismo, dentro do contexto dos grandes debates contemporâneos, considerando-se principalmente seu texto *Liquid modernity* (2000), aportando em outra concepção que hoje tem sido seu objeto de reflexões: a *modernidade fluída, ou líquida*. O sopesamento e o balanço sobre a dimensão do uso destas categorias se dá no Prefácio à edição brasileira de 2010 do livro *Legisladores e intérpretes*.[48] De fato, o que faz, nesta última fase, é afirmar a contraposição entre duas modernidades: uma, sólida, fixa, certa de seu projeto; outra, enfraquecida, alterada, desconstituída e amolecida em seu projeto. Em suas palavras: "O tipo de modernidade que era o alvo, mas também o quadro cognitivo, da teoria crítica clássica, numa análise retrospectiva, parece muito diferente daquele que enquadra a vida das gerações de hoje. Ela parece 'pesada' (contra a 'leve' modernidade contemporânea); melhor ainda, 'sólida' (e não 'fluída', 'liquida' ou 'liquefeita'); condensada (contra difusa ou 'capilar'); e, finalmente, 'sistêmica' (por oposição a 'em forma de rede')" (Bauman, *Modernidade líquida*, 2000, p. 33). Mas, quais seriam as características de uma sociedade que vive da fluidez da modernidade? Que elementos permitiriam identificar esse fio da meada qualificador de uma continuidade diversa da modernidade? Bauman responde:[49]

Talvez isso não seja tão absurdo quanto parece à primeira vista. Reduzindo a uma fórmula: definhar mais inventar igual a metamorfose do Estado. É assim que se pode esboçar e completar a imagem de um Estado que, como uma cobra, está perdendo a pele de suas tarefas clássicas e desenvolvendo uma nova pele de tarefas global" (Beck, Ulrich, *A reinvenção da política: rumo a uma teoria da modernização reflexiva, in* Giddens, Beck, Lash, *Modernização reflexiva:* política, tradição e estética na ordem social moderna, 1997, p. 52).

[47] Esta é uma fala de sua primeira fase: "A pós-modernidade é a modernidade que admitiu a impraticabilidade de seu projeto original. A pós-modernidade é a modernidade reconciliada com sua própria impossibilidade – e decidida, por bem ou por mal, a viver com ela. A prática moderna continua – agora, entretanto, despojada do objetivo que outrora a desencadeou" (Bauman, *Modernidade e ambivalência*, 1999, p. 110).

[48] "A primeira aproximação de uma resposta a essa pergunta foi a ideia, bastante popular naquele momento, de 'pós-modernidade'. O inconveniente, contudo, era que aquela noção tinha um caráter puramente negativo: ela nos dizia profusamente o que a realidade atual já não era, mas oferecia pouca informação sobre o que estava em seu lugar" (Bauman, Prefácio. In: *Legisladores e intérpretes*: sobre modernidade, pós-modernidade e intelectuais, 2010, p. 10-11).

[49] Duas características marcariam esta mudança: "A primeira é o colapso gradual e o rápido declínio da antiga ilusão moderna: da crença de que há um fim do caminho em que andamos, um *telos* alcançável da mudança histórica, um Estado de perfeição a ser atingido amanhã, no próximo milênio, algum tipo de sociedade boa, de sociedade justa e sem conflitos em todos ou alguns de seus aspectos postulados: do firme equilíbrio entre oferta e procura e a satisfação de todas as necessidades; da ordem perfeita, em que tudo é colocado no lugar certo, nada que

"A sociedade que entra no século XXI não é menos "moderna" que a que entrou no século XX; o máximo que se pode dizer é que ela é moderna de um modo diferente. O que faz tão moderna como era mais ou menos há um século é o que distingue a modernidade de todas as outras formas históricas do convívio humano: a compulsiva e obsessiva, contínua, irrefreável e sempre incompleta *modernização*; a opressiva e inerradicável, insaciável sede de destruição criativa (ou de criatividade destrutiva, se for o caso: de 'limpar o lugar' em nome de um 'novo e aperfeiçoado' projeto; de 'desmantelar', 'cortar', 'defasar', 'reunir' ou 'reduzir', tudo isso em nome da maior capacidade de fazer o mesmo no futuro – em nome da produtividade ou da competitividade)" (Bauman *Modernidade líquida*, 2000, p. 36).

- Anthony Giddens, da Universidade de Cambridge e da London School of Economics (UK), em *The consequences of modernity* (1990), é um arguto interlocutor das instaladas discussões contemporâneas sobre a pós-modernidade, participando com suas contribuições especialmente a partir da discussão das consequências da modernidade. Sua crítica se detém a dizer, por exemplo, que o fenômeno da globalização, implantado como uma espécie de sintoma máximo da internacionalização pós-moderna, é nada mais nada menos que a realização das ambições modernas.[50] É desse cenário de debates que parte em direção a um conceito que acaba por criar a que chama de *modernidade radicalizada* (MR), caracterizada pela dissolução do evolucionismo, pelo desaparecimento da teleologia histórica, pelo reconhecimento da reflexividade constitutiva, junto com a evaporação da posição privilegiada do Ocidente,[51] opondo-se ao uso da outra expressão, a saber, *pós-modernidade* (PM). Assim, é que a pós-modernidade (PM): (1) Entende a transição corrente em termos

---

esteja deslocado persiste e nenhum lugar é posto em dúvida; das coisas humanas que se tornam totalmente transparentes porque se sabe tudo o que deve ser sabido; do completo domínio sobre o futuro – tão completo que põe fim a toda contingência, disputa, ambivalência e conseqüências imprevistas das iniciativas humanas." (p. 37). "A segunda mudança é a desregulamentação e a privatização das tarefas e deveres modernizantes. O que costumava ser considerado uma tarefa para a razão humana, vista como dotação e propriedade coletiva da espécie humana, foi fragmentado ("individualizado"), atribuído às vísceras e energia individuais e deixado à administração dos indivíduos e seus recursos. Ainda que a ideia de aperfeiçoamento (ou de toda modernização adicional do *status quo*) pela ação legislativa da sociedade como um todo não tenha sido completamente abandonada, a ênfase (juntamente, o que é importante, com o peso da responsabilidade) se transladou decisivamente para a autoafirmação do indivíduo. Essa importante alteração se reflete na realocação do discurso ético/político do quadro "sociedade justa" para o dos "direitos humanos", isto é, voltando o foco daquele discurso ao direito de os indivíduos permanecerem diferentes e de escolherem à vontade seus próprios modelos de felicidade e de modo de vida adequado" (Bauman, *Modernidade líquida*, 2000, p. 38).

[50] "A modernidade é inerentemente globalizante – isto é evidente em algumas das mais básicas características das instituições modernas, incluindo em particular sua ação de desencaixe e reflexividade" (Giddens, *As consequências da Modernidade*, 1991, p. 69).

[51] Cf. Giddens, *As consequências da Modernidade*, 1991, p. 58.

epistemológicos ou como decompondo totalmente a epistemologia. (2) Enfoca as tendências centrífugas das transformações sociais correntes e de seu caráter de deslocamento. (3) Vê o eu como dissolvido ou desmembrado pela fragmentação da experiência. (4) Afirma a contextualidade das reivindicações de verdade ou as vê como "históricas". (5) Teoriza a falta de poder que os indivíduos sentem em face das tendências globalizantes. A modernidade radicalizada (MR), por sua vez: (1) Identifica os desenvolvimentos institucionais que criam um sentido de fragmentação e dispersão. (2) Vê a alta modernidade como um conjunto de circunstâncias em que a dispersão está dialeticamente vinculada a tendências profundas para uma integração global. (3) Vê o eu como mais do que, apenas, um lugar de forças entrecruzadas; a modernidade possibilita processos ativos de autoidentidade. (4) Afirma que as características universais das reivindicações de verdade se impõem a nós de uma maneira irresistível dada a primazia dos problemas de um tipo global. O conhecimento sistemático sobre esses desenvolvimentos não é impedido pela reflexividade da modernidade. (5) Analisa uma dialética da falta e da posse de poder em termos tanto da vivência como da ação.[52] Ainda assim, Giddens não nega a emergência de um modo de vida diverso daquele pensado e praticado pela modernidade.

- Agnes Heller (1929-), da *New School for Social Research* (New York, EUA), ao lado de Férenc Fehér (1933-1994), especialmente no texto *The post-modern political condition* (1987), por sua vez, assume a complexidade da expressão (considerando-a uma associação de tempo e ideologia reinantes antagônicos e reativos à modernidade),[53] para afirmar que a condição política pós-moderna pode ser aferida por uma série de sintomas presentes no espírito de um tempo cujos antecedentes jamais deram demonstração de existência simultânea em outro período da história das civilizações. A decrepitude da Europa, o que é por ela designado como museificação da Europa, o fim das grandes narrativas eurocêntricas, o relativismo cultural, a queda da hegemonia intelectual europeia, o reaparecimento do racismo, do fundamentalismo e dos mitos econômicos (após a queda das hegemonias ideológicas

---

[52] Cf. Giddens, *As consequências da Modernidade*, 1991, p. 149-150.

[53] "A pós-modernidade não é nem um período histórico nem uma tendência cultural ou política de características bem definidas. Pode-se em vez disso entendê-la como o tempo e o espaço privado-coletivos, dentro do tempo e espaço mais amplos da modernidade, delineados pelos que têm problemas com ela e interrogações a ela relativas, pelos que querem criticá-la e pelos que fazem um inventário de suas conquistas, assim como de seus dilemas não resolvidos. Os que preferiram habitar na pós-modernidade insistem em ver o mundo como uma pluralidade de espaços e temporalidades heterogêneos. A pós-modernidade, portanto, só pode definir-se dentro dessa pluralidade, comparada com esses outros heterogêneos. Nosso principal dilema político e cultural, na medida em que nos designamos pós-modernos, é captado pela imprecisão do próprio termo 'pós'." (Heller; Fehér, *A condição política pós moderna*, 1998, p. 11).

de esquerda e de direita),[54] determinam o atual contexto político-cultural como sendo um fenômeno impossível de ser traduzido por outra expressão senão pela expressão *pós-modernidade*.[55] Mais preocupada em descrever o estado de coisas pós-moderno no âmbito da política, Agnes Heller diz que não se constituiria, assim, a pós-modernidade em uma nova era, ou mesmo em um novo período histórico, pois a pós-modernidade viceja dentro da modernidade, com uma pequena alteração de consciência que nos faz pensar em uma ideologia de *fim da história*, de *após o presente*, de *decadência da modernidade*. Como afirma:

"Será o que chamamos 'condição política pós-moderna' um novo período da política? Temos de reiterar o que vimos sugerindo desde o início: a pós-modernidade (incluindo a condição política pós-moderna) não é uma nova era. A pós-modernidade é em todos os sentidos 'parasítica' da modernidade; vive e alimenta-se de suas conquistas e seus dilemas. O que é *novo* na situação é a inédita consciência histórica surgida na *post-historie*; o sentimento grassante de que vamos ficar para sempre no presente e ao mesmo tempo depois dele" (Heller; Fehér; Ferenc, *A condição política pós moderna*, 1998, p. 23).

- Bruno Latour, da *École Supérieure des Mines*, em Paris (França), através de sua obra (*Nous n'avons jamais été modernes*, 1991), é um crítico da ideia de pós-modernidade, pois nela vê, especialmente, o desespero teórico daqueles que creem no fim dos tempos, ou no declínio das civilizações, dando crédito, portanto, à concepção catastrófica que orientaria a exaustão da his-

---

[54] Os dois trechos a seguir são ilustrativos de sua análise: "O racismo, que se acreditava morto depois de Hitler, tornou-se mais uma vez uma questão politizada, e isso não está inteiramente desvinculado do relativismo pós-moderno, que solapou nosso senso de tabu. O 'componente de etnicidade' da política, que parecia ter sido varrido pela existência do estado nação, tornou-se mais uma vez um conflito explosivo" (Agnes Heller; Ferenc Fehér. *A condição política pós moderna*. Tradução Marcos Santarrita, Rio de Janeiro: Civilização Brasileira, 1998, p. 20). "Problemas econômicos também são importantes na condição política pós-moderna, mais uma vez num sentido positivo e negativo. O lado positivo da moeda é que tanto os mitos conservadores quanto os radicais da 'questão social' se esgarçam nas últimas décadas. Após o que parece ser o mais longo, embora certamente não o mais tempestuoso, ciclo depressivo da economia capitalista, é difícil que alguém alimente grandes esperanças sobre a existência perene e ininterrupta da 'sociedade afluente'. Contudo, simultaneamente com o fim do mito liberal, o mito esquerdista de 'resolver a questão social' *in toto* e para sempre também foi consideravelmente erodido" (Heller; Fehér, *A condição política pós-moderna*, 1998, p. 22).

[55] Leia-se: "Um grande fator a incentivar o universalismo relativo da condição pós-moderna é o fato de não mais existir *terra incognita* em nossa geografia política. O colapso do sistema colonial (juntamente com os posteriores escrúpulos de consciência brancos), assim como a 'museificação da Europa' encerraram o longo período de desvalada supremacia cultural em tom de 'busca do primitivo', para usar uma famosa expressão antropológica" (Heller; Féher, *A condição política pós moderna*, 1998, p. 17).

tória. É exatamente o que afirma quando diz: "Os pós-modernos, sempre perversos, aceitam a ideia de que estamos realmente face a uma catástrofe" (Latour, *Jamais fomos modernos*, 2000, p. 121). No lugar de exacerbar a ideia de que está sendo crítico ao criticar a modernidade, Latour caminha em sentido oposto às discussões de vanguarda, que, aliás, já assinala um pós--pós-pós-modernismo, para reconhecer a indefectível situação de paralisia e não chegada à modernidade. No lugar de reforçar o discurso pós-moderno, Latour critica a inocência teórica daqueles que se iludem com o movimento autointitulado pós-moderno.[56] Sua inaceitação da dimensão pós-moderna se deve, em parte, ao fato de que, em seu pensamento, a pós-modernidade nada mais faz do que reconhecer a incapacidade humana de autorregulamentar-se, acabando por fazer de toda a humanidade uma refém de si mesma, incapaz de qualquer coisa, pois imóvel intelectualmente, sacrificada por si mesma, e reconhecedora de suas falhas e da falência do império moderno da razão.[57] Com isso, Latour acena no sentido da real conquista da modernidade, uma vez que ela jamais ter-se-ia tornado prática desde a sua concepção nos sistemas filosóficos setecentistas e oitocentistas. Sua mensagem traz, portanto, a seguinte afirmação:

"Jamais estivemos mergulhados em um fluxo homogêneo e planetário vindo seja do futuro, seja das profundezas das eras. A modernização nunca ocorreu. Não é uma maré que há muito sobe e que hoje estaria refluindo. Jamais houve uma maré. Podemos seguir em frente, quer dizer, retornar às diversas coisas que sempre seguiram de outra forma." (Latour, *Jamais fomos modernos*, 2000, p. 75).

Jürgen Habermas (1929-),[58] professor da Universidade J. W. Goethe, sucessor de Adorno e Horkheimer, vê sinais da formação de um discurso pós-moderno desde quando estaria sendo gestada uma nova cultura assinalada a partir das décadas de 1950 e 1960,[59] sobretudo constituída a partir de uma leitura decepcionada e crítica da moder-

---

[56] "[...] percebemos que nunca entramos na era moderna" (Latour, *Jamais fomos modernos*, 2000, p. 51).

[57] Latour, *Jamais fomos modernos*, 2000, p. 60.

[58] "Foi na realidade a investigação da modernidade nos anos 50 e 60 que criou as condições para que a expressão pós-modernidade passasse a ser corrente também entre os especialistas das ciências sociais. Porque, em face de uma modernização que se autonomizou ao longo de sua evolução, de uma modernização que progride por si própria, o observador ligado às ciências sociais tem razões de sobra para dispensar o horizonte conceptual do racionalismo ocidental em cujo âmbito a modernidade surgiu" (Habermas, *O discurso filosófico da modernidade*, 1990, p. 15).

[59] Neste trecho citado de Lemert, em sua obra *Pós-modernismo não é o que você pensa*, identifica-se o período a partir do início da segunda metade do século XX: "Esquecido em toda a ansiedade pós-moderna está o fato de o pós-modernismo ser apenas o nome em voga de uma complicada série de invenções culturais e teóricas, cada uma das quais foi um ajuste às realidades do mundo na segunda metade do século XX" (Lemert, *Pós-modernismo não é o que você pensa*, 2000, p. 39).

nidade, de modo que o que se poderia chamar de pós-modernidade é decorrência direta do processo de observância e *requalificação* das próprias práticas inerentes à modernidade. Ou seja, a pós-modernidade é fruto contestado da própria modernidade, como decorrência direta da fragmentação dos modelos construídos ao longo de sua jornada de avanços conquistados nestes últimos séculos. É deste processo que teria surgido o alvoroço em torno das crises que prenunciam o advento da pós-modernidade. Com Habermas, *ipsis litteris*:[60] "O interesse atrás do exame das tendências de crise nas so-

---

[60] Essa exposição de Jürgen Habermas é longa, mas extremamente interessante de ser lida. Refere-se ao acentuado processo de identificação da pós-modernidade a partir dos anos 1970 e dedica-se a pensar a expressão *pós-modernidade* e todos os 'ismos' e 'pós' surgidos nesse contexto. Assim: "Cette exposition ("L'autre tradition") nous incite à réfléchir sur le sens d'un préfixe. Sans crier gare, elle prend en effet parti dans la querelle sur l'architecture *post*-moderne ou *après*-moderne. Par ce "post", les protagonistes veulent se démarquer d'un passé; quant au présent, ils ne savent pas encore lui donner un nom nouveau, dans la mesure où il n'y a pas encore de réponse connue aux problèmes de l'avenir que nous entrevoyons. Des formules comme celles de "post-lumières" ou de "post-histoire" ont la même fonction. De tels gestes de congédiement empressé sont le propre des périodes de transition.

"Cela dit, ce préfixe que nous rencontrons dans de telles désignations de tendances et de courants, n'a pas toujours la même signification. Ce qui est commun aux différents "-ismes" formés avec "post-" et "après-", c'est l'idée d'une *prise de distance*. Ils traduisent une expérience de la discontinuité, mais ils prennent, vis-à-vis de ce passé ainsi mis à distance, position de manière différente. En employant le terme 'postindustriel', les sociologues, par exemple, expriment simplement le fait que le capitalisme industriel a *évolué* et que les nouveaux secteurs de prestations de services se sont étendus aux dépens du secteur immédiatement productif. En employant le terme de 'postempiriste', les philosophes soulignent le fait que certains concepts normatifs de la science et du progrès scientifique sont *dépassés* par les recherches récentes. Les 'post-structuralistes' souhaitent *parachever* l'approche théorique bien connue, plutôt que la dépasser. Enfin, nous appelons 'post-avant-gardiste' la peinture contemporaine qui se sert souverainement du langage formel créé par le mouvement moderne, tandis qu'elle a *abandonné* les espoirs exaltés de voir se réconcilier l'art e la vie".

"En un premier temps, le terme 'postmoderne' lui-même n'a désigné que de nouvelles variantes à l'intérieur du large spectre de la modernité tardive lorsque, dans l'Amérique des années 1950 et 1960, on l'a appliqué aux courants littéraires qui cherchaient à se démarquer des oeuvres caractéristiques des débuts de la modernité. C'est seulement depuis les années 1970 que le 'postmodernisme' s'est transformé en cri de guerre chargé d'affectivité et expressément politique, lorsque deux camps opposés se sont emparés du terme: d'un côté, les *néoconservateurs* qui, au profit d'un renouvellement des traditions, aimeraient se débarrasser des contenus 'subversifs' d'une 'culture hostile', de l'autre, ces *critiques radicaux de la croissance* aux yeux desquels la nouvelle architecture est devenue le symbole d'une destruction mise en oeuvre par la modernisation. C'est alors seulement que certains mouvements post-avant-gardistes qui avaient tout à fait partagé l'esprit de l'architecture moderne – et que Charles Jencks tient à juste titre pour des représentants de la 'modernité tardive' – sont récupérés par les tendances conservatrices des années 1970 et préparent le terrain au refus – à la fois jeu intellectuel et provocation – des principes moraux qui étaient ceux de l'architecture moderne".

"Ces exemples de termes formés avec 'post-' n'épuisent pas tout l'éventail des attitudes adoptées à l'égard d'un passé avec lequel on souhaite prendre ses distances. Seul le présupposé qui les fonde ets toujours le même: le sentiment d'une discontinuité, d'une distance qui s'instaure

ciedades de classe tardiamente capitalistas e pós-capitalistas está na exploração das possibilidades de uma sociedade 'pós-moderna', isto é, um princípio historicamente novo de organização e não um nome diferente para o surpreendente vigor de um capitalismo idoso" (Habermas, *A crise de legitimação no capitalismo tardio*, 1999, p. 27).

O que é que se pode extrair deste imenso debate formado a partir das discussões iniciais de Jean-François Lyotard, quando afirmava que as grandes narrativas haviam encerrado seu ciclo de pujança e determinação da cultura ocidental? O que se pode extrair dessa imensa turba variada de concepções a respeito dos tempos presentes? O que estas reflexões dizem por si como mensagem de um tempo? São meras arbitrariedades teóricas as lições conceituais dos referidos e citados filósofos e sociólogos contemporâneos?

Percebe-se que se pode extrair a seguinte reflexão deste quadro teórico: (a) há um consenso quanto a mudanças em curso, não importa se se trate de mudanças que acirram as características da modernidade em direção a uma cultura excessivamente moderna (tese da hipermodernidade), ou se trate de mudanças que suplantam a modernidade a partir de novos parâmetros (tese da pós-modernidade); (b) há um consenso quanto à indeterminação destes tempos, que podem ser rotulados de muitos modos, na medida em que o próprio debate em si, em meios intelectuais e acadêmicos, é o sintoma de que as instituições não são as mesmas e sua avaliação também mudou; (c) há um consenso quanto ao fato de que a pesquisa sobre os tempos presentes, e sobre a história da vida contemporânea recente, ainda está em pleno processamento, na medida em que a cultura do início do século XXI está começando a se preparar para compreender a dimensão do que foi (século XX), com vistas ao que será (continuísmo ou mudança); (d) há uma confusão enorme entre autores modernos e pós-modernos entre o que se deseja que as coisas sejam (modernas ou pós-modernas) e entre o que as coisas realmente são (modernas ou pós-modernas), e para este tipo de tarefa existe todo tipo de ideólogo, dos otimistas aos pessimistas, dos acirrados aos moderados, dos polêmicos e vanguardistas aos conservadores e tímidos, de modo que muito do que se diz hoje sobre o tema vem na perspectiva do que é possível sobre ele.

3.6 O QUADRO CONCEITUAL DA PÓS-MODERNIDADE

A sociedade pós-moderna é aquela que vive a crise da modernidade; por isso, o contexto pós-moderno não surgiu, na história do presente, do nada. Não se trata de uma moda acadêmica, ou de um tema que recheia as prateleiras de livros novos. É da história que se colhem as evidências de sua construção, de uma construção que lenta e paulatinamente vem se operando no subterrâneo do inconformismo com relação à colheita dos descalabros realizados da modernidade.

---

vis-à-vis d'une forme de vie ou de conscience à laquelle on s'était précédemment fié de façon "naïve" ou "irréfléchie" (Habermas, *Écrits politiques*, 1990, p. 9, 10 e 11).

O debate pós-moderno começou a surgir, em ciências sociais e filosofia, a partir das reflexões críticas abertas pela Escola de Frankfurt, num balanço acerca do iluminismo. Assim, a questão veio se colocando a partir da sensibilidade teórica e humana do pensamento contemporâneo, após a grande recaída a que o projeto moderno conduziu a humanidade, na linha das conclusões da primeira geração da Escola, notadamente Adorno e Horkheimer.[61] Em sua indeterminação conceitual, e na provisoriedade de sua conformação, como quer Zygmunt Bauman,[62] a expressão *pós-modernidade* foi ganhando força, o que faz dela o *nome* para um *estado de coisas* de cuja consciência ainda estão se retirando análises. Mas, é de muita inconclusão que a questão se faz, ainda, uma questão em aberto, dos nossos tempos, sobre os nossos tempos, para os nossos tempos, afinal os seus melhores intérpretes são aqueles que se encontram misturados à sua história.

A pós-modernidade é, por isso, como *movimento intelectual*, inclusive estético-artístico,[63] a *revisão crítica da modernidade*, a consciência da necessidade de emergência de uma outra visão de mundo, a consciência do fim das filosofias da história e da quebra das grandes metanarrativas, demandando novos arranjos que sejam capazes de ir além dos horizontes fixados pelo discurso da modernidade.[64] Ao mesmo tempo, como *contexto histórico*, a pós-modernidade é sintoma de um processo de transformações que decorrem de uma grande revolução cultural, que desenraiza paradigmas ancestralmente fixados. Como *conjuntura de transformações*, a expressão *pós-modernidade* sintetiza um complexo de mudanças. Se elas estão plenificadas em alguns setores, e nestes pode-se

---

[61] "A recaída já se produziu. Esperá-la para o futuro, depois de Auschwitz e Hiroshima, faz parte do pobre consolo de que ainda é possível esperar algo pior" (Adorno, Notas marginais sobre teoria e práxis. In: *Palavra e sinais: modelos críticos*, 2, 1995, p. 214).

[62] "Em razão dessas três deficiências (o caráter negativo, a indicação de uma fim da modernidade e a escassez de informações que apresenta a respeito dos atributos próprios dessa nova forma de vida), a ideia de 'pós-modernidade' pareceu-me desde o início uma solução provisória para o dilema. Sem dúvida, não há solução satisfatória e muito menos definitiva para nossa questão" (Bauman, Prefácio. In: *Legisladores e intérpretes*: sobre modernidade, pós-modernidade e intelectuais, 2010, p. 10-11).

[63] "É como se a arte pós-moderna tivesse seguido o conselho dado em 1921 por Francis Picabia: 'Se você quiser ter ideias limpas, troque-as como troca de camisa'. Ou, antes, como se tivesse aprimorado o preceito dos dadaístas: se você não tem ideias, elas certamente não ficarão sujas. Arte pós-moderna é notável, por sua ausência de estilo, como uma categoria de obra de arte; por seu caráter deliberadamente eclético, numa estratégia que pode ser mais bem descrita como colagem e pastiche, ambas as estratégias buscam questionar a própria ideia de estilo, escola, regra, pureza do gênero – tudo aquilo que sustentava o julgamento crítico na era da arte modernista" (Bauman, *Legisladores e intérpretes*: sobre modernidade, pós-modernidade e intelectuais, 2010, p. 180).

[64] Agnes Heller é muito clara neste aspecto: "Quando falo do pós-moderno, não me refiro a um período histórico, mas a uma nova atitude em relação à modernidade, uma compreensão da modernidade que difere das compreensões modernas anteriores. O que a pós-modernidade pretende é uma autocompreensão reflexiva da modernidade" (Heller, entrevistada por Francisco Ortega, 2002, p. 43).

dizer que a modernidade foi superada como referencial (igualdade jurídica entre homens e mulheres), em outros setores, certamente, a modernidade está mais acirrada (capitalismo globalizado), gerando uma sensação de paradoxo histórico constante. Por isso, a *crise de uma modernidade* não completamente superada é simplesmente sintoma de renovação, que se opera não sem tensão, conflito e contradição, por se tratar de uma transformação histórica. Por isso, a expressão *pós-modernidade* é tomada como o lugar de simplificação conceitual das tensões e contradições (idas e vindas; progressos e retrocessos; ambiguidades e indefinições) da condição humana hodierna, que abalou o projeto da modernidade, sem necessariamente superá-lo completamente. Daí o caráter transitivo da descrição, daí a indefinição de seu contorno semântico, na medida em que a pós-modernidade tem a ver com a modernidade desfigurada, liquefeita, descaracterizada e sob intensa revisão. Na leitura de Zygmunt Bauman:

> "A pós-modernidade, como ela se apresentava naquele momento, era a modernidade despojada de ilusões" (Bauman, *Legisladores e intérpretes*: sobre modernidade, pós-modernidade e intelectuais, 2010, p. 12).

Assim, a expressão retém toda a complexidade de fatores, não sintetizáveis e simultâneos, em suspenso na atmosfera, de transformações (axiológicas, culturais, institucionais, econômicas, político-jurídicas) de nossos tempos. Ainda assim, algumas marcas são firmemente detectadas como próprias destes tempos: *contingência, incerteza* e *indeterminação*.[65]

Diz-se existir um momento pós-moderno como a descrição intelectual (filosófica e sociológica) de um quadro de mudanças, definido como *estado histórico transitivo*, marcado pelo desaparecimento das grandes marcas culturais distintivas da Modernidade. Não que esta leitura represente uma visão decadencial ou cíclica da história, mas que se perceba na ruptura do *viver* a sensação de transitiva intertemporal, grande característica do que é o pós-moderno; a não inauguração de um tempo *novo* (o que se chama de futuro), com relação a um tempo *velho* (o que se chama passado), é a marca temporal do pós-moderno, na medida em que não se pode afirmar que a modernidade foi expulsa dos quadrantes da vida contemporânea, assim como não se pode dizer que seja a mesma (ainda que se admita que seja hiper, super, reflexiva, líquida ou fluida), na medida em que se retém uma *transitividade* na ideia de *simultaneidade* que está perpassando as categorias temporais na vivência pós-moderna. Trata-se, portanto, de um fenômeno que se manifesta em diversos âmbitos (econômico, político, social, institucional, familiar etc.) do relacionamento humano, exatamente em função de mudanças profundas na caracterização das crenças e dos valores fundantes das relações que anteriormente sustentavam as feições modernas da intersubjetividade.

---

[65] "Em outras palavras, que entramos em um modo de viver enraizado no pressuposto de que a contingência, a incerteza e a imprevisibilidade estão aqui para ficar" (Bauman, Prefácio. In: *Legisladores e intérpretes*: sobre modernidade, pós-modernidade e intelectuais, 2010, p. 13).

3.7 A ÉTICA NA PÓS-MODERNIDADE: AXIOLOGIA EM TRANSFORMAÇÃO

A tarefa de discutir a eticidade na pós-modernidade passa por duas linhas de investigação, no mínimo. Uma acerca da filosofia ética contemporânea, e outra acerca dos valores e de suas modificações nesse contexto recente. Se se tiver que dizer algo sobre a filosofia ética contemporânea, dever-se-á, de princípio, reconhecer que, num primeiro momento, a pós-modernidade, contextualizada por maio de 1968, pela liberação sexual dos anos 1970 e pela força do movimento feminista das últimas décadas, instaurou a descrença absoluta em padrões éticos estanques. Iniciou-se uma forte aventura em direção à crítica da ética tradicional (estanque, familiar, patriarcal, machista, paternal), em direção a uma luta pela liberdade moral de escolha dos indivíduos, nisso incluída a necessidade de superação das visões de mundo paradigmatizadas e estandardizadas pelos estes valores passados (mulheres não podem trabalhar, filhos devem obedecer e não opinar, educação é saber ficar quieto...). Nessa luta, no entanto, juntamente com toda a ética tradicional, banalizou-se a concepção de que discutir ética era pregar moralismos.

A consequência foi o abandono teórico da ética nas últimas décadas, com um retorno ainda frágil e débil, anunciado a partir dos anos 1990, num contexto onde estavam instauradas profundas crises existenciais, axiológicas, principiológicas e institucionais. É somente a partir de então que a discussão sobre a eticidade, na pós-modernidade, ressurge com força, sabendo-se que o tema volta ao cenário especulativo, após longos anos de exílio teórico, e desconfianças racionais, agora trabalhando-se com o conceito de que os valores formam, necessariamente, um projeto inacabado, e respondem a necessidades relativas de seres humanos engajados em relações transitórias, marcadamente sócio-históricas.[66]

Mais do que isto, distante das reflexões absolutistas e moralistas, a ética ressurge consciente da relatividade dos valores, da flexibilidade dos padrões de conduta e da porosidade das relações do homem com o mundo.[67] É, de fato, com muita dúvida que a pós-modernidade é recebida no âmbito dos valores. É exatamente como resulta e fruto das angústias mais vitais que o debate ético se assume como busca de moldes e padrões capazes de gerar expectativas mais ou menos estáveis de comportamento, num contexto acelerado de vida e de simultaneidade de mudanças.

---

[66] A pergunta é feita e respondida por Gianotti: "Por que a ética voltou a ser um dos temas mais trabalhados do pensamento filosófico contemporâneo? Nos anos 60 a política ocupava esse lugar e muitos cometeram o exagero de afirmar que tudo era político. Que mudanças se deram em nosso quadro intelectual para que outros agora possam dizer que tudo é moral? Parece-me haver um motivo básico para isso. Antes de tudo, não mais se acredita numa escatologia, numa doutrina da consumação dos tempos e da história" (Gianotti, Moralidade pública e moralidade privada. In: *Ética* (Adauto Novaes org.), 1992, p. 239).

[67] "A realidade não é um processo fechado e autocontido, mas um processo fluido em permanente desdobramento, um 'universo aberto', sempre afetado e moldado pelas ações e crenças do indivíduo" (Tarnas, *A epopeia do pensamento ocidental*: para compreender as ideias que moldaram nossa visão de mundo, 5. ed., 2002, p. 423).

A ética retorna, portanto, cercada pela angústia da indefinição, angústia esta que determina a porosidade para a instauração de ideias e propagações, mitos e ideários, sobretudo os de caráter cataclísmico, bem como de visões proféticas e otimistas quanto ao futuro, e mesmo quanto ao presente. Enfim, com Bauman, é isto avanço ou retrocesso?

> "Será a condição pós-moderna um avanço quanto às realizações morais da modernidade? A pós-modernidade golpeou as ambições modernas de legislação ética universal e solidamente fundada; mas será que também eliminou todas as oportunidades que a modernidade teve de melhoria moral? No campo da ética, deve-se considerar a pós-modernidade como passo avante ou como retirada?" (Bauman, *Ética pós-moderna*, 1997, p. 254).

Novas ansiedades, indeterminações e efemeridades se projetam no inconsciente coletivo, provocando um sentimento generalizado de instabilidade moral e falta de rumos éticos a seguir. Cada roubo, cada escândalo com dinheiro público, cada acidente, cada golpe do tráfico de drogas, cada fuga de presos, cada ousadia da comunidade carcerária, cada requinte de assaltantes e homicidas... noticiados pelos jornais e pelas mídias, são ressentidos pela sociedade, pelo comum dos homens, como sendo um golpe profundo em suas convicções, em seus sentimentos, em sua moral, em suas expectativas éticas para a comunidade na qual se insere. A sensação de desordem, caos, descontrole, violência, insegurança, desestruturação, decadência moral... está estampada no rosto das pessoas, que veem a pós-modernidade com receios e medo do desconhecido.[68] Essa conjuntura somente reforça, como diz Marilena Chauí, ainda mais o sentimento retrógrado de quem deseja o retorno 'aos bons tempos', enfim, de quem sentia a segurança sobre os valores modernos e de que se ressente com o advento de uma era que nem sequer sabe nominar. Sigam-se as linhas com as palavras de Marilena Chauí:

> "Quatro traços parecem marcar a esfera privada pós-moderna: a insegurança, que leva a aplicar recursos no mercado de futuros e de seguros; a dispersão, que leva a procurar uma autoridade política forte, com perfil despótico; o medo, que leva ao reforço de antigas instituições, sobretudo a família e a pequena comuni-

---

[68] Marilena Chauí retrata com muita propriedade esta caricatura da desrazão pós-moderna no âmbito dos valores: "Fala-se hoje, em toda parte e no Brasil, numa 'crise' dos valores morais. O sentimento dessa crise expressa-se na linguagem cotidiana, quando se lamenta o desaparecimento do dever-ser, do decoro e da compostura nos comportamentos dos indivíduos e na vida política, ao mesmo tempo em que os que assim julgam manifestam sua própria desorientação em face de normas e regras de conduta cujo sentido parece ter se tornado opaco. Uma autora sueca, Sissela Bok, decidiu escrever um livro sobre a mentira, após ter verificado que, desde o século XVII, exceptuando-se alguns momentos da literatura, do teatro e do cinema, reina o silêncio quanto aos dilemas dizer-a-verdade na vida privada e na vida pública. Sociólogos de linha durkheimiana, examinando o desamparo dos indivíduos nas escolhas morais, a presença de práticas e comportamentos violentos na sociedade e na política, a multiplicidade de atitudes transgressoras de valores e normas, falam em anomia, isto é, na desaparição do cimento afetivo que garante a interiorização do respeito às leis e às regras de uma comunidade" (Chauí, Público, privado e despotismo, In: *Ética* (Adauto Novaes org.), 1992, p. 345).

dade da 'minha rua' e o retorno a formas místicas e autoritárias de religiosidade; o sentimento do efêmero e a destruição da memória objetiva dos espaços, que levam ao reforço dos suportes subjetivos da memória (diários, fotografias, objetos), fazendo, como disse um autor, com que a casa se torne uma espécie de pequeno museu privado. No caso do Brasil, além dos traços anteriores, reforça-se a ética da desigualdade: são *meus* iguais, *minha* família, *meus* parentes e *meu* pequeno círculo de amigos, enquanto os demais são o 'outro' ameaçador ou estranho. Se a 'lei de Gerson' pode funcionar é porque, malgrado os pruridos morais de seus praticantes, ela exprime a solidão e o medo diante de uma sociedade sentida como perigosa e hostil.

É interessante observar a maneira como a pós-modernidade acaba determinando o próprio esforço e pensamento dos que ainda desejam ser modernistas e modernos" (Chauí, Público, privado e despotismo. In: *Ética* (Adauto Novaes org.), 1992, p. 388).

O lugar não é mais dos padrões estanques, sacralizados, de inspiração religiosa e universais, eternos e imutáveis. Com a pós-modernidade, abre-se caminho para as éticas pulverizadas, para a tolerância, para as toleráveis formas de saber e ser diferente, nas quais o multifário tem maior prevalescência que qualquer unicidade ou qualquer determinismo educacional. Em lugar de uma ética centralista, individualista, burguesa, católico-cristã, patriarcal, masculina, moralista, tem-se uma pluralidade de éticas emergentes, menos universalistas, e mais regionalistas, respondendo à diversidade de pensamentos, ideias e crenças que emergem no panorama do discurso ético contemporâneo. Os purismos, os medos, os preconceitos, as deformidades, as pretensões, as universalidades, os sonhos, os ideais, as bruxas e os vampiros da modernidade são, a um só tempo, exorcizados da pós-modernidade para que em seu tempo vigorem princípios mais aceitáveis e que reabilitem o homem em sua condição humana:

> "A aceitação da contingência e do respeito pela ambiguidade não são fáceis; não há razão para depreciar seus custos psicológicos. E, no entanto, a margem clara dessa nuvem particular é incomumente densa. O reencantamento pós-moderno do mundo traz a oportunidade de encarar a capacidade moral humana sem rebuços, tal como é realmente, sem disfarces e sem deformações; de readmiti-la no mundo humano vindo de seu exílio moderno; de restaurá-la em seus direitos e sua dignidade; de apagar a memória de difamação, o estigma deixado pelas desconfianças modernas" (Bauman, *Ética pós-moderna*, 1997, p. 43).

Desaparece qualquer pretensão, como aquela de Kant, de definir com estritos termos racionais e universalistas, as pretensões de igualdade e de moralidade do ser.[69] Seja com Foucault, seja com Derrida, menos com Habermas (que apesar de acolher ideias pós-modernas, mantém premissas modernas), seja com Lyotard, percebe-se o

---

[69] Bauman, *Ética pós-moderna*, 1997, p. 66.

decréscimo das preocupações com o universal, e a ascensão das preocupações com o regional, com o local, com o grupo, com a diversidade de identidades, com a tolerância.

A fugacidade e a rapidez das relações pós-modernas parecem criar um ambiente à descartabilidade e rapidez das mudanças éticas, não permitindo espaço para nenhum tipo de ontologismo.[70] Sem dúvida nenhuma, no trânsito dessas relações, o universal pode estar sendo substituído pelo uniforme, pelo pasteurizado, pelo simplificado por baixo, e os excessos de uma cultura robotizada, automatizada, televisionada, formatada para estar dentro de certos padrões. O resultado disso pode ser a produção de novos padrões também relativamente dominantes na construção de uma visão de mundo encantada com a vida alheia bisbilhotada, como no *big brother*, com os *best-sellers* norte-americanos de "como vencer na vida", com os manuais de "fazer riqueza rápida", com consumo de bens inúteis e de veleidades transformadas em necessidades pelo *marketing* etc.

Aliás, a face do outro passa a ser tão fragmentária quanto a fragmentada circunstância na qual o outro é visto (pense-se na sucessão fugaz de imagens bombardeadas pelos televisores do mundo inteiro), em seu papel social (pai/mãe, marido/esposa, companheiro/companheira, comerciante, advogado/advogada, empresário/empresária, consumidor/consumidora...).[71] Há nisso uma escolha que rompe com padrões secularmente firmados como forma de se conceberem as dimensões estéticas, éticas e sociais anteriormente vigentes. Essa opção não traz consigo nenhuma vontade de conceituar e de criar conclusões definitivas, pois está aberto espaço para o efêmero, para o fugidio, para o diferente, para a liberdade:

"O pós-modernismo faz a opção pela contingência. E, com ela, opta pelo fragmentado, efêmero, volátil, fugaz, pelo acidental e descentrado, pelo presente

---

[70] Sobre este contraste: "Os objetos são descartáveis, as relações pessoais e sociais têm a rapidez vertiginosa do *fast food*, o mercado da moda é dominante e a moda, regida pelas leis de um mercado extremamente veloz quanto à produção e ao consumo. Tempo e espaço foram de tal modo comprimidos pelos satélites de telecomunicações e pelos meios eletrônicos, assim como pelos novos transportes, que o tempo tornou-se sinônimo de velocidade e o espaço, sinônimo da passagem vertiginosa de imagens e sinais.

"Os antigos afirmavam que a ética, cujo modo era a virtude e cujo fim era a felicidade, realizava-se pelo comportamento virtuoso entendido como a ação em conformidade com a natureza do agente (seu *ethos*) e dos fins buscados por ele. Afirmavam também que o homem é, por natureza, um ser racional e que, portanto, a virtude ou o comportamento ético é aquele no qual a razão comanda as paixões, dando normas e regras à vontade para que esta possa deliberar corretamente. Embora Platão, Aristóteles, os estoicos ou os epicuristas divergissem quanto à definição das virtudes, da razão, da vontade, das paixões e da Natureza, concordavam com os princípios gerais acima expostos" (Chauí, Público, privado e despotismo. In: *Ética* (Adauto Novaes org.), 1992, p. 347-348).

[71] O que se produz com isso? Eis a resposta: "O sujeito nunca age como 'pessoa total', apenas como portador momentâneo de um dos muitos problemas que pontuam sua vida; também não age sobre o Outro como pessoa, ou sobre o mundo como totalidade" (Bauman, *Ética pós-moderna*, 1997, p. 226).

sem passado e sem futuro, pelos micropoderes, microdesejos, microtextos, pelos signos sem significados, pelas imagens sem referentes, numa palavra, pela indeterminação que se torna, assim, a definição e o modo da liberdade. Esta deixa de ser a conquista da autonomia no seio da necessidade e contra a adversidade para tornar-se jogo, figura mais alta e sublime da contingência. Mas essa definição da liberdade ainda não nos foi oferecida pelo pós-modernismo; está apenas sugerida por ele, pois definir seria cair nas armadilhas da razão, do universal, do logocentrismo falocrático ou de qualquer outro monstro que esteja em voga. Donde o sentimento de que vivemos uma "crise" dos valores morais (e políticos)" (Chauí, Público, privado e despotismo. In: *Ética* (Adauto Novaes org.), 1992, p. 356).

A pós-modernidade aceita e dá espaço para os estranhos, que continuam a incomodar o panorama daqueles que insistem em ver somente a cristalina homogeneidade dos iguais diante de si.[72] As lutas morais mais gigantescas da pós-modernidade giram em torno da presença de excluídos no mapa da humanidade, excluídos de toda sorte, que pululam em meio às ruas das grandes metrópoles, que se aglomeram em verdadeiras cidadelas independentes que são as favelas, que buscam asilo em países estrangeiros, que atravessam perigosamente fronteiras em busca de socorro em face dos flagelos da guerra etc.[73]

Num momento em que estranhos são sobretudo aqueles que estão "excluídos do mercado", o conjunto de hábitos e de atitudes passa a estar determinado pela textura dos sentimentos gerais projetados sobre as coisas. Num mundo de coisas, a pessoa significa mais pelo ter que pelo ser:

---

[72] "Todas as sociedades produzem estranhos. Mas cada espécie de sociedade produz sua própria espécie de estranhos e os produz de sua própria maneira, inimitável. Se os estranhos são as pessoas que não se encaixam no mapa cognitivo, moral ou estético do mundo – num desses mapas, em dois ou em todos três; se eles, portanto, por sua simples presença, deixam turvo o que deve ser transparente, confuso o que deve ser uma coerente receita para a ação, e impedem a satisfação de ser totalmente satisfatória; se eles poluem a alegria com a angústia, ao mesmo tempo que fazem atraente o fruto proibido; se, em outras palavras, eles obscurecem e tornam tênues as linhas de fronteira que devem ser claramente vistas; se, tendo feito tudo isso, geram a incerteza, que por sua vez dá origem ao mal-estar de se sentir perdido – então cada sociedade produz esses estranhos. Ao mesmo tempo que traça suas fronteiras e desenha seus mapas cognitivos, estéticos e morais, ela não pode senão gerar pessoas que encobrem limites julgados fundamentais para a sua vida ordeira e significativa, sendo assim acusadas de causar a experiência do mal-estar como a mais dolorosa e menos tolerável" (Bauman, *O mal-estar da pós-modernidade*, 1998, p. 26).

[73] "A busca da pureza moderna expressou-se diariamente com a ação punitiva contra as classes perigosas; a busca da pureza pós-moderna expressa-se diariamente com a ação punitiva contra os moradores das ruas pobres e das áreas urbanas proibidas, os vagabundos e indolentes. Em ambos os casos, a 'impureza' no centro da ação punitiva é a extremidade da forma incentivada como pura; a extensão até os limites do que devia ter sido, mas não podia ser, conservou-se em região fronteiriça; o produto-refugo, não mais do que uma mutação desqualificada do produto, passou como se fosse ao encontro dos modelos" (Bauman, *O mal-estar da pós-modernidade*, 1998, p. 26).

> "Com a morte da ética tradicional dominadora, veio, como consequência negativa e errônea, o descrédito de toda a ética. A ética tornou-se assunto *démodé*, sobretudo nas sociedades contemporâneas fortemente imiscuídas num modelo utilitarista, burguês e capitalista de vida, sugadas que estão pelas noções de valor econômico e de lucro" (Bittar, *Curso de ética jurídica*: geral e profissional, 2002, p. 54).

Quando a erosão no terreno dos valores causa abruptas mudanças, em momento em que o sentimento generalizado de vazio ético domina os corações, quando a aventura moral parece ser uma perdida ilusão pessoal em horizontes sem perspectivas, ocorre de os valores e as pessoas serem substituídos por objetos, num circuito de reificação da vida que acaba contaminando todos os circuitos das relações humanas, produzindo uma sociedade oca de valores e identidades éticas, e recheada de cultos e formas de apego material. A máquina capitalista se vale desse momento peculiar para impingir seus valores, para determinar comportamentos, para incutir a vontade de ganho e de consumo, para socializar a ideia de *status*, para fomentar o consumo, para *desintegrar* a pessoa como valor e *recriá-la* como mercadoria:[74]

> "O que se destaca neste modelo é o fato de, progressivamente, construir-se a objetivação das relações sociais. Homens se relacionam não por outros motivos senão os mercantilistas. Qual a importância de uma pessoa improdutiva, ou que está fora da lógica do mercado? Como medir uma pessoa senão por sua capacidade de trabalho ou sua aptidão por um ofício? Como mensurar o papel social de um indivíduo senão pela sua produtividade, ou, ainda, pelo seu interesse econômico-social, avaliado por meio do salário? O ser útil senão participar do processo de intermediação dos produtos? Eis a ética de mercado, que produz uma espécie de coisificação (reificação – *res* – latim, coisa) dos esforços humanos e das relações intersubjetivas. Quando ter é poder, ou seja, quando se define a pessoa pelo que possui, pelo que compra ou pode comprar, está-se em meio a uma maré ideológica econômico-materialista implantada de histeria coletiva e consumismo" (Bittar, Contribuições para a crítica da consciência consumista e acerca da construção dos direitos do consumidor. In: *Estudos de direito de autor, direito da personalidade, direito do consumidor e danos morais, em homenagem a Carlos Alberto Bittar*, 2002, p. 140).

Mas, em tempos materialistas e consumistas, que dizer daqueles que não querem ou não podem aderir ao projeto capitalista? Que dizer daqueles que, apesar de invadi-

---

[74] Nesta linha de raciocínio, o que se tem é o seguinte: "A máquina capitalista parece massacrar (*écraser*) todo valor por onde passa; seu valor é o econômico, e não humano, espiritual, moral, sentimental, ou algo que o valha. E não é demais dizer que o que toca vira ouro, porque na mentalidade capitalista cada qual vale pelo quanto produz (quantidade) e pelo que produz (qualidade)" (Bittar, Contribuições para a crítica da consciência consumista e acerca da construção dos direitos do consumidor. In: *Estudos de direito de autor, direito da personalidade, direito do consumidor e danos morais, em homenagem a Carlos Alberto Bittar*, 2002, p. 140).

dos pelas imagens publicitárias e homogeneizados ideologicamente por valores consumistas, não acessam as mesmas mercadorias e condições sociais dos demais? Há espaço para todos, no consumo vertiginoso de toneladas e toneladas de alimentos e quinquilharias produzidos pelas empresas lucrativas contemporâneas? Sem dúvida, não, e esta é a razão do aumento do número de excluídos sociais e daqueles que, não participando da 'lógica do mercado', se sentem eticamente à deriva, desamparados, não participantes da mesma nau, que, aliás, trafega em mares revoltos. Assim:

> "Uma vez que o critério da pureza é a aptidão de participar do jogo consumista, os deixados fora como um 'problema', como a 'sujeira' que precisa ser removida, são consumidores falhos – pessoas incapazes de responder aos atrativos do mercado consumidor porque lhes faltam os recursos requeridos, pessoas incapazes de ser 'indivíduos livres' conforme o sendo de 'liberdade' definido em função do poder de escolha do consumidor. São eles os novos "impuros", que não se ajustam ao novo esquema de pureza. Encarados a partir da nova perspectiva do mercado consumidor, eles são redundantes – verdadeiramente 'objetos fora do lugar'" (Bauman, *O mal-estar da pós-modernidade*, 1998, p. 24).

Em períodos de incerteza e indefinição, só o que há de certo e de seguro é o apego material. Ter significa o suficiente para sobreviver, para estar mesmo além das leis da sociedade, pois os que têm tudo podem, tudo fazem, não sentem tão fortemente os limites da desordem social, da desagregação familiar, da perturbação socioeconômica, dos desvarios da violência, da pobreza marginal, da destruição urbana etc. A acumulação, nesse período, cria vantagens inigualáveis àqueles que as podem acessar. Estar 'acima do bem e do mal', parodiando a expressão de Nietzsche, significa sentir menos perto de si o sufoco dos dilemas pós-modernos, especialmente em sociedades periféricas ao capitalismo central e subdesenvolvidas. As determinações, os conflitos, as dificuldades, as angústias, para esses, parecem passar ao lado, próximas, estranhas, mas não tão próximas que sejam capazes de incomodar.

Afastá-las é a tarefa do capital, é a promessa da propaganda, é o que se vende em lojas, vitrines, shoppings, galerias, lojas eletrônicas, internet... Se há uma cultura instalada, essa cultura é a da relativização da importância dos valores, aceleradamente em direção a uma compreensão da pessoa humana reduzida à dimensão do que *é*, enquanto *troca*, como pensa Hannah Arendt. De fato, se o momento ético das civilizações pode ser fotografado, o momento da experiência contemporânea, fruto da intensificação dos efeitos de processos modernos de reificação de valores, simplifica tudo na objetividade do que interessa, aos olhos da maioria: interessa o que se tem, e não interessa o que não se pode quantificar. A grande mudança na axiologia contemporânea, pela instabilidade mesma vivida no terreno dos valores (e essa contestação decorre do processo deflagrado nas décadas de 1960 e 70), vem no sentido da plastificação das relações humanas em rígidas carapaças de valor econômico. Quem não tem o que trocar em sociedade, o que tem a fazer nela, que lugar possui nela?

Há uma espécie de sensação de que a vida está envenenada, como afirma Bauman, uma vez que "há um grande e crescente abismo entre a condição de indivíduos *de jure* e suas chances de se tornar indivíduos *de facto* – isto é, de ganhar controle sobre seus destinos e tomar as decisões que em verdade desejam. É desse abismo que emanam os eflúvios mais venenosos que contaminam as vidas dos indivíduos contemporâneos" (Bauman Zygmunt, *Modernidade líquida*, 2000, p. 48).

Também efeito desse processo, o que se tem assistido ao vivo e a cores, é o acastelamento das elites, em seus redutos, a fortificação dos espaços privados, o aumento dos investimentos em segurança privada, o congelamento das liberdades ideárias do cidadão, a queda dos ideários ideológicos (esquerda/direita) que presidiam as visões bipartidas de mundo (especialmente ao longo das décadas 1960 a 80), a diminuição do circuito de jogos privados de amizade e relacionamento, a intensificação das trocas mediadas pela utilidade, o enclausuramento de poucos (ricos, favorecidos, políticos, empresários...) em muito (mansões, palácios públicos, empreendimentos empresariais...), enquanto a multiplicação de muitos (famintos, doentes, idosos, abandonados, órfãos, marginais, condenados...) em pouco (favela, barraco, ponte ou viaduto, asilo, orfanato público, casa de caridade...) continua.[75] Trata-se de um circuito vicioso, capaz de potencializar vez a vez mais a dinamitação dos principais valores que garantem a dignidade da pessoa humana e a pacificidade do convívio sócio-humano. Enquanto a lógica aniquiladora de que *vence o melhor* presidir as relações sociais, estar-se-á mais próximo de um modelo de darwinismo social (evolucionismo e vitória da espécie mais forte, perecendo as mais fracas), ou de hobbesianismo relacional (o homem como lobo do próprio homem), do que de um modelo de uma sociedade consciente de sua tarefa na garantia da preservação da dignidade da pessoa humana.

3.8 OS ABALOS DA PÓS-MODERNIDADE: UMA RADIOGRAFIA

"Entre luz e sombra, descortina-se a *pós-modernidade*. O rótulo genérico abriga a mistura de estilos, a descrença no poder absoluto da razão, o desprestígio do Estado. A era da velocidade. A imagem acima do conteúdo. O efêmero e o volátil parecem derrotar o permanente e o essencial. Vive-se a angústia do que não pôde ser e a perplexidade de um tempo sem verdades seguras. Uma época aparentemente *pós-tudo*: pós-marxista, pós-kelseniana, pós-freudiana" (Barroso,

---

[75] Leia-se este retrato: "O serviço de separar e eliminar esse refugo do consumismo é, como tudo o mais no mundo pós-moderno, desregulamentado e privatizado. Os centros comerciais e os supermercados, templos do novo credo consumista, e os estádios, em que se disputa o jogo do consumismo, impedem a entrada dos consumidores falhos a suas próprias custas, cercando-se de câmeras de vigilância, alarmes eletrônicos e guardas fortemente armados; assim fazem as comunidades onde os consumidores afortunados e felizes vivem e desfrutam de suas novas liberdades; assim fazem os consumidores individuais, encarando suas casas e seus carros como muralhas de fortalezas permanentemente sitiadas" (Bauman, *O mal-estar da pós-modernidade*, 1998, p. 24).

Fundamentos teóricos e filosóficos do novo direito constitucional brasileiro: pós-modernidade, teoria crítica e pós-positivismo, Salvador, *Revista Diálogo Jurídico*, CAJ, v. I, nº 6, set. 2001. Disponível em: <http://www.direitopublico.com.br>. Acesso em: 26 ago. 2002, p. 2).

As curiosas afirmações contidas no trecho acima citado suscitam a reflexão acerca do sentido da pós-modernidade. Seria ela uma época de radical modificação do *status quo*? Poder-se-ia acreditar que toda a ideia de pós-modernidade significa ruptura completa com os modelos culturais do passado, seja ele qual for? Se se afirmasse isso estar-se-ia diante de qualquer outro fenômeno, menos da pós-modernidade. Esse período tem uma elasticidade heterodoxa, e incomum, capaz de *recriar* a partir do velho, e de recuperar a partir do novo. Aliás, um dos traços da pós-modernidade reside exatamente na *revalorização* de certas práticas, de certas identidades, de certos modos, de certos valores, de certos dados do passado, que são *revisitados, revalorizados, remodelados, repensados, remaquiados,* para servirem como nunca ao presente e ao futuro.

Em outras palavras, não é só de abandono e de superação que a pós-modernidade vive, pois essas são características tipicamente modernas, que avaliam o velho como superável e o novo como sinônimo de progresso; há um importante ingrediente de *reaproveitamento* nas práticas pós-modernas, operando a reciclagem de valores, ideias, conceitos, objetos, paradigmas e estruturas, que a tornam um processo ainda mais complexo de estudo da cultura do que se pode imaginar.

A pós-modernidade é estranhamente polimorfa, plural e multifacetada.[76] Entre o novo (hoje) e o velho (ontem), entre o insondável do futuro (amanhã), está-se diante de um jogo de incertezas, pois se vivem os três tempos a um só tempo (passado, presente e futuro, não necessariamente nesta ordem). A sensação do espectador não é outra senão a de estar dentro de uma sala de espelhos, sem saber definir ao certo o que é real e o que é ilusório, o que é palpável e o que é imaginário. Nela, praticamente, tudo é permitido e autorizado, menos proibir e coibir. Há uma nova lógica, pós-moderna, das relações humanas irrompendo para construir uma consciência diferente dos modos de organização da sociedade e das interações sociopolíticas.

Pode-se mesmo dizer que uma nova ordem de instituições e valores, fundados na ideia do ecletismo e do pluralismo, desponta como norte pós-moderno às formas de vida. Essa nova ordem é ainda um projeto em andamento; a própria pós-modernidade é parcamente consciente de si mesma. Mais que isso, a pós-modernidade surge como o bastião crítico de todos os cinturões ideológicos e teóricos até então existentes, de modo a não se confundir com nenhum e a não postular confundir-se com nenhuma

---

[76] O surgimento da pós-modernidade provoca a euforia de se entrever no horizonte o sentido da liberdade, a mesma euforia vivida e sentida com o Renascimento cultural e com a ruptura dos dogmas eclesiásticos: "No começo, a vinda do pluralismo (quebrando o molde da tradição, escapando ao controle apertado e meticuloso da paróquia e da comunidade local, afrouxando o domínio do monopólio ético eclesiástico) foi saudado com alegria pela minoria que pensava, debatia e escrevia" (Bauman, *Ética pós-moderna*, 1997, p. 29).

tendência reconhecível. O retrato mais exato da pós-modernidade pode ser dado ao dizer-se que inexiste uma ontologia, uma bandeira ou uma identidade pós-moderna, tendo em vista sua rebeldia aos paradigmas existentes.[77] Todo esse novo arcabouço de mutações socioculturais redunda num afastamento contínuo da lógica moderna, com a qual se organizam os esquemas de vida e as formas de juízo (axiológico, estético, político, científico, cultural...) acerca do mundo.[78]

Os cânones que houveram de gestar o conjunto de grandes princípios inspiradores e norteadores das concepções de mundo modernas (iluministas, capitalistas e burgueses) passam a ser postos em questão, na medida em que são declarados insuficientes para resolver problemas contemporâneos, ou mesmo porque são substituídos por outras formas de conduta mais apropriadas e adequadas às atuais condições sócio-históricas. Não é somente o novo que substitui o velho, numa sucessão progressista e otimista ao estilo moderno, porque nem sempre o novo existe, mas o velho é que dá demonstrações de que a renovação é imperativa, para o que, por vezes, ainda não há um modelo substituto ou uma clareza quanto à própria adequação da substituição. Sondar o

---

[77] "Portanto, para sermos corretos, não existe nenhuma 'visão de mundo pós-moderna', nem a possibilidade de existir uma. Por sua natureza, o paradigma pós-moderno é fundamentalmente subversivo em relação a todos os paradigmas, pois em sua essência está a consciência de que a realidade é ao mesmo tempo múltipla, local e temporal, desprovida de qualquer fundamento demonstrável" (Tarnas, *A epopeia do pensamento ocidental*: para compreender as ideias que moldaram nossa visão de mundo, 5. ed., 2002, p. 429).

[78] Um dos mais claros e inexplicáveis exemplos da lógica com a qual funcionavam os juízos na modernidade é o caso do purismo (racional, científico, metodológico, étnico, estético...), que levado ao seu extremo redundou nos campos de concentração e no *modus operandi* do totalitarismo: "Não é surpreendente que em toda a idade moderna haja uma estrita correlação entre a proporção, a radicalidade da 'ordem nova e final' imaginada, sonhada e experimentada na prática, e a paixão com que 'o problema dos estranhos' foi abordado, assim como a severidade do tratamento dispensado aos estranhos. O que era 'totalitário' nos programas políticos totalitários, eles próprios fenômenos totalmente modernos, era, mais do que algo além da abrangência da ordem que eles prometiam, a determinação de não deixar nada ao acaso, a simplicidade das prescrições de limpeza, e a meticulosidade com que eles atacaram a tarefa de remover qualquer coisa que colidisse com o postulado da pureza. As ideologias totalitárias foram notáveis pela propensão a condensar o difuso, localizar o indefinível, transformar o incontrolável num alvo a seu alcance e, por assim dizer, à distância de uma bala. A angústia disseminada e ubíqua exalada pelas ameaças igualmente disseminadas e ubíquas à amplitude e ao sendo da ordem foi, assim, estreitada e comprimida de maneira que pudesse ser 'manipulada' e profusamente repartida num único e direto procedimento. O nazismo e o comunismo primaram por impelir a tendência totalitária a seu extremo radical – o primeiro, condensando a complexidade do problema da 'pureza', em sua forma moderna, no da pureza da raça, o segundo no da pureza de classe. No entanto, os anseios e pendores totalitários também tornaram sua presença visível, conquanto de uma forma levemente menos radical, na tendência do estado nacional moderno como tal a escorar e reforçar a uniformidade da cidadania do estado com a universalidade e abrangência da filiação nacional" (Bauman, *O mal-estar da pós-modernidade*, 1998, p. 21-22).

pós-moderno e perceber suas projeções importa também em se pensar e se ter claro o que é o moderno, a respeito do que Habermas nos dá algum tipo de suporte teórico.[79]

Em tempos pós-modernos, vive-se simultaneamente de ondas de recuo ao mais longínquo passado e de delírios futuristas, vive-se de revitalização do velho, bem como de projetos arrojados, o que nem sempre é conciliável do modo mais harmonioso possível. As marcas da pós-modernidade são a polimorfia, a polifonia, a policromia e a polissemia. Fenômenos são vistos e interpretados de modo multimorfo, ou seja, com concepções capazes de conciliar propostas e premissas ditas, tradicionalmente, inconciliáveis.

A hegemonia da cultura moderna e seu rescaldo de crenças intocáveis (cultura burguesa, iluminista, racionalista, elitizada, católica, moralista, universalista, racista, eurocentrista, patriarcalista, capitalista...) são postos à prova, na medida em que diversos abalos se produzem ao longo dos últimos decênios. As idealizações e os mitos da modernidade são submetidos a profundo processo de modificação, por vezes operado lentamente, por vezes operado abruptamente.[80]

Nesse sentido, um dos mais profundos abalos provocados pela pós-modernidade deu-se sobre o sistema de crenças estruturadas como hegemônicas no mundo da cultura. Neste ponto, vale a pena deter-se para ler o que diz Lemert:

---

[79] Esta reflexão habermasiana é importante para a compreensão do sentido do moderno e da própria ideia de modernidade: "A palavra *modernus* foi utilizada inicialmente no final do século V para diferenciar um presente tornado 'cristão' de um passado romano 'pagão'. Desde então a expressão possui a conotação de uma descontinuidade proposital do novo diante do antigo. A expressão 'moderno' continuou a ser utilizada na Europa – cada vez com conteúdos diferentes – para expressar a consciência de uma nova época. O distanciamento com relação ao passado imediato é alcançado inicialmente com a referência à Antiguidade ou a qualquer outro período indicado como 'clássico', ou seja, como digno de imitação. Nesse sentido que o Renascimento – com a qual, segundo o nosso modo de ver, o período 'moderno' teve início – referiu-se ao classicismo grego. Em torno de 1800, em contrapartida, um grupo de jovens escritores coloca o clássico em oposição ao romântico na medida em que ele criara uma Idade Média idealizada como o seu passado normativo. Também essa consciência romântica o traço característico de um novo início que se destaca daquilo que então deve ser transcendido. Porque se deve quebrar com uma tradição que alcança até o presente, o espírito 'moderno' deve desvalorizar essa pré-história imediata e distanciá-la para fundar-se de modo normativo a partir de si mesmo" (Habermas, *A constelação pós-nacional:* ensaios políticos, 2001, p. 168).

[80] Qual é o sentido da cultura jurídica liberal, nesse conjunto de indagações? Campilongo, em sua investigação, confere tratamento claro à questão: "A cultura jurídica liberal tem como característica essencial o individualismo. Na verdade, isso é reflexo da própria visão liberal da sociedade como um grande mercado orientado e regulado pela competição e troca entre indivíduos. A liberdade de contratação entre proprietários que, consensualmente, estabelecem um acordo de vontades é a tônica dessa perspectiva. O dissenso, o litígio e o confronto, além de encarados como rupturas diante da lógica do mercado, são tratados pelo direito como conflitos interindividuais. A ética que permeia essas relações atribui responsabilidades morais aos indivíduos e às ações individuais. Trata-se de uma microética vinculada a uma forma jurídica também particularista: o direito liberal" (Campilongo, *O direito na sociedade complexa*, 2000, p. 19).

"Uma das mais importantes transformações sociais do mundo atual, tal como ele se apresenta, tem sido a erosão da confiança daqueles que antes consideravam sua posição no mundo segura dessa maneira. Era a posição no mundo dos membros da classe dominante da Europa e da América do Norte, isto é, elites principalmente masculinas, quase inteiramente brancas, educadas, em boa situação econômica e presumivelmente heterossexuais. Eles inventaram e promoveram a ideia da cultura mundial como uma ideia que era para eles uma verdade 'autoevidente' de 'todos os homens'. O atual declínio do Império ameaça a crença ocidental numa cultura mundial em que todas as pessoas, em todos os lugares sociais, estariam partilhando uma identidade nuclear comum. Em outras palavras, esse declínio ameaça a convicção fundacional dos valores ocidentais: sua crença na humanidade universal, que é fundamentalmente uma idealização do próprio mundo como um lugar estável em que todas as criaturas humanas poderiam encontrar algum terreno cultural comum. Essa foi, em suma, a cultura de um silêncio às vezes cruel, às vezes brando" (Lemert, *Pós-modernismo não é o que você pensa*, 2000, p. 154).

Em uma época em que a quebra das razões iluministas decreta a revogação do *establishment* anterior, é possível entrever uma série de ranhuras feitas nos modos tradicionais de se pensarem e de se exercerem valores, sobretudo porque esses valores estão profundamente marcados por ideias absolutas, cientificistas, cartesianas, burguesas, racionalistas, elitistas, etnocentristas, eurocentristas, patriarcalistas, iluministas e universalistas.

Se a pergunta é qual a *modernidade* que é destronada pela *pós-modernidade*, há que se concordar com Harvey quando localiza em Habermas um importante interlocutor na identificação desses valores:

"Embora o termo moderno tenha uma história bem mais antiga, o que Habermas (1983,9) chama de projeto da modernidade entrou em foco durante o século XVIII. Esse projeto equivalia a um extraordinário esforço intelectual dos pensadores iluministas 'para desenvolver a ciência objetiva, a moralidade e a lei universais e a arte autônoma nos termos da própria lógica interna destas'. A ideia era usar o acúmulo de conhecimento gerado por muitas pessoas trabalhando livre e criativamente em busca da emancipação humana e do enriquecimento da vida ideária. O domínio científico da natureza prometia liberdade de escassez, da necessidade e da arbitrariedade das calamidades naturais. O desenvolvimento de formas racionais de organização social e de modos racionais de pensamento prometia a libertação das irracionalidades do mito, da religião, da superstição, liberação do uso arbitrário do poder, bem como o lado sombrio da nossa própria natureza humana. Somente por meio de tal projeto poderiam as qualidades universais, eternas e imutáveis de toda a humanidade ser reveladas" (Harvey, *Condição pós-moderna*, 1992, p. 23).

Os grandes traços que marcam o complexo das identidades gestadas e criadas ao longo da modernidade podem ser traduzidos com os seguintes termos: eterno; imutável; absoluto; verdadeiro; racional; uno; vertical; dedução; científico; comprovável; provado; ordenado; regulado.

A pós-modernidade irrompe com a proposta de introduzir outras espécies de termos, que fazem oposição clara e direta às propostas da modernidade, a saber: transitório; mutável; relativo; provável; sensível; múltiplo; horizontal; indução; senso comum; estimável.

Com Harvey, as metanarrativas da modernidade são substituídas pelo acaso na pós-modernidade.[81] Os grandes arquitetos do ideário da modernidade são, com suas peculiaridades e características específicas, apregoadores da verdade moderna: Descartes, Montesquieu, Rousseau, Voltaire, D'Alembert, Diderot, Condorcet, Hume, Adam Smith, Saint-Simon, Auguste Comte, Matthew Arnold, Jeremy Bentham, John Stuart Mill, Kant, Hegel...[82] Também podem ser ditos os produtores da alienação moderna, de Copérnico a Descartes, e deste a Kant.[83]

Uma ideia de razão objetiva, de ciência onipresente e onisciente estaria permeando toda a cultura moderna, sabendo-se que tudo isto serviria para pôr fim às trevas medievais que tanto ocultaram dos olhos do homem 'a verdade', 'o saber', 'a cultura dessacralizada', e permitiram a opressão do pensamento. A ciência (de Descartes e Bacon a Darwin e Comte) seria o recurso, construído pelo racionalismo e empiricismo dos séculos XVI e XVII, e extremado pelo pensamento positivista do século XIX, encontrado para a garantia da construção de novas verdades, ou seja, de verdades não reveladas, mas de verdades testadas, racionalizadas por hipóteses, controladas em laboratório, comprovadas e reproduzíveis empiricamente.

Ora, toda essa cultura da conversão da natureza em produto, do saber em ciência, da prova empírica em argumento irrefutável da razão, da técnica em método de produ-

---

[81] Harvey, *A condição pós-moderna*, 1992, p. 46-113.

[82] "É odioso, mas mesmo assim útil, impor a essa complexa história algumas periodizações relativamente simples, ao menos para ajudar a compreender a que tipo de modernismo reagem os pós-modernistas. O projeto do Iluminismo, por exemplo, considerava axiomática a existência de uma única resposta possível a qualquer pergunta. Seguia-se disso que o mundo poderia ser controlado e organizado de modo racional se ao menos se pudesse apreendê-lo e representá-lo de maneira correta. Mas isso presumia a existência de um único modo correto de representação que, caso pudesse ser descoberto (e era para isso que todos os empreendimentos matemáticos e científicos estavam voltados), forneceria os meios para os fins iluministas. Assim pensavam escritores tão diversos quanto Voltaire, D'Alembert, Diderot, Condorcet, Hume, Adam Smith, Saint-Simon, Auguste Comte, Matthew Arnold, Jeremy Bentham e John Stuart Mill" (Harvey, *A Condição pós-moderna*, 1992, p. 35-36).

[83] "Assim, o estranhamento cosmológico da consciência moderna iniciado por Copérnico e o estranhamento ontológico deflagrado por Descartes foram completados pelo estranhamento epistemológico começado por Kant: uma tríplice prisão mutuamente reforçada de alienação moderna" (Tarnas, *A epopeia do pensamento ocidental*: para compreender as ideias que moldaram nossa visão de mundo, 5. ed., 2002, p. 445).

ção, do princípio ético em norma jurídica universal, representa um importante passo no sentido da aquisição de uma identidade dessacralizada da modernidade, mas também um conjunto falacioso de premissas segundo as quais um ideário cristalizado se construiu arrogando-se hegemonicamente a condição de fim da história.

A exacerbação deste ideário com o positivismo comteano do século XIX (era mítica, era metafísica e era positiva), com a profunda cientificização da vida cotidiana, da expansão dos hábitos hegemônicos burgueses entre as elites em ascensão, com a disseminação da cultura do progresso inevitável, com o aburguesamento dos valores classiais, com a conscientização geral da existência de uma moral única e intocável, com a imperativa e marcante presença da família na determinação dos mais sagrados valores sociais, com a industrialização crescente dos modos de produção, com a urbanização dos modos de aglomeração e vida... tornou ainda mais evidente o processo de disjunção da cultura moderna, com os crescentes excessos tornando-se princípios gerais de vida. De certa forma, a pós-modernidade irrompe a consciência crítica do passado moderno e de seus modos de fragmentar e dispersar as identidades e as minorias.[84] Tudo isso virá a ser, no século XX, o conjunto de fatores que produzirá o colapso dos paradigmas modernos, dos arquétipos universais, e trará as consequências mais evidentes sobre a vida cotidiana das pessoas.

Do que se está falando? Do tecnicismo que redunda no esvaziamento da esfera pública; do elitismo que gera desproporções de renda calamitosas entre as classes sociais, sobretudo nos países em desenvolvimento; da corrida exploratória que redundou na era nuclear; no uso dos recursos naturais que resultou na exploração exacerbada, incontida e exaustiva da natureza; no racismo eurocêntrico que fomentou o antissemitismo contemporâneo, os campos de concentração e o genocídio de seis milhões de judeus após a Segunda Guerra Mundial; da força hegemônica do capital que não tem fronteiras e especula sem pátria; nas guerrilhas como meios legítimos de reivindicação, capazes de matar tantas ou mais pessoas quanto guerras mundiais; na concorrência entre as nações capaz de originar uma 'guerra fria', seguida de armamentismo, disputas territoriais, ocupações e outras formas de dominação ideológica; da mão livre do mercado capaz de gerar tantos agentes livres para o exercício da mercancia quanto um número cada vez mais de explorados e miseráveis, sobretudo em centros urbanos incapazes de distribuir riquezas; na vontade de liderança mundial, que conduz os EUA a ditarem as políticas nas relações internacionais; no progresso da ciência das epidemias, tão hábil para conter a disseminação de vírus e bactérias, quanto capaz de impedir que

---

[84] Esta descrição toma esse tema com muita propriedade: "Olhos desencantados agora examinam a longa história de expansionismo e exploração implacável do Ocidente – a capacidade escravizadora de suas elites desde os tempos antigos até a modernidade; a prosperidade sistemática à custa de outros; o colonialismo e o imperialismo; escravidão, genocídio, antissemitismo, opressão das mulheres, dos povos negros, das minorias, dos homossexuais, das classes trabalhadoras, dos pobres; a eliminação das sociedades nativas por todo o mundo; a arrogante insensibilidade em relação a outras tradições e valores; os cruéis desmandos em relação a outras formas de vida; a destruição cega de praticamente todo o planeta" (Tarnas, *A epopeia do pensamento ocidental*: para compreender as ideias que moldaram nossa visão de mundo, 5. ed., 2002, p. 428).

milhares de pessoas morrem vítimas de artifícios químicos (guerra biológica) criados para dizimar em massa.[85]

Será a pós-modernidade, segundo Bauman, responsável por devolver ao mundo o colorido originário que possuía, antes do advento da razão calculadora e objetivante da modernidade:

> "A pós-modernidade, também pode-se dizer, traz o reencantamento do mundo depois da moderna luta, longa e seríssima, se bem que no fim inconclusiva, para desencantá-lo (ou, mais exatamente, a resistência ao desencantamento, quase nunca posta para dormir, foi continuamente o espinho pós-moderno na carne da modernidade). A desconfiança na espontaneidade humana, nos impulsos e nas inclinações resistentes a predição e justificação racional foi que substituída pela desconfiança na razão não emocional e calculadora. Restitui-se dignidade às emoções; legitimidade às inexplicáveis, e mesmo irracionais, simpatias e lealdades que não se podem explicar em termos de utilidade e propósito. Funções, manifestas ou latentes, não são febrilmente buscadas para tudo o que as pessoas fazem a outros ou a si próprias. O mundo pós-moderno é mundo em que o mistério não é mais estrangeiro mal tolerado à espera da ordem de deportação. Neste mundo, podem acontecer coisas que não têm nenhuma causa que as faça necessárias; e as pessoas fazem coisas que dificilmente passariam no teste de um propósito calculável, e nem se diga, racional" (Bauman, *Ética pós-moderna*, 1997, p. 42).

A vinda do pluralismo, reforçado pela pós-modernidade, é saudada por uns com muito otimismo, e, por outros, com muito pessimismo. Em lugar do uno, o diviso, em lugar do total, o fragmentário, em lugar do certo, o indeterminado, em lugar do universal, o local, em lugar do despersonificado, o personalíssimo. Eis as grandes marcas do pensamento pós-moderno, segundo Harvey:

> "A fragmentação, a indeterminação e a intensa desconfiança de todos os discursos universais ou (para usar um termo favorito) 'totalizantes' são o marco do pensamento pós-moderno" (Harvey, *Condição pós-moderna*, 1992, p. 19).

A mentalidade de contestação da pós-modernidade invade diversos setores da vida humana: a literatura, a filosofia, as ciências, a pintura, as artes plásticas, a arquitetura, a teoria estética, o urbanismo, os costumes, a mídia, a propaganda e o marketing, a televisão... E isso se processa com lentidão, ao longo dos lânguidos anos em que a

---

[85] "O século XX – com seus campos de concentração e esquadrões da morte, seu militarismo e duas guerras mundiais, sua ameaça de aniquilação nuclear e sua experiência de Hiroshima e Nagasaki – certamente deitou por terra esse otimismo. Pior ainda, há a suspeita de que o projeto do iluminismo estava fadado a voltar-se contra si mesmo e transformar a busca da emancipação humana num sistema de opressão universal em nome da libertação humana" (Harvey, *Condição pós-moderna*, 1992, p. 23).

dispersão da consciência da falência da modernidade se dava aos olhos de todos, sobretudo no pós-guerra. Retratos da mediação desse processo encontram-se nos pensamentos de Heidegger, Sartre, Camus...[86] Nessa linha, entre os pensadores que mais claramente se alinham no sentido de estarem afeitos e porosos à pós-modernidade (muitos dos quais não se identificam como tais, ou não são identificados pelo seu tempo como tais)[87] têm-se Nietzsche, Arendt, Adorno, Horkheimer, Foucault, Deleuze, Derrida, Habermas, Rorty etc.[88]

---

[86] Leia-se: "Nada encarnava melhor a moderna condição do que o problema do fenômeno do existencialismo, a disposição de ânimo e a filosofia expressadas nos textos de Heidegger, Sartre e Albert Camus, entre outros, que essencialmente refletiam uma difusa crise de espiritualidade na cultura moderna. A angústia e alienação da vida no século XX receberam articulação plena quando os existencialistas dedicaram-se às preocupações mais cruas e fundamentais da existência humana: sofrimento, morte, solidão, medo, culpa, conflito, vazio espiritual, insegurança ontológica, o deserto de valores absolutos ou contextos universais, a impressão de um absurdo cósmico, a fragilidade da razão, o trágico impasse da condição humana" (Tarnas, *A epopeia do pensamento ocidental*: para compreender as ideias que moldaram nossa visão de mundo, 5. ed., 2002, p. 416).

[87] Dentre aqueles que não são identificados como autores pós-modernos, se encontra Nietzsche, autor do século XIX. No entanto: "Diz-se que o profeta mais importante do pensamento pós-moderno foi Friedrich Nietzsche, com seu ponto de vista radicalizado, sua sensibilidade crítica soberana e sua vigorosa antevisão dolorosamente ambivalente do niilismo que emergia na cultura ocidental" (Tarnas, *A epopeia do pensamento ocidental*: para compreender as ideias que moldaram nossa visão de mundo, 5. ed., 2002, p. 422). E mais: "Como Nietzsche, a situação intelectual pós-moderna é profundamente complexa e ambígua – talvez esta seja sua verdadeira essência. O que é chamado de pós-moderno varia bastante segundo o contexto; contudo, em sua forma mais geral e difusa, podemos considerar o espírito pós-moderno como sendo um conjunto de atitudes abertas e indeterminadas que foi moldado por uma grande diversidade de correntes intelectuais e culturais: pragmatismo, existencialismo, marxismo, psicanálise, feminismo, hermenêutica, desconstrução e a filosofia pós-empirista da Ciência – para mencionar apenas algumas das mais proeminentes" (Tarnas, *A epopeia do pensamento ocidental*: para compreender as ideias que moldaram nossa visão de mundo, 5. ed., 2002, p. 422).

[88] Sobre as implicações entre esses autores e a tematização da questão da linguagem na pós-modernidade: "Dos inúmeros fatores que convergiam para resultar nessa atitude, intelectual, a análise da linguagem foi o que produziu as correntes epistemológicas mais radicalmente céticas no espírito pós-moderno; são essas as correntes que mais articulada e conscientemente se identificaram como 'pós-moderna'. Mais uma vez, muitas fontes contribuíram para isso – a análise de Nietzsche da relação problemática da linguagem com a realidade; a semiótica de C. S. Peirce, postulando que todo pensamento humano ocorre através de signos; a linguística de Ferdinand de Saussure, postulando o relacionamento arbitrário entre palavra e objeto, signo e significado; a análise de Wittgenstein da linguística como estrutura da vida humana; a crítica existencialista e linguística da metafísica, de Heidegger; a hipótese linguística de Edward Sapir e B. L. Whorf, segundo a qual a linguagem molda a percepção da realidade tanto quanto a realidade molda a linguagem; as investigações genealógicas de Michel Foucault na construção social do conhecimento; e o descontrucionismo de Jacques Derrida, questionando a tentativa de estabelecer-se um significado indiscutível em qualquer texto" (Tarnas, *A epopeia do pensamento ocidental*: para compreender as ideias que moldaram nossa visão de mundo, 5. ed., 2002, p. 425).

Em poucas palavras, com Bauman, a pós-modernidade é a modernidade sem ilusões, ou seja, desencantada de suas próprias armadilhas conceituais e suas próprias crenças na infinitude e na infalibilidade de seu projeto para o mundo e para a humanidade:

> "Saber que isso é verdade (ou apenas intuí-lo, ou continuar como se soubesse) é ser pós-moderno. A pós-modernidade, pode-se dizer, é a modernidade sem ilusões (o oposto disso é que a modernidade é a pós-modernidade que recusa a aceitar sua própria verdade). As ilusões em questão concentram-se na crença de que a confusão do mundo humano não passa de estado temporário e reparável, a ser substituído, mais cedo ou mais tarde pelo domínio do ordenado e sistemático da razão. A verdade em questão é que a confusão permanecerá, o que quer que façamos ou saibamos, que as pequenas ordens ou sistemas que cinzelamos no mundo são frágeis, temporários, e tão arbitrários e no fim tão contingentes como suas alternativas" (Bauman, *Ética pós-moderna*, 1997, p. 41-42).

3.9 A ECLOSÃO DOS DIVERSOS PARADOXOS: PROVAS HISTÓRICAS DO MOMENTO PÓS-MODERNO

Num período no qual a ciência e a tecnologia tiveram um papel relevantíssimo na configuração dos destinos do próprio planeta, é imprescindível acreditar que, durante o século XX, a ciência aliou-se de modo definitivo à produção, permitindo falar-se em uma mudança das condições de vida, mas não só, numa mudança das próprias condições com as quais se pensou a vida, para seguir Eric Hobsbawm.[89]

Mais do que isso, pode-se medir a intervenção da ciência em fatores sociais e na definição dos destinos do século na medida em que a posse de conhecimento e de informações, de patentes e de tecnologia, de pesquisadores e centros de pesquisa, de maquinário e indústria, de manufaturados e industrializados, de eletrônicos e de virtuais... determinou os destinos e a divisão das fronteiras não somente entre riqueza e pobreza, mas sobretudo entre dependência e independência (econômica, política, social, cultural, tecnológica, intelectual...).[90]

---

[89] Leia-se: "Assim a ciência, através do tecido saturado de tecnologia da vida humana, demonstra diariamente seus milagres ao mundo de fins do século XX. É tão indispensável e onipresente – pois mesmo os mais remotos confins da humanidade conhecem o rádio transistorizado e a calculadora eletrônica – quanto Alá para o muçulmano crente. É discutível quando essa capacidade de certas atividades humanas produzirem resultados sobre-humanos se tornou parte da consciência comum, pelo menos nas partes urbanas das sociedades industriais 'desenvolvidas'. Certamente foi após a explosão da primeira bomba nuclear, em 1945. Contudo, não pode haver dúvida de que o século XX foi aquele em que a ciência transformou tanto o mundo quanto o nosso conhecimento dele" (Hobsbawm, *Era dos extremos*: o breve século XX, 1914-1991, 2002, p. 510).

[90] Veja-se este caso como paradigmático índice que acentua ainda mais a diferença entre ricos e pobres num mundo dividido: "Contudo, um fato impressionante é que (pelo menos) um terço

Sem dúvida, a ciência em si cumpriu um decisivo papel na constituição de reflexos e melhorias nas condições de vida da população. Investimentos e pesquisas voltados para a cura de doenças, controle de bactérias, pestes e outros males ancestrais, imunologização, trouxeram uma maior estabilidade à população global que permitiu mesmo a sua multiplicação quase que incontrolada. Mas, a ciência não se manteve distante dos quadros do poder. Foi descoberta como um importante veio de concorrência, corrida tecnológica, militar e armamentista. Mais que acadêmica, a ciência teve um papel decisivo, associada a investimentos públicos e aliada a decisões políticas, na definição de fatos de importância mundial, como a explosão da bomba atômica em Hiroshima e Nagasaki.[91]

Não só como século da ciência e da tecnologia, o século XX é reconhecido como um século conturbado, conflituoso, dicotômico e profundamente marcado pelas diferenças. Grande parte dos acontecimentos que ocorreram nesse período histórico ter suas condições de gestação em períodos anteriores, de modo que o século XX não pode ser visto como um momento isolado da história da humanidade, mas como um momento de culminância e de convergência para o qual afluíram, e no qual desembocaram, diversas práticas diretamente responsáveis pela usurpação, pelo domínio, pela exploração, pela manipulação, pela belicosidade, pelo extremismo ideológico, pela perseguição racista...

E pode parecer que somente se estaria a considerar a multiplicidade dos problemas vividos e ressentidos pelos países em desenvolvimento. De fato, não. Está-se a considerar a enormidade das questões que envolveram toda a humanidade, afetando inclusive os próprios países desenvolvidos. Aliás, as abismais distorções e diferenças

---

dos laureados asiáticos não aparece representando seu país de origem, mas como cientistas americanos. (Na verdade, dos laureados americanos, 27 são imigrantes de primeira geração.) Pois, num mundo cada vez mais globalizado, o fato mesmo de as ciências naturais falarem uma única língua universal e operarem sob uma única metodologia ajudou paradoxalmente a concentrá-las nos relativamente poucos centros com recursos adequados para seu desenvolvimento, isto é, nuns poucos Estados ricos altamente desenvolvidos, e acima de tudo nos EUA. Os cérebros do mundo, que na Era das Catástrofes fugiram da Europa por motivos políticos, desde 1945 foram drenados dos países pobres para os ricos por motivos sobretudo econômicos.* Isso é natural, pois nas décadas de 1970 e 1980 os países capitalistas desenvolvidos gastaram quase três quartos de todos os orçamentos do mundo em pesquisa e desenvolvimento, enquanto os pobres ('em desenvolvimento') não gastaram mais de 2% a 3% (UN World Social Situation, 1989, p. 103)" (Hobsbawm, *Era dos extremos*: o breve século XX, 1914-1991, 2002, p. 505 e 506).

[91] "Ao mesmo tempo, a guerra finalmente convenceu os governos de que o empenho de recursos até então inimagináveis na pesquisa científica era tão praticável quanto, no futuro, essencial. Nenhuma economia, com exceção da americana, podia ter financiado os 2 bilhões de dólares (valores do tempo da guerra) necessários para construir a bomba atômica durante a guerra; mas também é verdade que governo algum teria, antes de 1940, sonhado em gastar mesmo uma pequena fração dessa quantia num projeto especulativo, baseado em alguns cálculos incompreensíveis de acadêmicos descabelados. Após a guerra, o céu, ou antes o tamanho da economia apenas, tornou-se o limite nos orçamentos e empregos científicos. Na década de 1970, o governo americano financiou dois terços dos custos da pesquisa básica naquele país, que então chegavam a 5 bilhões de dólares *por ano*, e empregava alguma coisa em torno de 1 milhão de cientistas e engenheiros (Holton, 1978, pp. 227-8)" (Hobsbawm, *Era dos extremos*: o breve século XX, 1914-1991, 2002, p. 526).

socioeconômicas provocam a existência de seríssimas desigualdades, injustificáveis do ponto de vista ideológico ou mesmo filosófico. Toda a problemática da desigualdade e da desumanidade do estado em que vivem populações inteiras não foi pensada seriamente, com políticas direcionadas durante o século XX, mas outras questões de interesse estratégico e político, econômico e dominador, foram pensadas meticulosamente por países desenvolvidos interessados em usufruir de maiores benefícios no cenário nacional e internacional. Assim é que heranças do passado histórico da humanidade se somaram a novos desejos de grandeza e produziram os catastróficos índices de pobreza, marginalidade, miséria e violência jamais vivenciados pela humanidade. Leia-se:

> "E o grau de polarização (e, portanto, também da privação relativa) quebrou, nessas três décadas, todos os recordes registrados e lembrados. A quinta parte socialmente mais alta da população mundial era, em 1960, trinta vezes mais rica do que o quinto mais baixo; em 1991, já era sessenta e uma vezes mais rica. Nada aponta para a probabilidade, no futuro previsível, de que essa ampliação da diferença seja reduzida ou detida, quanto mais revertida. O quinto mais alto do mundo desfrutava, em 1991, de 84,7% do produto mundial bruto, 84,2% do comércio global e 85% do investimento interno, contra respectivamente 1,4%, 0,9% e 0,9% que era o quinhão do quinto mais baixo. O quinto mais elevado consumia 70% da energia mundial, 75% dos metais e 85% da madeira. Por outro lado, o débito dos países economicamente fracos do 'terceiro mundo' estava, em 1970, mais ou menos estável em torno de 200 bilhões de dólares. Desde então, ele cresceu dez vezes e está hoje, rapidamente se aproximando da atordoante cifra de 2.000 bilhões de dólares (ver Programa para o Desenvolvimento, das Nações Unidas, edição de 1994)" (Bauman, *O mal-estar da pós-modernidade*, 1998, p. 76).

Assim, essas informações, que são indicativas de situações de crise e de distorções sociopoliticoeconômicas não são somente atinentes aos países atualmente chamados de países em desenvolvimento. Com esse discurso não se está muito menos se está a pensar e a falar do Terceiro Mundo, somente. As crises sucessivas, nas diversas dimensões em que se projetam, afetam países capitalistas e não capitalistas, países desenvolvidos e em desenvolvimento, países economicamente estáveis ou instáveis. Exemplos igualmente atordoantes sobre a miséria e a pobreza podem ser dados a partir das experiências da Grã-Bretanha[92] e dos Estados Unidos. Nesse sentido, vale a pena deter-se nesta leitura:[93]

---

[92] "Em 1994, 5,6 milhões de pessoas na Grã-Bretanha reivindicaram renda suplementar. O auxílio-desemprego foi recebido por 2.700.000; mas, segundo outros cálculos, distintos dos cálculos oficiais do governo, os totais daqueles que necessitavam de emprego mas haviam sido impedidos, por normas legais, de solicitar o auxílio-desemprego (e, portanto, haviam sido excluídos das estatísticas oficiais dos desempregados) eram o dobro" (Bauman, *O mal-estar da pós-modernidade*, 1998, p. 49).

[93] Outros índices e referências podem ser dados, aqui sobre a questão do emprego: "Na França, por exemplo, 70% de todos os novos empregos em 1994 eram temporários ou de prazo fixado;

"Quanto à pobreza e miséria, na década de 1980 muitos dos países mais ricos e desenvolvidos se viram outra vez acostumando-se com a visão diária de mendigos nas ruas, e mesmo com o espetáculo mais chocante de desabrigados protegendo-se em vãos de portas e caixas de papelão, quando não eram recolhidos pela polícia. Em qualquer noite de 1993 em Nova York, 23 mil homens e mulheres dormiam na rua ou em abrigos públicos, uma pequena parte dos 3% da população da cidade que não tinha tido, num ou noutro momento dos últimos cinco anos, um teto sobre a cabeça (*New York Times*, 16/11/93). No Reino Unido (1989), 400 mil pessoas foram oficialmente classificadas como 'sem teto' (Human Development, 1992, p. 31). Quem, na década de 1950, ou mesmo no início da de 1970, teria esperado isso?" (Hobsbawm, *Era dos extremos: o breve século XX, 1914-1991*, 2002, p. 396).

Uma importante mudança gerada durante o século XX está na questão de que os problemas que avassalam o planeta não mais têm a ver com situações setoriais, não mais têm a ver com conflitos entre dois Estados, e não afetam somente um grupo determinado de pessoas. Até mesmo os problemas são globalizados, exportados, vividos além-fronteiras... Simultaneamente, vive-se, de modo paradoxal, a regionalização de certos valores e volta-se a intensificar o apego pelo regional.

Na medida em que a tecnologia, a comunicação e a economia aproximaram territórios, mesmo os secularmente em conflito, também fizeram com que os países passassem a dividir problemas de modo mais intenso. Eis uma característica da globalidade da crise, que torna ainda mais complexa qualquer alteração na condição sociopoliticoeconômica de um Estado: um estremecimento da bolsa de Nova York atinge tão duramente a Bolsa de Tóquio quanto a de São Paulo.

Os sinais mais vertiginosos de desmoronamento da modernidade se deram quando do momento em que se perceberam as condições pelas quais a modernidade desaparecia: a insuficiência de seus paradigmas para a orientação do modo de vida e da racionalidade com a qual se orientavam as principais decisões sociais. A eclosão do movimento estudantil de 1968 e o aparecimento de ilhas de contestação em todas as partes, trouxeram perspectivas novas que amadureceram o projeto de identificação de uma nova fase que se tem batizado por pós-moderna.

Assim é que a pós-modernidade nasce ambientada num contexto em que a sociedade se prepara para superar os arquétipos advindos do modelo industrialista de vida (fordismo-keynesianismo). Concorrência, horas de trabalho, centros urbanos,

---

nesse ano, a proporção de empregos com algum grau de estabilidade implícita caiu de 76% da população ativa em 1970 para 58%. Nos Estados Unidos, 90% das vagas oferecidas em 1993 eram de tempo parcial, sem direitos de seguro e de pensão incorporados. É com um mundo tão crescentemente incerto que seus habitantes se debatem para lutar corpo a corpo, e é para viver em tal mundo que eles concentram as energias e desejam preparar-se, quando procuram febrilmente as habilidades com que 'tirem o melhor partido' de sua liberdade talvez não escolhida, mas real demais" (Bauman, *O mal-estar da pós-modernidade*, 1998, p. 251).

massificação e consumo,[94] relações de exploração humana, problemas sociais, falta de orçamento público, crise de representatividade, falta de consciência política, flagelos sociais, militarização crescente dos polos de riqueza mundial, ineficácia da legislação, carência de fiscalização... são fatores talvez não previstos, ou não calculados, que começam a assinalar a desordem e o caos do final de século, e que irrompem desafiando o nascente século XXI.

Constatadas a exaustão e a falência das instituições reinantes, parece, justamente com a sua crise, se desabilitar o conjunto de princípios que deram origem a essa ordem. Assim, passa-se a identificar ao lado da pós-modernidade um outro movimento, a que se tem chamado de pós-industrial, surgindo como forma de motivar/desmotivar e desafiar/apavorar as mentes quanto aos destinos possíveis da humanidade.

Assim, não se está somente diante de uma sociedade pós-moderna, mas também se pode agregar a essa dimensão a ideia de que se vivem tempos pós-industriais, utilizando-se do sentido em que esta expressão é empregada pelo sociólogo italiano Domenico de Masi, como forma de caracterizar uma sociedade marcada pelos seguintes fatores: sociedade da informatização, do teletrabalho, da desindustrialização das formas de produção, da diversificação dos espaços de trabalho, da intelectualização progressiva das atividades profissionais.[95] Solução? Quiçá...

Época que nasce para ser menos pretensiosa que a modernidade, a pós-modernidade nasce exatamente de modo diverso da anterior. Surgida a partir dos fatos, a partir da experiência do teste e da comprovação, nasce como fruto do acaso, do desmantelamento de um modelo sem serventia, exausto, agora considerado insuficiente.

A pós-modernidade não é um projeto ganancioso e nem ambicioso, é só uma ocasião, da qual se podem traçar alguns lampejos daquilo que seria o seu esboço, o seu

---

[94] Não é pouco significativa a questão da influência dos valores consumistas na sociedade em plena transição paradigmática: "Numa sociedade produtora de mercadorias, essa organização social engendra a 'coisificação das pessoas' (a força de trabalho como mercadoria) e a 'personificação das coisas'. Desse modo, segundo Marx, o fetichismo das mercadorias está intimamente ligado à exploração, e o tipo de alienação a que dá origem pode ser encarado simplesmente como o 'aspecto qualitativo' da exploração. A meu ver, no entanto, o fetichismo das mercadorias deve ser considerado uma forma autônoma de poder. Por um lado, mediante a sua transformação cultural, o fetichismo das mercadorias vai muito para além da exploração. Convertido num sistema semiótico globalmente difundido pelo imperialismo cultural, o fetichismo das mercadorias é, com frequência, um posto avançado da expansão capitalista, o mensageiro da exploração que se avizinha. Por outro lado, e em parte por essa razão, o processo de consumo é hoje demasiado complexo para ser apreendido nos termos da dicotomia de Marx: consumo individual/consumo produtivo. Por último, a crescente esteticização do consumo converte as mercadorias numa configuração de mensagens expressivas que fomentam uma concepção materialista da vida no mesmo processo em que se desmaterializam os produtos. A marca, o logotipo, o mapa de cores, o traço do estilo, multiplicam os valores de uso e, com isso, prolongam a eficácia dos produtos para além daquela que pode decorrer do trabalho produtivo" (Santos, *A crítica da razão indolente*: contra o desperdício da experiência, 2001, p. 286).

[95] Cf. De Masi, *O ócio criativo*, 2000.

croqui, e não ainda a sua forma definitiva. Essa despretensão da pós-modernidade é que faz dela um modelo não paradigmático. Trata-se de uma época de poucas certezas, definições, conceitos, enfim, de pouca precisão. Na pós-modernidade, tudo se mede a partir do incalculado, e não do milimetricamente pensado ou racionalizado. Como já se disse anteriormente, a pós-modernidade não é uma movimento intelectual ou um projeto contramoderno (e por isso a ausência de modo, de metas, de paradigmas, de projetos ou de pretensões teóricas majoritárias, ou de fórmulas milagreiras para a solução de necessidades sociais), mas uma vivência sobre os escombros restantes da modernidade em transformação.

O império da razão instrumental já mostrou suas garras e seus tentáculos. Campos de concentração, guerras imperialistas, purismos racistas, exploração do homem pelo homem, massificação do pensamento, desumanização das relações sociais, mercantilização racional dos gostos e padrões estéticos... O que se percebe é que a pós-modernidade, sem projeto, é uma ocasião, em que, historicamente, tudo e nada se encontram em jogo.[96]

3.10 OS REFLEXOS DA PÓS-MODERNIDADE SOBRE O DIREITO: ENTRE MODERNIDADE E PÓS-MODERNIDADE

O contexto pós-moderno implica a percepção histórica de que uma série de modificações vieram se processando para trazer, em parte, benefícios diretos e imediatos aos sistemas jurídicos contemporâneos, e, em parte, abalos ainda não plenamente solucionado de estruturas tradicionais, nos âmbitos das políticas públicas, da organização do Estado e na eficácia do direito como instrumento de controle social.

O direito moderno está sendo reconfigurado no contexto pós-moderno. Por isso, é necessário empreendimento de revisão e crítica, de autossuperação, que se processa no interno das concepções de direito hodiernas. De qualquer forma, a primeira percepção do advento da pós-modernidade e de sua projeção no âmbito jurídico é a de crise, em seu sentido original (*krísis*, gr. = ruptura, quebra).[97] A noção de crise vem contextuali-

---

[96] Se o século XX foi um século em que se viveu no limiar de um hecatombe global, do extermínio geral, no estreito limite entre a vida e a dizimação completa de todas as formas de vida sobre o planeta, há que se dizer que nada impede que o mesmo se repita. Aliás, a insistência na manutenção dos moldes modernos de concepção da relações humanas só poderá redundar em algo com tais resultados.

[97] O conceito de crise também possui sua história: "O conceito de crise, desenvolvido na tragédia clássica, tem também uma contrapartida no conceito de crise encontrado na ideia de história enquanto salvação. Esta margem de pensamento entrou nas teorias evolucionistas sociais do século XIX através da filosofia da história do século XVIII. Pois Marx desenvolveu, pela primeira vez, um conceito científico-social de crises sistêmicas; é diante destes antecedentes que falamos hoje de crises sociais ou econômicas" (Habermas, *A crise de legitimação no capitalismo tardio*, 1999, p. 12).

zada, crescentemente, numa vivência maior da própria crise do capitalismo solidamente constituído, alicerçado em fortes concepções presenciais do estado intervencionista, condições materiais de expansão dos mercados, amplo espaço para a dominação e a hegemonia das novas ideologias pregadas pela mídia e pelos meios de comunicação, descobertas científicas pluralizando os usos da natureza, políticas internacionais fortalecedoras da consciência de mercado e da expansão multinacional, desenvolvimento acelerado dos meios de transporte que encurtaram distância e reduziram custos, amplo progresso tecnológico e mecânico..., que é um capitalismo do período fordista[98] e keynesiano[99] do pós-guerra (1945-1973), hoje em direção a um toyotismo. Leia-se:

> "Aceito plenamente a visão de que o longo período de expansão de pós-guerra, que se estendeu de 1945 a 1973, teve como base um conjunto de práticas de controle de trabalho, tecnologias, hábitos e consumo e configurações de poder político-econômico, e de que esse conjunto pode com razão ser chamado de fordista-keynesiano. O colapso desse sistema a partir de 1973 iniciou um período de rápida mudança, de fluidez e de incerteza" (Harvey, *Condição pós-moderna*, 1992, p. 119).

O período progressista, de enriquecimento e estabilidade do capitalismo, logo deu sinais de exaustão, provocando as primeiras desordens. Os anos dourados da propaganda, da música, do sonho americano, da imigração para o continente americano, da reconstrução do pós-guerra, da corrida espacial, da conquista da Lua, logo se transformaram em anos de chumbo, com consequências socioeconômicas as mais nefastas. Isso porque, juntamente com a crise econômica, adveio a crise do próprio Estado, tais os comprometimentos entre as duas instâncias.[100]

Não se trata de uma mera crise econômica por desestabilidade monetária ou especulativa, mas sim de algo estrutural para a sociedade, capaz de afetar as economias mais estáveis do planeta.[101] Para seguir a leitura de Habermas, a extensão da crise se

---

[98] "A data inicial simbólica do fordismo deve por certo ser 1914, quando Henry Ford introduziu seu dia de 8 horas e 5 dólares como recompensa para os trabalhadores da linha automática de montagem de carros que ele estabelecera no ano anterior em Dearbon, Michigan" (Harvey, *Condição pós-moderna*, 1992, p. 121).

[99] "*Os princípios da administração científica*, de F. W. Taylor – um influente tratado que descrevia como a produtividade do trabalho podia ser radicalmente aumentada através da decomposição de cada processo de trabalho em movimentos componentes e da organização de tarefas de trabalho fragmentadas segundo, padrões rigorosos de tempo e estudo do movimento –, tinham sido publicados, afinal, em 1911" (Harvey, *Condição pós-moderna*, 1992, p. 121).

[100] "Se as tendências à crise econômica persistem no capitalismo avançado, isto indica que as ações governamentais, intervindo no processo de realização, obedecem não menos que os processos de troca, às leis econômicas operando espontaneamente" (Habermas, *A crise de legitimação no capitalismo tardio*, 1999, p. 63).

[101] "Vivemos hoje numa época caracterizada tanto pelo lento declínio do império americano, que nasceu dos escombros dos impérios britânico, francês e holandês, entre outros, como pela

projeta: tendo como ponto de origem o sistema econômico, uma crise econômica de caráter sistêmico; tendo como ponto de origem o sistema político, uma crise de racionalidade de caráter sistêmico e uma crise de legitimação (identidade); tendo como ponto de origem o sistema sociocultural, uma crise de motivação.[102]

Juntamente com estes fatos, os conflitos deixam de ter a proporção e a perspectiva de serem conflitos individuais, e passam a se tornar conflitos conjunturais, coletivos, associativos, difusos, transindividuais, motivando o colapso das formas tradicionais de se atenderem a demandas para as quais somente se conheciam mecanismos típicos do Estado liberal, estruturado sobre as categorias do individual e do burguês. Enfraquecido do ponto de vista do capital (1965/1973),[103] o Estado perdia um de seus maiores arcabouços de manutenção da hegemonia social e de monopólio da violência: a legislação.[104] De fato:

> "No entanto, à medida que o Estado liberal foi sendo substituído pelo Estado Social, como decorrência da crescente transformação dos conflitos interindividuais em conflitos de grupos e classes, o individualismo subjacente aos códigos e às leis foi sendo esvaziado" (Faria, *O direito como processo*: Bobbio e a eficácia jurídica, 1987, p. 10)

Passa-se a perceber, a partir da década de 1970, um crescimento abrupto das taxas de criminalidade, pobreza, diferenças sociais, crises e movimentos de trabalhadores, mobilizações e greves, guerrilhas civis, formas pelas quais a sociedade reage ao processo de sua complexização perante a cultura pós-moderna em ascensão. Os choques

---

súbita queda da vasta ordem imperial da União Soviética. Se há, como se diz, uma nova ordem mundial, trata-se na melhor das hipóteses da nervosa ordem da fala sobre, e da denúncia de, múltiplas vozes que, devido a seu silêncio até agora longo, não tinham sido realmente consideradas vozes de outros indivíduos que de fato existem" (Lemert, *Pós-modernismo não é o que você pensa*, 2000, p. 148).

[102] Cf. Habermas, *A crise de legitimação no capitalismo tardio*, 1999, p. 62.

[103] "De modo mais geral, o período de 1965 a 1973 tornou cada vez mais evidente a incapacidade do fordismo e do keynesianismo de conter as contradições inerentes ao capitalismo" (Harvey, *Condição pós-moderna*, 1992, p. 135).

[104] Quando se detecta a crise, Habermas propõe a seguinte observação: 1. Crise econômica: a) o aparelho do Estado age como órgão executivo inconsciente, à maneira natural, da lei do valor; b) o aparelho do Estado age como agente planejador do "capital monopolista" unificado; 2. Crise de racionalidade: ocorre a destruição da racionalidade administrativa através de: c) interesses opostos dos capitalistas individuais; d) produção (necessária para contínua existência) de estruturas alheias ao sistema; 3. Crise de legitimação: e) limites sistemáticos; f.) efeitos colaterais não desejados (politização) das intervenções administrativas na tradição cultural; g.) crise de motivação; h) erosão de tradições importantes para a existência contínua do sistema; i) sobrecarga através de sistemas universalistas de valores e "novas" necessidades) (*A crise de legitimação no capitalismo tardio*, 1999, p. 67).

e as contradições passam a se tornar visíveis e claros, e é certo que a tomada de consciência surge bem depois dos desdobramentos naturais aparecerem:

> "Basta rever até que ponto as grandes promessas da modernidade permanecem incumpridas ou o seu cumprimento redundou em efeitos perversos. No que respeita à promessa da igualdade os países capitalistas avançados com 21% da população mundial controlam 78% da produção mundial de bens e serviços e consomem 75% de toda a energia produzida. Os trabalhadores do Terceiro Mundo do sector têxtil ou da electrónica ganham 20 vezes menos que os trabalhadores da Europa e da América do Norte na realização das mesmas tarefas e com a mesma produtividade" (Santos, *A crítica da razão indolente*: contra o desperdício da experiência, 2001, p. 23).

A erosão trazida introduz um processo de transição, ao qual, com Boaventura de Souza Santos, está-se chamando de transição paradigmática, o que não se faz sem estremecimentos naturais e sem muitas turbulências, algumas já enfrentadas, outras ainda a enfrentar. Nesta transição, adensam-se os conflitos, multiplicam-se as formas de inconsistência do sistema oficial, idealizado para retratar uma sociedade moldada sob cânones e princípios liberais, burgueses, capitalistas, progressistas e cientificistas:

> "Propus, então, como explicação alternativa, que a 'crise do direito' se integra numa crise muito mais vasta e profunda do padrão hegemónico de transformação social observado desde o início do século XIX: o modelo da chamada mudança social normal. Depois de caracterizar este modelo e o papel determinante nele desempenhado pelo direito estatal como uma utopia jurídica, tentei mostrar como e por que razão esse modelo está a atravessar uma crise tão profunda que não pode ser resolvida recorrendo aos mecanismos de ajustamento disponíveis dentro dos parâmetros da transformação normal. Concluí, então, que estamos a entrar num período de transição paradigmática entre a sociabilidade moderna e uma nova sociabilidade pós-moderna cujo perfil é ainda quase imperscrutável e até imprevisível. Uma transição paradigmática é um longo processo caracterizado por uma suspensão 'anormal' das determinações sociais que dá origem a novos perigos, riscos e inseguranças, mas que também aumenta as oportunidades para a inovação, a criatividade e a opção moral" (Santos, *A crítica da razão indolente*: contra o desperdício da experiência, 2001, p. 186).

Percebe-se, neste contexto de crise, que o mundo é um projeto inacabado; a história é seu eixo de movimentação e realização. Em contínua construção e reconstrução de seus valores, a humanidade não pode prescindir de longos processos de maturação axiológica. A ingenuidade das ideias que constituem o cerne das propostas da modernidade é ter acreditado que se tratava de respostas definitivas para os problemas humanos, e que o modelo da ciência cartesiana era suficiente para explicar e devassar a verdade de todas as coisas. O positivismo, por sua vez, exacerbou o raciocínio segundo o qual a evolução humana ter-se-ia dado pela superação das etapas mítica e metafísica à era positiva, à era da ciência. A ilusão da objetividade havia alcançado o pensamento ocidental.

Desta forma se forjaram os principais paradigmas do Estado de Direito e da dogmática jurídica durante o século XIX. Concebeu-se, neste sentido, uma experiência de um Estado legalista, que se movimenta a partir de uma imensa miríade de textos normativos, documentos legais codificados, atos burocráticos, expedientes dispendiosos, mas que, vivenciando a crise contemporânea, é incapaz de conter delitos os mais banais, ou mesmo de dar efetividade a normas de importância social reconhecida. Enquanto as normas e os atos administrativos, as portarias e os expedientes burocráticos se reproduzem, se multiplicam e se pluralizam, também os crimes, as atrocidades, as contradições sistêmicas, os atos abusivos, a corrupção aumentam sua participação na desconstituição do espaço de respeitabilidade do ordenamento jurídico.

Validade, legalidade, ordem, impositividade eram considerados valores supremos de um ordenamento que operava como uma razão científica para a disciplinação da ordem e da desordem sociais. O Estado liberal nasce sob estes dísticos e cristaliza toda uma cultura jurídica que haverá de contaminar as mentalidades do século XX, mantendo-se estável até os mais notáveis sinais de crise desmascararem as pretensões de validade universal e objetividade, de igualdade formal e de regramento social sancionado atribuídos ao ordenamento jurídico. O legal e o racional (poder e saber, na leitura foucaultiana) se somam para o combate ao ilegal e ao irracional, que são condenados ao exílio social, à estranheza, ao porão, à prisão.[105] Leia-se:

> "Por isso, enquanto condição da vida econômica moderna, a racionalização jurídica implica complexos processos de natureza política (a burocratização do Estado, por exemplo), de natureza econômica (o funcionamento do mercado) e de natureza social (a modificação dos comportamentos sociais). E são esses processos que, por sua vez, vão acentuar o caráter altamente formalizante do Estado liberal, uma vez que a validade do sistema político torna-se condicionada à existência de um ordenamento jurídico cujas leis são necessariamente obrigadas a se enquadrar na rigidez hierárquica de um estatuto legal-racional" (Faria, *Eficácia jurídica e violência simbólica*: o direito como instrumento de transformação social, 1988, p. 74).

Neste sentido, contemporaneamente, percebe-se que a legalidade deixa de ser princípio de efetividade do Estado Democrático de Direito e passa a ser medida de contenção ideológica das mazelas formais do sistema jurídico. Trata-se de expediente ideológico porque mantém a estrutura social intacta, ou seja, não intervém de fato na realidade histórica e concreta na qual se encontram os agentes sociais, construindo-se

---

[105] E estes números são expressivos mesmo em sociedade industrializadas e ditas de primeiro mundo: "Todo ano, um milhão e meio de americanos povoam as prisões americanas. Cerca de quatro e meio milhões de americanos adultos estão sob alguma forma de controle judicial" (Bauman, *O mal-estar da pós-modernidade*, 1998, p. 59).

apenas no sentido de sustentar a justificativa do sistema. Neste sentido é que promessas irrealizáveis, normas abusivamente programáticas, conceitos vagos são texto constitucional... sem o respectivo consequente na realidade social. Há, percebe-se, todo um conjunto de necessidades sociais vivendo e convivendo com uma demanda reprimida por igualdade, redistribuição, reconhecimento e justiça social.

Os tradicionais paradigmas que serviram bem ao Estado de Direito dos séculos XIX/XX não se encaixam mais para formar a peça articulada de que necessita o Estado Contemporâneo para a execução de políticas públicas efetivas. Assim, perdem significação: a universalidade da lei, pois os atores sociais possuem características peculiares não divisáveis pela legislação abstrata; o princípio da objetividade do direito, que o torna formalmente isento de qualquer contaminação de forças políticas, quando se sabe que toda a legislação vem formulada na base de negociações políticas e partidárias; a ideia da contenção do arbítrio pela lei, fator em descrédito frente à ineficácia e à inefetividade das atitudes de combate à corrupção e às taxas elevadíssimas de impunidade; a regra de igualdade perante a lei, como garantia da indistinção e do deferimento dos mesmos direitos a sujeitos igualmente capazes e produtivos no mercado, quando se sabe que diferenças são convertidas em formas de desigualdades; a ideia de que a codificação representaria uma obra científico-legislativa, obra-prima do saber jurídico, com disciplina única e sistemática das matérias por ele versadas, insuscetíveis de lacunas e de erronias, possibilitando a exegese harmônica do sistema, quando se sabe que os códigos possuem o mesmo potencial de dissincronia com as mudanças sociais que os demais textos normativos; a tripartição clara das competências das esferas e das instâncias do poder como forma de manter o equilíbrio do Estado, o que na prática resulta em dissintonia entre as políticas legislativas, as políticas judiciárias e as políticas administrativas e governamentais, criando Estados simultâneos orientados por valores desconexos; a ideia da democracia representativa como fomento à igualdade de todos e à realização da vontade geral rousseauniana, quando se sabe que a população vive à mercê dos usos e abusos na publicidade, no discurso e na manipulação políticas; a intocabilidade da soberania, como forma de garantia da esfera de atuação com exclusividade dos poderes legislativos, jurisdicionais e executivos em bases territoriais fixas e determinadas na ordem internacional, quando se sabe que a interface da internacionalização dos mercados e da interdependência econômica torna inevitável o processo de integração global; a garantia de direitos universais de primeira geração, como forma de expressar a proteção à pessoa humana, o que na prática ainda pouco se incorporou às realizações socioeconômicas; a garantia da existência da jurisdição como garantia de acesso a direitos, quando se sabe que, em verdade, a justiça se diferencia para ricos e pobres, pelos modos como se pratica e pelas deficiências reais de acesso que possui.

Enquanto se fala em princípio da legalidade, em respeito aos direitos fundamentais... detentos são espancados sob a custódia carcerária do Estado, pessoas são violentadas em números crescentes nas ruas dos grandes centros urbanos, mulheres são estupradas em ruas ausentes de fiscalização e policiamento, taxas insuportáveis de crianças morrem de fome, e, inexplicavelmente, doentes morrem em filas de hospitais...

Em lugar das certezas modernas (verdade, ciência, ordem, regra, poder central, norma, código, capital, produção, propriedade, sistema...), um outro quadro se instaura em seu lugar, indícios e características de crise e mudança paradigmática, identificáveis a partir de algumas palavras: desmantelamento; descompasso; desestruturação; desagregação; banalização; abalo; incômodo; choque; contradição; desordem; ilegalidade; contracultura; ineficácia. Eis o quadro da pós-modernidade na caracterização do direito sociohistoricamente situado, procurando-se acentuar a importância da revitalização de valores perdidos durante a modernidade como modo de aquietação de diversas questões candentes no plano da justiça social. O surreal na caracterização do quadro está propriamente no descompasso, ou na contradição, entre a ordem formal (irreal) e a ordem social (real). O surreal aparece como a dimensão do entrechoque inconciliável entre o real e o irreal.

Mas, no momento da crise paradigmática, em plena expansão da crise, deve-se ter uma visão otimista deste processo de reversão de padrões, captando-se em tudo isto um momento privilegiado de *reflexão*, um momento de *reavaliação* de valores, um momento de ouvir vozes dissonantes, e, enfim, um momento de transformar estruturas de justiça, práticas institucionais e categorias de ação no universo do direito.

II

Direito e Pós-Modernidade

4

O Direito na Pós-Modernidade: a Questão da Eficácia

4.1 A QUESTÃO DA VALIDADE: A ORDEM MODERNA E O SISTEMA JURÍDICO

Todo o exercício teórico, investigativo e prático na modernidade, no âmbito da experiência e da reflexão sobre o Direito, se se for analisar, culmina, *gradatim ad gradus*, na ideia de validade como consagração conceitual da ideia de ordem. Não por acaso, o sistema teórico que mais significativamente marcou e determinou o espaço teórico do século XX, como receptor e propagador do espírito positivista do século XIX, que foi o pensamento normativista-positivista de Hans Kelsen,[1] especialmente da *Teoria pura do direito*, se concentra e tematiza com muito mais evidência e precisão, o conceito de validade. Toda a concepção teórica de Kelsen a respeito do Direito gira em torno da ideia de validade, na medida em que a validade é a chave para a concepção de um Direito que se resume a ser norma jurídica, e que se fundamenta (com fundamento de *validade*), também, numa outra norma, a chamada *Grundnorm*.

O espírito da modernidade, tendo desembocado na ideologia da lei forte, aliada à unidade do Estado moderno centralizador, às doutrinas da exegese literal do direito (Escola Pandectista, Escola da Exegese, Escola da Jurisprudência dos Conceitos) e à fundamentação do direito no espírito positivo e empírico de seu tempo, caminha no

---

[1] O leque extenso de autores positivistas não permitiria que se estivesse a estudá-los sequencialmente sem comprometimento dos fins deste estudo, de modo que se pode remeter o leitor à seguinte obra, mais extensa sobre o assunto: Grzegorczyk,; Michaut,; Troper (sous a direction de). *Le positivisme juridique*. Paris; Bruxelles: CNRS; Université Paris X; LGDJ; Story Scientia, 1992.

sentido da valorização de aspectos técnicos, operacionais, conceituais e sistêmicos do Direito. Hans Kelsen haverá de significar apenas a máxima idealização sistêmica do Direito, organizado a partir de parâmetros contidos na ideia de validade, pois, enfim, norma válida será aquela definida como expedida pela autoridade competente, dentro da forma procedimental prevista e publicada de acordo com os parâmetros legais superiores a ela. O Direito como norma é confundido na expressão da *lex scripta* posta e determinada em forma e em conteúdo pelo Estado *ordenador* e *organizador* das relações intersubjetivas. Kelsen é uma espécie de síntese do espírito jurídico-ideológico da modernidade, que vê na ambiguidade o perigo da desestruturação no caos.

A razão instrumental está a serviço do poder do espírito de criar, e o controle aparece como o modo de realizar relações jurídicas. É isso que permite que se diga que o agir, mais que tudo, avança sobre o pensar. E para isso contribuem as flagrantes tecnização e pragmatização dos valores e das relações sociais. Então, a atitude do jurista, segundo Kelsen, deve consistir num partir da norma jurídica dada para chegar à própria norma jurídica dada. Essa postura é nitidamente contrária à que procura questionar os valores que antecederam à elaboração da norma jurídica (aqui se procede raciocinando a partir da norma retrospectivamente), ou ao que seria possível de se conceber após a elaboração da norma jurídica (aqui se procede raciocinando a partir da norma prospectivamente). A própria noção de Estado se identifica com a noção de Direito, sendo que este consiste no ordenamento de normas jurídicas coercitivas da conduta. Assim, todo Estado é um ordenamento jurídico, mas nem toda ordem jurídica é um Estado.[2]

Se a norma jurídica encontra posição nuclear em seu sistema teórico, o conceito-chave, e de maior importância de sua teoria, é o conceito de validade. Esta consiste na existência da norma jurídica, ou seja, em sua entrada regular dentro de um sistema jurídico, observando-se a forma, o rito, o momento, o modo, a hierarquia, a estrutura, a lógica de produção normativa previstos num dado ordenamento jurídico. Ser válida não significa o mesmo que ser verdadeira ou falsa, mas sim estar de acordo com procedimentos formais de criação normativa previstos por um determinado ordenamento jurídico. A validade não submete a norma ao juízo do certo ou do errado, mas sim ao juízo jurídico, propriamente dito, ou seja, ao juízo da existência ou não (pertinência a um sistema formal) para um determinado ordenamento jurídico.[3]

Do conceito de validade[4] é que se pode partir para o conhecimento do fundamento de todo o ordenamento jurídico: a norma fundamental (*Grundnorm*). De fato, na cascata

---

[2] "Se o Estado é uma comunidade, é uma comunidade jurídica" (Kelsen, *O que é justiça? A justiça, o direito e a política no espelho da ciência*, 1998, p. 290). Mas, "nem toda ordem jurídica é um Estado" (Kelsen, *O que é justiça? A justiça, o direito e a política no espelho da ciência*, 1998, p. 290).

[3] "Uma importante diferença entre a verdade de um enunciado e a validade de uma norma consiste em que a verdade de um enunciado precisa ser verificável, quer isto dizer: ser verificável como verdadeiro ou falso. A validade de uma norma não é, porém, verificável" (Kelsen, *Teoria Geral das Normas*, 1986, p. 227).

[4] "À pergunta: qual o objetivo da teoria pura do direito? A resposta é unívoca: o objetivo da teoria pura do direito é ser uma teoria da validade do direito [...] Dizer que uma norma jurídi-

das recíprocas relações de validade entre as normas é que reside a chave para a dissecação do conceito de norma fundamental, que nada mais é que o fundamento último de validade de todo um sistema jurídico. O sistema jurídico, para Kelsen, é unitário, orgânico, fechado, completo e autossuficiente; nele nada falta para seu aperfeiçoamento; normas hierarquicamente inferiores buscam seu fundamento de validade em normas hierarquicamente superiores. O ordenamento jurídico se resume a este complexo emaranhado de relações normativas. Qualquer abertura para fatores extrajurídicos comprometeria sua rigidez e completude, de modo que a norma fundamental desempenha esse papel importante de fechamento do sistema normativo escalonado. Assim, o conjunto das normas forma a ordem jurídica, que é um "sistema hierárquico de normas legais". Toda ordem jurídica requer um regresso *ad infinitum* através das normas, até a norma fundamental (esta é "pressuposição do pensamento jurídico", e não um dado histórico) (Kelsen, *O que é justiça? A justiça, o direito e a política no espelho da ciência*, 1998, p. 215-218).

Caso contrário, inexistente a norma fundamental, devem-se aceitar pressupostos metafísicos para a fundamentação da ordem jurídica (Deus, ordem universal, contrato social, Direito Natural...). O que se pode reconhecer é que existe um consentimento de todas as pessoas em aceitar a Constituição,[5] e é a partir desse simples dado que deve raciocinar o jurista; este é o "princípio da eficácia" kelseniano. Kelsen termina por afirmar que a "ciência jurídica não tem espaço para os juízos de justiça" (Kelsen, *O que é justiça? A justiça, o direito e a política no espelho da ciência*, 1998, p. 223), mas somente para os juízos de Direito.

Numa doutrina em que as normas têm total preponderância, até mesmo o fundamento do ordenamento vem definido como sendo uma norma, a norma fundamental, aquela que não remete a nenhuma outra.[6] Seu caráter é técnico-gnosiológico, e sua existência, puramente lógica.[7] Assim, essa norma possui uma natureza puramente pensada, como forma de estancar o regresso *ad infinitum* do movimento cadenciado de busca do *principium* de validade de toda a estrutura piramidal do ordenamento jurí-

---

ca existe, significa, para Kelsen, dizer que ela é válida" (Losano, Introdução. In: *O problema da justiça*, p. XVI).

[5] Cf. Kelsen, *O que é justiça? A justiça, o direito e a política no espelho da ciência*, 1998, p. 218-219.

[6] Sobre a norma fundamental: "O próprio Kelsen, porém, deve admitir que essa não é uma norma jurídica no sentido definido pela teoria pura do direito. Para esta, de fato, são jurídicas apenas as normas estatuídas pelo legislador; a norma fundamental, ao contrário, 'deve ser pressuposta, porquanto não pode ser posta por uma autoridade, cuja competência deveria repousar sobre uma norma ainda mais elevada'" (Losano, Introdução. In: *O problema da justiça*, p. XIX-XX).

[7] "A teoria pura do direito, porém, é uma teoria jurídica monista. Segundo ela, só existe um direito: o direito positivo. A norma fundamental definida pela teoria pura do direito não é um direito diferente do direito positivo: ela apenas é o seu fundamento de validade, a condição lógico-transcendental da sua validade, e, como tal, não tem nenhum caráter ético-político, mas apenas um caráter teórico-gnosiológico" (Kelsen, *O problema da justiça*, 1998, p. 117).

dico; trata-se de uma ficção do pensamento, na busca de determinar logicamente um começo e um fim.[8]

O que se tem, portanto, como *summa* teórica decorrente do pensamento kelseniano é o fato de que a questão da eficácia aparece marginalmente tratada, na medida em que a postura dos juristas e, portanto, da verdadeira ciência do direito, só pode ser uma postura em que se valoriza o aspecto de científica compreensão do Direito, o que se faz pela compreensão de sua perspectiva normativa. Ora, normatividade e validade estão lado a lado na compreensão da dinâmica sistêmica do direito, e é isso que faz com que a dimensão eficacial do direito perca sentido diante do império normativo do sistema. Falar de *ordem*, não é questionar nem sua origem (tarefa dada àqueles que estudam Teoria Política), nem mesmo suas consequências sociais (tarefa dada àqueles que estudam Sociologia). Discutir *juridicamente* a ordem significa deter-se sobre a validade das regras que estão postas pelo Estado, ao que se resume a dimensão de atuação da ciência do direito. Aliás, se há ordem jurídica, espera-se que não se fale de *desordem*, motivo pelo qual o sucesso ou o insucesso de normas jurídicas não constituem um problema, ou mesmo um desafio de grandeza, para a reflexão da ciência do Direito, conforme firmado pela concepção kelseniana.

4.2 O DESAFIO DA EFICÁCIA DO DIREITO NA PÓS-MODERNIDADE

As diversas teorias jusfilosóficas críticas pós-kelsenianas e antipositivistas (a teoria da argumentação, com Chaïm Perelman, a teoria tópica, com Theodor Viehweg, entre outros) demonstraram à saciedade o quanto o positivismo representou uma ideologia a serviço dos interesses de justificação do Estado Moderno e do crescimento dos interesses econômicos da burguesia em ascensão. Fica claro, no período posterior à ascensão e ao enfraquecimento da hegemonia teórica do imperialismo normativista kelseniano, que não se pode creditar todo o esforço da ciência do direito a uma espécie de avaliação alienante do jurista das relações sociais, enquanto relações normadas em *dever-ser* capturadas como momentos da vida social relacionados em hierarquia e forma pelo princípio da *validade*. Nada há a justificar, especialmente a partir dos anos

---

[8] "A norma fundamental de uma ordem jurídica ou moral positivas – como evidente do que precedeu – não é positiva, mas meramente pensada, e isto significa uma norma fictícia, não o sentido de um real ato de vontade, mas sim de um ato meramente pensado. Como tal, ela é uma pura ou verdadeira ficção no sentido da vaihingeriana Filosofia de Como-Se, que é caracterizada pelo fato de que ela não somente contradiz a realidade, como também é contraditória em si mesma. Pois a suposição de uma norma fundamental de uma ordem religiosa: 'Deve-se obedecer aos mandamentos de Deus, como determina historicamente a primeira Constituição' – não contradiz apenas a realidade, porque não existe tal como sentido de um real ato de vontade; ela também é contraditória em si mesma, porque descreve a conferição de poder de uma suprema autoridade da Moral ou do Direito e com isto parte de uma autoridade – com certeza apenas fictícia – que está mais acima dessa autoridade" (Kelsen, *Teoria geral das normas*, 1986, p. 328-329).

60, 70 e 80 do século XX, a sustentação do positivismo jurídico. Isso porque a teoria jurídica passa a se ocupar de problematizar questões de fundo real, social, econômico, de um modo cada vez mais intenso, e será a própria mudança dos hábitos, costumes, valores, economia e política nesse período que haverá de demonstrar o quanto o real problema do Direito nesse momento deixa de ser a justificação da ordem pela validade (garantida por uma ciência pura do direito), e passa a ser a possibilidade de produzir efeitos num campo real cada vez mais coalhado de *problemas eficaciais*. De que serve um ordenamento cuja fundamentação remonta à norma fundamental se, na prática, não é capaz de ser praticado? Num contexto pós-moderno, a dimensão do que *é* torna-se mais relevante que a dimensão do que *deve ser*. A sensibilização das teorias contemporâneas quanto a essa mudança abre campo, portanto, às correntes de pensamento críticas ao positivismo, bem como abre campo para o direcionamento do foco de atenção das investigações no sentido da questão da *eficácia*.

Mais que desafiar historicamente o tema da entrada da eficácia como uma pauta da agenda de urgência para a teoria jurídica na pós-modernidade, será necessário enfrentar a dimensão do tema também conceitualmente. E, como se sabe, enfrentar o dever de definir a palavra *eficácia* é uma tarefa espinhosa. Muito mais difícil ainda a tarefa de enfrentar as diversas propostas e linhas de pensamento sobre o tema apresentadas por teóricos do Direito. Isso porque são muitos os sentidos alcançados pelo termo, que possui acepção específica para o Direito, bem como são muitas as projeções teóricas que já se fizeram sobre o mesmo. Dessa forma, percebe-se que a palavra *eficácia* está sobrecarregada por uma *overdose* de versões, por vezes plenamente concordantes, por vezes divergentes, por vezes complementares, por vezes dissonantes e excludentes, o que torna o espaço de discussão ainda mais poluído no sentido da determinação conceitual e teórica da dimensão enfocada como objeto de análise e investigação.[9]

Assim mesmo, pode-se aproveitar essa imensa gama de sugestões, opiniões, teses e enfoques, propostas e teorias para robustecer a proposta inicial desta reflexão, já que se considera a problemática da eficácia jurídica uma questão central para a discussão do Direito na pós-modernidade. Neste sentido é que se examinará com detida atenção o conjunto de argumentos formados em torno da palavra *eficácia* para desnudar-lhe o(s) significado(s).

A análise etimológica revela que o termo, derivado que é do latim (*efficio, is feci, fectum, ficere*) traduz as ideias mais factuais e práticas possíveis, tendo em seu substrato significacional os sentidos de fazer, efetuar, causar e ocasionar, revelando uma forte tendência operativa, ligada ao plano da ação.[10]

---

[9] Uma grande confusão é causada pelo assoberbamento de versões e sentidos assumidos pelos diversos autores acerca do termo: "La *eficacia* es un concepto que se acerca, e incluso llega a veces, según los autores y doctrinas a identificarse con otros términos de la teoría general de la ciencia jurídica: vigencia, efectividad, positividad, etcétera" (Gardella, *Eficacia del orden jurídico*, s.d., p. 715).

[10] A análise etimológica e a constatação são da autoria de Gardella, *Eficacia del orden jurídico*, s.d., p. 717.

Se se partir da análise do termo como parte integrante do vocabulário jurídico, ter-se-á a seguinte definição para o mesmo:

"Propriedade que tem um ato ou fato para produzir o resultado desejado" (Sidou, *Dicionário jurídico*, 1997, p. 302, verbete eficácia).

Visto pela Teoria Geral do Direito, o termo tem aplicações, como se vê enunciado pelo Dicionário Jurídico, na área dos fatos e atos jurídicos, de natureza civil, comercial, administrativa..., mas também no âmbito da legislação. Assim como que se diz que um ato civil é ineficaz,[11] que um ato judicial é ineficaz, também se diz que uma norma é ineficaz. Essa última aplicação será o enfoque prevalecente para a discussão proposta nesta análise. Estudar-se-á, portanto, a questão da eficácia da norma jurídica como meio para que se entenda melhor o sentido da eficácia aplicada à discussão temática em tela, e o que se pode adiantar por ora é que é possível que uma norma jurídica sequer exista para o ordenamento jurídico (inválida e não vigente) e que possua eficácia. Também, pode-se dizer que é possível que exista uma norma regularmente constituída dentro do ordenamento (válida e vigente) e que seja incapaz de eficácia. A primeira afirmação preliminar que se pode oferecer sobre o tema é a de que a eficácia corresponde a uma qualidade específica da norma, distinta das demais que a caracterizam, e que pode aparecer conjunta ou separadamente às demais (validade, vigência, vigor...).

Esta investigação, portanto, não possui mero interesse conceitual, até porque a problemática da eficácia e da eficiência do ordenamento deixa de ser uma questão puramente teórica, tornando-se uma pústula social com gravíssimas consequências sociais, políticas e econômicas. Em outras palavras, tratar do tema da eficácia das normas é menos uma preocupação que retrata um purismo teórico-conceitual em torno das 'palavras pelas quais se faz Direito', e mais uma questão de como se manterá o pacto social sob profundos confrontos entre a realidade social e a dimensão formal do Direito.

A crise de eficácia é um ponto de comprometimento da própria existência e sobrevivência do contrato social, na medida em que a ausência ou inoperância prática das instituições conduz a um profundo abismo entre a legalidade e a faticidade das regras jurídicas. É desse abismo que se nutrem as desavenças sociais, os desvios, as condutas antijurídicas, o crime organizado, os atos de brutalidade desmedida, as violações a direitos humanos, para afrontarem ainda mais a própria existência dos organismos estatais e oficiais da representatividade popular.

---

[11] Sobre este tema, que não será o foco principal de análise desta pesquisa, podem-se consultar as investigações detidas de Antonio Junqueira de Azevedo e Carlos Alberto Bittar Filho sobre o assunto do negócio jurídico, do que se citam, por ora, somente as referências que seguem: Azevedo, Antonio Junqueira. Inexistência, invalidade e ineficácia. In: *Enciclopédia Saraiva do Direito*, Rubens Limongi França (coord.), São Paulo, Saraiva, 44, p. 111-116, 1980; Bittar Filho, Carlos Alberto. Da existência, validade, vigência e eficácia da lei no sistema brasileiro atual, *Revista dos Tribunais*, 81, v. 683, p. 29-36, set. 1992.

Veja-se na questão da eficácia um determinante espaço de produção prática do Direito, pois se trata de investigar as condições com as quais o Direito se realiza, faz acontecer, se projeta socialmente, determinando condutas e criando formas de agir social. Assim sendo, seu entrelaçamento teoria-prática é ponto pacífico na condução da discussão. Para que se possa medir a dimensão dessa perspectiva assumida é que se consideram as palavras de Paulo Sérgio Pinheiro sobre a questão da corrupção no Brasil um importante referencial no que tange a este tipo de preocupação:

> "A corrupção também pode ser interpretada como uma ausência de instituições políticas eficientes" (Pinheiro, Corrupção: a crônica da morte anunciada dos governos, *Direitos Humanos no Brasil*, 95, Núcleo de Estudos da Violência e Comissão Teotônio Vilella, 1995, p. 64).

É nessa linha que se seguirá. Mas, antes que se estendam as questões inerentes a este debate, deve-se, pela importância e vastidão do tema, criar critérios para a sua discussão. Assim, há três grandes questões a enfrentar no debate acerca da eficácia. Uma primeira (1) corresponde ao questionamento conceitual acerca da eficácia, tarefa até preliminar a qualquer outra. Uma segunda (2) é investigar quando e como é afetada a eficácia da norma e quando e como a eficácia de todo o ordenamento jurídico é comprometida. Uma terceira (3) é investigar quais são os fatores que influenciam para o decréscimo de eficácia de um ordenamento jurídico e que determinam sua inoperância prática, dentro de condições histórico-sociológicas e contextuais muito precisas de um ordenamento jurídico concretamente qualificado.

4.3 A CONCEITUAÇÃO DE EFICÁCIA: CONCEITOS E IDEIAS

4.3.1 Hans Kelsen: eficácia como condição de validade

Para Kelsen, a questão da eficácia (*Wirksamkeit*) não era um problema exatamente central de suas reflexões, muito mais concentradas no estudo da validade (*Geltung*) do ordenamento. Investigando com profundidade a dimensão do *dever-ser* normativo, Kelsen aprofundou-se na determinação descritiva dos diversos aspectos internos do sistema jurídico, negligenciando o enfoque mais realista,[12] que deveria deter-se na prospecção do jurídico a partir de fatos sociais. Assim, o aspecto *ser* é secundariamente estudado

---

[12] Provavelmente, quando Kelsen critica os teóricos dedicados a confundir os conceitos de eficácia e validade, em verdade, está criticando profundamente as teorias enfocadas na questão da eficácia, quando, para a *Teoria Pura*, o verdadeiro problema teórico do Direito deverá ser a questão da validade: "A eficácia é uma condição da validade, mas não é esta mesma validade. Isto tem de ser bem acentuado, pois não falta ainda hoje quem procure identificar a validade do Direito com a sua eficácia. É-se levado a tal identificação pelo fato de ela parecer simplificar substancialmente a situação teórica" (Kelsen, *Teoria pura do direito*, 1976, p. 231).

na *Teoria Pura do Direito*, o que explica por que a questão da eficácia possui menores reflexos sobre o pensamento kelseniano que a questão da validade.[13]

No entanto, Kelsen reconhece ser esta uma importante questão para a determinação do relacionamento entre o *dever-ser* do Direito e o *ser* da realidade social. O *locus* e a importância do problema estão muito bem mapeados na *Teoria Pura*:

> "Nesta limitação revela-se a conexão, já repetidas vezes acentuada antes e sumamente importante para uma teoria do Direito positivo, entre validade e eficácia do direito. A determinação correta desta relação é um dos problemas mais importantes e ao mesmo tempo mais difíceis de uma teoria jurídica positivista. É apenas um caso especial da relação entre o dever-ser da norma jurídica e o ser da realidade natural" (Kelsen, *Teoria pura do direito*, 1976, p. 226).

A eficácia não é fundamento de validade, mas sim condição externa de validade para o sistema. A questão da eficácia é estratégica para a *Teoria Pura*, na medida em que Kelsen faz uma pequena concessão à dimensão do *ser*, reconhecendo que uma ordem jurídica que não possua um *mínimo de eficácia* não poderá ganhar qualquer substrato de validade.[14] Trata-se de um dos poucos pontos e momentos em que Kelsen faz uma concessão ao mundo do *ser* para justificar aspectos atinentes ao mundo do *dever-ser*, e, poder-se-ia dizer, um calcanhar de Aquiles do sistema teórico kelseniano.

A polêmica discussão sobre a questão do bando de salteadores é ilustrativa nesse aspecto. Por isso se deve acompanhar a discussão kelseniana até o ponto em que reconhece às ordens violenta ou arbitrariamente instituídas no tempo e no espaço, desde que dotadas de eficácia, caráter de sistema jurídico com norma fundamental.

Percebe-se na discussão que "Quando a ordem de coação reconhecida como ordem jurídica é mais eficaz do que a ordem de coação constitutiva do bando de salteadores" (*Teoria Pura do Direito*, 1976, p. 79) tem-se uma ordem jurídica prevalescente, que apesar de negada ou conflituosa, que apesar de combatida, se mantém estavelmente frente às ameaças. Mas, essa ordem jurídica prevalescente somente subsistirá ao lado de uma

---

[13] As dimensões do ser e do dever-ser estão muito bem delimitadas: "O importante, porém, é que Kelsen estabelece uma nítida diferença entre *validade* (ou *vigência*) e *eficácia*. As primeiras, como vimos, insertas na ordem do *dever ser*, mas a última, na do *ser* [...]".
Se uma norma prescreve uma conduta que *deve ser*, apoiada em norma superior, ela é *válida*, mas isso não implica que a conduta nela prescrita se verifique no mundo real, dos fatos, do *ser*, enfim. Este diz respeito à *eficácia*, ou seja, ao âmbito em que se afere o cumprimento de verdade, ou o descumprimento da conduta prescrita, porquanto a conduta que é nem sempre corresponde àquela que *deveria ser*" (Dantas, *Existência, vigência, validade, eficácia e efetividade das normas jurídicas*, 1993, p. 158).

[14] "Kelsen, todavia, não promoveu a total separação entre as duas realidades (*validade* e *eficácia*). Notou ele que, sem um *mínimo de eficácia* a norma não poderia ser válida. Isto é, a norma teria de ter as condições mínimas para que a conduta nela regulada pudesse ocorrer *ou não* no plano dos fatos, para alcançar validade" (Dantas, *Existência, vigência, validade, eficácia e efetividade das normas jurídicas*, 1993, p. 159).

ordem de salteadores, *se* for mais duradoura e mais eficaz, ou seja, se se mantiver estável, pois se o contrário ocorrer, então se estará diante de uma ordem de salteadores dando origem a uma nova ordem jurídica, substitutiva da primeira, seja esta última justa ou injusta, legítima ou ilegítima. Kelsen pretende isolar argumentos, quais os de Santo Agostinho,[15] em que o critério justiça se torna o crivo para avaliar a legitimidade de instauração de uma ordem jurídica positiva.

E se o bando de salteadores possui amplo domínio territorial e é mais eficaz que a ordem jurídica, então pode ser considerado formador de uma ordem jurídica, de um Estado mesmo, ainda que diante da comunidade internacional seja visto como um bando de desordem, pilhagem, exploração, banditismo. Então, afirma, exemplificando:

> "Isto mesmo se comprova pela existência dos chamados Estados de piratas, na costa norte de África (Alger, Tunes, Trípoli), cujos barcos ameaçaram a segurança do Mediterrâneo, por meio de actos de pirataria, desde o século XVI até o começo do século XIX" (p. 80).

A eficácia é tão comprometedora do sistema jurídico quanto pensar que sequer poderia se instaurar estavelmente se não ganhasse substrato real para se implantar. A questão de que a eficácia, se inexistente para o sistema, torná-lo-ia inoperante, cria uma situação segundo a qual se torna inviável escapar da inevitável conclusão de que um mínimo de eficácia é condição para que o sistema se instaure validamente, ou seja, que o legislador instaure normas dentro do sistema pelos procedimentos, pela autoridade, na hierarquia, pela forma e pelos métodos inerentes a ele. Assim:

> "A solução proposta pela Teoria Pura do Direito para o problema é: assim como a norma de dever-ser, como sentido do ato-de-ser que a põe, não se identifica com este ato, assim a validade de dever-ser de uma norma jurídica não se identifica com a sua eficácia da ordem do ser; a eficácia da ordem jurídica como um todo e a eficácia de uma norma jurídica singular são – tal como o ato que estabelece a norma – condição da validade. Tal eficácia é condição no sentido de que uma ordem jurídica como um todo e uma norma jurídica singular já não são consideradas como válidas quando cessam de ser eficazes. Mas também a eficácia de uma ordem jurídica não é, tampouco como o fato que a estabelece, fundamento da validade" (Kelsen, *Teoria pura do direito*, 1976, p. 230).

---

[15] Por isso é que Kelsen cita Santo Agostinho, referindo-se a *Civitas Dei*, XIX, 22: "Que são os impérios sem Justiça senão grandes bandos de salteadores? E são os bandos de salteadores outra coisa senão pequenos impérios?". Essa citação e essa discussão encaminham-no a destronar os argumentos sobre a justiça ou não do ordenamento como critério de avaliação da ordem positiva (*Teoria pura do direito*, 1976, p. 80).

4.3.2 Norberto Bobbio: eficácia como sentido fenomenológico do direito

Quando o teórico italiano Norberto Bobbio enfrenta a questão da eficácia, o faz com muita propriedade e senso realista. Seu normativismo neopositivista não obscurece em nada sua capacidade de divisar na sociedade a grande matriz de todo o processo de criação e *recriação* do Direito. José Eduardo de Campos Faria encontra em Bobbio uma posição muito coerente na análise da eficácia jurídica, interligando-a à questão da própria crise vivida contemporaneamente pelo ordenamento jurídico.[16]

É exatamente isso que faz com que sua discussão sobre a eficácia seja enfrentada a partir de uma matriz teórica, segundo a qual uma norma jurídica pode ser analisada sob um tríplice enfoque: (1) se é justa ou injusta; (2) se é válida ou inválida; (3) se é eficaz ou ineficaz. Esta linha de questionamento discute, num primeiro eixo, a *justiça* da norma, num segundo eixo, a *validade* da norma, num terceiro eixo, a *eficácia* da norma.[17] Nesse sentido, quando se pergunta acerca da eficácia da norma, se está a questionar se se trata de norma que é "ou não seguida pelas pessoas a quem é dirigida (os chamados destinatários da norma jurídica) e, no caso de violação, ser imposta através de meios coercitivos pela autoridade que a evocou. Que uma norma exista como norma jurídica não implica que seja também constantemente seguida" (Bobbio, Teoria na norma jurídica, 2001, p. 47-48). Há, neste sentido, uma gradação, ou seja, existem normas mais eficazes e menos eficazes, normas que são seguidas espontaneamente e normas que não são seguidas espontaneamente, senão após a aplicação de sanções.

Aliás, a presença da sanção na composição estrutural da norma jurídica é item de imprescindível importância não só do ponto de vista da validade normativa, mas também do ponto de vista da eficácia, pois é sabido que, em parte, a norma jurídica possui adesão social somente com aplicação de sanções implicadas como parte do processo de determinação da vinculatividade da conduta implicada. Assim é que a sanção é não só um capítulo de destaque no estudo da estrutura normativa, uma característica que diferencia a norma jurídica da norma moral, mas uma questão de garantia do sistema contra a negação, e, portanto, interligado diretamente à questão da eficácia.[18]

---

[16] "Analistas refinados, como Norberto Bobbio, têm contribuído decisivamente para o aprofundamento dessa discussão. Por trás dela, na verdade, está o decantado tema da crise do direito contemporâneo, do qual se destaca o colapso do individualismo jurídico, o esvaziamento de um direito burguês edificado em torno da concepção de direito subjetivo, a publicização do direito privado, a *administrativização* do direito público e a crescente dificuldade de se definir, nas sociedades de classes, combinatórias exequíveis entre legitimidade política e eficácia normativa. À medida que 'não é possível pensar-se numa solução jurídica que possa contentar a toda gente em todos os quadrantes do mundo', conforme as palavras de Reale, 'a crise da validade técnico-formal implica a da validade social do direito, aspectos conjugados que são do desequilíbrio operado na história do homem novecentista'. Por extensão, 'como será possível cogitar-se de um direito válido e eficaz?'" (Faria, *O direito como processo*: Bobbio e a eficácia jurídica, 1987, p. 7).

[17] Cf. Bobbio, *Teoria na norma jurídica*, 2001, p. 45-46.

[18] "De certo modo, Bobbio aceita a concepção da sanção como resposta externa e institucionalizada à violação das condutas proibidas. Mas, ao fazê-lo, com base no que chama de 'approach'

É com simplicidade que Bobbio encara a questão da tripartição dos enfoques sobre a norma. Em sua visão, trata-se de três facetas de uma única coisa, a saber, a melhor organização da vida dos homens em sociedade, pois a justiça corresponde a esse anseio do atendimento de expectativas e interesses coletivos, a norma é o instrumento para a realização desses anseios, e a ação dos homens no sentido do cumprimento ou do descumprimento dessas normas é o que caracteriza a adesão das pessoas aos regramentos sociais. De fato, entremeadas, é impossível dissociar essas três dimensões, pois não correspondem à integralidade das dimensões atinentes à estruturação de uma norma jurídica.[19]

Sem deixar de considerar que a problemática envolve o viés fenomenológico da investigação filosófica, e sem delegar completamente o tema à sociologia do direito, de toda forma, para Bobbio, essa análise possui caráter histórico-sociológico:

> "A investigação para averiguar eficácia ou a ineficácia de uma norma é de caráter histórico-sociológico, se volta para o estudo do comportamento dos membros de um determinado grupo social e se diferencia, seja da investigação tipicamente filosófica em torno da justiça, seja da tipicamente jurídica em torno da validade. Aqui também, para usar a terminologia douta, se bem que em sentido diverso do habitual, pode-se dizer que o problema da eficácia das regras jurídicas é o problema *fenomenológico* do direito" (Bobbio, *Teoria na norma jurídica*, 2001, p. 47-48).

Sabendo disto é que se pode afirmar que, de modo mais sistemático, detendo-se a análise na questão da eficácia, uma norma pode ser qualificada da seguinte forma:

---

funcional, desloca a questão da validade formal para o problema da eficácia: sem sanção, afinal, não há possibilidade de um ordenamento eficaz. Entre outras razões, porque, com o intenso ritmo de positivação das novas leis, face à necessidade de se conjugar e harmonizar demandas sociais crescentemente antagônicas entre si, a positivação jurídica já não decorre mais de sua correlação lógica a uma norma fundamental, porém da própria dinâmica do desenvolvimento econômico e da práxis política. Assim, as normas passam a *valer* não pela sua coerência lógico-formal, como na perspectiva do positivismo Kelseniano, mas sim pela sua capacidade de adaptação a uma realidade cada vez mais tensa e estigmatizada pelos conflitos de classe. A mudança das estruturas sociais, portanto, é que faz das decisões o princípio do direito positivo" (Faria, *O direito como processo*: Bobbio e a eficácia jurídica, 1987, p. 11-12).

[19] Para todos os efeitos, transcreve-se aqui o trecho *ipsis litteris*: "Nota-se que esta distinção de problemas não deve ser concebida como uma separação em compartimentos estanques. Quem desejar compreender a experiência jurídica nos seus vários aspectos deverá considerar que ela é a parte da experiência humana cujos elementos constitutivos são: ideais de justiça a realizar, instituições normativas para realizá-los, ações e reações dos homens frente àqueles ideais e a estas instituições. Os três problemas são três aspectos diversos de um só problema central, que é o da melhor organização da vida dos homens em sociedade" (Bobbio, *Teoria na norma jurídica*, 2001, p. 53-54).

norma válida sem ser eficaz; norma eficaz sem ser válida; norma justa sem ser eficaz; norma eficaz sem ser justa.[20]

4.4 EFICÁCIA JURÍDICA: CONTORNOS E CARACTERÍSTICAS

Após este pequeno escorço conceitual, modelado na discussão de algumas doutrinas sobre o conceito, há que se pormenorizar o tratamento da questão da eficácia jurídica, discutindo-lhe os traços mais marcantes e desenvolvendo-lhe as questões de entorno.

Já se sabe que as qualidades da norma jurídica são: validade, vigência, vigor, eficácia, efetividade e exequibilidade (estes dois últimos termos, para alguns autores).[21] A validade tem a ver com a entrada da norma no sistema jurídico, sendo para isto necessário que se observem critérios formais em sua produção (iniciativa), em sua formulação (forma normativa e aspectos deônticos), em sua expedição (competência) e em sua publicação (exteriorização). A pergunta a ser feita aqui é se a norma é válida ou inválida, conforme tenha ou não respeitado esses critérios. A vigência tem a ver com a projeção no tempo da norma que é produzida validamente. Assim, a vigência tem a ver com a temporalidade da validade da norma, pois no tempo em que é vigente, é invocável para a produção de efeitos práticos e para a aplicabilidade. As questões aqui são: desde quando a norma é vigente? Até quando a norma estará vigente? Ou, durante quanto tempo a norma foi vigente? O vigor tem a ver com uma qualidade da

---

[20] Cf. Bobbio, *Teoria na norma jurídica*, 2001, p. 49-50.

[21] No que tange particularmente à questão terminológica, sobre o emprego dos termos *eficácia* e *efetividade*, há muita confusão na doutrina. Muitos autores distinguem com nuances os dois termos. Muitos autores os utilizam indistintamente, como sinônimos. Ainda, outros, ignoram a categoria da efetividade, mencionando somente o termo eficácia. Leia-se: "Há quem faça distinção entre eficácia e efetividade. A primeira, dependendo de a norma alcançar o resultado jurídico pretendido pelo legislador, enquanto a efetividade, do fato da observância efetiva da norma, por parte das autoridades e de seus destinatários. Assim, por exemplo, o chamado 'Plano Cruzado' teria tido efetividade por ter sido observado na área econômico-financeira, sem ter tido eficácia por não ter alcançado o resultado pretendido, saneamento da moeda" (Gusmão, *Introdução ao estudo do direito*, 2001, p. 62). Ainda mais: "Próximo de eficácia, temos a exequibilidade da norma, na dependência de certas condições de fato, sem as quais a norma, que as pressupõe, não pode ser aplicada. Assim, por exemplo, a aplicação da norma penal que prevê, como medida de segurança, colônia agrícola, depende a sua aplicação da existência dessa colônia. Portanto, exequibilidade depende de haver as condições de fato, previstas na norma, para a sua aplicação" (Gusmão, *Introdução ao estudo do direito*, 2001, p. 63). Outra opinião: "A *efetividade* da lei é revelada pela adequação de seu comando a uma circunstância que define a *expectativa* ou *probabilidade* de sua aplicação real" (Dantas, *Existência, vigência, validade, eficácia e efetividade das normas jurídicas*, 1993, p. 168). Em Kelsen, a indistinção: "Kelsen não se utilizou do conceito *efetividade* salvo como sinônimo de eficácia. Todavia, já reconhecia que esta podia reduzir-se à mera observância da norma, sem necessidade de sua aplicação, devido ao respeito, inclusive de origem moral ou religiosa" (Dantas, *Existência, vigência, validade, eficácia e efetividade das normas jurídicas*, 1993, p. 159). Na opção desta pesquisa, empregar-se-á a terminologia de Tercio Sampaio, para quem efetividade significa eficácia social.

norma que a torna invocável mesmo após cessada sua validade e sua vigência, por ser aplicável às situações que regulou enquanto se manteve incidente sobre certos fatos da vida social.[22]

Vistas essas questões, ainda que com rápida apresentação, a eficácia divide com elas importante espaço na caracterização dos atributos da norma jurídica, tendo em vista que trata da questão da projeção da norma em direção à sociedade e à produção de efeitos. Com Tercio Sampaio, não se restringindo o conceito de eficácia à ideia de obediência à norma,[23] se pode conceituar a eficácia, como anteriormente já investigado, nos seguintes termos:

> "eficácia é uma qualidade da norma que se refere à possibilidade de produção concreta de efeitos, porque estão presentes as condições fáticas exigíveis para sua observância, espontânea ou imposta, ou para a satisfação dos objetivos visados (efetividade ou eficácia social), ou porque estão presentes as condições técnico-normativas exigíveis para sua aplicação (eficácia técnica)" (Ferraz Junior, *Introdução ao estudo do direito*, 2001, p. 199).[24]

Essa caracterização de Tercio Sampaio permite divisar dois conceitos diversos de eficácia, como minimamente descritivos do campo semântico da norma: eficácia social (ou efetividade) e eficácia técnica, como já explorado anteriormente.

Assim caracterizada, a eficácia responderá, portanto, a uma ideia singular na qualificação da norma jurídica, não coberta por nenhuma outra. É o traço da norma que mais a aproxima da realidade social, funcionando como verdadeiro termômetro das regras jurídicas a pergunta segundo a qual se questiona se a norma é ou não eficaz, e se for eficaz, qual é o grau de eficácia que possui. Já que foi feita para surtir efeitos sobre a sociedade, para projetar-se na vida social,[25] será sempre uma ideia relativa a condi-

---

[22] Cf. Ferraz Junior, *Introdução ao estudo do direito*, 3. ed., 2001, p. 199.

[23] No caso de Riberti, o conceito explicitado em seu texto traduz somente a ideia de eficácia como obediência: "O problema da eficácia da norma jurídica diz respeito à questão de se saber se os seus destinatários ajustam ou não o seu comportamento, em maior, ou menor grau, às prescrições normativas, isto é, se cumprem ou não os comandos jurídicos, se aplicam ou não" (Riberti et al., *Eficácia das normas públicas*, 1999, p. 101).

[24] Nesta mesma linha: "O conceito de eficácia está relacionado com a produção de efeitos. É eficaz a lei: a) que tem condições fáticas de atuar, por ser adequada à realidade; b) que tem condições técnicas de atuar, por estarem presentes os elementos normativos que a tornam adequada à produção de efeitos concretos. A hipótese prevista pela letra 'a' é a de eficácia semântica; a prevista pela letra 'b' é a de eficácia sintática" (Bittar Filho, *Da existência, validade, vigência e eficácia da lei no sistema brasileiro atual*, 1992, p. 33).

[25] Destaca-se aqui a elucidativa lição de Maria Helena Diniz: "A eficácia vem a ser a qualidade do texto normativo vigente de produzir, ou irradiar, no seio da coletividade, efeitos jurídicos concretos, supondo, portanto, não só a questão de sua condição técnica de aplicação, observância, ou não, pelas pessoas a quem se dirige, mas também de sua adequação em face da realidade social, por ele disciplinada, e aos valores vigentes na sociedade, o que conduziria ao seu sucesso" (Diniz, *Norma constitucional e seus efeitos*, 1989, p. 27).

ções exteriores a ela, pois uma norma é eficaz não por si e em si, mas relativamente a outras e perante fatos sociais. Mais do que isso, sua relatividade é decorrência do fato de que a qualificação de uma norma jurídica como eficaz ou ineficaz sempre comporta graus, uma vez que não se pode dizer que uma norma é mais válida ou menos válida, mais vigente ou menos vigente, mas se pode dizer:[26]

> "A eficácia, diversamente, é qualidade sempre relativa. Existem leis *mais eficazes* do que outras. Pode-se dizer que não existe lei absolutamente desprovida de eficácia, como não existe lei absolutamente eficaz" (Machado, *Vigência e eficácia da lei*, 1991, p. 47).

Mas, a eficácia pode ou não estar acompanhada pelas demais qualidades da norma jurídica, daí o interesse de se conceber um estudo meticuloso do relacionamento entre as qualidades normativas, enfatizando-se o levantamento das relações entre eficácia, validade e vigência da norma jurídica. A norma jurídica, portanto, pode ser:

1. Válida e ineficaz: uma norma pode ser válida por ter observado todas as condições e os requisitos formais para a sua perfeita e competente produção e exteriorização, e nem por isso ser observada socialmente, ou mesmo, surtir os efeitos desejados, ou, ainda, depender de condições sintáticas ulteriores que determinem o sobrestamento de sua eficácia;[27]
2. Inválida e eficaz: uma norma pode ser inválida por ter desobedecido aos critérios de criação e exteriorização competentes, ou mesmo sequer ter sido produzida por uma autoridade institucional normativa, e assim mesmo possuir mais eficácia que qualquer outra norma;[28]

---

[26] No mesmo sentido: "A eficácia admite graus. Há leis totalmente eficazes; mas há leis de eficácia reduzida, porque são mal redigidas, ou são de difícil interpretação, ou são repudiadas, casos todos de aplicação complicada e, às vezes, incerta. E há leis sem nenhuma eficácia, como as que, embora revogadas expressamente, foram sendo esquecidas, acabaram caindo em desuso, caducaram, enterradas sob o pó das circunstâncias" (Telles Júnior, *Iniciação na ciência do direito*, 2001, p. 193).

[27] "O caso mais clamoroso é sempre o das leis de proibição de bebidas alcoólicas nos Estados Unidos da América, que vigoraram durante vinte anos entre as duas guerras. Afirma-se que o consumo de bebidas alcoólicas durante o regime proibicionista não era inferior ao consumo do período imediatamente sucessivo, quando a proibição foi abolida. Certamente se tratava de leis 'válidas', no sentido que emanadas dos órgãos que tinham competência para tanto, mas não eram eficazes" (Bobbio, *Teoria na norma jurídica*, 2001, p.49). No mesmo sentido de Bobbio, Leone, *Diversos conceitos de validade e eficácia das normas*, 1997, p. 57.

[28] "Há muitas normas sociais que vão sendo seguidas espontaneamente ou pelo menos habitualmente, isto é, são eficazes, como por exemplo, entre um certo círculo de pessoas, as regras da boa educação. Estas regras, pelo simples fato de serem seguidas, não se tornam por isso regras pertencentes a um sistema jurídico, ou seja, não adquirem validade jurídica" (Bobbio, *Teoria na norma jurídica*, 2001, ps. 49-50).

3. Vigente e ineficaz: uma norma pode estar plenamente vigente, pois temporalmente útil e disponível (vigência na data da publicação, nos prazos da L.I.C.C., ou por prazo fixado por ela mesma), não tendo ainda sido revogada por outra norma posterior que lhe retire a validade, e manter-se igualmente ineficaz, sem a produção de qualquer efeito prático;

4. Não vigente e eficaz: uma norma pode ter cessado a sua vigência (validade temporal), ou sequer iniciado o seu período de vigência, mas ser capaz de produzir efeitos práticos, na vinculação das condutas sociais, até mesmo por ter criado um costume de sua observância reiterada.

No que tange ao possível relacionamento da norma jurídica com critérios de justiça, não se pode afirmar, muito menos, haver um correlato imediato entre justiça e eficácia. Em um primeiro momento, poder-se-ia pensar que toda norma que é seguida com força social e uniformidade, haveria de ser considerada como justa, por corresponder aos valores de uma época e aos anseios do povo de uma época. Mas esse paralelo não é perfeito, pois a norma pode ser:

1. Justa e ineficaz: uma norma pode ser justa, mas não conseguir se implantar na prática, tendo em vista as dificuldades de sua observância;[29]

2. Injusta e eficaz: uma norma pode ser injusta, mas conseguir manter-se pela força e pela vinculatividade que produz socialmente, criando uma corrente de força costumeira que impede a sua negação;[30]

3. Justa e eficaz: situação desejável aquela em uma norma corresponde adequadamente a anseios sociais e encontra na sociedade a adesão necessária, facilitando o processo de inter-relação sociedade/Estado, comportamento/ norma, ética/ lei;

4. Injusta e ineficaz: situação em que a rejeição ou a repugnância pela quebra de critérios de justiça conduz à inobservância da norma, seja pelo povo a que se destina, seja pelas autoridades que a aplicariam.

---

[29] "Vimos que uma norma pode ser justa sem ser válida. Não devemos deixar de acrescentar que pode ser justa sem ser eficaz. Quando a sabedoria popular diz que 'não há justiça neste mundo', refere-se ao fato de que muitos são aqueles que exaltam a justiça com palavras, poucos são os que a transformam em ato. Em geral, uma norma para ser eficaz deve também ser válida. Se é verdade que muitas normas de justiça não são válidas, com maior razão não são nem mesmo eficazes" (Bobbio, *Teoria na norma jurídica*, 2001, p. 50).

[30] "A resposta dos mais intransigentes era a negativa explícita e com razão, pois o fato de a escravidão, por exemplo, ter sido praticada por todos os povos civilizados em um certo período histórico não a transformava numa instituição conforme a justiça. A justiça é independente da validade, mas também independente da eficácia" (Bobbio, *Teoria na norma jurídica*, 2001, p. 50-51). No mesmo sentido de Bobbio, ver Leone, *Diversos conceitos de validade e eficácia das normas*, 1997, p. 58.

4.5 A INEFICÁCIA JURÍDICA E SEUS EFEITOS SOCIAIS

Muitas são as consequências da ineficácia. Na medida em que se está diante de uma situação de ineficácia de uma norma, ou de algumas normas, parece de todo compreensível que umas regras sejam mais divulgadas, mais conhecidas, mais usuais, mais factíveis, mais aplicáveis, mais viáveis, gerem maior adesão, do que outras. Todo ordenamento jurídico convive com um certo grau de relativização do império de suas regras. Até esse ponto, a ineficácia pode figurar apenas como uma questão técnica da norma. Assim, chama-se ineficaz a norma que não consegue se realizar no plano prático, por falta de algum de seus elementos, ou ainda, por falta de adesão social concreta. Então, há que se considerar que várias facetas do problema estão em jogo:

1) a norma é ineficaz porque não produz efeitos sobre as pessoas às quais se destina, caso em que a questão da eficácia funciona como um termômetro na mensuração do grau de adesão do ordenamento e suas prescrições à ordem social e às suas expectativas valorativas;[31]

2) a norma é ineficaz porque não possui as condições técnicas para produzir efeitos (norma de eficácia contida; norma de eficácia limitada), caso em que a norma carece de novas atitudes do legislador (constitucional ou infraconstitucional) no sentido de garantir com que a norma superior seja completada pela norma inferior ou no sentido de que a norma inferior delimite melhor o campo de emprego da legislação superior;

3) a norma é ineficaz porque as autoridades não a aplicam, nem no plano administrativo, nem no plano judicial (observância por imposição de terceiros), caso em que a comunidade jurídica rejeita a aplicação da norma considerando-a em desuso, ou ainda, formal e/ou axiologicamente imprópria para a aplicação;

4) a norma é ineficaz porque prevê um comportamento impossível de ser cumprido, ou prevê uma exigência impossível de ser faticamente observada, por carência de condições materiais para seu cumprimento, por critérios tecnológicos, econômicos, operacionais, ou outros.

No momento em que se percebe que as normas centrais do ordenamento jurídico são de eficácia duvidosa, e, ao mesmo tempo, que a carência de eficácia afeta não apenas um punhado isolado de normas jurídicas, mas um número significativo de normas do ordenamento, está-se diante de uma situação crônica de ineficácia, e a distância entre o mundo das regras e o mundo da vida produz uma inaceitável diferença entre o *dever*

---

[31] Este é o enfoque sociológico: "A ineficácia faz-nos levantar hipóteses quanto à inoportunidade da lei, a não correspondência a necessidades do grupo total, ao opor-se a interesses de grupos parciais e dotados de condições de contraposição eficiente. As pressões sociais exercidas pelas formas de sociabilidade espontânea mostram-se mais fortes do que as coerções e sanções oriundas de formas de sociabilidade organizada" (Castro, *Sociologia do direito*, 7. ed., 2001, p. 262).

ser normativo e o ser da *realidade histórico-social*. Assim, a questão da ineficácia tem mais do que um sentido meramente técnico, possuindo também este sentido sociológico, a partir do qual se passa a pensar as características do próprio sistema como um todo.

4.6 A CRISE DO DIREITO NA PÓS-MODERNIDADE E A INEFICÁCIA DO ORDENAMENTO JURÍDICO

Como se disse anteriormente, a questão da ineficácia do sistema jurídico como um todo aponta para a relevante questão do inacesso aos direitos, para a sonegação de direitos mínimos, aos impedimentos à cidadania, aos déficits democráticos, ao desvão entre a promessa legal e a realidade social, provocando-se, com esse cenário de fatores de corrosão da legitimidade da ordem jurídica, um claro desvio de caracterização do projeto de implementação, afirmação e consolidação do Estado Democrático de Direito.

O que se veio, aos poucos, percebendo, através da análise dos capítulos anteriores, é que, a partir da questão da eficácia, do ponto de vista mais conceitual mais bem situada, tornou-se possível afirmar que o maior desafio para o direito contemporâneo é a sua reinvenção, a sua capacidade de adaptação, bem como sua capacidade de oferecer respostas democráticas capazes de restaurar o sentido perdido, em meio à crise da sociedade pós-moderna.

E isso porque o sistema jurídico, como um todo, sofre diretamente os impactos e abalos da pós-modernidade em sua configuração. Sabendo-se tratar de um sistema que não vive autonomamente, com relação aos demais sistemas (social, cultural, político, econômico, científico, ético...), é de se dizer que o sistema jurídico recebe diretamente o impacto das modificações sofridas nas últimas décadas, que acabaram por produzir profunda desestruturação nos modos tradicionais e modernos de concepção do mundo.[32]

Mais que isto, a transição paradigmática produz um estado de coisas capaz de gerar a fragilidade do sistema jurídico, mais exposto que passa a estar às dinâmicas da sociedade, mas insuscetível de obediência, mais permeável e dependente que está das

---

[32] As palavras de Habermas sobre o tema são determinantes: "Para começar, descreverei três propriedades universais dos sistemas sociais: A) mudança entre sistemas sociais e suas circunstâncias ocorre na produção (apropriação da natureza externa) e socialização (apropriação da natureza interior) através de meios de expressão que admitem verdade e normas que tiveram necessidade de justificação, isto é, através de pretensões discursivas de validade. Em ambas as dimensões, o desenvolvimento segue padrões racionalmente reconstruíveis. B) a mudança dos valores-metas de sistemas sociais é uma função da situação das forças de produção e do grau da autonomia sistêmica, mas a variação dos valores-metas é limitada por uma lógica de desenvolvimento e perspectivas do mundo, das quais os imperativos da integração do sistema não tem influência. Os indivíduos relacionados socialmente formam um conjunto interno que é paradoxal segundo o ponto de vista de condução. C) o nível de desenvolvimento de uma sociedade é determinado pela capacidade de aprendizado permita institucionalmente, em particular por questões práticas e teóricas técnicas se são diferenciadas e se processos discursivos de aprendizados podem ocorrer" (Habermas, *A crise de legitimação no capitalismo tardio*, 1999, p. 20).

relações econômico-financeiras do Estado... Ora, é esta fragilidade a que se expõe o Estado que o ameaça a condições de ineficácia e aos riscos da inoperância prática, capaz de colocar o projeto do Estado de Direito, contemporaneamente, em absoluto desuso.

> "Ao tomar esta questão como ponto de partida, uma das preocupações centrais deste trabalho é a de demonstrar que, subjacente à decantada ideia de 'crise' do direito, está o inevitável problema do permanente desajustamento entre as estruturas socioeconômicas e as instituições jurídico-políticas. Como o direito não é uma instância autônoma e subsistente por si mesma, porém dependente de outras instâncias que o determinem e o condicionem, do mesmo modo como também acabam sendo por ele determinadas e condicionadas, suas transformações podem – e devem – ser entendidas como produto do conflito hegemônico entre grupos e classes que procuram adaptar os mecanismos institucionais de controle, direção, regulação, organização e arbitragem a seus fins, impondo, mantendo e assegurando um padrão específico de relações sociais" (Faria, *Eficácia jurídica e violência simbólica:* o direito como instrumento de transformação social, 1988, p. 18).

Não se trata de profetizar o caos, ou de opinar pela desrazão absoluta do Estado contemporâneo na gestão do que é público, mas sim de refletir sobre as condições com as quais se faz justiça em tempos pós-modernos. Do ponto de vista teórico, a ineficácia da norma não afeta a sua validade, pois somente haverá cessação de validade quando houver o pleno desuso (e para admiti-lo a doutrina entende necessário o desuso social e das autoridades aplicadoras), ou mesmo se a norma for revogada (abrogação; derrogação).[33] Do ponto de vista do sistema jurídico, não é porque violações ou contrafações, comportamentos antijurídicos ou negadores dos preceitos normativos ocorram que o sistema como um todo perderá sua eficácia.

Para alguns teóricos (Kelsen), a negação do Direito é mesmo o seu cumprimento! Toda norma jurídica que se encontra violada, e na prática sua função é prever e condenar essas violações, ativa a possibilidade (*dever-ser*) de aplicação do consequente normativo, ou seja, a sanção. Mesmo que estas não sejam diuturnamente aplicadas para todas as situações, ou abrangendo todos os casos (impunidade), é possível pensar que a qualquer momento, e dentro das condições previstas pelo sistema (prescrição da pretensão punitiva, decadência, devido processo legal...), estas sanções possam ser (*Se* X,

---

[33] A respeito da eficácia: "O problema da eficácia da norma jurídica diz respeito à questão de se saber se os seus destinatários ajustam ou não seu comportamento, em maior ou menor grau, às prescrições normativas, isto é, se cumprem ou não os comandos jurídicos, se os aplicam ou não. Casos há em que o órgão competente emite normas que, por violentarem a consciência coletiva, não são observadas nem aplicadas, só logrando, por isso, ser cumpridas de modo compulsório, a não ser quando caírem em desuso; consequentemente têm vigência, mas não possuem eficácia espontânea. Vigência não se confunde com eficácia, logo, nada obsta que uma norma seja vigente sem ser eficaz, ou que seja eficaz sem estar vigorando" (Diniz, *Compêndio de introdução à Ciência do Direito*, 2000, p. 393).

então *deve ser* Y) aplicadas ou invocadas para casos concretos. Até mesmo do ponto de vista sociológico, deve-se dizer que é imanente ao Direito o movimento de sucesso e retrocesso permanente, tendo em vista que o Direito se encontra em movimento com a própria sociedade, vivenciando seus dilemas, contradições, conflitos, desordens, desobediências etc.[34] De fato:

> "Não é porque ocorram violações do ordenamento jurídico que este deixa de ser válido; continua a ser válido mesmo que as sanções estabelecidas pelas normas não sejam invariavelmente aplicadas. A validade é problema exclusivo do plano normativo, independente dos fatos. A eficácia, entretanto, é correspondência do plano normativo ao plano fático ou ontológico. Embora diversos sejam os dois planos, há um ponto-limite em que a perda da eficácia acarreta a perda da validade" (Batalha, *Nova introdução ao direito*, 2000, p. 327).

A validade do sistema, até certo ponto, não é afetada pelo fato de os sujeitos normativos não se submeterem aos comandos estatais, afirmação esta que começa a perder força a partir do momento em que a inoperância do sistema jurídico se torna crônica. Uma montanha não desmorona porque lhe arrancaram um pequeno torrão de terra. Ela desmorona na medida em, que do ponto de vista mais sistemático, e de modo fatalmente comprometedor, quantidades significativas de terra, em posições estratégicas, lhe forem retiradas durante um tempo suficiente para que estas ações desvitalizem a própria estrutura de sua sustentação. Essa metáfora é expressiva para discutir a questão das violações permanentes a que se submete o sistema jurídico, com a possibilidade de seu comprometimento, desde que, e quando, certas condições de desgaste se produzirem e reproduzirem no tempo. Assim, o permanente estado de promessa de cidadania e direitos acaba por comprometer as forças que apostam, acreditam, realizam, procuram e auferem pelos meios legais a afirmação do Estado Democrático de Direito. Na avaliação de Eros Roberto Grau:

> "Perece a força normativa do direito quando ele já não corresponde à natureza singular do presente. Opera-se então a frustração material da finalidade dos seus textos que estejam em conflito com a realidade, e ele se transforma em

---

[34] "As tentativas de formulação de novos paradigmas normativos, a partir das exigências decorrentes do desenvolvimento capitalista, enfrentam, assim, uma série de dificuldades para lidar com as tensões permanentemente existentes entre o comportamento real e a conduta juridicamente exigida, bem como entre a conduta juridicamente devida e a conduta moralmente desejada. Mesmo porque, longe de se constituírem em problema, essas tensões estão na essência do próprio papel do direito, enquanto instrumento de controle social, não podendo ser confundidas como simples distorções funcionais resultantes das diferenças de velocidade entre o ritmo das mudanças sociais e o ritmo da atualização e modernização dos códigos. Afinal, como se disse antes, toda lei sempre encerra o enunciado de um comando ou de um padrão de conduta, tornando obrigatórias certas formas de coexistência social, a cuja observância ou descumprimento estão ligadas determinadas consequências previamente estabelecidas" (Faria, *Eficácia jurídica e violência simbólica:* o direito como instrumento de transformação social, 1988, p. 89).

obstáculo ao pleno desenvolvimento das forças sociais" (Grau, *Ensaio e discurso sobre a interpretação/aplicação do direito*. 2002, p. 48).

Quando se está a falar de *crise de eficácia do sistema jurídico*, deixou-se de pensar no microuniverso da norma, pois não se está a falar da mera crise pontual de certas normas do sistema jurídico. Quando se tematiza a crise de eficácia se está a falar dos modos pelos quais o sistema como um todo está sendo incapaz de responder às necessidades sociais, e, mais do que isto, se está a discutir o quanto o comprometimento do sistema jurídico não é representativo e significativo no contexto da pós-modernidade. Se apenas uma norma é colocada em desuso, é violada, não respeitada, ou se está em choque com os valores sociais, se está diante de uma situação inerente ao funcionamento do sistema jurídico; nada há de patológico nisso. Não há sistema jurídico de normas plenamente eficazes, assim como as sanções não estão previstas nas normas jurídicas senão para valerem como formas de imunização, de ameaça, de prevenção, de punição e de isolamento do sistema das furtivas tentativas de torná-lo ineficaz. Todo sistema social está exposto a essa dinâmica, em especial o jurídico, por comprometer diversas dimensões do convívio social.

A *crise pós-moderna de eficácia do ordenamento jurídico* tornou-se tema de inúmeras reflexões na medida em que passou a representar um problema francamente sistemático, que vem a atingir, e mesmo a comprometer, capítulos significativos, ramos inteiros, e partes nevrálgicas do conjunto de normas que regem o Estado de Direito. A crise aqui é vista como um problema estrutural, capaz de abalar os próprios fundamentos do Direito vigente, ou mesmo, capaz de significar a desrazão de toda a arquitetura jurídica projetada para sua aplicação sobre a realidade social. Quando o sistema jurídico não está permeável para absorver identidades, mas apenas testemunha sua ampla defasagem em face dos avanços tecnológicos, reconhecendo a impossibilidade de atender a tantos e tão conflituosos fluxos de divergentes interesses, torna-se inábil para cumprir sua fundamental meta de pacificação do convívio social e de mediação regulamentada dos interesses sociais (convergentes e divergentes).

O sistema jurídico *não serve à única meta de se autolegitimar*. Seu fulcro está para além de suas próprias muralhas, pois não se trata de um sistema que viva e se alimente em seu próprio hermetismo. Sua função está em se projetar eficazmente além-muros, para provocar intervenções pontuais e cirúrgicas sobre as necessidades de um povo em um determinado contexto, com determinados valores, dentro de seus anseios e perspectivas. A justiça se faz na sociedade, e não na letra fria e inerte dos textos jurídicos. É a *violência simbólica* que leva o sistema à fuga de suas condições naturais, ao não cumprimento de sua meta primordial, tornando-o incapaz de atingir seus próprios fins. Sua capa de coerência, retidão, certeza, limpidez, segurança, ordem, objetividade, harmonia, clareza, igualdade formal, racionalidade não pode ser somente um revestimento externo para aglomerar desrazões sistêmicas, pois de nada adianta um ordenamento eivado de lastro ideológico de sustentação e incapaz de responder à mais elementar necessidade do cidadão comum ao qual se destina:

> "Decorre daí, aliás, a concepção do direito como simples jogo de símbolos, a esconder do homem comum o facto de que as leis e os códigos normalmente se movem em múltiplas e incoerentes direções para satisfazer os valores e interesses em conflito do sistema social que serve. Ou seja: a fazer com que anseios e decisões contraditórias apareçam como coerentes, demonstrando que o direito é, ao mesmo tempo, seguro e elástico, justo e compassivo, economicamente eficiente e moralmente equitativo etc." (Faria, *O direito como processo*: Bobbio e a eficácia jurídica, 1987, p. 20).

Ressente-se do fato de haver um divórcio muito amplo entre as dimensões do normativo e do social, ou, numa linguagem kelseniana, entre as instâncias do ser (*Sein*) e do *dever-ser* (*Sollen*). Essa responsabilidade, sem dúvida alguma, é de operadores do direito, aplicadores, autoridades, pensadores, cidadãos,[35] políticos... mas há que se ressaltar o fato de que a responsabilidade partilhada não alivia a carga de envolvimento das autoridades públicas com as demandas sociais mais contemporâneas.

Essa divisão entre as duas instâncias só pode ser perniciosa, do ponto de vista científico, e do ponto de vista prático-operacional. Do ponto de vista científico, causa, como na concepção normativista-positivista kelseniana da ciência do direito, uma abrupta diferença entre o espaço ocupado pelas demais ciências sociais e a a ciência do direito, assim como um afastamento do comprometimento do ordenamento jurídico com a cultura na qual se insere. Do ponto vista prático-operacional, porque acaba por originar o descontrole, a desordem, abrindo espaço para o descrédito, o surgimento de poderes paralelos, forças antagônicas, apelos à justiça privada, gerando mesmo uma crise não só de eficácia, mas também de legitimidade do próprio sistema jurídico, pelo descompasso com a realidade social e com as demandas sócio-humanas mais vitais.[36]

Ora, está-se, portanto, diante de uma problemática capaz de afetar a própria percepção do sistema em si, quando, em verdade, o perfeito (na medida do humanamente possível e razoável) paralelismo entre validade, vigência e eficácia seria muito mais sa-

---

[35] Rocha considera primordial o papel do cidadão na construção e garantia dos direitos fundamentais: "A efetividade ou a produção de efeitos sociais das normas jurídicas depende, fundamentalmente, da atuação dos cidadãos. Já não há como cuidar de cada geração de direitos fundamentais isoladamente, porque a certeza e eficácia de uns depende da eficácia dos demais. De uma maneira muito particular, a eficácia social desses direitos depende da atuação dos cidadãos" (Rocha, *O constitucionalismo contemporâneo e a instrumentalização para a eficácia dos direitos fundamentais*, 1997, p. 88).

[36] O fenômeno da retração da presença do Estado é preenchido por uma outra onda contrária de forças antagônicas e igualmente capazes de gerar obediência: "A redução e a degradação dos serviços e das prestações sociais levaram, correlativamente, a retrair o alcance e a intensidade da penetração jurídica do Estado no espaço doméstico. Parece, assim, ter surgido um vazio jurídico, como se a rasura das inscrições do Estado-Providência tivesse realmente criado uma *tabula rasa*, desta vez pronta para receber as novas inscrições do pós-Estado-Providência" (Santos, *A crítica da razão indolente*: contra o desperdício da experiência, 2001, p. 293).

lutar para o próprio operar do sistema. A esse respeito, são de se destacar as palavras de Limongi França:

> "Cabe aos homens de Estado evitar o divórcio entre a realidade social e certas normas, que não têm ou jamais tiveram razão de ser, porque em conflito com as tendências e os legítimos interesses dominantes no seio da coletividade. Infelizmente, muito facilmente se olvida que leis falhas ou nocivas, além do mal que lhes é próprio, redundam no desprestígio das leis boas.
>
> O reajustamento permanente das leis aos fatos e às exigências da justiça é um dever dos que legislam, mas não é dever menor por parte daqueles que têm a missão de interpretar as leis para mantê-las em vida autêntica" (França, *Eficácia*: filosofia do direito, s.d., p. 186).

Visto no tempo e no espaço, pode-se entender mesmo que um sistema jurídico válido só possui relevância se está intrinsecamente ligado a seu tempo, ou seja, ao presente. Se ele é inadequado para sua época, se é mero fruto do passado, funciona como tal, ou seja, como relíquia histórica. Se está no compasso das necessidades sociais para o presente e coloca-se afinado com o futuro, é sim um ordenamento que transparece força por meio de suas normas. Ordenamento *a-histórico* não existe, e deve-se saber, quando se está diante de um ordenamento jurídico concreto, se se trata de um ordenamento que caminha ao fluxo de sua época, ou se deixa deteriorar pelas rápidas modificações socioculturais sem acompanhá-las, operando frustrações no alcance de seus preceitos e regramentos.

5

A Sociedade Pós-Moderna e a Realidade Brasileira

5.1 A REALIDADE BRASILEIRA E O ORDENAMENTO JURÍDICO BRASILEIRO

A história da democracia no Brasil é de recente processo de afirmação, além de ter tido seu fluxo interrompido inúmeras vezes, considerando inclusive que a construção do espírito republicano responde a um déficit sempre carente de se completar. Esse quadro nos faz remontar à percepção de que a neonata democracia brasileira muito deve, em termos de legado histórico, às impossibilidades herdadas do passado, fazendo com que o peso das tarefas de cidadania, em tempos de democracia, seja enorme. Considera-se, pois, que a insuficiência da tradição política republicana e democrática brasileira determine o estado da cidadania em nossa realidade. A inexperiência democrática é a principal causa de uma vivência de ausência de direitos na realidade brasileira contemporânea, na medida em que fatores econômicos, culturais e sociais de base são o principal fator de carências elementares para a estruturação de uma cidadania plena.[1]

---

[1] "Ás vésperas do século XXI a América Latina está ainda longe de permitir o exercício de uma plena cidadania em relação a todos os indivíduos, pois as camadas desfavorecidas das sociedades latino-americanas sempre estiveram à margem dos direitos civis, sem acesso ao direito e à justiça. Nesse continente, em consequência da marginalização social, econômica e política, as alternativas ao direito e à justiça se traduzem por uma luta em favor de uma nova ordem social e jurídica em oposição ao sistema jurídico do Estado" (Eliane Botelho Junqueira e Wanda Capeller, *Alternativo (direito; justiça): Algumas Experiências na América Latina*, in Claudio Souto Maior, Sociologia e Direito, p. 161 e 162).

A história do Brasil tem muito a ver com o longo trajeto como colônia de Portugal, e das forças econômicas europeias, tem muito a ver com o período como monarquia, e, ainda com o republicanismo destituído de massas e seguido por interrupções autoritárias, reconstrução esta que permite enxergar a enormidade dos déficits que sobrecarregam todos os esforços por consolidação do grande traçado dado pela Constituição Federal de 1988. O legado apela mais para a linhagem do paternalismo servil do que para o da cidadania autônoma, democrática e participativa.[2]

A indistinção entre público e privado é, por exemplo, um motivo para que a legalidade sempre fosse considerada uma dimensão normativa válida para os outros, mas não válida para aqueles que poderiam se considerar "acima da lei", ou seja, a ideia de legalidade, que pressupõe igualdade, jamais adentrou o espírito corporativo daqueles que se encontravam e se encontram apadrinhados pelo poder. Ora, traços culturais como esses definem os modos pelos quais os ilegalismos e as arbitrariedades sejam praticados e as políticas públicas se articulem de modo a destinar recursos públicos, por exemplo, para fins particulares. Fundada uma sociedade sobre uma cultura de matriz senhorial, para empregar uma expressão de Marilena Chauí,[3] torna-se fácil compreender que o sistema nunca foi legitimamente pensado para abranger a todos (ontem, os escravos; depois, as mulheres; depois, os excluídos etc.), o que torna a ideia de legalidade uma falácia jurídica. Existem, portanto, algumas constantes que determinam a subserviência da brasilidade, presentes e arraigadas a práticas, por vezes, institucionais, que servem em desfavor da causa da legalidade e da garantia de igualdade.

Portanto, pensar a pós-modernidade para o Brasil é pensar o quanto a era pós-industrial somente é realidade para apenas pequena parcela da população nacional. Isso não torna fútil esta investigação, mas quando se adentra ao contexto nacional, torna mais delicada a discussão porque imprime a ela a necessidade de se discutirem aspectos econômicos e categorias socioeconômicas na constituição do debate; trata-se de discutir a pós-modernidade associada ao tema do subdesenvolvimento.[4] Deve-se, portanto, considerar a historicidade da construção da cidadania, o que importa em verificar na história do direito brasileiro a construção recente da maior parte dos institutos

---

[2] Cf. Chauí, *Brasil*: mito fundador e sociedade autoritária, 2000, p. 89 e ss.

[3] Chauí, *Brasil*: mito fundador e sociedade autoritária, 2000, p. 90.

[4] A recepção desta discussão deve fazer-se de modo crítico: "Assim, a 'condição pós-moderna', não esgotando o projeto da modernidade, pressupõe, nos países periféricos, onde atestam-se sinais (efeitos planejados e perversos) da 'modernização transnacional', a existência e manutenção de indicadores sociais típicos de sociedades pré-modernas, impossibilitadas da fluência de um *minimum* de direitos atestadores de cidadania real. Formalmente, Brasil, Bolívia, Peru, Chile, entre outros países dependentes, são democracias... Em outras palavras, a 'modernidade tardia' nossa é condição da 'pós-modernidade' deles (onde nasce historicamente e epistemologicamente). Desta forma, o 'desencanto com a modernidade' é típico da euforia dos que tiveram ilusões com a versão modernizante (repetimos, transnacional oligopolística) do capital em nome do projeto da modernidade" (Arruda Júnior, O Moderno e o Pós-Moderno no Direito: Reflexões Sobre um Neocolonialismo Jurisdicista. In: Souto Maior, *Sociologia e Direito*, p. 249). A respeito do assunto, citar-se-á Adeodato, *Ética e retórica*, Saraiva, 2002.

de direito considerados democráticos (direitos trabalhistas, participação sindical, voto feminino, garantias constitucionais, direitos fundamentais da pessoa humana, lei protetiva de direitos autorais, liberdade de imprensa etc.), como um fator fundamental na arquitetura do estado de coisas quando se trata de discutir o grau de eficácia/ ineficácia do ordenamento jurídico brasileiro.

5.2 A REALIDADE BRASILEIRA E O SUBDESENVOLVIMENTO

O Brasil é um país que se ergue sobre um processo de modernização incompleto, cujas consequências têm sido lentamente percebidas e vividas pela sociedade. Por isso, nessa realidade, que historicamente nasce como lugar colonial, enquanto expressão do expansionismo mercantil moderno europeu, vive-se a um só tempo, sob condições pré-modernas de vida (falta de água, ausência de instrução elementar, insegurança alimentar e profissional, luta pela sobrevivência, desamparo social, precariedade alimentar, riscos graves de saúde, inacesso a direitos sociais), sob condições modernas de vida (crescimento predatório da natureza, burocracia racional, maquinismo no trabalho, exposição a doenças básicas do trabalho, aposta em meios de transporte poluentes, cultura do desenvolvimentismo a todo custo), e sob condições pós-modernas de vida (jornadas de trabalho desregulamentadas, informatização e vida virtual, doenças decorrentes do estresse, consumismo desenfreado, individualismo exacerbado, fragmentação da experiência, deslimite de tempo). A dimensão continental do país, de norte a sul, de leste a oeste, não permite que se fale em homogeneidade na condução das políticas públicas, na aplicação da legislação, no desenvolvimento de atividades sociais etc. uma vez que o regionalismo é um dado forte na divisão econômica, cultural e social da República Federativa do Brasil.[5]

É certo que a questão do subdesenvolvimento aí está posta, pois não se podem tratar de modo idêntico os resultados dos impactos da pós-modernidade sobre países desenvolvidos e subdesenvolvidos. Se se vai tratar da realidade brasileira, é necessário destacar o problema do subdesenvolvimento,[6] como característica determinante

---

[5] Pensar o Brasil sem cair no provincianismo é a advertência de Adeodato: "Por outro lado, é essencial pensar o Brasil, sim, mas sem cair no provincianismo" (Adeodato, *Ética e retórica*: para uma teoria da dogmática jurídica, 2002, p. 13).

[6] "A questão de se os países periféricos, uma vez que se abstraiam suas características históricas e específicas, podem ver nos países do primeiro mundo as linhas gerais de seu 'desenvolvimento' futuro não dispõe de qualquer dado empírico para ser respondida afirmativamente. Ao contrário, parece corresponder a uma forma de organização social muito complexa e sem similar na história. O subdesenvolvimento não consiste em simples estágio nesta ou naquela direção. Em que pesem suas ambiguidades e divergências, as chamadas teorias da dependência tiveram o mérito de retirar a ênfase da tricotomia países subdesenvolvidos, em desenvolvimento e desenvolvidos, invertendo as teorias da modernização e argumentando que a existência do subdesenvolvimento consiste em uma consequência e uma condição para a manutenção do centro desenvolvido" (Adeodato, *Ética e retórica*: para uma teoria da dogmática jurídica, 2002, p. 112).

da simultaneidade entre pré-modernidade, modernidade e pós-modernidade. Sendo esse um problema de natureza, fundamentalmente, cultural, então pode-se dizer que a dimensão do desenvolvimento traz consigo diferenças no processo de impactação da realidade por mudanças pós-modernas.[7] No entanto, não se pode dizer que a pós-modernidade não está presente e não pode produzir seus primeiros resultados na realidade brasileira. A pós-modernidade, enquanto fenômeno cultural, esparge-se mundo a fora, dispersando-se de modo não homogêneo dentro de países continentais como o Brasil.

A pós-modernidade, enquanto fenômeno econômico, afeta as economias mundiais, através da globalização, estejam os países em desenvolvimento ou sejam desenvolvidos, sejam os países do capitalismo central ou do capitalismo periférico, sejam socialistas ou capitalistas. A pós-modernidade, enquanto fenômeno tecnológico-científico, atinge as comunidades científicas brasileiras, tornando-as importantes canais de distribuição de informações, de conscientização, de problematização, resultando em mudanças na produção, na comunicação, no desenvolvimento tecnológico, na projeção empresarial-econômica.

Nem a crise é uma exclusividade dos países periféricos ao capitalismo central – especialmente considerada a crise de 2008, surgida no primeiro mundo –, nem a pós-modernidade é uma exclusividade dos países desenvolvidos ou das economias de primeiro mundo. Talvez, os países que constituem o eixo de países mais ricos do mundo vivam a intensidade do impacto da pós-modernidade de modo mais homogêneo, e não de modos tão vertiginosamente díspares como ocorre nos países em vias de desenvolvimento. Portanto, não se trata de dizer que a crise é sul-americana, ou mesmo brasileira, mas sim de identificar razões comuns para tecer o quadro da crise contemporânea dos sistemas jurídicos, sem descurar da leitura da realidade nacional. Retenham-se estes importantes dados reveladores da crise generalizada (exemplos extraídos da experiência da Inglaterra e do País de Gales) em face da criminalidade:

> "Em 1981, registraram-se 2,9 milhões de delitos penais na Inglaterra e no País de Gales. Em 1993, 5,5 milhões. Nos últimos três anos, a população carcerária subiu de 40.606 para 51.243. Entre 1971 e 1993, os gastos públicos com a polícia subiram de 2,8 bilhões de libras para 7,7 bilhões de libras. De 1984 a 1994, o total de advogados elevou-se de 44.837 para 63.628 e o de advogados forenses de 5.203 para 8.093" (Bauman, *O mal-estar da pós-modernidade*, 1998, p. 49).

É isso que motiva a que se pergunte: um Estado subdesenvolvido, como o Brasil, chega a ser um Estado Moderno? Um Estado Moderno tem a pretensão de monopólio do Direito, tem suas regras positivadas e suas fontes normativas centradas na ideia de lei.[8] Desse modo, a resposta àquela pergunta pode estar implicada nesta reflexão de Adeodato:

---

[7] "O subdesenvolvimento, em seu contexto mais amplo, pode ser dito uma estrutura cultural" (Adeodato, *Ética e retórica*: para uma teoria da dogmática jurídica, 2002, p. 117).

[8] "A primeira delas é a *ascensão da lei* em detrimento de outras das chamadas fontes do direito. Deve-se aqui entender o termo em seu sentido mais amplo e não apenas como lei ordinária ou

"Talvez porque nunca se formou uma tradição legalista ou jurisprudencial no Brasil, e o Estado burocrático racional ainda não se impôs, se é que vai se impor, os próprios representantes do Estado não parecem comprometidos com o cumprimento da lei e o povo e os políticos falam dela como de vacina contra varíola: umas 'pegam' e outras, não" (Adeodato, *Ética e retórica*: para uma teoria da dogmática jurídica, 2002, p. 132-133).

A questão, nesse sentido, se torna ainda mais complexa, pois se trata de questionar: o que é ser um Estado Moderno e o que é viver a crise pós-moderna a um só tempo se ainda não se alcançou a própria modernidade? Num contexto em que a situação é a de pulverização e atomização dos poderes, certamente se está diante de uma realidade que contradiz o modelo moderno, implantado em algumas partes do país e inexistente em outras partes do país. A situação é profundamente ambígua, se se considera a totalidade do sistema jurídico brasileiro.[9]

5.3 INEFICÁCIA DO ORDENAMENTO JURÍDICO BRASILEIRO

As mudanças do contexto pós-moderno provocaram profundo abalo nos modos de organização da vida, em suas diversas projeções. Não há que se negar que isso afetou de forma decisiva os modos pelos quais a sociedade lida com suas patologias. Na razão direta do aumento da criminalidade está o exacerbado fomento ao consumismo e à criação de uma sociedade profundamente determinada pela marca de fogo do capitalismo.[10] Essa questão histórica não pode ser negligenciada pelo exegeta do sistema na

---

mesmo lei em sentido tanto 'formal' quanto 'material'. As primeiras leis são tão antigas quanto a arte da escrita, é certo, mas nunca a organização do direito dependeu tanto de normas jurídicas legalmente estruturadas quanto no modelo de Estado formado a partir da Revolução Francesa. Mais importante ainda passa a ser a segunda característica, a *pretensão de monopólio, por parte do Estado, na produção de normas jurídicas*, fixando e modificando as regras de convivência social por meio de decisões legalmente fundamentadas; o Estado não cria todo o direito mas decide sobre o que tolera ou não e decide, em última instância, o que considera juridicamente relevante. Por fim, o Estado dito moderno se caracteriza pelo fenômeno da *positivação do direito*, isto é, o fenômeno de as normas jurídicas serem estabelecidas por decisão legal e também por decisão legal serem substituídas, institucionalizando a mutabilidade do direito" (Adeodato, *Ética e retórica*: para uma teoria da dogmática jurídica, 2002, p. 114-115).

[9] Um sistema que não decide por si, terá sua decisão tomada por outrem: "Esta é a conclusão direta do fato de que o Estado subdesenvolvido não consegue distribuir a todos sua justiça e assim ter o monopólio das decisões. Se ele não decide e é preciso decidir, alguma outra instância terá de fazê-lo por ele" (Adeodato, *Ética e retórica*: para uma teoria da dogmática jurídica, 2002, p. 116).

[10] Deve-se concordar com Bauman, quando afirma: "O que se tem registrado, em anos recentes, como criminalidade cada vez maior (um processo, observemos, paralelo ao decréscimo da associação ao partido comunista ou a outros partidos radicais da 'ordem alternativa') não é um produto de mau funcionamento ou negligência – muito menos de fatores externos à própria sociedade (embora assim seja descrito cada vez mais frequentemente –, quando, de forma típica,

medida em que discute e analisa as dimensões da crise pós-moderna. Relegar a análise à afirmativa de que se trata de um problema dos países periféricos do sistema capitalista é fechar os olhos para a realidade que avassala e desorganiza as mais civilizadas e centrais sociedades capitalistas contemporâneas.

Pode-se mesmo pensar na ocorrência de novos ilegalismos, que afetam classes sociais distintas, que redundam em daninhas e comprometedoras avarias de eficácia nos sistemas sociais de controle da conduta, redundando num processo altamente explosivo, de consequências fortemente desagregadoras para a tecitura social. Neste ponto, leia-se esta importante reflexão de Sérgio Adorno:

> "Como se sabe, na maior parte das sociedades do mundo ocidental, têm se acentuado dilemas do controle democrático criminal. Esses dilemas concernem à persistência de um modelo de controle social, fundado na arquitetura do moderno Estado liberal, hoje considerado incapaz de fazer face às modalidades emergentes de violência criminal, sobretudo aquelas que gravitam em torno do crime organizado em bases empresariais e internacionais.
>
> Não apenas no Brasil, mas no mundo afora, os principais sinais desses dilemas se radicam em:
>
> (1) na difusão em ritmo acentuado de um sentimento de medo e insegurança diante do crime que toma de assalto o cidadão comum, independentemente de suas diferenças de classe, etnia, cultura ou qualquer outra clivagem social. A respeito, basta examinar sondagens de opinião na França, Inglaterra, Alemanha, Estados Unidos e Brasil para constatar como esse sentimento é presente, em que pese ao fato de que suas significações possam ter coloridos e interpretações locais;
>
> (2) o rápido crescimento da criminalidade urbana violenta. Até há três décadas, esse aumento era mais visível nos países de língua e cultura anglo-saxônica. Hoje, transformou-se em epidemia mundial. Seu movimento parece estar vindo a reboque da internacionalização e verticalização do crime organizado, em especial do narcotráfico;
>
> (3) o fracasso das respostas oferecidas pelo Estado, sob a forma de políticas públicas de segurança e justiça (ou políticas penais), cujo principal sintoma é a generalização de um sentimento coletivo de impunidade, isto é, um sen-

---

a correlação entre criminalidade e imigração, afluxo de pessoas estranhas, de raças ou culturas estrangeiras, se especula ou se declara). É, em vez disso, o próprio produto da sociedade de consumidores, logicamente (se não legalmente) legítimo; e, além disso – também um produto inevitável. Quanto mais elevada a 'procura do consumidor' (isto é, quanto mais eficaz a sedução do mercado), mais a sociedade de consumidores é segura e próspera. Todavia, simultaneamente, mais amplo e mais profundo é o hiato entre os que desejam e os que podem satisfazer os seus desejos, ou entre os que foram seduzidos e passam a agir do modo como essa condição os leva a agir e os que foram seduzidos mas se mostram impossibilitados de agir do modo como se espera agirem os seduzidos" (Bauman, *O mal-estar da pós-modernidade*, 1998, p. 55).

timento de que os crimes não estão sendo punidos, ou, quando o são, não o são devidamente" (Adorno, Contemporaneidade, poder e novos ilegalismos. In: *Direito e perspectivas jurídicas: Revista dos Anais do I Congresso de Iniciação Científica da Faculdade de Direito da Universidade de São Paulo*, 1, 1996, p. 137-138).

Se a crise é generalizada, isso não faz com que se possa medir com maior acuidade quais são os sistemas mais suscetíveis à erosão no atual contexto, e também os focos de mais acentuada decadência do sistema jurídico, bem como os motivos históricos específicos que geraram a ideologia que permitiu o descompasso entre o positivado e o praticado socialmente.

Como se destacou, cumpre, de certo modo, investigar as causas históricas que deram origem a esse processo. Para Ascensão, as causas históricas do descompasso entre a legislação positiva brasileira e os anseios populares mais fundamentais deram-se pela influência, ainda no período da independência, no século XIX, do jusracionalismo universalista, que levou a ideia de homogeneização normativa às últimas consequências, desrespeitando as identidades regionais, locais e mais específicas do povo brasileiro. Em suas palavras:

> "Mais significativa é a situação no Brasil. Aí, a veneração ideológica da lei coexiste com o seu desrespeito prático.
>
> Para o compreendermos, temos de remontar ao jusracionalismo vigente ao tempo da independência do Brasil. Por força dos pressupostos deste, as leis, fruto da recta razão, deveriam ser iguais em todos os tempos e em todos os lugares. As leis europeias deveriam por isso ser aplicadas também na América. A uniformidade das leis, hoje criticada, representava na época o último grito da modernidade, por força de concepções a que o Brasil nascente aderia fervorosamente.
>
> Portugal não levou às últimas consequências esta homogeneização, e teve sempre legislação especial, pensamos que mais acentuadamente até que os outros países colonizadores. Não obstante, muitas leis que correspondiam à situação europeia, mas nunca à brasileira, estavam em vigor no Brasil.
>
> Isso teve como consequência a diminuição da valia efectiva da lei. A inadequação desta reagia-se com a sua inobservância. A prática conseguiu assim uma acomodação, de que a vítima foi o império da lei na pureza que os romanos nos haviam transmitido.
>
> As vicissitudes históricas, com os poderes locais que se colocavam acima da lei, acentuaram esta maneira de ver. Desenvolvem-se formas sistemáticas de fuga ou distorção da lei. Mesmo os tribunais não tomam a vinculação à lei com o mesmo carácter absoluto que é próprio do continente europeu" (Ascensão, *O direito*: introdução e teoria geral, uma perspectiva luso-brasileira, 1991, p. 284).

E, sem dúvida, no levantamento dos argumentos mais severamente críticos ao estado atual do ordenamento jurídico brasileiro, Ascensão não está sozinho em sua reflexão, ao atribuir grande parte dessa defasagem cultural brasileira ao apego aos modelos positivistas do século XIX. A crença na sistematização meticulosa das regras jurídicas positivadas, dentro de um sistema engessado, piramidal, formal, legalista é fortemente causadora da desrazão atual, como também afirma José Eduardo Faria:

> "Historicamente, por mais diversos que tenham sido os desdobramentos dessas respostas, no tempo e no espaço, eles parecem ter um aspecto comum: conduzem à ideia de 'crise' da função social do direito positivo. Afinal, com o alto grau de contradições e iniquidades sociais, com a gradativa oligopolização das forças produtivas e com a consequente coletivização dos conflitos, no âmbito da sociedade de classes, um dos pilares básicos da dogmática jurídica acabou sendo mortalmente atingido: a crença num pluralismo social redutível a uma unidade formal capaz de equilibrar antagonismos e harmonizar interesses, mediante um processo de construção de categorias conceituais, princípios gerais e ficções retóricas que depuraria as instituições de direito de quaisquer antinomias ou lacunas" (Faria, *Eficácia jurídica e violência simbólica:* o direito como instrumento de transformação social, 1988, p. 20).

Por qualquer abordagem que se remonte, pode-se chegar a identificar uma causa, mas as causas são sempre mais plurais do que a possibilidade de cruzá-la na identificação de uma origem comum. Alguns *críticos* da própria ideia de *crise* poderiam afirmar: a crise sempre esteve presente. Não haveria como negar esta afirmação. No entanto, o que se deve ressaltar é que nunca tantos paradoxos concorreram a um só tempo e de modo tão exacerbadamente presente e flagrante quanto hodiernamente. Assim, não se trata de falar de uma realidade brasileira que enfrenta uma crise setorial, mas sim uma crise que afeta diversos e múltiplos setores da vida social simultaneamente. O que falar do aumento das taxas de criminalidade?[11] O que falar da morosidade do Poder Judiciário? O que falar da inacessibilidade da justiça a uma demanda social crescente por satisfação de direitos? O que falar do crescimento vertiginoso dos escândalos de corrupção na Administração e no Governo, nas instâncias municipal, estadual e federal? O que falar do crescimento do número de homicídios nas últimas décadas? O que falar do surgimento de grupos armados e de guerrilheiros, de justiceiros e executores

---

[11] Na perspectiva de Bauman, trata-se de fator interligado ao consumismo capitalista, produtor que é de deslocados e excluídos: "A crescente magnitude do comportamento classificado como criminoso não é um obstáculo no caminho para a sociedade consumista plenamente desenvolvida e universal. Ao contrário, é seu natural acompanhamento e pré-requisito. É assim, reconhecidamente, devido a várias razões, mas eu proponho que a principal razão, dentre elas, é o fato de que os 'excluídos do jogo' (os consumidores falhos – os consumidores insatisfatórios, aqueles cujos meios não estão à altura dos desejos, e aqueles que recusaram a oportunidade de vencer enquanto participavam do jogo de acordo com as regras oficiais) são exatamente a encarnação dos 'demônios interiores' peculiares à vida do consumidor. Seu isolamento em guetos e sua incriminação, a severidade dos padecimentos que lhes são aplicados, a crueldade do destino que lhes é imposto, são – metaforicamente falando – todas as maneiras de exorcizar tais demônios interiores e queimá-los em efígie" (Bauman, *O mal-estar da pós-modernidade,* 1998, p. 57).

sumários, que com práticas de barbárie e terrorismo divulgam a desordem e a desagregação sociais?[12] O que falar do surgimento de práticas cada vez mais violentas e drásticas nos grandes centros urbanos, sobretudo nas periferias e favelas? O que falar dos déficits orçamentários e da galopante situação de servilismo brasileiro ao capital estrangeiro? Como ignorar e fechar os olhos à existência de um sistema produtivo que é capaz de gerar legiões de desempregados, famintos e carentes?[13] Esses não são meramente problemas de países periféricos ao capitalismo central, pois são, em verdade, problemas reais de uma sociedade subdesenvolvida num contexto pós-moderno.[14]

---

[12] Por toda parte o terror ganha corpo, de modo a comprometer o próprio horizonte do século XXI: "Está também repleto de violência – mais violência que no passado – e, que talvez seja igualmente importante, de armas. Nos anos antes da ascensão de Hitler ao poder na Alemanha e na Áustria, por mais agudas que fossem as tensões e ódios raciais, é difícil imaginar que assumissem a forma de adolescentes carecas nazistas incendiando uma casa habitada por imigrantes, matando seis membros de uma família turca. Contudo, em 1993, um incidente choca, mas não mais surpreende, quando ocorre no coração da tranquila Alemanha, casualmente em uma cidade (Solingen) com uma das mais antigas tradições de socialismo operário no país.

"Além disso, acessibilidade de armas e explosivos altamente destrutivos hoje é tal que o habitual monopólio de armamentos do Estado em sociedades desenvolvidas não pode mais ser tomado como certo. Na anarquia de pobreza e ganância que substituiu o ex-bloco soviético, não era mais inconcebível nem mesmo que armas nucleares, ou os meios para fabricá-las, pudessem chegar às mãos de grupos outros que não os governos.

"O mundo do terceiro milênio portanto quase certamente continuará a ser de política violenta e mudanças políticas violentas. A única coisa incerta nelas é aonde irão levar" (Hobsbawm, *Era dos extremos*: o breve século XX, 1914-1991, 2002, p. 446).

[13] "Na base de todo esse movimento tem-se o momento de um mundo sem ideologias que se contritam para daí fazer nascer um consenso baseado num mínimo de alteridade e de interesses que atendam os dois lados. O mundo hoje tem apenas um lado: o do capital, o do lucro, o do ganho. O utilitarismo lucrativo passou a ser a única 'ética' prezada e reverenciada. De escravo a servo, de servo a súdito, de súdito a cidadão, de cidadão a... consumidor. Quem não consome não tem direitos, porque deixa de ser útil a um sistema em que a utilidade voltada ao lucro, e nenhuma outra coisa, é o critério 'moral' aceitável. O não consumidor é um excluído. E o excluído tem direitos? Se ele está fora da sociedade – a exclusão apelida-se 'social' – e o direito é, essencialmente, um conjunto de normas que se põe para a vida em sociedade, quem dela se ausenta do direito se aparta? Quer-se inaugurar (ou já se iniciou) um processo de escravização branca de populações inteiras às quais se nega mesmo o direito de existir na sociedade, pois a esta não seria útil. As legiões que perambulam desempregadas, famintas e envergonhadas de sua não utilidade trazem o estigma dos que não se respeitam porque o respeito é próprio do homem digno e a sua condição os projeta em situação de indignidade e de carência de qualquer direito" (Rocha, *O constitucionalismo contemporâneo e a instrumentalização para a eficácia dos direitos fundamentais*, 1997, p. 82).

[14] Leia-se o aspecto positivo de países subdesenvolvidos criarem alternativas à ineficiência do modelo central de Estado: "Pode-se agora colocar exemplos dessas estratégias extralegais que auxiliam na decisão de conflitos, observáveis em países periféricos como o Brasil. Algumas delas não aparecem nos sistemas jurídicos do centro desenvolvido. Outras têm um papel inteiramente diverso: são disfunções nas sociedades diferenciadas e, em um país subdesenvolvido, podem agir justamente como lubrificante para a máquina decisória, aumentando sua eficiência e aliviando as instâncias estatais legalmente organizadas. Tal cumplicidade funcional no resultado nem sempre

Acentuando a investigação menos no sentido do levantamento exaustivo das causas da crise contemporânea do Direito no Brasil, e dando ênfase à própria existência da crise e de vetores que a propulsionam, o que não se pode fazer, de qualquer forma, é ignorar o panorama crítico instalado na sociedade contemporânea. Por isso é que, como forma de interação com o *status quo* social, deve-se pensar a crise e as suas manifestações para que se encaminhem discussões e reflexões temáticas suficientes para o adequado enquadramento da questão. A Filosofia do Direito não se pode furtar à tarefa primordial de refletir sobre as condições empíricas com as quais o discurso sobre a justiça é praticado na realidade sócio-histórica de um povo, e muito menos esquivar-se da intromissão em temas e questões comprometedoras dos próprios modos e práticas pelos quais se faz justiça.

5.4 SINTOMAS DA CRISE DO DIREITO BRASILEIRO

A análise, neste ponto, não se pode furtar de uma real consciência acerca de diversos fatores que, em conjunto, contribuem para a crise de ineficácia do ordenamento jurídico brasileiro. As perplexidades são muitas, e os caminhos de discussão são tortuosos.[15] O estado atual da crise do Direito projeta amplas outras crises, que reproduzem preocupações infindáveis, a partir do surgimento encadeado de novas questões e novos problemas a serem tratados pelo ordenamento jurídico. Nesse sentido, é mais de perguntas do que de respostas que se pode dizer preenchido o cenário das perplexidades em torno do estado atual da erosão e falência das instituições jurídicas brasileiras.

As perguntas que motivam este estudo são inúmeras, pois, no que tange a este tema, os débitos com a sociedade brasileira são ainda maiores: a pobreza, a fome, as desigualdades sociais foram erradicadas do país? (Art. 3º, inc. III da CF 88: "Constituem objetivos fundamentais da República Federativa do Brasil: erradicar a pobreza e a

---

ocorre sem traumas, diante da pretensão de monopólio na produção de normas jurídicas que o Estado se arvora: conforme mencionado, as estratégias de legitimação nos países carentes podem tanto auxiliar os órgãos estatais quanto atuar contra eles" (Adeodato, *Ética e retórica: para uma teoria da dogmática jurídica*, 2002, p. 123).

[15] Essa sensação aparece nesta reflexão de Campilongo: "A 'democracia delegativa' brasileira, em face desses dilemas institucionais e sociais, aponta para algumas mudanças sensíveis. Essas tendências são classificadas e compreendidas com grande perplexidade pela doutrina. Sumariamente, podem ser arroladas as seguintes transformações no direito: a) rompimento do monismo jurídico e esvaziamento do monopólio estatal da produção normativa; b) deslegalização e desregulamentação do Estado para a sociedade civil da capacidade decisória sobre temas específicos; c) delegação do Estado para a sociedade civil da capacidade decisória sobre temas específicos; d) surgimento do Estado paralelo; e) desterritorialização das práticas jurídicas; f) reconhecimento de novas arenas jurídicas e de novos sujeitos de direito; g) nova concepção de cidadania" (Campilongo, *O direito na sociedade complexa*, 2000, p. 59).

marginalização e reduzir as desigualdades sociais e regionais");[16] as condições salariais são justas para a distribuição de renda da população e para a manutenção da dignidade da pessoa humana? (Art. 7º, inciso IV da CF 88: "São direitos dos trabalhadores urbanos e rurais, além de outros que visem à melhoria de sua condição social: salário mínimo, fixado em lei, nacionalmente unificado, capaz de atender às suas necessidades vitais básicas e às de sua família com moradia, alimentação, educação, saúde, lazer, vestuário, higiene, transporte e previdência social, com reajustes periódicos que lhe preservem o poder aquisitivo, sendo vedada a vinculação para qualquer fim");[17] quantos estados da Federação possuem Defensoria Pública instalada, implantada e operante no Brasil? (Art. 134 da CF 88: "A Defensoria Pública é instituição essencial à função jurisdicional do Estado, incumbindo-lhe a orientação jurídica e a defesa, em todos os graus, dos necessitados na forma do art. 5º, LXXIV"); a dignidade do preso é respeitada? (Art. 5º, inc. XLIX da CF 88: "é assegurado aos presos a integridade física e moral"); a segurança pública cidadã e com respeito aos direitos humanos é uma realidade nos centros urbanos brasileiros? (Art. 144 da CF 88: "A segurança pública, dever do Estado, direito e responsabilidade de todos, é exercida para a preservação da ordem pública e da incolumidade das pessoas e do patrimônio [...]"); "Respeite a sinalização" e "Acredite na sinalização"[18] são placas recorrentemente utilizadas nas estradas brasileiras (Por que "acredite na sinalização"? Ela não seria confiável? Ou, ainda, ela não é passível de ser creditada como suficiente por si só? A legislação e a fiscalização viária não são suficientes para criar no sujeito passivo das normas viárias o dever de trânsito? Neste caso, trata-se de um reconhecimento normativo e oficial do

---

[16] Certamente, a resposta é negativa, sobretudo tendo-se agora uma visão mais próxima da real condição de miserabilidade em que se encontra 15% da população brasileira (número muito expressivo de 24,7 milhões de pessoas em condições de miséria): "Se dúvida existia sobre o termômetro que o governo Lula usaria para medir o tamanho da pobreza e da miséria no Brasil, ela se dissipou ontem, após o discurso de posse de Antonio Palocci. Mais de uma vez, o ministro da Fazenda afirmou que 15% dos brasileiros não ganham o suficiente para suprir suas necessidades de alimentação. Tornou oficial, assim, a linha de indigência do Instituto de Pesquisa Econômica Aplicada (Ipea), que estima em 14,6% da população o total de indigentes no Brasil". Em seguida: "Ao todo, segundo o Instituto, que é ligado ao Ministério do Planejamento, o país tem 24,7 milhões de miseráveis (pessoas que vivem com menos de R$55,00 por mês)" (Oliveira; Vieira; Fadul, Ministro adota linha de miséria do Ipea, *O Globo*, Rio de Janeiro, 3 jan. 2003, ano LXXVII, 2003, p. 21).

[17] É importante que se tenha consciência da inter-relação entre fome e criminalidade, entre necessidades vitais e dignidade social: "A fome, simbolicamente escolhida pelo Presidente da República como primeira chaga a ser combatida, é uma das raízes da criminalidade. Crianças carentes de comida, saúde e afeto e legiões de jovens lançados no mercado do desemprego são, de fato, a pólvora do barril antissocial. E curto o itinerário que separa o brinquedo do revólver. É ilógico exigir um comportamento civilizado aos órfãos da dignidade humana. O agredido, cedo ou tarde, vira agressor" (Di Franco, Carlos Alberto, Raízes do crime infanto-juvenil, *O Estado de S. Paulo*, 20 jan. 2003, A2).

[18] Sinalização viária afixada na altura do km 95 da estrada estadual Rio de Janeiro – Petrópolis, no Estado do Rio de Janeiro. A constatação da afixação da placa data de 10 nov. 2002.

Estado de que o descumprimento é generalizado? É um recibo passado de que a sinalização viária não possui eficácia?).[19]

---

[19] São outros fartos e suficientes exemplos de normas que padecem por problemas de eficácia (social e técnica) extraídos do ordenamento jurídico brasileiro: art. 203 da CF 88: "A assistência social será prestada a quem dela necessitar, independentemente de contribuição à seguridade social, e tem por objetivos: I – a proteção à família, à maternidade, à infância, à adolescência e à velhice; II – o amparo às crianças e adolescentes carentes; III – a promoção da integração ao mercado de trabalho; IV – a habilitação e reabilitação das pessoas portadoras de deficiência e a promoção de sua integração à vida comunitária; V – a garantia de um salário mínimo de benefício mensal à pessoa portadora de deficiência e ao idoso que comprovem não possuir meios de prover à própria manutenção ou de tê-la provida por sua família, conforme dispuser a lei"; art. 206 da CF 88: "O ensino será ministrado com base nos seguintes princípios: VII – garantia de padrão de qualidade"; art.38 do Código Penal (Decreto-lei nº 2.848, de 7/12/1940): "O preso conserva todos os direitos não atingidos pela perda da liberdade, impondo-se a todas as autoridades o respeito à sua integridade física e moral"; art. 46 do Código Penal (Decreto-lei nº 2.848, de 7/12/1940): "A prestação de serviços à comunidade ou a entidades públicas é aplicável às condenações superiores a 6 (seis) meses de privação da liberdade"; art. 184 do Código Penal (Decreto-lei nº 2.848, de 7/12/1940): "Violar direito autoral: Pena – detenção, de 3 (três) meses a 1 (um) ano, ou multa"; art. 229 do Código Penal (Decreto-lei nº 2.848, de 7/12/1940): "Manter, por conta própria ou de terceiro, casa de prostituição ou lugar destinado a encontros para fim libidinoso, haja, ou não, intuito de lucro ou mediação direta do proprietário ou gerente: Pena – reclusão, de 2 (dois) a 5 (cinco) anos, e multa"; art. 10 do Código de Processo Penal (Decreto-lei nº 3.689, de 3/10/1941): "O inquérito deverá terminar no prazo de 10 (dez) dias, se o indiciado tiver sido preso em flagrante, ou estiver preso preventivamente, contado o prazo, nesta hipótese, a partir do dia em que se executar a ordem de prisão, ou no prazo de 30 (trinta) dias, quando estiver solto, mediante fiança ou sem ela"; art. 12 da Lei nº 6.368, de 21/10/1976: "Importar ou exportar, remeter, preparar, produzir, fabricar, adquirir, vender, expor à venda ou oferecer, fornecer ainda que gratuitamente, ter em depósito, transportar, trazer consigo, guardar, prescrever, ministrar ou entregar, de qualquer forma, a consumo substância entorpecente ou que determine dependência física ou psíquica, sem autorização ou em desacordo com determinação legal ou regulamentar: Pena – reclusão, de 3 (três) a 15 (quinze) anos, e pagamento de 50 (cinquenta) a 360 (trezentos e sessenta) dias-multa. § 1º Nas mesmas penas incorre quem, indevidamente: I – importa ou exporta, remete, produz, fabrica, adquire, vende, expõe à venda ou oferece, fornece ainda que gratuitamente, tem em depósito, transporta, traz consigo ou guarda matéria-prima destinada a preparação de substância entorpecente ou que determine dependência física ou psíquica; II – semeia, cultiva ou faz a colheita de plantas destinadas à preparação de entorpecente ou de substância que determine dependência física ou psíquica. § 2º Nas mesmas penas incorre, ainda, quem: I – induz, instiga ou auxilia alguém a usar entorpecente ou substância que determine dependência física ou psíquica; II – utiliza local de que tem a propriedade, posse, administração, guarda ou vigilância, ou consente que outrem dele se utilize, ainda que gratuitamente, para uso indevido ou tráfico ilícito de entorpecente ou de substância que determine dependência física ou psíquica; III – contribui de qualquer forma para incentivar ou difundir o uso indevido ou o tráfico ilícito de substância entorpecente ou que determine dependência física ou psíquica" e art. 14: "Associarem-se duas ou mais pessoas para o fim de praticar, reiteradamente ou não, qualquer dos crimes previstos nos artigos 12 e 13 desta Lei: Pena – reclusão, de 3 (três) a 10 (dez) anos, e pagamento de 50 (cinquenta) a 360 (trezentos e sessenta) dias-multa"; art. 10 da Lei de Execuções Penais (Lei 7.210, de 11/7/1984): "A assistência ao preso e ao internado é dever do Estado, objetivando prevenir o crime e orientar o retorno à convivência em sociedade. Parágrafo único. A assistência estende-se ao egresso"; art. 39 da Lei nº 9.605, de 12/2/1998:

Como enfrentar os desafios da crise se existem diversos fatores concorrendo para o agigantamento dos problemas sociais e ao entrecruzamento das crises setoriais entre si? Recorrendo-se aos números as proporções daquilo que se fala se tornam ainda mais claramente explicitadas:

"O Censo de 2000 contabilizou 1.650.548 domicílios em 3.905 grupamentos subnormais (favelas em todo o país), onde vivem 6.550.634 pessoas. A Região Sudeste concentra mais de 60% das casas em favelas do país (1.038.068)."

No *ranking* dos municípios, pelo último Censo o Rio é o segundo colocado em quantidade de favelas (513), só perdendo para São Paulo (612). Mas, o percentual de crescimento foi maior no Rio do que na capital paulista: 11% contra 4,6%, de 91 para 2000.

A quantidade de favelas no país aumentou cinco vezes de 1991 para 2002, passando de 717 para 3.905. Em Belém, com 93 favelas, o crescimento chegou a 365%. Em Guarulhos, São Paulo, o aumento foi de 112,5% (136 favelas). Em Curitiba foi de 40% (122 favelas)

A Região Centro-Oeste é a que tem menos domicílios em favelas (16.808), seguida da Região Sul (110.411) e da Região Norte (178.326). O Censo 2000 contabilizou 306.935 grupamentos subnormais nos estados do Nordeste.

Estudo feito ano passado pelo Banco Mundial (Bird) revelou um quadro ainda mais dramático. Técnicos do órgão constataram que cerca de 2,34 milhões de brasileiros vivem em habitações improvisadas feitas de plástico, papelão e lata, embaixo de pontes ou em carros abandonados. Outros 9,5 milhões vivem em 3,3, milhões de unidades habitacionais com duas ou mais famílias. A mesma pesquisa constatou ainda que 339.300 pessoas moram em 117 mil casas em péssimo estado de conservação, que estão condenadas (Schmidt, Selma, Projetos esbarram até na falta de dados precisos sobre a quantidade de favelas: IBGE calcula em 6,5 milhões os favelados, mas número está subestimado, *O Globo*, Rio de Janeiro, 5 jan. 2003, ano LXXVII, 2003, p. 4).

"Cortar árvores em floresta considerada de preservação permanente, sem permissão da autoridade competente: Pena – detenção, de um a três anos, ou multa, ou ambas as penas cumulativamente" e art. 25 "A assistência ao egresso consiste: I – na orientação e apoio para reintegrá-lo à vida em liberdade; II – na concessão, se necessário, de alojamento e alimentação, em estabelecimento adequado, pelo prazo de 2 (dois) meses. Parágrafo único. O prazo estabelecido no inciso II poderá ser prorrogado uma única vez, comprovado, por declaração do assistente social, o empenho na obtenção de emprego"; art. 7 do Estatuto da Criança e do Adolescente (Lei nº 8.069, de 13/7/1990): "A criança e o adolescente têm direito a proteção à vida e à saúde, mediante a efetivação de políticas sociais públicas que permitam o nascimento e o desenvolvimento sadio e harmonioso, em condições dignas de existência"; art. 4 da Lei nº 8.429, de 2/6/1992: "Os agentes públicos de qualquer nível ou hierarquia são obrigados a velar pela estrita observância dos princípios de legalidade, impessoalidade, moralidade e publicidade no trato dos assuntos que lhes são afetos"; art. 56 da Lei nº 9.099, de 26/9/1995: "Instituído o Juizado Especial, serão implantadas as curadorias necessárias e o serviço de assistência judiciária".

Todo o gigantismo destas distorções assusta qualquer lucidez racional que se possa ter diante da necessidade de pensar soluções possíveis para o enfrentamento da crise, que não é só jurídica, mas que possui fortes raízes socioeconômicas e políticas, sobretudo em tempos de políticas neoliberais.[20] Nesse contexto, toda a dimensão do que se pensa e do que se fala se torna muito dificultosamente aceitável, na medida em que as propostas se veem esvanecer por problemas orçamentários sempre restritivos das ideias mais bem-intencionadas para a solução dessas distorções. Fica até mesmo difícil divisar o que é causa e o que é efeito, nesse emaranhado forte de problemas sociais. Essa confusão vem acentuada ainda mais pela dimensão da ocorrência das crises (social, política, econômica, funcional...) que afetam diversas dimensões da vida social, o que torna a realidade vivida em sociedade ainda mais complexa, a ponto de comprometer qualquer diagnóstico sobre a noção de crise. Sobre esse ponto da discussão, as palavras de Campilongo:

> "Aqui também, somadas a crise social de desintegração e a crise do sistema cultural, chega-se a uma *crise de hegemonia*, caracterizada pela ausência de projetos capazes de gerar o mínimo de consenso e suporte quer entre as elites quer entre a população. A crise econômica fragmenta a sociedade em incontáveis facções e setores, o que rompe tanto com a noção de sociedade unificada quanto com a imagem do Estado unificado. A história do Brasil sempre foi marcada por crises políticas, econômicas, sociais e culturais. Em outras épocas, os 'déficits' em algumas dessas esferas eram parcialmente compensados pelo relativo sucesso nas demais. O inédito do momento atual as crises ocorrem de modo concomitante. Mais ainda: o paliativo da recíproca calibração entre os sistemas perdeu suas virtualidades. Disso resulta uma grande crise de matriz jurídico--organizacional do Estado. Um vazio de poder equivalente à desmotivação, ao desencanto e à apatia da opinião pública para com as instituições. Em outras palavras: um governo que não encontra suportes na sociedade" (Campilongo, *O direito na sociedade complexa*, 2000, p. 55).

Como já se disse, não se pode acreditar que exista um única causa que seja responsável pelos efeitos sofridos pelo ordenamento atualmente. Muito menos ainda, poder-se-á divisar com clareza aquilo que é causa e aquilo que é consequência. Por isso, está-se diante da necessidade de se construir um quadro afirmativo das diversas confluências que redundam na perda de eficácia do sistema como um todo, mencionando-se o termo

---

[20] Veja-se a crítica ao neoliberalismo nas palavras de Eros Roberto Grau: "O neoliberalismo é fundamente antissocial, gerando consequências que unicamente as unanimidades cegas não reconhecem. O desemprego estrutural na Comunidade Europeia alcança cifras elevadíssimas. Os países avançados suportam a estagnação econômica, com o empobrecimento dos assalariados. A América Latina passa por um processo de marcante desindustrialização. Os Estados nacionais, cujas dívidas explodem, 'uma vez que seus títulos públicos alimentam o capital a juros globalizado', entram em situação de falência fiscal" (Grau, *A ordem econômica na Constituição Federal de 1988*, 3. ed., 1997, p. 38).

sintoma para designar aquilo que aparece, aquilo que vem à tona e que dá sinal, podendo ser a causa ou mesmo a própria consequência. A pós-modernidade vive essa sensação de se estar plenamente imerso em meio a um nevoeiro, donde enxergar com distinção os fenômenos à volta é algo dificultoso, além de complexo. Destaca-se, como sendo tarefa ainda mais importante do que detectar causas e diagnosticar relações de causa e efeito, apontar a conjuntura que cerca a mudança paradigmática na pós-modernidade.

Portanto, formar-se-á um quadro de relevantes sintomas da referida erosão do ordenamento jurídico brasileiro, onde ter-se-ão em conta os seguintes referenciais, que são aqui apontados como marcas da incapacidade de adaptação do Estado de Direito Brasileiro, submetido a fortes crises de representatividade e a severas provas de legitimidade, dentro da própria lógica de destronamento dos valores sobre os quais se construiu o Estado moderno,[21] às modificações contemporâneas dos sistemas cultural, axiológico, político e econômico:

- Surgimento de uma contracultura do direito inoficial como forma alternativa de solução de conflitos e como indicador de uma revolução impactante no formalismo centralista do Estado:[22] o pluralismo de ordenamentos da vida social, surgindo ao lado de uma nova dimensão de ilegalismos, de direitos nascidos na rua, de microéticas grupais, de controles socciorregionais comandados por grupos, de alternativas de justiça com as próprias mãos, na ausência do Estado de Direito, despontam como responsáveis pela ocupação de um espaço socialmente relevante, a saber, o de definir a fronteira entre o justo e o injusto, o tolerável e o intolerável, através de regras e critérios nem sempre os melhores, os mais universais ou os mais apropriados.[23]

---

[21] Os principais valores sobre os quais se assentava a ideia de Estado encontram-se sob questionamento: "Povo, território, finalidade e soberania questionados. O conceito de Estado posto em discussão. Os limites e aporias da regra da maioria ressurgem no debate político – por meio dos penetrantes ensaios de Offe e Bobbio na década de oitenta – no exato momento em que a crise do Estado começa a ganhar contornos mais precisos na prática e na teoria políticas. As transformações no papel do Estado – ampliação, redução ou revisão de suas funções – implicam a automática remodelação do sistema jurídico" (Campilongo, *Direito e democracia*, 1997, p. 111).

[22] "Notícias demonstrando a perda da autoridade do Estado não faltam na imprensa, tanto escrita como falada. Mesmo o surgimento do chamado Direito Alternativo ou Direito Achado na Rua, serve como indicador de uma nova situação de soberania. Já não é mais o ordenamento jurídico do Estado-nação que impõe uma norma de conduta a todos os seus membros, mas as normas de grupos – até então tido como marginalizados – que formam um novo tipo de ordenamento jurídico, paralelo ao Estado" (Siqueira, *A pós-modernidade: consequência da revolução gnóstica e igualitária*, Disponível em: <http://www.angelfire.com/id/Viotti/PosModern.html>. Acesso em: 25 ago. 2002, p. 6). Sobre o tema, consulte-se, ainda: Quesada C., Contracultura, anticultura, racionalidade. In: Anais do 13º. Colóquio Internacional da *International Association for Semiotics of Law*, Direito Oficial, Contracultura e Semiótica do Direito, Faculdade de Direito da Universidade de São Paulo, São Paulo, 1997, p. 169-176.

[23] "Uma das virtualidades mais interessantes da cartografia simbólica do direito consiste na análise do efeito da escala na estrutura e no uso do direito. O Estado moderno assenta no pressuposto de que o direito opera segundo uma única escala, a escala do Estado. Durante muito

- Abundância de leis que "não pegam": normas são editadas afoitamente, num processo de descaso com a importância do processo legislativo e com o inegável relevo da tomada de decisões democráticas nas casas legislativas, poucas vezes surtindo efeitos sociais práticos (eficácia social) ou estando preparadas para sua recepção no conjunto geral do ordenamento jurídico (eficácia técnica).

- Número excessivo de leis e decretos em vigor, dentro da reprodução de um modelo legiferante caracteristicamente envolvido nas políticas de um Estado keynesiano ou intervencionista, produzindo-se um contexto normativo-discursivo de alto grau de ineficácia e, do ponto de vista do conjunto das normas, um sistema 'juridificado':[24] um número excessivamente elevado de leis (17 mil leis ordinárias), decretos (120 mil decretos), portarias, instruções normativas, atos normativos (1,5 milhão), regulamentos, medidas provisórias, circulares... se encontram simultaneamente em vigor, por vezes perturbando a própria ideia de sistema, prejudicando o cristalino e escorreito tratamento das questões jurídico-aplicativas, em face da infinitude de normas que cercam de modo conflituoso, contraditório, lacunoso e an-

---

tempo, a sociologia do direito aceitou criticamente este pressuposto. Nas três últimas décadas, a investigação sobre o pluralismo jurídico chamou a nossa atenção para a existência de direitos locais nas zonas rurais, nos bairros urbanos marginais, nas igrejas, nas empresas, no desporto, nas organizações profissionais. Trata-se de formas de direito infraestatal, informal, não oficial e mais ou menos costumeiro" (Santos, *A crítica da razão indolente*: contra o desperdício da experiência, 2001, p. 206).

[24] A respeito: "Com a intensa produção legislativa de caráter eminentemente dispositivo, as esferas individual e coletiva passam a sucumbir à crescente discricionariedade do Executivo, confundindo-se. Tanto as formas jurídicas quanto as estruturas normativas em que elas operam diversificam-se internamente, entreabrindo a gradativa submissão das técnicas jurídicas tradicionais, instrumentalizadas pelas normas de conduta, a uma regulamentação estatal cada vez mais ampla, viabilizada pelas normas de organização" (Faria, *Eficácia jurídica e violência simbólica*: o direito como instrumento de transformação social, 1988, p. 61). Ainda mais: "O que se passa a verificar, então é uma progressiva inefetividade política, administrativa, normativa, operacional e até organizacional do Estado keynesiano ou intervencionista. Sua prolífica – mas errática – produção legislativa vai acarretar importantes mudanças na morfologia, nos significados e na qualidade discursiva das leis, esvaziando progressivamente o caráter lógico-sistemático do ordenamento jurídico e pondo em xeque a linguagem unívoca desenvolvida pela dogmática com base em conceitos preestabelecidos e de acordo com regras precisas de mudança. Ao aumentar de modo cada vez mais desordenado e desarticulado o número de matérias, atividades e comportamentos regulados por textos legais, essa desenfreada produção legislativa culmina, assim, na ruptura da organicidade, da unidade lógico-formal e da racionalidade sistêmica do ordenamento jurídico e, por consequência, na perda da própria capacidade de predeterminação das decisões concretas por meio do direito positivo. Essa disfuncionalidade crescente do Estado 'social' ou regulador quanto de seu instrumental normativo configura um processo que tem sido chamado de 'ingovernabilidade sistêmica' ou 'crise de governabilidade' pelos cientistas políticos. E de 'inflação legislativa', 'juridificação' (ou 'sobre-juridificação') e 'trilema regulatório', pelos sociólogos e teóricos do direito" (Faria, *O direito na economia globalizada*, 1999, p. 117).

tinômico as situações a serem por elas regidas, criando-se uma hipertrofia sistêmico-regulatória incapaz de efetividade.[25]

- Uso recorrente de um discurso jurídico-normativo ininteligível e inacessível:[26] o uso e o emprego disseminado de uma linguagem ininteligível é, por vezes, causa de distorções hermenêuticas dentro do sistema, e, no mais das vezes, causa de impermeabilidade da sociedade como um todo às falas dos juristas, operadores do direito e especialistas, o que somente gera um afastamento gradativamente maior de uma população significativamente analfabeta (ou semialfabetizada) das instâncias da justiça e dos procedimentos legalizados (*ignorantia legis neminem excusat?*),[27] induzindo-se a uma ojeriza geral da sociedade, das mídias e do não especialista às questões jurídicas.

- Excessiva dispersão normativa, como fruto de políticas públicas desorganizadas e de estruturas burocráticas mal distribuídas ou administradas: a

---

[25] Observem-se os dados: "Também não é para menos. São 17 mil leis ordinárias, complementares e delegadas" [...] "Isso sem contar os outros 120 mil decretos, mais de 1,5 milhão de atos normativos e centenas de decretos legislativos, resoluções da Câmara e do Senado – que também têm validade como lei normal –, afora as medidas provisórias. Só nos últimos 12 anos o governo editou 5.491 MPs. Uma delas, a de número 1.974, que trata das Letras do Tesouro Nacional, já foi reeditada 86 vezes" (*O Estado de S. Paulo*, Geral, Justiça, 24 de dezembro de 2000, p. A8). Esses são dados concretos e recentes da realidade brasileira. O tema da inflação legislativa é analisado, do ponto de vista teórico, por Gunther Teubner. Sobre a questão da juridificação e a exploração do trilema regulatório na visão e na concepção de Gunther Teubner, ver Faria, *O direito na economia globalizada*, 1999, p. 137. Na nota de rodapé nº 24 dessa citada página se encontram fartas referências bibliográficas acerca do autor que podem servir para um aprofundamento na discussão dessa temática.

[26] Se sequer Mobral (Movimento Brasileiro de Alfabetização) muitos cidadãos fizeram, como cobrar cumprimento de todo esse aparato discursivo, com empáfia e tom de cobrança? A proposta: "Com leis mais claras e inteligíveis, os cidadãos terão melhores condições tanto de cobrar quanto de defender-se, em seu relacionamento – às vezes tão difícil, desproporcional e desigual – com o Estado e seus Poderes" (*O Estado de S. Paulo, Política*, Notas e Informações, 18 de março de 2001, p. A3).

[27] "Há um princípio geral no Estado de Direito, segundo o qual o desconhecimento da lei não exime o seu cumprimento. Convenhamos que é difícil respeitar tal regra num país com nada menos do que 10.204 leis ordinárias, 11.680 decretos-leis, 5.840 decretos do Poder Legislativo, afora as 105 leis complementares, as 13 leis delegadas e os 322 decretos do governo provisório, o que somado, resulta num espantoso volume de 28 mil normas jurídicas a que os cidadãos são obrigados a se submeter" (*O Estado de S. Paulo*, Política, Notas e Informações, 18 de março de 2001, p. A3). Nas palavras de Faria: "Todavia, em virtude das próprias contradições da sociedade de classes, o alto ritmo de mutabilidade de suas normas gera aquela situação paradoxal vista ao final do capítulo anterior: embora legalmente ninguém possa escusar-se do descumprimento das obrigações normativas, alegando não conhecê-las, na prática o homem comum deixa de saber como agir como tal, incapaz de produzir certeza jurídica e segurança de expectativas. Para compensar essa incerteza e essa insegurança, o homem comum passa a observar como o Estado se comporta através de suas múltiplas agências burocráticas, para, a partir desse *aprendizado,* saber o que dele se pode esperar" (Faria, *Eficácia jurídica e violência simbólica*: o direito como instrumento de transformação social, 1988, p. 97).

multiplicação de órgãos, agências governamentais, instituições públicas e repartições competentes, sem um claro quadro burocrático estável e organicamente distribuído, redundando num caos administrativo capaz de gerar uma dispersão de fontes de emanação de normas, quase sempre, conflitantes em competência e conteúdo material.

- Ineficácia de decisões judiciais: a incapacidade de dar cumprimento a decisões judiciais benéficas ou punitivas (decisão que concede ao réu benefício de colônia agrícola inexistente, decisão que concede ao réu o benefício da pena alternativa de prestação de serviços à comunidade sem estrutura para tanto, decisão que impõe ao réu o dever de manter-se na cidade sem condições de fiscalização, decisão que manda expedir mandado de prisão sem investigadores e policiamento para cumprir...) dificulta a operância prática das decisões judiciais, que passam a padecer do mal da ineficácia (social e técnica), surgindo os contrastes entre a letra da sentença ou do despacho, e as reais cores dos fatos.

- Perda das referências socioinstitucionais e representativas de autoridade: o desrespeito com o *munus publico* inerente a certas funções públicas e a certas funções socialmente relevantes torna a noção de autoridade, no melhor sentido da palavra, uma referência oca, incapaz de gerar lideranças ou trazer benefícios ou consequências sociais benéficas para a comunidade, gerando a ingovernabilidade e o descrédito nas forças comuns da sociedade (juízes ameaçados, chefes do executivo sequestrados, promotores perseguidos, delegados mortos, polícia acovardada...), além de uma falta de legitimidade no exercício do poder, uma vez que o capitalismo transfere todos os seus dilemas intrínsecos à sua crise para a esfera do governo.[28]

- Descrédito das instituições públicas: um dos mais sérios reflexos do descrédito popular com relação aos serviços essenciais prestados pelo Estado (segurança, saneamento, justiça, cartórios...) é a própria depreciação da importância do dinheiro público advindo do pagamento de impostos e a consequente debilitação do espaço comum a todos como meio de comunicação e deliberação conjunta. Os destinos do coletivo ficam entregues a iniciativas isoladas, e a falta de articulação política gera a apatia da sociedade frente ao governo e a ingovernabilidade do poder em face da sociedade. Medir essa situação é sentir a ausência de interesse dos particulares frente

---

[28] A afirmação final possui inspiração habermasiana: "Contudo, esta improvável constelação mudou, e as funções socialmente integrativas da manutenção da legitimidade não podem mais ser efetuadas através de funções sistêmicas integrativas do mercado e dos restos decrépitos das tradições pré-capitalistas. Precisam de novo ser transferidas ao sistema político. A atividade governamental agora busca a meta declarada de condução do sistema para evitar crises e, por consequência, o relacionamento de classe perde sua forma apolítica. Por estas razões, a estrutura de classe *precisa* ser mantida em lutas em torno da distribuição administrativamente mediada dos incrementos no produto social" (Habermas, *A crise de legitimação no capitalismo tardio*, 1999, p. 71).

ao que é público, e, até mesmo, o grau de dispersão da crença generalizada na corrupção, como o faz Paulo Sérgio Pinheiro: "Por outro lado há uma crença generalizada na sociedade de que todos aqueles que estão no governo ou no Parlamento são corruptos, percepção que funciona para a maioria da população como uma desculpa para desrespeitar a lei, sonegar impostos e praticar irregularidades administrativas. Em muitas sociedades a noção mesma de conflito de interesse nem mesmo existe".[29]

- Pouca transparência do conteúdo das políticas institucionais e perda da eficácia comunicacional a ser construída entre os agentes centrais das políticas públicas: políticas públicas por vezes bem intencionadas, mas por vezes mal direcionadas, são incapazes de gerar efeitos mais fortes que aqueles gerados por fatores negativos na sociedade (leis são criadas, mas o crime é mais rápido; são feitas campanhas de cidadania, mas pequena parcela da população é beneficiada...). O alcance comunicativo das mudanças institucionais ou das políticas públicas é sempre restrito ao próprio quadro de burocratas vinculados à própria matriz do poder.[30] Regras e normas deixam de ter tanta transparência quanto às calamitosas taxas de homicídio, de criminalidade, de violência urbana, de violência contra a mulher, de roubos, sequestros etc.

- Falta de conscientização e de participação no processo de formação das leis: quando a crise de representatividade esbarra no ideário democrático, as leis parecem restar obscuramente presentes no cotidiano dos órgãos legislativos (federais, estaduais e municipais) e muito pouco presentes no espírito e na consciência da população, com um decréscimo óbvio de cidadania, permeabilidade e participação nos processos de constituição dos princípios normativos que regem a conduta dos agentes sociais, tornando-se mero recurso procedimental do Estado em face de demandas sociais.

- Cultura política favorável às epidemias carismáticas de poder: a eterna crença popular no salvador, no líder carismático, na figura única do chefe do Executivo, afasta a atenção do cidadão comum da importância do voto para os cargos legislativos, ressentindo-se, posteriormente, a nação, do mal da ingovernabilidade, gerada pela difusão de legendas e partidos fragmen-

---

[29] Pinheiro, Corrupção: a crônica da morte anunciada dos governos, *Direitos Humanos no Brasil*, 95, Núcleo de Estudos da Violência e Comissão Teotônio Vilella, 1995, p. 66.

[30] Tem-se em vista a ideia habermasiana de que a comunicatividade é central na construção dos espaços públicos intersubjetivos, e qualquer crise que tenha a ver com este espaço, certamente passa por uma crise de comunicatividade: "Os sistemas sociais podem se manter diante da natureza externa através de ações instrumentais (conforme regras técnicas) e diante da natureza interior através de ações comunicativas (conforme normas válidas), porque no estágio sociocultural de desenvolvimento animal o comportamento é reorganizado sob imperativos de pretensões de validade. Esta reorganização é efetivada em estruturas de intersubjetividade produzida linguisticamente. A comunicação linguística tem uma dupla estrutura, pois a comunicação sobre conteúdo proposicional pode ocorrer apenas com simultânea metacomunicação a respeito de relações interpessoais" (Habermas, *A crise de legitimação no capitalismo tardio*, 1999, p. 22).

tários, sem consciência coletiva e sem compromisso político, incapazes de gerar consensos ou políticas comuns no plano normativo.

- Falta de aplicação de recursos que deem sustentação e efetividade às medidas criadas pelas leis, que geram ineficácia de diversos dispositivos normativos, deixando os cidadãos sempre ao aguardo de medidas político-orçamentárias miraculosas de implementação de normas preexistentes: a dissincronia entre os Poderes Legislativo e Executivo gera um problema maior na execução de políticas públicas efetivas, uma vez que o ideário normativo, por vezes, não se torna realidade praticável por não estar incluso na política governamental em vigor nenhum tipo de dispêndio ou investimento com este ou aquele setor, gerando um descompasso que torna decretos e leis inteiros simples normas ineficazes (ineficácia técnica) e sem correspondência real.

- Uso das leis como medida política de negociação de interesses intrapartidários e interpartidários: um vício imperdoável da cultura nacional, que deposita na ideia de legalidade a miraculosa crença da solução pelo discurso (*lege habemus*), gerando-se uma persuasividade inócua (leis se tornam expedientes ideológicos, retóricos e demagógicos), sabendo-se que sem condições de efetivação política, orçamentária e econômica, que devem ser negociadas com consciência e responsabilidade social, se torna impossível transformar a realidade com uma penada do legislador.

- Predominância de uma cultura do *bureau*: forte herança colonial que contamina as altas cúpulas do poder e os altos cargos do serviço público, que pensam burocraticamente (*bureau, bureaucratie*) as demandas sociais, sem interação ou participação representativas (cidadãos, ONG's, terceiro setor, fóruns de discussão, institutos de pesquisa, universidade...), sem real consciência dos problemas culturais e sociais a serem enfrentados no momento da aplicação de uma medida ou no momento de execução de uma determinada política.

- Emprego recorrente da ideia de segurança jurídica, em lugar da ideia da eficiência do sistema, típico traço de um apego formal lusitano: típico resultado do colonialismo português no Brasil, cumulado com a ideologia burguesa e liberal de controle da violência pelo Estado de Direito,[31] esse zelo acaba por ser pernicioso na medida em que as práticas burocráticas, os formalismos, as praxes procedimentais, os custos operacionais, o número de pessoal, as taxas

---

[31] A reflexão é de José Eduardo Faria: "O liberalismo do século XIX, nesse sentido, concebeu os princípios da constitucionalidade, da legalidade e da certeza como instrumentos em condições de fornecer ao Estado uma base normativa que, sem ferir exigências materiais, fosse capaz de lhe dar certos parâmetros de controle. Decorre daí, como será visto oportunamente, a dimensão política do positivismo normativista no âmbito dos paradigmas tradicionais da Ciência do Direito, uma vez que tais princípios permitiriam o enquadramento racional e formal da violência monopolizada pelo Estado" (Faria, *Eficácia jurídica e violência simbólica:* o direito como instrumento de transformação social, 1988, p. 67).

e os preços públicos aumentam para custear a própria sustentabilidade da burocracia, pois está disseminada a ideia de que quanto maior a quantidade de papéis, documentos, atos e regulamentos, maior será a segurança jurídica, sendo que nada disto acaba saindo do sistema e atingindo a sociedade, a população ou os potencialmente beneficiários do sistema jurídico ou político.

- Verticalismo da legislação brasileira: a crença num sistema positivo capaz de ser arquitetado com perfeição pelo legislador onisciente e onipotente, capaz de prever todo tipo de delituosidade futura *in abstracto* e de satisfazer a todas as carências sócio-humanas, dentro de um modelo centradamente dogmático-normativo,[32] o que redunda na ausência da participação popular na construção da democracia normativa, gerando um processo no qual a votação de leis que não representam expectativas populares, mas que são votadas "de cima para baixo" por atos de imposição, traz consigo o descontentamento popular, povo ao qual incumbe o forte dever de romper com a própria passividade da cidadania em seu próprio benefício.

- Confusa e conflituosa interação entre os Poderes: a desrespeitada formulação constitucional da atuação "independente e harmoniosa" dos Poderes (art. 2º, CF 88) traz por efeito a falta de interação, de ação conjugada e articulação entre os Poderes da República, sabendo-se que com isso formam-se nichos de acantonamento de classes hermeticamente defensoras de seus valores e interesses (classe dos juízes, classe dos servidores e classe dos políticos), microculturas burocráticas e hermenêuticas impermeáveis, de modo a distribuírem competências constitucionais específicas e responsabilidades sociais definidas, sem necessariamente interagirem para seu cumprimento.

- Deficiências da máquina burocrática: o uso de engessados modelos burocráticos de administração pública incapazes de absorver as demandas sociais, gera a inoperância da máquina estatal como um todo, em face da própria ineficiência do sistema burocrático e gerencial da coisa pública, que deveria adotar critérios de gerenciamento mais aproximados àqueles empregados para a geração da eficiência empresarial dos setores privados da sociedade.[33]

---

[32] A ideia é de José Eduardo C. O. Faria: "A funcionalidade da dogmática jurídica, como se sabe, sempre esteve diretamente associada à capacidade do legislador de sistematizar coerentemente a legislação, de individualizar os conflitos com a finalidade de atomizar a realidade social e de se expressar por uma linguagem objetiva, clara e unívoca. Sem ela, através de normas genéricas e impessoais hierarquicamente dispostas, e de abstrações como a igualdade perante a lei ou a autonomia da vontade, as instituições de direito dificilmente teriam condições operacionais de desempenhar seus papéis precípuos, na perspectiva do Estado liberal e da ordem burguesa: a de garantir a segurança das expectativas, o cálculo econômico e o equilíbrio entre os poderes. No limite, portanto, toda experiência jurídica é reduzida à dimensão estrita do dogma normativo e à pretensa racionalidade de um legislador tão coerente quanto onisciente" (Faria, *Eficácia jurídica e violência simbólica*: o direito como instrumento de transformação social, 1988, p. 21).

[33] Sobre o tema, leia-se: "A burocracia, como se sabe, não constitui um fenômeno recente. Mas a concentração de poderes pela autoridade central, com a formação do Estado moderno, torna

- Carência de uma forte cultura de participação da ciência na construção de estudos institucionais públicos, revelada pela: falta de estudos e de comissões revisoras (de cientistas políticos, de sociólogos, de juristas, de representantes comunitários...) para assinalarem demandas sociais, apontarem soluções administrativas e burocráticas, e mesmo para sistematizarem as normas em vigor, triando-as das normas revogadas, das normas ineficazes e das normas em desuso social,[34] que poderiam constar de volumes organizados de legislação (repertórios federais, estaduais e municipais de normas, *Vade Mecum*, compêndios, compilações, consolidações...), traz como consequência um ordenamento esfacelado, impermeável e ineficaz, e, mais, redunda em caos na distribuição estrutural das normas no sistema jurídico, dispersas que estão de modo ilógico, irracional e assistemático.[35]

- Elevadas taxas e altos índices de corrupção, favoritismos, nepotismos, desvios de poder, tráfico de influências e paternalismo no uso do poder: fruto de uma cultura autoritária, coronelista, latifundiária, recém-ingressa na lógica democrática, que herda da doação das sesmarias aos nobres portugueses o vício da concessão de favores como meio de negociação política, do qual está ausente a consciência da responsabilidade social e cívica, e fortemente presente o privatismo do público, ou seja, a consciência da mercantilidade do uso do poder, cria-se um favoritismo inconsequente na administração do poder (falta de verbas públicas, escândalos orçamentários, falência da previdência, CPIs...),[36] sempre fragilmente fiscalizado e suscetível a desvios, desmandos e escapes não autorizados aos demais cidadãos.

---

possível a nivelação das diferenças socioeconômicas, uma vez que estas incidem sobre a administração governamental" (Faria, *Eficácia jurídica e violência simbólica*: o direito como instrumento de transformação social, 1988, p. 49).

[34] Veja-se a situação da norma que prevê o adultério: "A mesma discussão surge em torno do adultério, que ainda figura como crime no Código Penal. 'Deveria ser descriminalizado há muito tempo', observa o presidente do Supremo Tribunal Federal (STF), ministro Carlos Velloso" (*O Estado de S. Paulo*, Geral, Justiça, 24 de dezembro de 2000, p. A8).

[35] É exorbitante o número de normas em vigor, e isso já se disse. Estudos no sentido de consolidar esta legislação estão encaminhados (10 mil normas em 129 leis, como se lê no trecho a seguir!), o que prova a consciência dos governos com a problemática gerada pela dispersão normativa: "Outro avanço importante é o esforço de consolidação legislativa levado a efeito pelo Governo Federal. A Casa Civil e os diversos Ministérios estão trabalhando para elaborar propostas de consolidação de normas. Algumas delas já foram submetidas ao Congresso. O objetivo é eliminar divergências, conflitos ou repetições entre normas que tratem do mesmo tema. O resultado será uma legislação mais simples, mais racional e mais transparente. Calcula-se que seja possível transformar mais de 10 mil normas com força de lei em apenas 129 leis consolidadas" (Brasil, *Palavra do Presidente*, Fernando Henrique Cardoso, Brasília, Presidência da República, 2002, p. 31).

[36] Somente a título de exemplo, destaca-se esta citação de Paulo Sérgio Pinheiro: "No começo de 1994, uma outra CPI do Congresso Nacional, como todos estamos lembrados, apresentou um relatório de três meses de investigação propondo a expulsão de 17 congressistas. No que ficou conhecido como o escândalo da 'máfia do orçamento federal' aqueles congressistas foram acusados

- Impunidade e ineficiência acentuam a inoperância do sistema normativo, bem como a mentalidade de descrédito institucional no povo: a falta de celeridade na aplicação da legislação vigente, por diversas carências (carências de recursos, meios institucionais, material humano, preparo técnico...), em diversas instâncias (carências elementares, para o atendimento das demandas sociais e para o combate às inovações criminais e ilicitudes, por parte do Ministério Público, da Polícia Civil, da Polícia Militar, da Procuradoria do Estado, da Defensoria Pública...), gera um generalizado sentimento coletivo de impunidade e de inconsistência do sistema, causando maior descrédito às políticas públicas, sobretudo num contexto de franco crescimento e alarmantes taxas de homicídios e crimes violentos, em verdadeira situação de guerra civil não declarada.[37]

- Falta de planejamento na estruturação das políticas públicas que criam a desordem racional do sistema e o decréscimo de legitimação do poder: a carência de ações coordenadas de esforços entre os diversos setores do governo e da administração, com vistas à solubilidade das demandas sociais efetivas, devendo, para tanto, o sistema administrativo andar em paralelo com o sistema econômico, com vistas à redução das crises de legitimidade e de racionalidade do poder.[38]

- Forte desenvolvimento de uma cultura da litigiosidade jurídica e exploração do aspecto contencioso do Direito que o torna meio de agressão ou violência simbólica, em face de uma cultura da arbitragem ainda pequena e insignificante diante da grande enxurrada de demandas recebidas diariamente pelo Poder Judiciário: a proliferação de um uso do Direito como um exercício de agressão (ainda que simbólica), desvia, naturalmente, sua finalidade precípua, além de torná-lo um argumento de autoridade e pressão, ou seja, mais um instrumento de efetiva subjugação daquele que é desconhecedor dos trâmites jurídicos ou daquele contra quem se quer ver inflingido um mal vingativo nas negociações ou nas relações sócio-humanas mais corriqueiras (Não é incomum de se escutarem as seguintes frases: 'Eu vou te processar e complicar tua vida!'; 'Cuidado, porque eu te processo e te enrolo com a justiça!'), manifestando-se em diversos níveis de agressão, seja no exercício

---

de terem embolsado mais de 100 milhões de dólares com 190 contas em 27 bancos. Somente o líder da gangue, o deputado João Alves, foi capaz de embolsar, desde 1989, 50 milhões de dólares em 13 contas" (Pinheiro, Corrupção: a crônica da morte anunciada dos governos, *Direitos Humanos no Brasil*, 95, Núcleo de Estudos da Violência e Comissão Teotônio Vilella, 1995, p. 63).

[37] Até mesmo a taxa de expectativa de vida baixou em função do crescimento das causas violentas de interrupção da vida. Leia-se: "De 1,9 milhão de mortes por causas externas, Oliveira estima que 80% sejam assassinatos de homens jovens. Na faixa de 10 a 39 anos, mortes violentas eram responsáveis por 65,8% dos homens em 2000. Em 1980 representavam 40%" (Martins, Brasileiros vivem menos. É a violência, *O Estado de S. Paulo*, São Paulo, 3 dez. 2002, Caderno Cidades, C3).

[38] Habermas, *A crise de legitimação no capitalismo tardio*, 1999, p. 64.

dos direitos do consumidor, seja em face do professor no exercício de direitos estudantis, seja em situações de falência ou concordata, seja no âmbito político através da ação popular ou da ação civil pública, seja em casos de separação judicial, e assim por diante, deixando o ordenamento de representar uma forma de garantia de direitos para tornar-se um argumento a mais favorável ao arbítrio pessoal.

- Falta de uma cultura da solução alternativa de litígios: a carência de alternativas para a solução de litígios fora da justiça formal, através de meios como a conciliação, a negociação, a arbitragem, mediação despeja diariamente volumes exorbitantes de lides nas barras dos tribunais, conflitos que remanescem latentes na medida em que sua satisfação plena é dificilmente possível (ganho de causa, perda da causa, ganho parcial e perda parcial), e, quando possível, demorada e custosa.

- Falta de atualização normativa para o combate a novos ilegalismos: a decrepitude normativa e o formalismo jurídico[39] são fortes causas de impunidade para diversas situações concretas criadas por uma coletividade de criminosos cada vez mais aparelhada, sofisticadamente organizada e infiltrada na própria sociedade civil, pois na ausência do vanguardismo legislativo atento às inovações criminais, o combate a ilícitos atípicos e contemporâneos se torna impossível até mesmo para as hermenêuticas mais elásticas imagináveis.

- Revogações apressadas e republicações confusas de inúmeras normas: não são desprezíveis os índices de erros e redação inapropriada para legislações (publicação descuidada, dispersiva e precipitada de normas, inclusive incriminadoras, que geram a necessidade de revogações *a posteriori* para a correção de excessos, incoerências e impropriedades), por vezes, determinantes em áreas estratégicas da regulamentação da conduta social, por deficiência das técnicas de redação legislativa, donde decorre o alto grau de impropriedades terminológicas, incorreções e imperfeições das avalanches textuais dos normativos mais recentes, que somente aumentam a ineficácia social para o atendimento de situações reais (frequentemente são criadas regras de transição para abranger esta ou aquela situação concreta, atingidas por redação errônea de certo artigo de lei...), assim como o grau de confusão, dispersão, conflitos exegéticos e proliferação de textos normativos.

- Proliferação de CPIs; em substituição à ineficiência do Poder Judiciário, bem como aos poderes investigativos (atribuições naturais da polícia civil, e, para determinados delitos, da polícia federal), as Comissões Parlamen-

---

[39] Leia-se: "Não é por acaso, assim, que o 'formalismo segue o direito como a sombra segue o corpo': enquanto instrumento de manutenção de padrões específicos de sociabilidade, portanto, uma ordem legal não apenas requer a conversão de homens concretos na abstração do sujeito de direito, como, igualmente, implica a generalização, abstração e impessoalização das relações sociais para sua transfiguração em relações jurídicas" (Faria, *Eficácia jurídica e violência simbólica*: o direito como instrumento de transformação social, 1988, p. 60).

tares de Inquérito (parágrafo 3º, art. 58, CF 88: "As comissões parlamentares de inquérito, que terão poderes de investigação próprios das autoridades judiciais, além de outros previstos nos regimentos das respectivas casas, serão criadas pela Câmara dos Deputados e pelo Senado Federal, em conjunto ou separadamente, mediante requerimento de um terço de seus membros, para a apuração de fato determinado por prazo certo, para que promova a responsabilidade civil ou criminal dos infratores") tornaram-se o veículo político, ético e jurídico de pressão social e midiática para a persecução administrativa de delitos praticados no desenvolvimento de atividades públicas, o que só pode ser encarado como uma quebra da capacidade do Estado brasileiro procedimentalizar suas demandas com certeira divisão de poderes (julgar é atribuição do Poder Judiciário), com celeridade e poderes suficientes para a cassação de mandatos e a quebra de esquemas de corrupção e usurpação de poder.

- Aumento do poder de comando do tráfico e dos poderes paralelos: à medida que a ausência do Estado vai se tornando cada vez mais notória, cada vez mais declarada, tendo em vista sua incapacidade de atender a demandas básicas da população, outras formas mais poderosas e mais complexas de redes de narcotráfico e de criminalidade organizada se instalam onde há uma lacuna do Estado, criando regras e poderes, hierarquias e normas, completamente à revelia dos valores sociais majoritários, da sociedade, dos interesses da comunidade, bem como das próprias normas constitucionais e legais, pois seu código de honra é baseado em certos princípios (fidelidade ao bando, acatamento de suas ordens, cumprimento das tarefas delegadas, regra do silêncio, não desrespeito aos códigos do grupo dominante...) e no critério da força (armamento pesado, tortura, grupos de matadores, perseguição, extorsão, chantagem, ameaça...).

- Aumento indiscriminado do uso de medidas provisórias como meio de governabilidade: a falta de bases políticas para operacionalizar a governabilidade tem sido fator determinante para o desrespeito a texto literal da Constituição Federal (Art. 62, CF 88: "Em caso de relevância e urgência, o Presidente da República poderá adotar medidas provisórias, com força de lei, devendo submetê-las de imediato ao Congresso Nacional"), o que vem gerando o solapamento da ideia de tripartição de poderes, na medida em que o Executivo[40] se arroga o direito de emanar normas (medidas

---

[40] Se a quantidade de reedições no governo José Sarney (1988-1990) foi de 0,92 por mês, totalizando 22 ao longo de seu governo, durante o governo de Fernando Collor foi de 2,30 por mês, totalizando 70; durante o governo de Itamar Franco foram 13,44 por mês, totalizando 363, e com o governo Fernando Henrique chegou-se a 35,44 por mês, totalizando 2.449, somente no seu primeiro mandato. Disponível em: <http:www.planalto.gov.br/ccivil-03/MPV/Quadro/Governo_novo.htm>. Acesso em: 15 dez. 2002.

provisórias),[41] e de reeditá-las, para legislar sobre os mais variados temas (inclusive sobre temas expressamente vedados pelo parágrafo 1º do texto constitucional, como tributação), em desrespeito profundo aos próprios critérios constitucionais de urgência e relevância, criando-se um Estado altamente conflituoso na configuração de seu ordenamento jurídico, coalhado de antinomias e regras desconexas.[42]

Este registro não tem nenhuma pretensão de ser exaustivo, mas aponta algumas incongruências do cotidiano político, administrativo e jurídico do país, e aponta para gargalos que ainda precisam ser superados, funcionando como desafios ao futuro do país. O que está em questão é o próprio modelo estrutural fundante de relação entre Estado e sociedade, com sérios comprometimentos e desdobramentos para o Direito que se aplica nesta realidade. Aqui se percebe que o que está em jogo não é somente o cumprimento ou não das leis no Brasil, país em vias de desenvolvimento, mas sim a própria concepção de modelo de Estado e de métodos de construção de uma sociedade mais justa.

O quadro crítico, anteriormente traçado, retrata uma realidade operacional do sistema jurídico brasileiro coalhada de confrontos que desabilitam sua capacidade de funcionamento. O que há de fato é que, com o adensamento dos conflitos sociais, com a complexização das demandas sociais, com a multiplicação das causas dos abusos de direito e das contrafações, com o fortalecimento de um Estado paralelo, com o desmantelamento da máquina oficial, cria-se um verdadeiro círculo vicioso, em que a falta de credibilidade redunda em perda de eficácia social e eficiência, o que gera, por sua vez, enfraquecimento do sistema, descrédito, além de afrouxamento do sistema político que o sustenta, assim como perda de autoridade e legitimidade de ação por parte dos fiscais e operadores que executam suas medidas.

---

[41] Do total das MPs produzidas pelo primeiro mandato de Fernando Henrique (160 originárias), 130 foram convertidas em lei, índice mais elevado de todos os últimos governos. No segundo governo de Fernando Henrique Cardoso, por dados de 2001-2001, têm-se: 19 MPs em tramitação; 51 MPs convertidas; 2 MPS prejudicadas; 11 MPs rejeitadas; 1 MP sem eficácia; total de MPs de 84, com média mensal de edição de 5,6 MPs. Fonte: Presidência da República Federativa do Brasil. Casa Civil. Subchefia para Assuntos Jurídicos. Disponível em: <http:www.planalto.gov.br/ccivil-03/MPV/Quadro/Governo_novo.htm>. Acesso em: 15 dez. 2002.

[42] Sobre Medida Provisória, veja-se, no site da Presidência da República (http://www.planalto.gov.br; Acesso em 15.12.2002) o seguinte caso da Medida Provisória nº 2197-43, de 24.08.2001, Publicada no DOU de 27.8.2001, que dispõe sobre a adoção de medidas relacionadas com o Sistema Financeiro da Habitação – SFH, altera as Leis nºs 4.380, de 21 de agosto de 1964, 8.036, de 11 de maio de 1990, e 8.692, de 28 de julho de 1993, e dá outras providências, que foi editada em versão originária: 1.671, e, atualmente, encontra-se com as seguintes edições: 1.691-1, 1.691-2, 1.691-3, 1.691-4, 1.691-5, 1.691-6, 1.762-7, 1.762-8, 1.762-9, 1.762-10, 1.762-11, 1.762-12, 1.762-13, 1.876-14, 1.876-15, 1.876-16, 1.876-17, 1.876-18, 1.876-19, 1.951-20, 1.951-21, 1.951-22, 1.951-23, 1.951-24, 1.951-25, 1.951-26, 1.951-27, 1.951-28, 1951-29, 1.951-30, 1.951-31, 1.951-32, 1.951-33, 2.075-34, 2.075-35, 2.075-36, 2.075-37, 2.075-38, 2.075-39, 2.075-40, 2.197-41, 2.197-42.

As estatísticas acusam uma situação, nesse sentido, desanimadora, na medida da própria progressão da crise. Essa realidade deve ser assinalada como consequência imediata de todo o processo de desmantelamento vivido interna e externamente ao Estado. O que é curioso é que o próprio Estado é consciente da enormidade da crise, que alcança dimensões mundiais,[43] especialmente no que tange ao aumento incontrolável das taxas de violência urbana, pois apresenta seus próprios dados e informações, ainda que somente aqueles que são oficialmente identificados, ficando patente a ineficiência da fiscalização e da prevenção de delitos. Para acompanhar o cenário, o resultado é uma sensação comum a todos de impunidade.

Estas e outras questões fazem pensar que a dimensão da proteção aos direitos e a dimensão da legalidade, bem como da igualdade, ainda se encontram em horizontes largamente distantes para serem divisados como realidade brasileira. A experiência autoritária no Brasil parece ter sido tão fortemente marcante que o continuísmo parece ser a lógica com a qual funcionam as instituições públicas e as práticas de prevalecimento privado dos *loci publici*. Não é outra a avaliação senão a de que onde estão o desmando e a corrupção, estão a desrazão política e o autoritarismo, fatores que somente contribuem para um continuísmo de contramão vivenciado até hoje pela história brasileira. Sem dúvida:

> "Os numerosos casos de violação dos direitos humanos e também os recentes escândalos de corrupção fazem da experiência brasileira um exemplo de continuação e não de ruptura das práticas autoritárias" (Pinheiro, Corrupção: a crônica da morte anunciada dos governos. *Direitos Humanos no Brasil*, 95, Núcleo de Estudos da Violência e Comissão Teotônio Vilella, 1995, p. 64).

---

[43] A tabela com índices referenciais sobre a situação da criminalidade entre 1983 e 1987 na Comunidade Econômica Europeia, extraída de Sérgio Adorno, *A gestão urbana do medo e da insegurança*, Tese, São Paulo, 1996, p. 75, apud Faria, *O direito na economia globalizada*, 1999, p. 262, é ilustrativa no sentido de apresentar dados concretos indicativos do crescimento da criminalidade geral e das taxas de homicídios nos países desenvolvidos.

III

Desafios do Direito na Pós-Modernidade

Há inúmeros desafios sociais a serem enfrentados, do ponto de vista prático e concreto, na realidade brasileira contemporânea. Ao longo desta Parte III, consideradas certas patologias sociais, foram enfocadas algumas questões centrais, elencadas em capítulos que possuem unidade interna, e que apenas formam aspectos de uma realidade mais alarmante e mais carente de atenção social, podendo demandar maior esforço de conjunto para sua superação. Os capítulos desta parte, portanto, fornecem alguns temas específicos (6. A espiral da violência na realidade brasileira; 7. A promoção da cidadania no Estado Social e Democrático de Direito; 8. A superação do individualismo pela democracia participativa; 9. A educação como formação para a cidadania; 10. A devastação ambiental, a barbárie humana e a realidade brasileira; 11. A liberdade no ciberespaço e o respeito à dignidade humana) de reflexão, não se dobrando às dificuldades inerentes ao caráter complexo de cada um desses aspectos de realidade. Somados, não chegam a formar um quadro completo, mas oferecem linhas de atuação, desdobramentos concretos, propostas, que levam a uma opção de recorte de mundo, ao mesmo tempo em que definem prioridades de ação e reflexão.

Desta forma é que demandam mais do que uma atenção de totalidade, uma atenção de fragmentos significativos, que isolados permitem uma análise mais pontual e uma concentração de esforços. Essa abordagem é condizente com a renúncia à tentativa de compreensão total da realidade, de reconstrução completa de fatores sociais complexos, bem como tentativa de formar uma metanarrativa. Ainda assim, renunciando a ser um projeto único, os capítulos a seguir fornecem subsídios para atuação na realidade circunscrita, histórica, determinada e local da realidade brasileira, perante alguns flancos e aspectos mais detidamente analisados. Desta forma, a proposta desta Parte III é a de que os Capítulos de 6 a 11 sirvam para compor o quadro de diagnóstico do tempo, a partir do qual se procura avançar no nível propositivo, com tarefas democráticas e linhas de ação (superar as violências e as desigualdades sociais; promover a cidadania ativa; consolidar a democracia; educar para a cidadania; preservar o meio ambiente; promover os direitos humanos; utilizar a liberdade com responsabilidade nos meios virtuais). Estes desafios e estas questões permitem orientar o direito, e o profissional do direito que opera com os desafios do atual contexto, mesmo em meio ao grande nevoeiro do fim das metanarrativas, e ao desnorte gerado pela crise de paradigmas.

6

A Espiral da Violência na Realidade Brasileira[1]

6.1 VIOLÊNCIA E DIREITOS HUMANOS: ESTADO DEMOCRÁTICO DE DIREITO NA BERLINDA ENTRE CIVILIZAÇÃO E BARBÁRIE

A situação do Brasil contemporâneo deve ser vista com muita peculiaridade, na medida em que as questões ligadas à violência têm variadas causas, entre elas, as de natureza política, histórica, econômica, cultural, com forte peso sobre a dimensão da justiça social.[2] A injustiça e a desigualdade encontram tamanha e espantosa proporção, que cultivamos, em nossos celeiros sociais, dia a dia, a criminalidade que hoje nos atordoa. No entanto, para compreender a situação do Brasil contemporâneo é necessário não alijá-lo, por suas particularidades histórico-sociais, de um contexto maior de crises que a modernidade vem sofrendo de modo não localizado, mas mundializado. Nas sociedades contemporâneas, a associação entre violência e tecnologia facilita a cunhagem de um *homem-objeto*, de acordo com o protótipo moderno do *homem-controlado*, ou seja, de um homem que se torna objeto de consumo em face de uma potencialização cada vez maior de transformação da condição humana em condição inumana.

O desrespeito aos direitos humanos, especialmente os direitos sociais, acaba por ser um fruto dessa perigosa equação que opera subterraneamente, no interior da mo-

---

[1] A primeira versão deste texto foi publicado na forma de artigo intitulado "Violência e realidade brasileira", in *Katalysis*, Revista de Serviço Social, UFSC, v. 11, nº 2, jul/dez. 2008.

[2] Acompanhando as pesquisas mais recentes, pode-se ler, a partir do exemplo da cidade de São Paulo, uma caricatura da realidade brasileira: "Inscrita neste quadro, a cidade de São Paulo é hoje uma das cidades mais violentas do Brasil e do mundo". Em seguida: "[...] Atualmente, 85,9 % da população paulistana vive em situação de exclusão social" (Endo, *A violência no coração da cidade*, 2005, p. 22-24).

dernidade, apesar das consciências que denunciam seus perigos. Por isso, o Estado de Direito se encontra desafiado a cada nova arrogância da criminalidade, o que fomenta ainda mais a necessidade de pensar no sentido do reforço de seu fundamental e estruturante papel, certamente não alijado da necessidade de respeito aos direitos e garantias fundamentais colocados à disposição da cidadania. A sociedade moderna aprofunda e acirra as diferenças, e de suas dicotomias se acentuam as disjunções episódicas que são efeitos disruptivos dos processos sociais. De seus paradoxos, de sua dialética negativa, é que se extrai a lógica de funcionamento interno que dá alento às contradições entre civilização e barbárie constatadas na vida cotidiana.

Aliás, a violência é emblemática em períodos históricos cíclicos de crise, entendida a crise (*krísis*) em seu sentido etimológico e hipocrático, ou seja, como momento peculiar da culminância dos sintomas internos da doença, amplamente favorável à melhor observação do real estado do paciente (que pode ser um país, um Estado, a justiça social, as relações econômicas, o exercício do poder...), inclusive para que a ele se possa aplicar o melhor diagnóstico. Em verdade, na vida contemporânea, colhem-se reflexos que, como um todo, podem ser percebidos como sinais.[3] A formação de uma análise da sociedade contemporânea não pode passar muito longe da tentativa de esquadrinhar a condição humana hodierna, dentro de um quadro de semiose psicossocial. Ora, com sintomas de eclosão, manifestações públicas, rebeldia, insubordinação, insatisfação da população, admoestação social, desarticulação das forças públicas, revisão dos valores ético-comportamentais, a violência aparece como espécie de sintoma que demonstra aquilo que deve ser mudado, reorientado, reaquilatado, revisto, reconduzido, rearquitetado. Ela faz pensar, e *reinstaura* a pergunta: qual é o papel do Estado de Direito?[4]

6.2 VIOLÊNCIA E REALIDADE BRASILEIRA: A BARBÁRIE NACIONAL

A violência tem-se tornado um dos principais fatores de demonstração das insuficiências do Estado de Direito no momento atual, especialmente se considerada a realidade brasileira. Os relatos e registros sãos os mais diversos e observam as peculiaridades regionais, todas elas suficientes para declarar algo das distorções sociais regionais.

---

[3] "Entretanto, tais reflexos políticos não são mais que um dos sintomas da perda geral de substância que afeta a vida contemporânea" (Herrmann, Psicanálise e política: no mundo em que vivemos, Percurso, *Revista de psicanálise*, São Paulo, Instituto Sedes Sapientiae, ano XVIII, nº 6, 1, 2006, p. 13).

[4] "A violência urbana subverte e desvirtua a função das cidades, drena recursos públicos já escassos, ceifa vidas – especialmente as dos jovens e dos mais pobres – dilacera famílias, modificando nossas existências dramaticamente para pior. De potenciais cidadãos, passamos a ser consumidores do medo. O que fazer diante desse quadro de insegurança e pânico, denunciado diariamente pelos jornais e alardeados pela mídia eletrônica? Qual tarefa impõe-se aos cidadãos, na democracia e no Estado de Direitos?" (Pinheiro; Almeida, *Violência urbana*, 2003, p. 9).

O Brasil, já foi considerado o 2º lugar entre 60 países mais violentos do mundo.[5] Em 2014, a situação não é muito diferente, e as formas de violência apenas se multiplicam. Trata-se de um quadro suficientemente aberrante para dizer algo daquilo que tem sido a realidade brasileira hodierna. A violência que entrecorta o Brasil é a mesma que afasta investidores, leva à morte milhares de vítimas, provoca o encarecimento de produtos e serviços segurados, fomenta injustiças sociais, determina políticas de segurança truculentas que atingem parcelas específicas da população, constrói o medo social, legitima frentes de ação popular conservadoras, degenerando os laços da vida social.[6]

É dessa complexa trama de implicações que decorre a violência, se instalando sob a pele do tecido social, inoculando em suas artérias e veias o veneno letal capaz de lhe corromper a essência até a sua plena exaustão. É exatamente essa questão que tem afligido não somente a reflexão acerca do assunto hodiernamente, mas também a própria vida de homens e mulheres, em qualquer condição social, econômica ou política, porque de fato dela ninguém está completamente isento.[7] Seu acirramento nas últimas décadas está sendo capaz de gerar ondas de alarmismo no governo e na sociedade no sentido da criação de uma consciência da amplitude dos problemas que devem ser solucionados, não sendo raro que os diagnósticos e políticas públicas deságuem em caminhos e alternativas quase sempre incapazes de atingir as raízes dos problemas e mazelas sociais. Questões ligadas a déficits de cidadania e igualdade – e cidadania aqui entendida como acesso a bens fundamentais da vida comum – são, normalmente, tratadas como questões de políticas de segurança pública.[8]

---

[5] "A também largas variações de país para país. Com taxa de 26,3 homicídios por 100 mil habitantes em 1999, o Brasil ocupa a segunda posição num conjunto de 60 países. Com referência à população jovem, o Brasil (taxa de 48,5 homicídios por 100 mil) ocupa o terceiro lugar, bem distante do grupo de países cujas taxas ficam abaixo de um homicídio por 100 mil jovens" (Pinheiro; Almeida, *Violência urbana*, 2003, p. 18).

[6] "O crescimento dos crimes e da violência no Brasil é, em grande medida, consequência da emergência e disseminação do crime organizado no Brasil, em especial em torno do tráfico de drogas, fenômeno intensificado a partir da década de 80 do século passado" (Adorno, Crime, punição e prisões no Brasil: um retrato sem retoques. In: *Anais do Foro Iberoamericano sobre Seguridad Ciudadana, Violencia Social y Políticas públicas*, Madrid, 2006, p. 8).

[7] "Como vêm indicando vários estudos e pesquisas de opinião pública, o medo diante do crime constitui um dos quesitos principais na agenda de inseguranças e incertezas do cidadão, em qualquer grande metrópole (Wright, 1987.) Na sociedade brasileira, esse sentimento parece exacerbado diante da expectativa, cada vez mais provável, de qualquer um ser vítima de ofensa criminal. Em pesquisa realizada no Rio de Janeiro, observou-se que cerca de 30% dos entrevistados já haviam sido assaltados; 77% já tiveram algum morador de sua residência assaltado; 60% não confiam na justiça, proporção um pouco mais elevada (63%) para a desconfiança na polícia (cf. Zaluar, 1989). Nesse mesmo sentido, enquete realizada pela PNAD revelou que, no Brasil, do total de pessoas que se envolveram em conflitos criminais, 72% não se utilizaram da justiça para solução de seus problemas (IBGE-DEISO, 1990, v.1)." (Adorno, Crime, Justiça Penal e Desigualdade Jurídica. In: *Sociologia e Direito*, p. 314-315).

[8] "Apesar de a violência não ser o determinante em primeira instância da exclusão social, ela pode ser vista como expressão e consequência da nova realidade produzida pelo acirramento da competição social, das alterações dos valores morais e da nova lógica da sociabilidade que

De fato, desde há algumas décadas, a violência deixou de ser considerada uma questão lateral na dinâmica da vida contemporânea, não podendo, muito menos, ser desprezada enquanto indício da dissolução social. Muito menos deve ser considerada um problema pontual, mas sim a decretação de um alarmante estado de instabilidade e descontentamento geral da sociedade, nos modos pelos quais gerencia os seus próprios problemas e cujo saldo histórico é fruto de longeva negligência em questões sociais. Muito menos ainda pode ser considerado um problema isolado do contexto de um Estado ou de um país.[9]

No entanto, o ciclo de traumações sociais que, no caso brasileiro, remontam aos efeitos do escravismo,[10] no lugar de se reduzir, tende a se ampliar, na medida em que a violência cria reações sociais, todas elas atemorizadas e que possuem tendências à repetição de ciclos de violência. *Tánatos* atrai *tánatos*.[11] É dessa forma que se desenvolvem sentimentos e raciocínios sociais que, do ponto de vista da população atemorizada, acabam por ser as bases para a incrementação de reações truculentas e investidas autoritárias contra a própria sociedade, evidentemente, que, agora, como reações canalizadas para os setores sociais considerados responsáveis pelos temores coletivos, os mesmos setores desprestigiados pelas políticas públicas mais elementares.[12] Assim, os mesmos estereótipos sociais vão se repetir como vítimas do processo de persegui-

---

conforma uma sociedade de consumo, e também, em grande medida, pela incapacidade de o poder público reverter significativamente os indicadores da velha exclusão" (André de Campos... [et al.]., *Atlas da exclusão social no Brasil*, volume 2: dinâmica e manifestação territorial, 2003, p. 51). Também: "Os mapas da violência apresentam, com clareza, a correlação estreita entre a desigualdade social e a violência urbana" (Endo, *A violência no coração da cidade*, 2005, p. 25).

[9] Perceba-se esta problemática pelos números: "Autoinfligida, interpessoal ou coletiva, a violência constitui um problema global de enormes dimensões. Em 1999, quase 1,7 milhão de pessoas foi intencionalmente morto por outras pessoas ou se suicidou, conforme o Relatório Mundial de Saúde de 2000. Nesse total, estima-se ter havido 520 mil homicídios, indicando um índice geral de 8,8 homicídios por 100 habitantes do planeta. Os homens foram responsáveis por 77% de todos esses homicídios, e seu índice (13,6 por 100 mil habitantes) representou mais de três vezes o das mulheres (quatro por 100 mil). Os maiores índices se concentraram entre homens na faixa etária dos 20 aos 44 anos (18,7 homicídios por 100 mil habitantes)" (Pinheiro; Almeida, *Violência urbana*, 2003, p. 17).

[10] "Vários autores (Caldeira, 2000; Murilo de Carvalho, 1987; Schwarcz, 1998; Adorno, 1996; Pinheiro, 1998; Fausto, 1984), no contexto da reflexão sobre a violência e cidadania no Brasil, grifaram a intrínseca relação entre os processos violentos do período escravocrata e as formas de violência no Brasil atual" (Endo, *A violência no coração da cidade*, 2005, p. 27).

[11] Daí o caráter circular da violência se instaurando no corpo social: "Não apenas com a dor impingida, mas, ao mesmo tempo, também com a dor sofrida. E pode fazê-lo num complexo jogo com papéis reversíveis no qual o outro compõe um circuito que se retroalimenta de sua incrível unicidade e encerramento" (Endo, *A violência no coração da cidade*, 2005, p. 159).

[12] "Advogar em nome da matança é a consequência 'natural' de quem se sente violado. A justiça será exigida, seja ela feita pelas instituições, seja feita com as próprias mãos, ou, ainda, com as mãos dos outros" (Endo, *A violência no coração da cidade*, 2005, p. 33).

ção, no qual a culpa é depositada com o fervor mais intenso, quanto mais intenso for o clamor público e, geralmente, isto se dá com ações que atingem as populações das periferias dos grandes centros urbanos. A dilatação da busca social por segurança se torna esquizofrênica, assim como a busca do culpado social, que leva à execração do criminoso, à reinvenção dos mitos higienistas sociais e ditatoriais, à retomada dos fundamentalismos sociais, tudo acompanhado do renascimento acalorado do debate sobre a necessidade da adoção da pena de morte. O espantoso crescimento da violência vem acompanhado por um, também espantoso, processo de construção do estereótipo do "inimigo social" e de concessão de poderes ilimitados à polícia, de violação de direitos humanos, de aumento das formas políticas de exceção e de autoritarismo social.

Nessa medida, o que se percebe é que, com a população acossada, diante das cotidianas violações que permanecem impunes, com o Estado de Direito incapacitado de agir eficazmente na condução de políticas consistentes para atacar as causas das crescentes estatísticas de violência, a vida social se torna um verdadeiro jogo de trocas de culpas, em que sociedade civil e Estado saem ambos perdendo. Para além dessa projeção circular de culpa, as tendências sadomasoquistas da sociedade individualista e de consumo deixam suas marcas na vida contemporânea. Isso porque, quanto maior a tendência à concentração do capitalismo financista, globalizado e excludente, maior o conjunto de efeitos negativos projetados para dentro da vida econômica e social. Tudo isso detona uma forma de visão de mundo altamente masoquista, ou seja, autoritária, porque passa a desejar o alívio do prazer (segurança, paz, justiça) a partir da aplicação da dor (tortura, pena de morte, linchamento) sobre o próprio corpo da sociedade civil.[13] Isto faz com que a sociedade contemporânea se desenvolva como uma sociedade de caráter autoritário, dando claras demonstrações de recuo no plano dos direitos humanos. Por isso, as legitimadas e ostensivas demonstrações de crueldade e de violência exasperada são aparições de uma patologia social instalada no seio dos modos de

---

[13] "A concentração econômica crescente reduz a grupos cada vez mais reduzidos os detentores do poder. Conglomerados econômicos cada vez mais gigantescos detêm parcelas cada vez maiores de autoridade real, reduzindo-se, na mesma proporção, o número de pessoas que controlam os processos societários. A realidade da estratificação é tão visível que a ilusão da mobilidade se dissipa, por falta de qualquer fundamento objetivo capaz de dar plausibilidade ao mito. Ao mesmo tempo, o capitalismo monopolista não consegue eliminar a irracionalidade inerente ao sistema. A crise e o desemprego assumem, cada vez mais, a forma de forças cegas, irredutíveis à ação consciente do homem. Nesse momento, o caráter sadomasoquista se torna dominante, enquanto expressão da nova etapa do capitalismo e exigência funcional de sua sobrevivência. Pois, quanto mais se agudizam as contradições dentro da sociedade..., quanto mais cegas e incontroláveis as forças sociais, quanto mais catástrofes como a guerra e o desemprego se impõem à existência individual como forças fatídicas, tanto mais violenta e mais generalizada é a estrutura pulsional sadomasoquista, e portanto a estrutura caracteriológica autoritária, e tanto mais incondicional é a submissão do Destino, ao mesmo tempo virtude suprema e fonte de prazer. É esse prazer que permite ao homem suportar tal existência, e nesses termos o masoquismo revela-se como uma das condições psíquicas mais importantes para o funcionamento da sociedade, como um elemento essencial do cimento que assegura sua coesão" (Rouanet, *Teoria crítica e psicanálise*, 1998, p. 57-58).

organização da sociedade hodierna, que lembram, nas descrições freudianas, processos sadomasoquistas.[14] Isto, de novo, revela manifestações de *tánatos,* mas agora de um *tánatos* que toma posse de *éros*.[15]

6.3 VIOLÊNCIA, CRIMINALIDADE E ATENTADO: O ESTADO DE DIREITO EM SEU LIMITE

Para além das evidências imediatas do senso comum, a análise cobra a formulação necessária de um juízo lastreado no exercício de interpretação da sociedade contemporânea capaz de conduzir a melhor diagnosticar e compreender, no crescimento da violência e nos distúrbios sociais, processos que revelam *significados sociais* nada desprezíveis. Trata-se de apreender pela superfície simbólica aquilo que esses signos valem para a decodificação de processos psicopatogênicos do ponto de vista social e o que significam do ponto de vista civilizacional para as sociedades contemporâneas. Trata-se de levar a sério a afirmação de Adorno: "A violência da sociedade industrial opera nos homens de uma vez por todas" (Adorno, Theodor, Indústria cultural e sociedade, 2002, p. 12).[16]

Quando se constatam processos sociais que inevitavelmente revelam na superfície dos fatos sociais a mecânica profunda da dialética do esclarecimento, o que se colhe é bem visível aos olhos, a saber, as múltiplas faces da violência: rebeliões carcerárias sangrentas que paralisam a vida social de diversos estados brasileiros; manifestações de poder da criminalidade organizada como ostensivas demonstrações de forças nas

---

[14] "Os levantamentos empíricos de Erich Fromm, então membro do Instituto, a estabelecer uma tipologia das diferentes modalidades de caráter – caráter sadomasoquista, revolucionário e ambivalente – e a postular a existência de uma correlação entre o caráter sadomasoquista e opiniões e tendências comportamentais autoritárias, tanto do ponto de vista das relações pessoais, quanto do ponto de vista das preferências políticas. Toda essa análise era feita na perspectiva freudiana" (Rouanet, Adorno e a psicanálise. In: Adorno: 100 anos, *Tempo Brasileiro,* nº 155, p. 131-156, 2003, p. 142). Também: "A ação e o ato violento serão sempre, para a psicanálise freudiana, a expressão de muitos processos psíquicos complexos diferentes e complementares, como poderá ser muitas vezes desenvolvido nas reflexões sobre o sadomasoquismo. É a ele que Freud relegará o papel central na elucidação dos processos inconscientes que articulam a relação entre prazer psíquico, dor e sexualidade" (Endo, *A violência no coração da cidade,* 2005, p. 151).

[15] "Entre as várias possibilidades de expressão da pulso de morte figuram expressões não sexuais (dominação, destruição e vontade de poder) e outras sádico-masoquistas que aparecem como o exemplo do que Freud denomina de intrincação pulsional (1923, 1930, 1933a), entre as pulsões sexuais e as pulsões de morte" (Endo, *A violência no coração da cidade,* 2005, p. 208).

[16] "Desse modo, cada vez mais é flagrante a ousadia no resgate de presos; a existência de áreas de grandes cidades onde prevalecem as regras ditadas pelo tráfico de drogas em detrimento da aplicação das leis; e a colonização de outros crimes como roubos a bancos, sequestros, arrastões em apartamentos de luxo, clonagem de cartões de crédito, cujo recurso expropriado, convertido em moeda corrente, passa a alimentar o fluxo de caixa do crime-negócio" (Adorno, Sérgio, Crime, punição e prisões no Brasil: um retrato sem retoques. In: *Anais do Foro Iberoamericano sobre Seguridad Ciudadana, Violencia Social y Políticas públicas*, Madrid, 2006, p. 10).

ruas das grandes cidades; chacinas em subúrbios promovidas por poderes paralelos ao Estado e sua legalidade; a formação de grupos de extermínio, exercendo a função de higienismo social; a multiplicação de milícias privadas, que recebem o acolhimento de membros corruptos das polícias e membros de bandos de criminosos e traficantes locais; o uso de técnicas de criminalidade e de crueldade crescentes, como têm se revelado em episódios recentes o esquartejamento na carceragem de membros de facções criminosas distintas, ou mesmo o caso de João Hélio, no Rio de Janeiro; a perseguição a minorias de todos os tipos, como forma de endurecimento do trato relativo ao pluralismo social; o crescimento assustador de diversas formas de abuso sexual, exploração infantil e tráfico de menores para fins sexuais; a sofisticação da atrocidade, das formas de tratamento cruel e de atentados à dignidade humana.[17]

Trata-se de um conjunto de curtos-circuitos que, se lidos isoladamente, nada significam, senão distúrbios ocasionais de integração social ou perturbações locais em setores específicos da vida social. Mas, no fundo, aqui, quer-se interpretar dessa forma, trata-se da revelação de processos sociais que interrompem a normalidade do cotidiano para significarem que nem somente de luzes (*Auflkärung*) vive a modernidade. O Brasil contemporâneo torna-se, por isso, o claro retrato da dialética do esclarecimento e seus paradoxos. Afinal, seu dístico maior aparece em sua bandeira moderna e positivista como sendo "ordem e progresso". Nessa medida, a nação surgida das práticas mercantilistas e capitalistas modernas se torna, exatamente por isso, um fruto claro do espírito contraditório da modernidade.[18]

Nessa medida, as sociedades contemporâneas passam a se conduzir na base de uma lógica muito específica, a saber, a lógica do atentado. O *regime do atentado* é incorporado ao dia a dia e se traduz nessa sempre presente mecânica em que susto, medo, repulsa, defesa, choque, ataque, intolerância, contra-ataque, sobrevivência, luta, estratégia, golpe[19] se tornam termos corriqueiros, parte dessa gramática do cotidiano.[20] De um lado,

---

[17] Para um quadro mais completo do tema, leia-se Adorno: "Nesse contexto, a sociedade brasileira vem conhecendo crescimento das taxas de violência, nas suas mais distintas modalidades: crime comum, violência fatal conectada com o crime organizado, graves violações de direitos humanos, explosão de conflitos nas relações interpessoais e intersubjetivas" (Adorno, Crime, punição e prisões no Brasil: um retrato sem retoques. In: *Anais do Foro Iberoamericano sobre Seguridad Ciudadania, Violencia Social y Políticas públicas*, Madrid, 2006, p. 02).

[18] "Em suma, no Brasil e no mundo, o projeto civilizatório da modernidade entrou em colapso" (Rouanet, *Mal-estar na modernidade: ensaios*, 1993, p. 9).

[19] Freud adverte: "Susto (*Schreck*), medo (*Furcht*) e ansiedade (*Angst*) são palavras impropriamente empregadas como expressões sinônimas; são, de fato, capazes de uma distinção clara em sua relação com o perigo. A ansiedade descreve um estado particular de esperar o perigo ou preparar-se para ele, ainda que possa ser desconhecido. O medo exige um medo definido de que se tenha temor. Susto, contudo, é o nome que damos ao estado em que alguém fica, quando entrou em perigo sem estar preparado para ele, dando-se ênfase ao fator surpresa" (Freud, *Além do princípio de prazer*, 1996, p. 23).

[20] "De um lado, grupos de ação, que aceitam a fragmentação social imposta e convertem em instrumento. De outro, um sistema automatizado, sem lastro na deliberação racional da socie-

indivíduos socializados que são convidados ao 'salve-se quem puder',[21] de outro lado, uma sociedade mecanizada por uma estilística de vida fundada no princípio inquebrantável do progresso em direção ao futuro. Isso explica um caráter autoritário disperso na atmosfera cultural contemporânea que se esparge pelo convívio através de ações de repulsa e de supressão do outro (de sua presença corpórea, de sua identidade, de sua personalidade, de seu simbolismo, de sua liberdade, de sua capacidade financeira...). O corpo se tornou redundante, por isso é vitimizado, atacado, violentado, suprimido.

Instruído por essa mecânica, na sociedade moderna do capitalismo avançado e globalizado, o espaço do comum é transformado em "campo de batalha", senão a "suave" batalha do mercado (*loosers/winers*), a construção do ringue que opõe violentadores e violentados. O cidadão comum e normal é visto como um partícipe desse estado de natureza hobbesiano instalado no interior da sociedade contemporânea.[22] Uma sociedade fomentada ao exercício dessa forma de entendimento humano é uma sociedade do medo, da insegurança, da desconfiança, e, por isso, necessariamente instável, injusta, e, reativamente, violenta. O medo, sentimento fundamental para a sobrevivência, sentimento até mesmo autoprotetivo do indivíduo, se torna a linguagem da desidentificação a corroer a solidariedade social. A surpresa latente do susto, sempre em suspensão na atmosfera é um elemento de acirramento das tensões e tendências violentas, das criadoras de violências às reativas à violência inflingida.[23] A imagem que se tem das sociedades contemporâneas, principalmente das mais desenvolvidas e em seus centros urbanos, é a de sociedades que convidam seus membros a um retorno à selvageria e à sobrevivência na floresta como habitat natural. Passa-se a ter a metáfora da selva, do instinto, da predação, da *sauvagerie*, no coração pulsante da civilização. É desse paradoxo que se trata de extrair o que se processa com a modernidade. Esse

---

dade. Ambos partilhando o princípio de máximo efeito, com mínima participação social; vale dizer, oferecendo o mínimo alvo. Para o novo regime político, cuja psique parecia então nascer, propunha o nome de *regime do atentado*, uma vez que o princípio do atentado prevalecia dos dois lados, tanto nos atos de violência explícita, quanto na organização instrumental do processo de controle social e econômico" (Herrmann, *Psicanálise e política*: no mundo em que vivemos. In: Percurso, *Revista de psicanálise*, São Paulo, Instituto Sedes Sapientiae, ano XVIII, nº 6, 1, 2006, p. 9).

[21] "Paulatinamente vai se deixando a cidade, partindo para outras cidades, criando a sua própria, com blindagens, exércitos particulares e helicópteros, enclausurando-se nelas mesmas, localizadas em lugares inseguros etc." (Endo, *A violência no coração da cidade*, 2005, p. 98).

[22] "Regime do atentado: o sujeito dessa nova e terrível forma de psicopatologia das relações humanas não é evidentemente o terrorista ou o governo militarista desenvolvido, mas uma intrincada condição do homem contemporâneo, que envolve, entre outras coisas, um rebaixamento brutal do valor ontológico individual, em particular na periferia do mundo desenvolvido" (Herrmann, *Psicanálise e política*: no mundo em que vivemos. Percurso, *Revista de psicanálise*, São Paulo, Instituto Sedes Sapientiae, ano XVIII, nº 6, 1, 2006, p. 6).

[23] "A imprevisibilidade, a surpresa, posam negativamente para o psiquismo diante do choque, e o choque advém e se constitui, podemos dizer, na articulação entre a percepção do perigo real vindo do exterior, e a percepção de um perigo interno que, de algum nodo, se articula ao primeiro, configurando a situação angustiante de perigo" (Endo, *A violência no coração da cidade*, 2005, p. 137).

cenário insculpe uma *psiqué* social: (1) de um lado assustada, fundada na crença em soluções finais e conservadoras; (2) de outro lado, assustadora, fundada na crença no golpe como forma de violentar pela violência sofrida (truculenta).[24]

Eis a feição de uma sociedade profundamente contraditória. Trata-se de uma sociedade que experimenta oposições, clivagens e diferenças. A natureza traumática de nosso tempo decorre desse conjunto de outros eventos que vêm marcando a *psiqué* social nas últimas décadas. A gestação de uma nova forma psíquica no interior da sociedade moderna é mesmo o resultado deste trauma-maior, Auschwitz, no seio da civilização.[25] Por isso, ordem e desordem estão intercaladas. Civilização e barbárie se ladeiam. Pulsão de vida e pulsão de morte se mesclam. Eclipses episódicos, portanto, estão previstos no intercurso da história que se orienta desta forma e segundo estas fórmulas que incrementam *tánatos*.

A ausência sistemática do Estado pode ser apontada como um dos grandes fatores a consentir com o estado atual da violência, mas certamente não é a causa histórica de todos esses processos de injustiça social. Dessa ausência se nutre, sem dúvida alguma, uma série de atitudes de contraste, que falam a linguagem do crime organizado, da aparição de redes intra e extracarcerárias de solidariedade, apontando para a formação de lideranças que não aquelas que confirmam a autoridade do Estado de Direito. Em meio a isso tudo estão os grandes problemas hodiernos, que são revelações da opressão social: sensações individuais de insatisfação não compensada; afrouxamento das estruturas sociais e crescimento da impunidade; maus exemplos das lideranças políticas através da corrupção; injustiça e clivagens sociais; inexistência de lugar para o discur-

---

[24] "É uma população assustada, muitas vezes em pânico que, frequentemente, não vê outra forma de combater a violência a não ser violentamente, apontando para um futuro catastrófico e potencialmente inviável para a cidade, repetindo ao infinito as possibilidades de qualquer cidadão, a qualquer tempo, ser violentado. Conviver com o traumático não deixa de ser uma forma de perpetuar as condições excessivas que possibilitam o trauma, de instaurar as condições subjetivas de sua reprodutibilidade, repetindo, como demonstrou Freud, compulsivamente, o que traumatiza e produz sofrimento. É também uma maneira de viver sob o princípio da sobrevivência, ancorado em formas sadomasoquistas, sádico-anais e pré-genitais, nas quais a busca do idêntico é perseguida como forma de reduzir ao mínimo a possibilidade do susto, do choque e do trauma, minorando as possibilidades traumatogênicas potencialmente presentes no encontro com o outro, o desconhecido, o diferente no contexto da cidade de São Paulo" (Endo, *A violência no coração da cidade*, 2005, p. 288).

[25] "O que resta ao contrário, são presumíveis representações sintomáticas do excesso de meios, de potência excedente, levando à autodestruição. De modo geral, diria, o regime do atentado constitui a representação sintomática mais perfeita do trauma do fim do mundo. Aqui, é necessário ser preciso. O processo de gestação do regime do atentado tem sido lento e anterior ao trauma. Seu desencadeamento e conformação específica é que correspondem ao fenômeno traumático. O trauma não causa os fenômenos, só os conforma. Sendo ele mesmo já uma expressão de condições concretas preexistentes – nesse caso, do excesso de meios – o trauma molda a forma psíquica correspondente e a põe em movimento" (Herrmann, *Psicanálise e política*: no mundo em que vivemos. Percurso, *Revista de psicanálise*, São Paulo, Instituto Sedes Sapientiae, ano XVIII, nº 6, 1, 2006, p. 20).

so oprimido; falta de alternativas paradigmáticas no horizonte próximo; complexidade dos fatores sociais contemporâneos.

Os nossos tempos tornaram o princípio de realidade especificamente mortífero (a frustração da civilização; a ausência de alternativas; a morte das utopias; o fim das metanarrativas), na medida em que os nossos tempos se fazem avessos a quaisquer sentimentos de solidariedade, e fazem com que se dissolva no plano do individualismo toda tentativa de mudança social.[26] São esses fatores que tornam o impulso libidinal rebelde, ou seja, tornam o impulso libidinal anticivilizatório, empurrando-o para a latrina da pulsão de morte, convertendo-o em nervosismo da civilização contra si mesma, cujos sintomas são a violência, a intolerância, o ataque, a sabotagem, a crueldade. A frustração social permanente conduz a um movimento anticivilizatório, que escancara e torna cínica a violência, na medida em que assume a regularidade do cotidiano, e não a espantosa configuração da surpresa, e em que é assumida como um fator de normalidade na composição do jogo social, mesmo do jogo social reivindicativo e emancipatório.

A ideia de uma sociedade não repressiva não é tão inatingível ou inviável quanto parece ser à primeira vista, e isso no interior do próprio pensamento freudiano.[27] No entanto, se as promessas da sociedade moderna giravam em torno de liberdade, igualdade e fraternidade, o que se tem, hodiernamente, é uma sociedade mais controladora (que seduz pela mídia em direção ao ter), e, por isso, mais castradora do despossuído (aquele que não tem o poder de compra):

> "A ideologia hodierna reside em que a produção e o consumo reproduzem e justificam a dominação. Mas o seu caráter ideológico não altera o fato de que os seus benefícios são reais. A repressividade do todo reside em alto grau na sua eficácia: amplia as perspectivas da cultura material, facilita a obtenção das necessidades da vida, torna o conforto e o luxo mais baratos, atrai áreas cada vez mais vastas para a órbita da indústria – enquanto, ao mesmo tempo, apoia e encoraja a labuta e a destruição. O indivíduo paga com sacrifício do seu tem-

---

[26] "Do mesmo modo, a repressão será diferente em escopo e grau, segundo a produção social seja orientada no sentido do consumo individual ou no lucro; segundo prevaleça uma economia de mercado ou uma economia planejada; segundo vigore a propriedade privada ou a coletiva. Essas diferenças afetam o próprio conteúdo do princípio da realidade, pois toda e qualquer forma do princípio de realidade deve estar consubstanciada num sistema de instituições e relações sociais, de leis e valores que transmitem e impõem a requerida modificação dos instintos. Esse corpo do princípio de realidade é diferente em diversos estágios da civilização" (Marcuse, *Eros e civilização*: uma interpretação filosófica do pensamento de Freud, 1999, p. 52).

[27] "A noção de uma civilização não repressiva será examinada, não como uma especulação abstrata e utópica. Acreditamos que o exame está justificando com base em dois dados concretos e realistas: primeiro a própria concepção teórica de Freud parece refutar a sua firme negação da possibilidade histórica de uma civilização não repressiva; e, segundo, as próprias realizações da civilização repressiva parecem criar as precondições para a gradual abolição da repressão. Para elucidarmos esses dados, tentaremos reinterpretar a concepção teórica de Freud, segundo os termos de seu próprio conteúdo sócio-histórico" (Marcuse, *Eros e civilização*: uma interpretação filosófica do pensamento de Freud, 1999, p. 28).

po, de sua consciência, de seus sonhos; a civilização paga com sacrifício de suas próprias promessas de liberdade, justiça e paz para todos" (Marcuse, Eros e civilização: uma interpretação filosófica do pensamento de Freud, 1999, p. 99).

Esses traços que constituem epicentros do processo de geração de desigualdade e violência, que culminam nas atitudes controladoras do Estado, na tentativa de evitar o desarranjo social, e as consequências são todas elas repressoras e não libidinais: aumento das penas; recrudescimento do sistema carcerário; cassação de direitos e garantias constitucionais; aumento de práticas truculentas de segurança pública; aumento do poder de exceção do Estado na gestão de políticas de segurança.[28]

6.4 ESTADO DE DIREITO: A CONVERSÃO DA LINGUAGEM DO DIREITO NA LINGUAGEM DA VIOLÊNCIA

A clássica imagem do brasileiro que se fundava no exemplo da cordialidade se torna mais e mais uma evocação de um passado empalidecido por uma realidade inóspita. "Já se disse, numa expressão feliz, que a contribuição brasileira para a civilização será a cordialidade – daremos ao mundo o 'homem cordial'", afirma Sergio Buarque de Holanda, em *Raízes do Brasil*. Verificar se esse traço persevera na caracterização do brasileiro carece, antes de tudo, que se saiba o que é cordialidade. A cordialidade, como traço de um caráter hospitaleiro, talvez seja algo notável do povo brasileiro, de fato. Esta é uma forma de cordialidade, bem apreciada geralmente pelos estrangeiros. Mas existe uma outra forma de se expressar cordialidade no trato com o outro, e essa outra ideia remete à consideração do outro pelo que se constrói de comum na vida compartilhada. Sabendo que o outro depende tanto quanto eu do que é institucional e comum, ser cordial significa contribuir para o fortalecimento das instituições públicas.

Então, se cordialidade for o respeito às instituições que dão substrato para o equilíbrio da vida em comum, da vida social, a resposta ao dilema institucional brasileiro é certamente encaminhada para dentro da história de formação do publicismo privatista brasileiro. O Estado de Direito sempre teve severas dificuldades de se afirmar com independência e autonomia na realidade histórica brasileira, sem que isso representasse a necessidade de alianças e conchavos políticos com os donos do poder. Assim, parece estar enraizado na dimensão da cultura um decreto que tem força de lei em nosso meio social, e que se exprime da seguinte forma: "Quem for mais esperto, terá mais chances de se dar bem neste país." Daí, deriva o imperativo categórico que lhe é subsequente: "Sê esperto, e faz do teu comportamento a base de teu próprio benefício." Sem con-

---

[28] Marcuse cita outros exemplos: "Por exemplo, as modificações e deflexões de energia instintiva necessária à perpetuação da família patriarcal-monogâmica, ou a uma divisão hierárquica do trabalho, ou ao controle público da existência privada do indivíduo, são exemplos de mais-repressão concernentes às instituições e um determinado princípio de realidade" (Marcuse, *Eros e civilização*: uma interpretação filosófica do pensamento de Freud, 1999, p. 53).

tar que esse imperativo cultural brasileiro inverte o imperativo moral que remonta ao pensamento de Kant, como expresso na *Crítica da razão prática,* que exige o compromisso de cada um com todos ("Age de tal modo que a máxima da tua vontade possa valer sempre ao mesmo tempo como princípio de uma legislação universal"), elemento este que serve de base para a ética e para a cidadania, ele é o caminho rápido e rasteiro para a dissolução da vida pública e compartilhada. É o famoso jeitinho. "Mas o uso do *jeitinho* e do *sabe com quem você está falando?* Acaba por engendrar um fenômeno muito conhecido e generalizado entre nós: a total desconfiança em relação a regras e decretos universalizantes", como afirma Roberto Damatta, em *Carnavais, malandros e heróis*.[29]

Quando um se arroga na condição de quem se torna o beneficiário (e nunca o devedor) máximo de tudo e, simultaneamente, age de modo a instrumentalizar tudo e todos em nome de seus interesses pessoais, não há justiça possível. E isso haverá de se refletir em todos os estratos sociais e de muitas formas. Talvez tudo isso faça parte de um imaginário social formado a partir da originária forma de colonização portuguesa expoliatória adotada na colônia (para onde pouco se leva e de onde tudo se traz), mas já é tempo de, proclamada a independência, revisarmos nossos valores. Isso porque são eles que continuam a influenciar ações sociais de todo gênero, tendentes à dissolução da vida compartilhada: a do corrupto que usa a máquina pública para seu benefício pessoal; a do criminoso, que vê no patrimônio alheio objetivo próprio; a do investidor oportunista, que vê com bons olhos a debilidade das políticas públicas e das instituições, disso tirando proveito para infiltrar seus interesses sobre interesses nacionais; a do funcionário público, que se exime de seu dever, em meio a culturas corporativas intransparentes e ineptas para a responsabilização; a do cidadão, que se afasta do que é público por considerá-lo assunto que não lhe seja afeto; a do corruptor, que se aproxima da máquina pública para colocá-la a seu serviço; a das elites descompromissadas, que se entendem acima de lei, da cidadania e da vida pública. Parece obra coletiva aquilo que se colhe como fruto disso: desordem social, impunidade, corrupção, mandonismo, violência, violação a direitos humanos.

Por isso, o que se constata é que não há nada de cordial no homem brasileiro se for considerado que, no período de 1980 a 2005, tenham ocorrido, em São Paulo, 7.659 casos de execução sumária pela polícia, que se registrem 1.329 casos de estupro, somente em 2003, no Rio Grande do Sul, ou de que, em 2003, se registrem 16,4% das crianças, entre 10 a 14 anos, ligadas ao trabalho infantil no Pará, ou que, no Mato Grosso, as denúncias de exploração sexual de crianças e adolescentes alcancem taxas de 7,25 denúncias por 100 mil habitantes, no período de 2003 a 2005, ou ainda, que, em 2003, 169 conflitos de terra tenham envolvido 92.390 pessoas, resultando em 12 mortes no Estado de Pernambuco, como registram os dados do *3º Relatório Nacional sobre os Direitos Humanos no Brasil,* do Núcleo de Estudos da Violência (NEV-USP).[30]

---

[29] Damatta, *Carnavais, malandros e heróis*: para uma sociologia do dilema brasileiro, 1997.
[30] *3º Relatório Nacional sobre os Direitos Humanos no Brasil* (2002-2005). Universidade de São Paulo: Núcleo de Estudos da Violência, 2007.

Neste contexto, portanto, o Estado de Direito dá claras demonstrações de incapacidade de reação, ante um quadro gigantesco e alarmante de crise social.[31] Se vê, neste sentido, envolvido num círculo de ação e reação, em que sua legitimidade se torna ainda mais confiscada. Muitas vezes, ele luta contra aquilo que ele mesmo tem provocado, através de políticas desacertadas e complicações burocráticas.[32] Sem uma cultura do que é público, e obedecendo, ou até aprofundando a lógica que já havia fundado a identidade desigual brasileira, são parcas as alternativas de elevar o debate em direção a qualquer tipo de perspectiva.[33] Nessa medida, o Estado de Direito, que se encontra na curvatura histórica, entre civilização e barbárie, administra os efeitos de um processo de liquidação de sua própria legitimidade conquistada historicamente no albor da modernidade.[34] Exatamente por isso, se vê ameaçado. A violência nada mais significa do que a retomada do poder em outra linguagem, que não a da razão, em tempos em que a dissolução do Estado compromete a organização corporativa da vida social.[35]

Nenhum tipo de solução pode ser entrevisto no horizonte, se a resposta que se aguarda depender das leis do mercado, ou se a resposta for procurada na intensificação da criminalização social (inclusive dos movimentos sociais), na manutenção da dicotomia que separa sociedade civil de Estado e torna a cidadania uma expectativa passiva dentro da representatividade política, ou no quietismo alarmante que silencia e compactua sem mobilização consistente ante o cataclisma social. Qualquer resposta que possa apontar perspectivas passa, necessariamente, por incentivos à cidadania, à participação, à inclusão política e econômica, assim como pela ampliação da democra-

---

[31] "Aumentou sobremodo o fosso entre a evolução da criminalidade e da violência e a capacidade do estado de impor lei e ordem" (Adorno, *Crime, punição e prisões no Brasil*: um retrato sem retoques. In: *Anais do Foro Iberoamericano sobre Seguridad Ciudadana, Violencia Social y Políticas públicas*, Madrid, 2006, p. 9).

[32] "Se buscaram conferir uma feição modernizadora às políticas formuladas, agiram no interior de um quadro institucional conservador, dominando inclusive por atores que reivindicam o monopólio do saber técnico, não escutam especialistas fora de seus círculos corporativos, não se sujeitam à crítica externa, não prestam contas à sociedade, aos cidadãos eleitores de suas decisões e – o pior – não se sentem responsabilizados pelas consequências de suas ações" (Adorno, *Crime, punição e prisões no Brasil*: um retrato sem retoques. In: *Anais do Foro Iberoamericano sobre Seguridad Ciudadana, Violencia Social y Políticas públicas*, Madrid, 2006, p. 6).

[33] "Esta fragmentação urbana nas primeiras décadas da República, francamente associada à especulação e aos interesses privados, demonstra a fraca definição do que é público, completamente associada, na capital paulista, ao interesse privado" (Endo, *A violência no coração da cidade*, 2005, p. 58).

[34] "A ausência da justiça simplesmente engrossa o caldo da violência urbana, deixando a ação violenta como dispositivo a ser acionado a qualquer momento, como um patrimônio pessoal, privado diante de uma justiça pública que tarda e falha" (Endo, *A violência no coração da cidade*, 2005, p. 103).

[35] "O exercício da cidadania democrática torna-se dessa forma problemático, pois onde o exercício da liberdade é feito sem o concurso da razão, acaba sendo feito através da violência" (Barretto, *Educação e violência*: reflexões preliminares. In: *Revista Brasileira de Filosofia*, v. XXXX, fasc. 165, jan./mar. 1992, p. 70).

cia e reforço do papel prestativo do Estado, pelo fomento de uma cultura pluralista, tolerante, democrática e centrada nos direitos humanos.

Isso porque se entende que onde a violência ocupou o lugar do discurso, e onde a irracionalidade se apresenta como única racionalidade possível, então de fato estão presentes os elementos de uma sociedade dominada por *tánatos*. A violência é o avesso do discurso, é o avesso do entendimento.[36] É a supressão do outro e da racionalidade, da integração e da solidariedade. A violência degenera a comunicação, faz cessar a reciprocidade, degrada a dignidade do outro, assim como consente o aplauso a um modo de interação que desprivilegia a aceitação do outro como um igual numa interação comunicativa, para proscrever o lugar do outro em favor da lei da força.[37] O compromisso moral em sociedade é o compromisso da manutenção de uma interação fundada em mecanismos de evitação da degradação das interações ou de promoção de formas de encaminhamento de conflitos (punitivos ou conciliatórios) que sejam capazes de traduzir a sensação fundamental de que o pacto do convívio social não se rompe, mesmo sob a constante ameaça de atos de injustiça e violência. No entanto, a retomada em escala progressiva da violência tem feito com que se coloque em dúvida o fato de que se vive efetivamente em civilização.

Nessa linha de raciocínio, entende-se que o espaço do discurso, que vem sendo suprimido, é o espaço do gozo intersubjetivo, da comunhão, da explosão de vida em conjunto. A negação do espaço do discurso é a afirmação do princípio de morte. Exatamente por isso, mecanismos de incentivos a *eros* – considerando-se tratar não de um *eros* desequilibrado, esse que é tão inconsequente e irresponsável quanto *tánatos* –[38] são de todo necessários em nossos tempos, através de iniciativas as mais variadas para

---

[36] "É isso que Freud voltará a abordar no informe sobre a eletroterapia dos neuróticos de guerra (1955) e o que voltará a fazer em "Além do princípio do prazer" (1920) e em "Porque a guerra?" (1933) vendo na pulsão de destruição, a expressão de uma força que se caracteriza por ignorar todos os esforços de ligação, representação e linguagem, ao mesmo tempo em que se dirige para um além da civilização, um além do Eros, no qual a vida, enquanto laço, associação e sexualidade, terminaria" (Endo, *A violência no coração da cidade*, 2005, p. 119). "Habermas reagiu a esses problemas e a outros mais transformando o projeto de justificar e de problematizar a teoria crítica da sociedade pela antropologia do conhecimento em um projeto de uma teoria crítica da sociedade que começaria pela teoria da comunicação. Tomando como ponto de partida o fato de que os homens falam e agem uns com os outros, ele tentava demonstrar que a antecipação de uma comunicação sem distorção era a condição para que uma ação comunicativa fosse possível — isto é, visando ao entendimento mútuo" (Wiggershaus, *A Escola de Frankfurt*: história, desenvolvimento teórico, significação política, 2002, p. 671).

[37] "Portanto, o ataque ao corpo é uma maneira de interromper a linguagem em seu princípio originário: o da mediação e da distância que se quer impor, que se pode impor. Violentar o corpo só atinge pleno êxito quando se alcança a dessubjetivação do sujeito, privando-o dos lugares onde ele se constitui" (ENDO, *A violência no coração da cidade*, 2005, p. 92).

[38] "O Eros incontrolado é tão funesto quanto a sua réplica fatal, o instinto de morte. Sua força destrutiva deriva do fato deles lutarem por uma gratificação que a cultura não pode consentir: a gratificação como tal e como um fim em si mesma, a qualquer momento. Portanto, os instintos têm de ser desviados de seus objetivos, inibidos em seus anseios. A civilização começa quando o

o atendimento à dignidade humana. A partir daí se pode começar a pensar na formação de uma sociedade mais equilibrada. Se *eros* não for valorizado, a tendência de seu eclipse é uma natural decorrência do acalento de *tánatos,* na linha das preocupações marcusianas em torno do texto freudiano: "A cultura exige sublimação contínua; por conseguinte, debilita Eros, o construtor de cultura. E a dessexualização, ao enfraquecer Eros, liberta os impulsos destrutivos. Assim, a civilização é ameaçada por uma difusão instintiva, em que o instinto de morte luta por ganhar ascendência sobre os instintos de vida. Originada na renúncia, a civilização tende para a autodestruição" (Marcuse, Eros e civilização: uma interpretação filosófica do pensamento de Freud, 1999, p. 87).

O que se vive hodiernamente, portanto, por esse conjunto de sintomas sociais, é uma ameaça à sobrevivência da cultura dos direitos, na medida em que, como afirma Agamben, baseado em Benjamin, o que "...o direito não pode tolerar de modo algum, o que sente como uma ameaça contra a qual é impossível transigir, é a existência de uma violência fora do direito; não porque os fins de tal violência sejam incompatíveis com o direito, mas 'pelo simples fato de sua existência fora do direito' (Benjamin, 1921, p. 183)".[39]

---

objetivo primário – isto é, a satisfação integral de necessidades – é abandonado" (Marcuse, *Eros e civilização*: uma interpretação filosófica do pensamento de Freud, 1999, p. 33).

[39] Agamben, *Estado de exceção*, 2004, p. 85.

7

A Promoção da Cidadania no Estado Social e Democrático de Direito[1]

Se em países do capitalismo central se pode pensar numa crítica mais profunda ao Estado Social, ao mesmo tempo que este já corrigiu uma série de deformidades provocadas pelo capitalismo, em países do capitalismo periférico fica difícil pensar numa alternativa que privilegie o abandono do projeto do Estado Social e da forma democrática de expressão da política.[2] Fora de sua estrutura, parece pouco provável qualquer alternativa dirigida ao alcance de emancipação e justiça social.[3] Habermas afirma, em seus recentes *estudos* filosóficos:

"Numa sociedade capitalista, as injustiças sociais têm de ser superadas; numa sociedade de risco, ameaças coletivas têm de ser afastadas e numa sociedade

---

[1] Este capítulo é a versão modificada do item 8.1.3 do livro *Democracia, justiça e emancipação social*, São Paulo, Quartier Latin, 2013.

[2] Como esclarece Zawada: "[...] o reconhecimento dos direitos de caráter econômico e social, que conduziu à intervenção do Estado para lhes dar efetividade, também precedeu a formulação doutrinária do Estado de Direito de tipo social.

Bastante intervencionista, ficou mais conhecido como Estado-Providência, correspondendo a um fenômeno de aprofundamento e extensão da função social desempenhada pelas constituições e, no fundo, por todo o ordenamento jurídico, podendo-se dizer que ao Direito foi atribuída uma função promocional" (Zawada Melo, Direitos humanos fundamentais e o Estado de Direito Social. In: *Revista Mestrado em Direito*, ano 7, nº 2, 2007, p. 81).

[3] Por isso, para Paulo Ferreira da Cunha, essa concepção de Estado está impregnada de utopia: "O Estado, feito confessadamente Estado Providência, autoassumir-se-ia, mesmo no ocidente capitalista, como utopia em acto; e o próprio direito *tout court* se foi deixando impregnar pelo utopismo – para alguns designadamente no seu intervencionismo e em numerosas manifestações dos chamados 'Direitos Humanos'" (Cunha, *Constituição, direito e utopia*: do jurídico-constitucional nas utopias políticas, 1996, p. 26-27).

pluralista é necessário instaurar direitos iguais de formas de vida culturais. Nas diferenças de *status*, geradas de modo capitalista, nos riscos provocados pela ciência e pela técnica e nas tensões do pluralismo cultural e das visões de mundo, o Estado enfrenta desafios que não se adaptam, sem mais nem menos, aos meios da política e do direito. Ele não pode, no entanto, fugir à sua responsabilidade política..." (Habermas, *Entre naturalismo e religião*: estudos filosóficos, 2007, p. 366-367).

Nesse sentido, parece que as ideias de Estado, de democracia, de direito se intercalam formando um todo autocentrado e suficientemente disposto para o debate sobre a conveniência do modelo de um Estado Social e Democrático de Direito, ou seja, de um Estado no qual o direito seja visto como fonte de transformação e emancipação social.[4] Procura reunir em si as qualidades que se podem extrair como positivas, seja do modelo de Estado Liberal, seja do modelo de Estado Social, sem recair e nem se confundir com eles;[5] a específica reflexão política da teoria do discurso é formadora de uma terceira visão, procedural, pois a ênfase não se dá nem na liberdade dos cidadãos, nem na regulação da vida social, mas na integração social fundada no fortalecimento da esfera pública. A presente identificação faz com que esta categoria seja, evolutivamente, diferente do Estado Absolutista, do Estado Liberal e do Estado Social, para representar um aprimoramento crítico do Estado de Bem-Estar Social, como constata Ferran R. Coll, nos estudos de sua tese intitulada *Teoria crítica y Estado social*.[6]

Na filosofia política de Habermas, a social-democracia destaca-se como um meio de equilíbrio entre igualdade e liberdade, opondo-se, por isso, a ideologias que apontam para o fim da história com a prevalência da igualdade sobre a liberdade, ou da liberdade sobre a igualdade. A teoria habermasiana administra a ideia de tensão entre

---

[4] Nesse ponto, destaque-se a concordância com a concepção de Lênio Streck, quando afirma: "O direito, nas quadras do Estado Democrático (e Social) de Direito, é sempre um instrumento de transformação, porque regula a intervenção do Estado na economia, estabelece a obrigação da realização de políticas públicas, além do imenso catálogo de direitos fundamentais-sociais" (Streck, *Verdade e consenso*: constituição, hermenêutica e teorias discursivas, 2006, p. 2).

[5] Zippelius identifica na Europa contemporânea o fenômeno híbrido do que chama de "Estado Social Liberal": "O Estado social liberal das sociedades industrializadas do Ocidente situa-se no campo de tensão entre tendências liberais e tendências totalitárias. Por um lado é herdeiro de uma era liberal que pretendia garantir a cada um o máximo de desenvolvimento individual e empresarial, bem como restringir e controlar a ação do Estado. Por outro lado, mostrou-se, porém, que sobretudo na sociedade industrial pluralista são sempre necessárias regulações estatais" (Zippelius, *Teoria geral do Estado*, 3. ed., 1997, p. 380).

[6] Habermas não recai nem na simples defesa do capitalismo e nem das formas autoritárias do socialismo: "En definitiva, Habermas apunta los riesgos prácticos que supone una aceptación acrítica y positivante del discurso sobre la alienación, basado en ontologías objetivistas subyacentes tanto en las sociedades tecnocráticas legitimadas en nombre de una versión parcial de la racionalidad (capitalismo), como en sociedades que viven bajo el terror en nombre de un discurso abstracto y productivista de la emancipación humana (socialismo)" (Coll, *Teoria crítica y Estado social*: neokantismo y socialdemocracia en Jürgen Habermas, 1991, p. 96).

polaridades, que, uma vez inelimináveis, restam passíveis de convívio e administração do ponto de vista do convívio entre valores, o que demanda um regime político específico para a sua convivência. Nessa perspectiva, a comunicação, a participação, o modo procedural de construção concreta das escolhas normativas são aspectos fundamentais da forma como a teoria do discurso irá afirmando a lógica da ação política prática. É nessa medida que o Estado mantém-se com papel destacado de justiça distributiva, como centro de poder normativo, corrigidos os excessos burocráticos, e que a sociedade civil é identificada não apenas como mercado, mas como ingrediente fundamental da construção de redes de participação comunicativa na dinamização da vida social, valorizadas a esfera pública e a contribuição cidadã no permanente processo de reconstrução das formas de integração social e de desenvolvimento social. Portanto, o núcleo da perspectiva política, que pode abrigar, em sociedades complexas e pluralistas, formas de vida organizadas para a possível realização de justiça e emancipação, identifica-se com um núcleo reformista da social-democracia.[7]

Essa ideia grifa a importância, especialmente num contexto global de crise financeira e estremecimento das premissas da era do neoliberalismo, da presença do Estado na regulação da vida social, na determinação das orientações do mercado, bem como na devolução de condições de desenvolvimento humano, centrado em torno de uma ampla e provedora rede de direitos humanos. Nesse sentido, fica clara a intervenção do Direito no processo civilizatório, de modo a determinar condições de controle e condução dos poderes econômico e político. É possível, nesse sentido, entrever com Zygmunt Bauman a indissociabilidade da relação entre direitos sociais e direitos políticos nesta preocupação:

> "Sem direitos sociais para todos, um grande – e provavelmente crescente – número de pessoas irá considerar seus direitos políticos inúteis e indignos de atenção. Se os direitos políticos são necessários para se estabelecerem os direitos sociais, os direitos *sociais* são indispensáveis para manter os direitos *políticos* em operação. Os dois tipos de direitos precisam um do outro para sobreviver; essa sobrevivência só pode ser sua realização *conjunta*" (Bauman, *Tempos líquidos*, 2007, p. 72).

Em verdade, em função de uma série de características do próprio desenvolvimento deficitário das estruturas sociais fundamentais, o abandono de uma compreensão que incentiva e apoia a perspectiva, sempre sabotada, de aprimoramento e aprofun-

---

[7] "Las heurísticas de Habermas y la problemática de la emancipación en las sociedades del neocapitalismo, y especialmente sus límites, pueden resultar de utilidad en el momento de analizar los rasgos más específicamente políticos de la reivisón bernsteiniana, desplazando la antención hacia aspectos que no aparecen normalmente en la literatura actual sobre el fenómeno revisionista y que recobran actualidad en las sociedades occidentales tras el proceso de revolución tecnológica y de la resituación de los Estados de bienestar tras las crisis del último cuarto del presente siglo" (Coll, *Teoria crítica y Estado social*: neokantismo y socialdemocracia en Jürgen Habermas, 1991, p. 169).

damento da experiência do Estado Social, somente poderia importar em recuos cujas consequências sociais seriam lastimáveis.[8]

7.1 O ESTADO DEMOCRÁTICO E SOCIAL DE DIREITO NA REALIDADE BRASILEIRA

É o caso da realidade brasileira que carece de solidificar instituições políticas fundamentais e corrigir distorções históricas de igualdade material, com vistas a dar um passo adiante no sentido de aprimorar outras instâncias de funcionamento do próprio modelo de Estado de Direito que se tem. O Estado Social e Democrático de Direito não é uma etapa superada da modernidade brasileira.[9] O Brasil vive distorções próprias de uma sociedade de modernidade incompleta, e, por isso, seus destinos políticos carecem de um incremento nesse sentido.[10] Se a realidade histórica dos países do capitalismo central está mais atrelada, atualmente, ao processo de incremento da sociedade cosmopolita, trata-se de perceber que a realidade brasileira ainda carece veementemente da implementação da dinâmica de funcionamento de uma concepção de Estado que cumpra o papel de criar condições de iguais oportunidades sociais e consentir na aplicação de justiça distributiva para corrigir as históricas e enraizadas mazelas decorrentes da injustiça social.

Nessa medida, o Estado Social e Democrático de Direito, visando à justiça social,[11] ainda carece de cumprir uma meta fundamental na história brasileira, devendo ser implementado e aprimorado para a correção de desigualdades sociais, promoção de inclusão social, desenvolvimento econômico em harmonia com a proteção ambiental e construção da igualdade efetiva de direitos, etapa fundamental para a consolidação da democracia e passo também fundamental para a inclusão no próprio discurso e na participação política.[12] Ainda que mais desafiadoras sejam as condições hodiernas

---

[8] A preocupação com o Estado de Direito contemporâneo deposita-se na sua capacidade de realizar igualdade, sem abrir mão de também produzir eficiência, como afirma Häberle: "Resumiendo en una sola frase: 'Se trata de lograr eficiencia en y a través de la libertad pero siempre acompañada de igualdad'" (Häberle, *Pluralismo y Constitución*: estudios de Teoría Constitucional de la sociedad abierta, 2002, p. 226).

[9] Cf. Cruz, *Habermas e o direito brasileiro*, 2006, p. 14.

[10] A respeito, consulte-se Adeodato, Ética e retórica, 2002, principalmente capítulos V, IX e X. Ver, também, Neves, *Entre Têmis e Leviatã:* uma relação difícil, 2006, e, Neves, Crise do Estado: da modernidade central à modernidade periférica – anotações a partir do pensamento filosófico e sociológico alemão, *Revista Trimestral de Direito Público*, nº 5, p. 49-57, 1994.

[11] Respondendo, portanto, à própria exigência e vocação de justiça social: "Segue-se disso que a reivindicação de justiça social inclui cada vez mais a reivindicação de 'igual início', quer dizer, igualdade de oportunidades de vida. Se a posição ocupada numa ordem social estratificada depende da função exercida, a reivindicação de justiça social exige que todos tenham uma igual oportunidade de exercer o tipo de função que possam melhor exercer segundo seus talentos, e não devido à sua posição ao nascer" (Heller; Fehér, *A condição política pós-moderna*, 1998, p. 186).

[12] Sobre o tema da necessidade dos direitos sociais para a realização dos direitos individuais: "Definindo-se o Estado de bem-estar como 'inclusão política realizada' e, porque Estado de

para o desenvolvimento desse modelo e dessa estrutura de Estado,[13] tendo em vista o acirramento econômico mundial provocado pela globalização, ainda assim não se pode pensar em caminhar para atender demandas econômicas mundiais sem que questões complexas, especialmente sociais de base, estejam encaminhadas a contento dentro de um regime político capaz de estruturar ações econômicas e políticas realizadoras de uma tarefa de equilíbrio social.

O que não se pode esquecer é que a teoria crítica possui um compromisso com a emancipação social que é inevitável, do ponto de vista da condução de seus próprios pressupostos teórico-práticos. Por isso, a questão da justiça social não é uma questão de somenos importância nem para a realidade dos países em vias de desenvolvimento, nem para a análise do papel que o Estado de Direito tem a desempenhar no controle das leis próprias do mercado. Aliás, faz parte do percurso da própria Escola de Frankfurt a permanente preocupação com a atualização do marxismo e de suas discussões voltadas para a dinâmica do social. Horkheimer já afirmava, em sua *Teoria Crítica*: "Se a teoria materialista constitui um aspecto dos esforços de melhoria das condições humanas, então ela, sem mais nem menos, contraria todas as tentativas de tornar secundários os problemas sociais" (Horkheimer, *Teoria crítica*, 2006, p. 43). Recuando em direção às matrizes do materialismo histórico, se pode ler em *A ideologia alemã*, de Marx e Engels: "A primeira condição de toda a história humana é, naturalmente, a existência de seres humanos vivos. A primeira situação a constatar é, portanto, a constituição corporal desses indivíduos e as relações que ela gera entre eles e o restante da natureza". E, mais adiante:

> "Mas, para viver, é preciso antes de tudo beber, comer, morar, vestir-se e algumas outras coisas mais. O primeiro fato histórico é, portanto, a produção dos meios que permitem satisfazer essas necessidades, a produção da própria vida material; e isso mesmo constitui um fato histórico, uma condição fundamental de toda a história que se deve, ainda hoje como há milhares de anos, preencher dia a dia, hora a hora, simplesmente para manter os homens com vida" (Marx; Engels, *A ideologia alemã*, 2001, p. 21).

A questão da justiça social está claramente interligada à forma como se satisfazem as possibilidades sociais de gerenciamento de acesso igualitário às condições de satisfação das necessidades primordiais da vida.

---

direito, como inclusão jurídica realizada, observa-se que os 'direitos fundamentais sociais' por ele instituídos constitucionalmente são imprescindíveis à institucionalização real dos direitos fundamentais referentes à liberdade civil e à participação política" (Neves, *A constitucionalização simbólica*, 2007, p. 77).

[13] "O desafio do moderno Estado de Direito Social, porém, acaba sendo o de conciliar o princípio da vedação de retrocesso social com o cenário econômico contemporâneo, que se modifica com frequência e que geralmente requer a adoção de políticas restritivas de gastos públicos" (Zawada Melo, Direitos humanos fundamentais e o Estado de Direito Social. In: *Revista Mestrado em Direito*, ano 7, nº 2, 2007, p. 84).

Se a questão da justiça social é de profunda importância para os teóricos críticos, pensar a questão da justiça interligada à questão da emancipação em Habermas demanda, antes de tudo, a compreensão desse pressuposto teórico da própria Escola, ou seja, a preocupação sempre estável com questões da ordem da justiça social. A ética do discurso de Habermas se mantém, ao longo do desenvolvimento de seu percurso e sua incursão nos diversos temas nos quais se espraia, sensível às questões de grande atualidade e carência da humanidade (fome, tortura, desemprego, ecologia),[14] e, com isto, coerente com o pressuposto elementar de toda a teoria crítica, o qual compartilha com a Escola de Budapeste, como se pode ler no seguinte trecho de Heller e Féher, que batizam de significação a expressão justiça social da seguinte forma:

> "'Justiça social', assim, relaciona-se com oportunidades de vida. Um grupo que reclama 'justiça social' reclama oportunidades de vida iguais para os de outro grupo, ou pelo menos um aumento das oportunidades de vida de seus membros em comparação com as oportunidades de vida que os membros de outro grupo, ou de todos os outros grupos, desfrutam. Obviamente, há um forte elo de ligação entre justiça política e social. Se um grupo alcança iguais liberdades com outro grupo, a possibilidade de melhorar as oportunidades de vida de seus membros também aumenta" (Heller; Fehér, *A condição política pós-moderna*, 1998, p. 183).

Não procede, portanto, a crítica que afirma que Habermas teria pensado somente tendo em vista a realidade dos países do capitalismo central, o que determinaria a impossibilidade de aplicação da teoria procedimentalista à realidade brasileira, como assinala a posição de alguns críticos brasileiros.[15] As matrizes teóricas que influenciam o pensamento habermasiano o impedem de aceitar ou justificar qualquer forma de exploração da condição humana, quanto mais ser insensível aos processos de dominação social e produção de desigualdades sociais. De um lado, a matriz kantiana, que possui forte presença nas leituras de Habermas, já havia descrito, pela fórmula do imperativo categórico, a não instrumentalidade do humano que carrega a dignidade, que carrega a *Würde*, como decorrência de sua própria condição de ser racional. Ainda aqui, se pode perceber o quanto o pensamento de Habermas estaria distante de considerar a possibilidade de justificar a instrumentalização da condição humana pelo trabalho, pela fome e pela miséria. De outro lado, a influência marxista no pensamento de Ha-

---

[14] "A ética discursiva de Habermas pressupõe pelo menos três dados, ainda não suficientemente explicitados: a competência comunicativa dos integrantes do grupo; situações dialógicas ideais, livres de coerção e violência; e, finalmente, um sistema linguístico elaborado que permita pôr em prática o discurso (teórico e prático). Estes 'dados' (pressupostos) contrastam com os 'dados' observados na realidade histórica que constituem, nas sociedades modernas, verdadeiras 'cargas político-morais' insuportáveis para o nosso tempo. Habermas enumera quatro: *a fome* no terceiro mundo, a *tortura* institucionalizada, o *desemprego* crescente, mesmo nas economias mais avançadas do mundo ocidental, e as *ameaças do desequilíbrio ecológico* que implicam na possível autodestruição da humanidade" (Freitag, A questão da moralidade: da razão prática de Kant à ética discursiva de Habermas. In: *Tempo Social, Revista de Sociologia da USP*, v. 1, nº 2, 1989, p. 36).

[15] Cf. Cruz, *Habermas e o direito brasileiro*, 2006, p. 17.

bermas o impede de produzir uma teoria que não esteja vertida para a *práxis*, de uma teoria que não esteja profundamente atada ao compromisso de humanização, destinada à emancipação social, já que este parece ser um dos fundamentais traços da própria tradição marxista, como afirma Fromm,[16] e muito mais ainda atada ao compromisso de reflexão com o processo de inclusão social.

Portanto, a teoria do discurso serve como instrumental teórico a fomentar a que realidades nacionais diversas daquelas nas quais foi pensada sejam impulsionadas em direção à busca de justiça social. Ela é, em sua totalidade e complexa capacidade de produzir entrelaçamento entre linguagem, comunicação, política, democracia e direito, entre outros temas, um instrumental importante e capaz de oferecer os moldes analíticos para um processo emancipatório que somente incrementa e torna ainda mais importantes a politização social, a participação social, a inclusão social e os mecanismos procedimentais de garantia de participação nos atos de produção de justiça social. Como se poderia pensar que esses elementos da teoria do discurso não estariam dispostos a facilitar o processo de aproximação com a justiça social, especialmente em sociedades de economia periférica, fragilizada ou emergente?[17] Como pensar que a teoria do discurso não se dirige à própria condição humana, com os matizes histórico-culturais que lhe são próprios, o que inclui uma reflexão sempre dialética entre as necessidades sociais e as questões locais? Como pensar que a teoria do discurso, como compreensão filosófica da realidade, se dirige exclusivamente a um auditório regional, primeiro-mundista, e que não aponta alternativas e caminhos para a *reconstrução* do sentido da política em tempos de crise, pertinentes a diversas realidades sócio-históricas?

7.2 O ESTADO SOCIAL E DEMOCRÁTICO DE DIREITO E A DIGNIDADE DA PESSOA HUMANA

Se miséria, fome, desigualdade, violência, opacidade social, marginalização, despolitização são frutos de um processo que espelha profundas clivagens sociais, como acreditar que um projeto emancipatório seja passível de consecução sem antes se pensar em inclusão e justiça social? Isso significa que, antes de tudo, o problema da ética do discurso é o problema das relações intersubjetivas imersas no solo dialético das

---

[16] "[...] A desumanização do homem, evidenciadas nas crueldades dos regimes de Stalin e Hitler, na brutalidade do morticínio indiscriminado durante a guerra, e também no crescente embrutecimento acarretado pelo novo homem consumidor e membro de organização, maníaco por engenhocas, levou esta nova manifestação de ideias humanistas [...]" (Fromm, *Conceito marxista do homem*, 1979, p. 73).

[17] "[...] Ao contrário do que sustenta Streck, o projeto emancipatório habermasiano tem, desde seu início, um compromisso inafastável com a inclusão social através de uma conexão factível entre teoria e prática de modo universalista, ou seja, pertinente não apenas países desenvolvidos como a Alemanha ou os Estados Unidos, mas também para países como o Brasil [...]" (Cruz, *Habermas e o direito brasileiro*, 2006, p. 24).

condições materiais de vida. A tarefa transformadora da filosofia é a de apontar rumos e caminhos, e, certamente, enquanto teoria crítica, não se nutre de insensibilidade e de distância com relação a questões que tenham correlação com justiça social. Não se pode, portanto, dizer, em hipótese alguma, que a teoria do discurso se mova baseada em desconhecimento ou em insensibilidade com relação à situação dos Estados fragilizados na realidade contemporânea, especialmente quando se atenta para o que afirma Habermas neste trecho de *Comentários à ética do discurso*:

> "O filósofo da moral não dispõe de um acesso privilegiado às verdades morais. Em face dos quatro grandes flagelos da nossa própria existência – a fome e a miséria do Terceiro Mundo; a tortura e a continuada violação da dignidade humana em Estados onde reina a injustiça; o crescente desemprego e as disparidades da riqueza social nas nações industriais do Ocidente; finalmente, o risco autodestrutivo que a corrida ao armamento nuclear constitui para a vida sobre a Terra –, em face deste estado de coisas provocatório talvez a minha concepção restritiva da capacidade de desempenho da ética filosófica seja uma desilusão; ela é também, em todo o caso, um aguilhão: a filosofia não subtrai ninguém da sua responsabilidade prática" (Habermas, Comentários à ética do discurso, 1991, p. 31).

Em verdade, a teoria do discurso, ao pensar a questão da inclusão a partir do debate sobre a comunicação está a exigir um conjunto de condições (trabalho, educação, infraestrutura social, instituições públicas, participação, informação, qualificação) para garantir a possibilidade de exercício de direitos comunicativos que se exercem como forma de atuação e expressão da própria cidadania. Nesse sentido, as considerações de Habermas não são ideais porque apontam os fins a serem atingidos pela *práxis*, na medida em que apontam os rumos em direção aos quais devem caminhar as exigências por construção de uma sociedade mais justa e equitativa, o que significa, acima de tudo, uma sociedade capaz de produzir as condições materiais e formais para a interação comunicativa fundada na racionalidade. O aviltamento da dignidade humana conduz indivíduos a zonas limítrofes que suprimem a racionalidade, ou a reduzem a níveis de fácil manipulação. A teoria habermasiana expressa, com todas as letras, a preocupação de que a conquista de favoráveis fatores para o desenvolvimento da condição humana é o que possibilita a exigência de que se firme um projeto de vida fundada na racionalidade.[18] Grife-se que as racionalidades (instrumental e comunicativa) são úteis para o desenvolvimento de condições favoráveis ao aprimoramento da satisfação

---

[18] "[...] Habermas desloca a questão da emancipação humana, que no materialismo histórico se centrava no modo de produção econômico que se reproduzia pela retificação das relações de mercancia, cuja única forma de liberação seria a luta de classes, pela disputa incessante dos mecanismos de integração social apostando no potencial libertador do Estado do Bem-Estar Social, capaz de resgatar a dignidade da pessoa humana por meio de políticas redistributivas e de regulação do mercado, vez que a consciência social dificilmente surge em seres aviltados pela miséria [...]" (Cruz, *Habermas e o direito brasileiro*, 2006, p. 110).

das necessidades humanas; isso significa que Habermas não elabora uma crítica ao agir estratégico a ponto de anulá-lo, pois este também, quando utilizado como meio técnico para alcançar o alívio a necessidades próprias da condição humana, poder ser o mecanismo a ser aproveitado em condições tais que se torne de utilidade social.[19]

Esses temas que envolvem o debate sobre a pobreza, sobre a inclusão social, sobre as clivagens deixaram de ser questões exclusivas dos Estados-nação lateralizados com relação ao capitalismo central. Habermas considera esses temas dentro de um quadro maior de análises que considera a temática da justiça como um problema comum da sociedade globalizada e a ser administrado dentro do desenvolvimento de uma sociedade cosmopolita. As pressões por inclusão social vindas dos países subdesenvolvidos se projetam para dentro dos países de economia desenvolvida e se colocam como questões da sobrevivência do equilíbrio mundial, especialmente quando questões locais deixam de ter significação local e passam a ter significação global, como, por exemplo, as questões ligadas à imigração e à proteção ambiental.[20] O tratamento da questão dos países subdesenvolvidos é algo que não pode estar distante da teoria política desenvolvida por Habermas, pois sua sensibilidade para a questão de justiça social o impede de pensar tendo como auditório somente os países desenvolvidos, ou mesmo pensar a partir de uma ótica que considera as alternativas somente do ponto de vista dos países desenvolvidos.

Não há por que o Brasil desviar-se do rumo de produzir condições de desenvolvimento fundadas na lógica da inclusão social e da redistribuição de benefícios pelo

---

[19] O problema da razão instrumental está na colonização do mundo da vida e não no papel de aprimoramento dos meios técnicos para o desenvolvimento de condições satisfatórias de vida. Na interpretação de Freitag: "A solução desses problemas nem sempre se pode dar no contexto da 'ética discursiva'. Habermas, por isso mesmo, havia destacado outras formas de ação, distintas da comunicativa, como a ação instrumental, que permitiria resolver parcialmente os problemas da fome, do desemprego e do equilíbrio ecológico, naquilo que esses problemas têm de técnico. Quando a ação instrumental e a comunicativa não conseguem (pacificamente) resolver tais problemas, Habermas admite a ação estratégica, cuja função primordial consistiria em estabelecer as condições materiais e políticas para que a ação comunicativa e, no contexto dela, o discurso prático possam entrar em ação" (Freitag, A questão da moralidade: da razão prática de Kant à ética discursiva de Habermas. In: *Tempo Social – Revista de Sociologia da USP*, v. 1, nº 2, 1989, p. 38).

[20] "O padrão assimétrico não reaparece apenas nos conflitos que se desencadeiam entre as minorias e asilados de uma sociedade multicultural, porquanto a mesma assimetria também determina a relação das sociedades industriais desenvolvidas com os países em desenvolvimento e com o meio ambiente natural. Os continentes subdesenvolvidos poderiam ameaçar, no melhor dos casos, através de gigantescas ondas de imigrantes, através do jogo da extorsão atômica ou através da destruição do equilíbrio ecológico de amplas regiões; ao passo que as sanções da natureza só são perceptíveis pelo tictac silencioso das bombas-relógio. Tal padrão de impotência favorece a latência das pressões de um problema que vai sendo represado no longo prazo. Entretanto, a sua solução pode ser protelada até um momento em que pode ser tarde demais. Só podemos agudizar tais problemas pelo caminho de uma moralização dos temas e de uma generalização de interesses mais ou menos discursiva em esferas públicas de culturas políticas liberais não encampadas pelo poder" (Habermas, *Diagnósticos do tempo*: seis ensaios, 2005, p. 154-155).

Estado, cumprindo uma etapa que, fundamentalmente, nunca se realizou em nossa realidade.[21] Em *Diagnósticos do tempo*:

> "E os países que ainda não atingiram o nível de desenvolvimento do Estado social, especialmente eles, não têm nenhuma razão plausível para se desviar desse caminho. E é precisamente a falta de alternativas, e, inclusive, a irreversibilidade dessas estruturas de compromisso, ainda disputadas, que nos colocam hoje perante o dilema segundo o qual o capitalismo desenvolvido não pode viver sem o Estado social – como também não pode continuar vivo se continuar desenvolvendo o Estado social. As reações mais ou menos perplexas a esse dilema revelam estar esgotado o potencial de estímulo político da utopia da sociedade do trabalho" (Habermas, *Diagnósticos do tempo*: seis ensaios, 2005, p. 23).[22]

O equilíbrio interno da dinâmica de funcionamento do Estado de Direito reclama que se pense antes na relação tensa existente entre validade e faticidade, bem como na tentativa de sopesar, em igual medida, a importância da soberania popular ao lado da cultura dos direitos humanos, duas faces da lógica de funcionamento do Estado Democrático de Direito.[23] Pela sua própria dinâmica interna, parece que fica claro que a perspectiva de atuação do Estado Social não é nem a de superar essa tensão e nem a de eliminá-la, mas de mantê-la acesa como vitalidade interna de sua própria proposta.[24]

Diante do ponto de não retorno em que se encontra o debate político sobre o Estado de Direito hodiernamente, deve-se considerar, como o faz Habermas, que o próprio "[...] paradigma procedimentalista do direito, que visa fornecer elementos para sair do impasse criado pelo modelo do Estado Social, ainda não recebeu contornos definidos". No entanto, o que se percebe no conjunto das preocupações espelhadas pela teoria do

---

[21] Se referindo a Habermas, no trecho a seguir apresentado, Lucia Aragão é da mesma opinião: "Apesar disso, e de toda a fragilidade econômica e política do Estado intervencionista, o autor afirmava, na década de 80, que, *em sociedades como as nossas, não há alternativas visíveis para o Estado social tanto em relação às funções que cumpre, como às exigências normativamente justificadas que satisfaz*" (Aragão, *Habermas*: filósofo e sociólogo do nosso tempo, 2002, p. 192).

[22] A mesma reflexão se encontra em Habermas, A nova intransparência: a crise do Estado de Bem-Estar Social e o esgotamento das energias utópicas. In: *Novos Estudos*, 1987, nº 18, p. 109.

[23] Cf. Neves, *Entre Têmis e Leviatã*: uma relação difícil: o Estado Democrático a partir e além de Luhmann e Habermas, 2006, p. 115.

[24] "As três grandes tarefas através das quais se avalia hoje a capacidade de um governo, portanto, são uma política conjuntural que garanta o crescimento econômico; uma ação orientada para as necessidades coletivas e que influencie a estrutura produtiva; e as correções que devem ser efetuadas na rede das desigualdades sociais. O problema não está no fato de que tais tarefas se imponham ao Estado e que ele seja obrigado a assumi-las programaticamente; o conflito, no qual se pode ser (com Claus Offe) uma fonte de problemas de legitimação, reside antes na necessidade de que o Estado realize todas essas tarefas sem quebrar as condições funcionais de uma economia capitalista, ou seja, sem tocar na relação de complementaridade que exclui o Estado do sistema econômico, no momento mesmo em que o torna dependente da dinâmica de tal sistema" (Habermas, *Para a reconstrução do materialismo histórico*, 2. ed., 1990, p. 235).

discurso é que, do ponto de vista do desenvolvimento histórico-social da ideia de Estado de Direito, algumas aquisições se tornaram irrevogáveis.

Nesta trilha, a ideia do Estado Social e Democrático de Direito não somente revela fortes preocupações do pensamento habermasiano, como também parece situar a realidade brasileira em sua efetiva necessidade, tendo em vista suas atuais circunstâncias. Especialmente diante de um quadro de crise global do sistema econômico capitalista, na interdependência que lhe é própria em escala mundial, considerando inclusive as próprias intervenções estatais sobre a economia para o salvamento do mercado, a ideia do Estado Social ganha uma atualidade sem par. Isso oportuniza que alguns teóricos do Direito Constitucional se pronunciem sobre o tema, como o faz Paulo Bonavides, indicando a superação da lógica de desprezo do Estado, propugnada pelo neoliberalismo, no sentido da construção da lógica de um Estado neossocial, e que avança em temas de justiça, liberdade, democracia, fraternidade.[25]

É importante ressaltar que, dentro da concepção de Estado Social e Democrático de Direito, a concepção da teoria do discurso procura corrigir as distorções que são decorrentes dos legados modernos, em que a função do direito e da política se intercalam de modo vigoroso para a reação ao atual estado de coisas no que tange à crise de legitimidade do Estado. A radicalização da democracia, aliada ao revigoramento do potencial de ação do Estado, o aumento da participação ativa da cidadania, estruturação de procedimentos e formas de interação fundadas na lógica do agir comunicativo, bem como os mecanismos de fomento à formação autônoma de uma esfera pública política mobilizada em torno de questões de interesse comum, são aspectos que, no lugar de se superporem, somam-se para formar um conjunto de reformas e implementações que afirmam o caráter positivo da política e do direito na construção de formas de integração social capazes de fomentar a sociabilidade. Assim, no lugar de uma mera entrega de direitos pelo Estado, ou no lugar de um mero processo vertical de produção de normação da vida social, produzir um grau de cidadania capaz de guindar o desenvolvimento comunicativo social como forma de mobilização e ativismo da esfera pública participativa e cidadã. São esses fatores que, somados, se tornam elementos determinantes para a emancipação social, guiada por uma forma aprimorada de Estado Social.

Para que isso seja possível, não há metanarrativa histórica que conduza os indivíduos desde fora, e que os faça caminhar sendo guiados independentemente de suas

---

[25] Paulo Bonavides afirma: "A primeira globalização, selvagem, menosprezou o Estado; a segunda globalização, civilizada, esta, sim, será obra do Estado neo-social que caminha para o futuro, e não para o passado" (Bonavides, Do Estado neolibeal ao Estado neo-social, *Folha de S. Paulo*, São Paulo, 6 nov. 2008, Tendências e debates, A 3). Esse mesmo tipo de manifestação se pode colher das reflexões de políticos como Roberto Jefferson, que se manifesta na *Folha de S. Paulo*, em 4 dez. 2008, nos seguintes termos: "A crise mostra que mercado livre e desregulado é uma utopia perversa e inviável"; e, mais adiante, afirma ainda: "A humanidade vai ter de evoluir e encontrar novas soluções. Se você evolui na economia e na intervenção do Estado, não pode permitir que as burocracias mantenham esse poder louco sobre as pessoas e o controle sobre a vida dos indivíduos. O futuro é a social-democracia. E será melhor. Torço por isso" (Jefferson, A crise já aponta o caminho do mundo, *Folha de S.Paulo*, São Paulo, 4 dez. 2008, A 3).

responsabilidades e de sua aderência com a vida social, o que permite que se veja que a única perspectiva possível para o seguimento desse ideal se encontra na proposta de aprofundamento da cidadania e de incrementação da participação na autorregulação da vida social. Nesse sentido, é esclarecedor este trecho onde Habermas afirma:

> "Dependendo do tipo e da ordem de grandeza das sociedades ocidentais, os desafios do século XXI exigirão respostas que dificilmente podem ser encontradas e implementadas sem uma formação de opinião e vontade que generalize os interesses e seja radicalmente democrática. Nesta arena, a esquerda socialista encontra seu lugar e seu papel político. Ela pode constituir o fermento para comunicações políticas que conservem e drenem o terreno institucional do Estado democrático de direito. A esquerda não comunista não tem motivo algum para a depressão. Pode ser que alguns intelectuais da RDA tenham primeiramente que se adaptar a uma situação em que a esquerda da Europa ocidental se encontra há décadas – ter de transformar as ideias socialistas em autocrítica radicalmente reformista de uma sociedade capitalista que, juntamente com suas fraquezas, desenvolveu suas forças nas formas de uma democracia de massas do Estado social e democrático de direito" (Habermas, Que significa socialismo hoje?, *Revista Novos Estudos*, nº 30, 1991, p. 60).

8

A Superação do Individualismo pela Democracia Participativa[1]

A democracia brasileira padece de forte desprestígio, e a cada escândalo de corrupção, aumentam o fosso e a descrença nesse campo. Apesar de recente, sua consolidação fica sempre adiada, restando um tímido caminho percorrido e uma credibilidade de que seus meios sejam insuficientes para lidar com os desafios que enfrenta. A crise da política institucional e legítima se mistura à tibieza das instituições e reforça a crise de legitimidade e eficácia das ações do Estado. Tratar, pois, dos desafios da democracia no contexto pós-moderno, significa apontar para a linha da renovação da teoria da democracia, a partir das concepções mais recentes, que indicam rumos em sua ampliação e radicalização. No atual contexto, a crise da política[2] não pode ser superada pela mera reforma interna das Casas parlamentares, e nem pela mera configuração centrada no indivíduo portador de direitos, mas deve estar voltada para a concepção dos procedimentos inclusivos, participativos e plurais, para que os canais da política estejam abertos e em contato com a dinâmica das demandas sociais.

---

[1] Este capítulo é a versão modificada do item 6.3.3 do livro *Democracia, justiça e emancipação social*, São Paulo, Quartier Latin, 2013.

[2] A questão não toca de perto somente a realidade brasileira, mas também os países europeus. Habermas, em resposta a seus entrevistadores, se ressente da mesma atmosfera política na Alemanha: "Suponho que o esmorecimento político – que não existe apenas na República Federal – tenha razões diferenciadas, que caminham em direções opostas e que se fortalecem reciprocamente. Por um lado, os cidadãos estão insatisfeitos com o fato de não verem no caminho batido do quadro partidário estatizado possibilidades adequadas para um engajamento político que tenha sentido; nas atividades esvaziadas das agremiações locais de nosso partidos se vê quanta energia devoluta (*brachliegende Energie*) é aí administrada e paralisada" (Habermas, Uma conversa sobre questões de teoria política: entrevista de Jürgen Habermas a Mikael Carlehedem e René Gabriels, *Revista Novos Estudos*, nº 47, 1997, p. 100).

No atual quadro social, o que vigora é exatamente a lógica segundo a qual indiferença e amorfismo se tornam regras do convívio, sendo que o interesse nos assuntos de comum importância para os indivíduos se torna o grande ponto de apoio da carência política desses tempos. Por isso, também, sob essa lógica, o isolamento e o anonimato se tornam uma regra geral.[3] A teoria crítica é extremamente sensível a essa questão da formação da vontade política e da apatia, assim como os teóricos da democracia,[4] em meio a uma sociedade controladora e consumista e, exatamente por isso, produtora de isolamento social e dissolutora dos laços de identidade política. O pensamento adorniano tem um claro registro desse tipo de preocupação:

> "Tédio é o reflexo do cinza objetivo. Ocorre com ele algo semelhante ao que se dá com a apatia política. A razão mais importante para esta última é o sentimento, de nenhum modo injustificado das massas, de que, com a margem de participação na política que lhes é reservada pela sociedade, pouco podem mudar em sua existência, bem como talvez, em todos os sistemas da terra atualmente. O nexo entre a política e seus próprios interesses lhes é opaco, por isso recuam diante da atividade política. Em íntima relação com tédio está o sentimento, justificado ou neurótico, de impotência: tédio é o desespero objetivo" (Adorno, Tempo livre. In: *Palavras e sinais*, 1995, p. 76).

Com base nessa percepção é que a teoria crítica mantém acesa a ideia de que a liberdade é algo que depende dos laços sociais, e toda concepção que cinde com esta ideia, se confunde com o individualismo burguês. Marcuse já adiantava, a respeito, que "[...] diferentemente de outros sistemas filosóficos, a liberdade humana aqui não é um fantasma e nem interioridade não comprometida, deixando tudo no mundo como estava, mas sim uma possibilidade real, uma relação social de cujo desenvolvimento o destino dos homens depende. Nesse estádio dado de desenvolvimento, mostra-se novamente o caráter construtivo da teoria crítica" (Marcuse, Filosofia e teoria crítica, *Cultura e sociedade*, v. 1, 1998, p. 145). Ainda, em outro texto, Marcuse afirma:

> "A singularização cultural dos indivíduos em personalidades fechadas em si mesmas, portadoras de sua realização em si mesmas, afinal corresponde ainda a um método liberal de disciplina que não exige domínio sobre um determinado plano da vida privada. Ela deixa o indivíduo persistir como pessoa enquanto não perturba o processo de trabalho, deixando as leis imanentes desse

---

[3] Cf. Esteves, *Espaço público e democracia:* comunicação, processos de sentido e identidade social, 2003, p. 44.

[4] O fenômeno é constatado da mesma forma por Norberto Bobbio: "Nas democracias mais consolidadas assistimos impotentes ao fenômeno da apatia política, que freqüentemente chega a envolver cerca da metade dos que têm direito ao voto. Do ponto de vista da cultura política, estas são pessoas que não estão orientadas nem para o *output* nem para o *input*. Estão simplesmente desinteressadas daquilo que, como se diz na Itália com uma feliz expressão, acontece no palácio" (Bobbio, O futuro da democracia: uma defesa das regras do jogo, 1992, p. 32).

processo de trabalho, as forças econômicas, cuidarem da integração social dos homens" (Marcuse, Sobre o caráter afirmativo da cultura. In: *Cultura e psicanálise*, 3. ed. 2001, p. 56).

E, por sua vez, Eric Fromm, direcionando seu pensamento à democracia, afirma:

> "Os mesmos princípios aplicam-se ao estabelecimento de democracia política. A democracia pode resistir à ameaça autoritária se for transformada de 'democracia espectadora' passiva numa democracia participatória – na qual as questões da comunidade sejam tão íntimas e tão importantes para os cidadãos individuais quanto seus assuntos particulares ou, melhor ainda, na qual o bem-estar da comunidade se torne preocupação pessoal do cidadão" (Frommn, *Ter ou ser?*, 4. ed. 1987, p. 177).

Claramente, estas questões, apresentadas há algumas décadas, não deixarão de estar presentes no atual contexto, como questões problemáticas, e não deixarão, muito menos, de ecoar no interior do debate levado adiante pela teoria do discurso, que deles se ocupa numa visão pragmática.

Exatamente por isso, a própria noção de que a liberdade se dá no coletivo impede Habermas de pensar na base do individualismo burguês. Mais que isso, de deduzir, a partir deste, condições de reflexão sobre as crises oriundas do próprio processo de aprofundamento do individualismo em tempos de hedonismo e consumismo, como os tempos contemporâneos. Essa problemática questão do aprofundamento do individualismo na vida contemporânea, que afeta a consciência formativa e a noção de pertencimento a uma ordem social que demanda responsabilidades e compromissos, já havia sido constatada por Habermas nos estudos de sociologia do comportamento estudantil, que datam do início dos anos 1960, na Alemanha, em *Student und Politik*, onde se pode ler:

> "A tese niveladora, que afirma haver atualmente uma assimilação das camadas sociais, no referente à consciência, comportamento e estilo de vida, ao contrário dos antagonismos de classe, no século passado, tem sido aplicada ao estudantado. Pode-se, de fato, verificar a tendência para transformar universidades em escolas técnicas superiores, equiparando formação e instrução, assim que o próprio estudo assume formas de trabalho profissional. A competência funcional, ambição de ascendência, disposição de adaptar-se, caracterizam o comportamento estudantil (cuja tônica é utilitarista e profissional) orientado por planos precisos de assunto e tempo. Ao que tudo indica, a observação é válida para a maioria dos estudantes superiores" (Habermas; Friedeburg; Oehler; Weitz, O comportamento político dos estudantes comparado ao da população em geral. In: *Sociologia da juventude*: por uma sociologia diferencial (Britto, Sulamita, org.), v. II, 1968, p. 115).

Essa mesma percepção é detectada e destacada por Kohlberg, nos Estados Unidos, em seus estudos sobre educação, e sua advertência neste mesmo sentido é muito clara: "Hoy el mayor problema en el desarrollo de la juventud es el individualismo, su mayor solución educativa es la participación" (Kohlberg, *La democracia en la escuela secundaria*: educando para una sociedad más justa, 1992, p. 17). Assim, a crítica do individualismo é um ponto de partida de fundamental importância para a crítica da consciência burguesa, mas também para a crítica dos tempos presentes.

8.1 PARTICIPAÇÃO SOCIAL, CIDADANIA E VALORES REPUBLICANOS

A democracia padece, em grande parte, de uma série de insuficiências, muitas das quais foram identificadas por Max Weber[5] e, posteriormente, apontadas por Norberto Bobbio.[6] É notório o fato de que toda democracia apresenta seus problemas, e disso nem mesmo a democracia em sua forma antiga pôde evitar, como destaca Goyard-Fabre.[7] Em sua grande parte, essas insuficiências evocam uma forma de arranjo social que devolve os indivíduos a condição de passivos membros da comunidade e como átomos da vida social. Marcuse possui uma análise muito precisa do problema, ao enfrentá-lo dizendo que "[...] a cultura democrática dominante promove a heteronomia sob a máscara da autonomia, impede o desenvolvimento das necessidades e limita o pensamento e a experiência sob o pretexto de ampliá-los e estendê-los ao longo por toda parte. A maioria dos homens usufrui de um considerável espaço para compra e venda, para a busca de um trabalho e em sua escolha; podem expressar sua opinião e mover-se livremente – mas suas opiniões jamais transcendem o sistema social estabelecido, que determina suas necessidades, sua escolha e suas opiniões. A liberdade mesma opera como veículo de adaptação e limitação. Essas tendências repressivas (e regressivas) acompanham a transformação da sociedade industrial em sociedade tecnológica sob a administração absoluta dos homens, e as alterações simultâneas, no modo de trabalho, na mentalidade e na função política do povo, prejudicam expressivamente os fundamentos da democracia" (Marcuse, Para uma redefinição de cultura. In: *Cultura e sociedade*, 1998, p. 164). Um pouco mais adiante, no que se refere ao in-

---

[5] "O perigo político da democracia de massas reside, em primeiro lugar, na possibilidade de uma forte preponderância de elementos emocionais na política. As massas, como tais (quaisquer que sejam as camadas sociais das quais se compõem no caso concreto), 'somente pensam até depois de amanhã'. Sempre estão expostas, conforme ensina toda experiência, à influência atual, puramente emocional e irracional" (Weber, *Economia e sociedade*, 2004, v. 2, p. 579).

[6] Bobbio, *O futuro da democracia*: uma defesa das regras do jogo, 1992, p. 25-65.

[7] Como salienta Goyard-Fabre, a respeito da democracia ateniense: "Assim, desde os primeiros momentos da democracia, dois séculos de história política e de reflexão filosófica bastaram para fazer aparecer, no governo do povo pelo povo, o que ele tem de benéfico e o que tem de maléfico" (Goyard-Fabre, *O que é democracia?*: a genealogia filosófica de uma grande aventura humana, 2003, p. 11).

dividualismo e à assunção de uma postura passiva diante do poder, conclui que "[...] podemos assinalar uma passividade dos homens frente ao aparato político e econômico onipresente; submissão à sua abundante produtividade e à sua utilização 'de cima'; uma separação do indivíduo das fontes de poder e de informação que transforma o destinatário em objeto de administração" (Marcuse, Para uma redefinição de cultura. In: *Cultura e sociedade*, 1998, p. 164).

As tendências sociais imperantes são aquelas responsáveis pela forja de uma concepção político-cultural que se arraiga socialmente e que se insculpe como sendo a única possível. O horizonte parece não possuir outras alternativas, senão a subserviência e a manutenção do *status quo*. Por isso, o individualismo contemporâneo é uma ameaça à cultura democrática, na medida em que cerceia o coletivo e o faz desmanchar sobre a dimensão do mero fluxo das trocas atômicas de interesse e troca. O individualismo, que se expressa em diversos aspectos da vida e em diversas instâncias do convívio social, se manifesta também na política democrática, e, nisso, como em outros aspectos, provoca seus deletérios efeitos, pois assume a forma de um individualismo partidário que instaura no interior da luta política interpartidária uma forma corrosiva de lidar com os interesses sociais.[8] Em todos os seus aspectos, o individualismo contemporâneo é, nesse sentido, um retrocesso em direção ao estágio 1 da consciência moral, segundo a indicação de Kohlberg. Por isso, a advertência de que o individualismo reúne o neoconservadorismo ao cinismo e ao liberalismo, como afirma Kohlberg:

> "El nuevo individualismo, unifica el cinismo o la desilusión liberal con el cinismo o la desilusión conservadora, el nuevo conservadorismo. Hasta Nixon y Watergate. La ética conservadora de la propiedad privada fue lo que Barry Gold llamó la conciencia de lo conservador, un estadio 4 comprometido en mantener la sociedad americana a un estadio 5 comprometido con la libertad y la democracia amenazada por el socialismo marxista. La ideología neoconservadora más reciente accentua no el estadio 4 de la moral sino la búsqueda del número uno" (Kohlberg, *La democracia en la escuela secundaria*: educando para una sociedad más justa, 1992, p. 19).

O cuidado de Habermas no trabalho desse tema está exatamente no fato de que não haverá de hipostasiar a esfera do coletivo, sem antes preservar a esfera do indivíduo, de modo a tornar ambas as dimensões intrinsecamente inter-relacionadas. O indivíduo aqui não se perde dentro do anonimato de massas que responde às preferências tota-

---

[8] Seguindo a linha de análise de Goyard-Fabre: "A competição entre os partidos, atiçada pela propaganda e, caso necessário, pela manipulação, se exaspera e, sem se deixar reduzir a determinações econômicas ou morais, transforma-se numa luta intestina que nada mais é senão uma relação de forças. A democracia fica então bem longe, apesar do critério jurídico da igual liberdade de todos de que ela se vale, de caracterizar uma sociedade política homogênea. Ela comporta antagonismos que, sob a bandeira de ideologias, são motivos para divisões e rivalidades, o que não deixa de perturbar, para além do jogo político, a vida social" (Goyard-Fabre, *O que é democracia?*: a genealogia filosófica de uma grande aventura humana, 2003, p. 259).

litárias, e preserva sua esfera de direitos como expressão mesma do próprio espírito democrático.[9] A proteção de condições para o exercício do direito comunicativo de cada membro da comunidade cidadã é um ponto central das preocupações de Habermas. Por isso, a esfera pública política aparece como uma categoria que entrecruza as dimensões do indivíduo autônomo com as de uma coletividade autônoma e praticante de poder comunicativo.[10] Ademais, Habermas está consciente de que não há autonomia social sem que haja o incremento da autonomia individual de cada cidadão; por isso, a dúplice aposta na emancipação individual acompanhada da emancipação coletiva. A rejeição ao individualismo, da ética discursiva, é uma rejeição consciente dos riscos e possibilidades oferecidos pela prática comunicativa e democrática.[11]

É no quadro geral da própria sociabilidade que se verificam as alternativas possíveis para as crises sociais. A troca simbólica dentro da sociedade é o que permite a Habermas identificar na intersubjetividade o laço de constituição dos processos de socialização e democratização. A democratização consente que o espírito de comunidade se coloque no lugar do espírito de individualismo, pois enquanto aquele significa a vivacidade da troca social, este significa a morte da vida social. É nesse sentido a advertência de Kohlberg sobre a questão da democracia, ao interpretar a vida democrática norte-americana:

> "La principal razón para la democracia representativa constitucional es todavía la razón de los Padres Fundadores, que el gobierno democrático es el mejor protector de la justicia y de los derechos humanos de los individuos. Existe una segunda razón un tanto diferente de la razón para la participación o democracia directa, la razón de la comunidad como algo más que la justicia. La democracia directa promueve la participación en la sociedad y genera un sen-

---

[9] "Mas se a teoria discursiva não é individualista, ela está longe de atribuir à comunidade um poder de tutela. Isso significa, entre outras coisas (a) que o indivíduo tem direitos complementares aos da comunidade, e (b) que as normas e instituições da comunidade não podem evadir-se a uma investigação crítica." (Rouanet, Ética iluminista e ética discursiva. *Jürgen Habermas*: 60 anos, v. 1, nº 1, jul./set. 1998, p. 43).

[10] "O Espaço Público como rede crescentemente amplificada de comunicações pode ajudar a sociedade a pensar-se a si mesma, uma autocompreensão simultaneamente interpretativa do passado e da situação presente, e projetiva quanto às possibilidades futuras. Será mesmo a única instância social em condições de realizar de um modo reflexivo este trabalho, o que lhe confere uma decisiva força de legitimidade" (Esteves, *Espaço público e democracia*: comunicação, processos de sentido e identidade social, 2003, p. 70).

[11] Na leitura de Rouanet: "Muitas dessas críticas são justas. O individualismo ético da Ilustração se baseava efetivamente numa separação ilusória entre indivíduo e sociedade e não colocou com clareza a relação entre a autorrealização do indivíduo e o interesse coletivo. Mas estaríamos condenados necessariamente a perder, com o fim do individualismo, duas de suas consequências mais valiosas: o direito à felicidade, sacrificado ao bem-estar da sociedade, e o julgamento moral autônomo, absorvido na moralidade objetiva?

A ética discursiva não aceita o individualismo, mas pode oferecer um caminho para preservar essas duas conquistas do individualismo" (Rouanet, Ética iluminista e ética discursiva. *Jürgen Habermas*: 60 anos, v. 1, nº 1, jul./set. 1998, p. 43).

timiento resultante de comunidad. La democracia directa ateniense no era tan buena como la democracia representativa americana en lo que hace a la protección de la justicia, Sócrates tenía derecho a vivir y a hablar libremente. No obstante, fue muy buena al crear el sentido de participación y comunidad que mantiene a la sociedad viva y libre de la muerte llamada individualismo" (Kohlberg, *La democracia en la escuela secundaria*: educando para una sociedad más justa, 1992, p. 17).

A resposta ao individualismo somente pode vir a partir, portanto, da própria prática democrática, ou seja, de um convite ao partilhamento em que a sociedade se conscientize de seu papel autoformador. E isso significa, acima de tudo, que não há como falar da democratização do Estado sem necessariamente ter de evocar a ideia correlata, e de fundamental importância, de democratização da sociedade, uma vez que a vitalização da democracia requer essa dupla forma de realização do espírito democrático atuando em conjunto e simultaneamente. De toda forma, as tendências reformistas contemporâneas, constatam os teóricos da democracia, como Norberto Bobbio, tendem em direção a uma análise da necessidade de ampliação dos horizontes de atuação da democracia.[12] A paternidade social pode ser interessante, até certo ponto, no entanto, para Habermas, a força da autolegislação democrática parece ser um princípio ainda mais importante, como afirma em *Direito e democracia*: "No horizonte de uma fundamentação pós-tradicional, o indivíduo singular forma uma consciência moral dirigida por princípios e orienta seu agir pela ideia da autodeterminação. A isto equivale, no âmbito da constituição de uma sociedade justa, a liberdade política do direito racional isto é, da autolegislação democrática" (Habermas, *Direito e democracia*, I, p. 131). Por isso, a irracionalidade do domínio somente tem como resposta o próprio processo de incrementação das formas de atendimento aos requisitos pelos quais se torna possível agir e falar com incentivos e suplementos para a ação comunicativamente intermediada, como afirma Habermas em *Teoria e práxis*:

> "La irracionalidad del dominio, que se ha convertido hoy en un peligro mortal a nivel colectivo, sólo podría ser detenida por una conformación política de la voluntad, vinculada al principio de la discusión general y libre de coerción. La racionalización del dominio podemos esperarle únicamente de condiciones que favorezcan el poder político de un pensamiento ligado al diálogo" (Habermas, *Teoría y práxis*, 2002, p. 334).

A realidade brasileira, assim como a norte-americana, não se vê da mesma forma desprendida dessa problemática perspectiva de crescimento do individualismo. Dentro da tradição política brasileira, pode-se perceber o quanto a democracia participativa se

---

[12] "Parto de uma constatação sobre a qual podemos estar todos de acordo: a exigência, tão freqüente nos últimos anos, de maior democracia exprime-se como exigência de que a democracia representativa seja ladeada ou mesmo substituída pela democracia direta" (Bobbio, *O futuro da democracia*: uma defesa das regras do jogo, 1992, p. 41).

plenificou, na medida em que os déficits de cultura cidadã são típicos da própria história e do próprio caldo cultural herdado de sua tradição autoritária. Despolitizados, a cidadania e o republicanismo se veem enfraquecidos, sendo alvos de crescentes achaques dos oportunismos e dos jogos de interesses que, em grande medida, sucateiam o espaço do público, tornando-o um cenário de manifestações sempre crescentes de interesses privados.

Se a reforma política se torna inevitável, com o caminho de superação dos limites da democracia representativa, isso só pode ser feito na base de uma clara discussão a respeito do estado atual do debate sobre a teoria democrática, aspecto que é evocado por Habermas em *Direito e democracia*, especialmente no capítulo VII. Dialogando com diversos autores, a teoria do discurso se abre para apresentar uma concepção própria de democracia. A forma de *Demokratie* prevista na teoria do discurso é a de uma democracia deliberativa e participativa, seguindo uma orientação procedimental. Essa forma de democracia possui seus próprios pressupostos e se desenvolve na base de uma crítica à insuficiência do estado atual da política democrática contemporânea, e na base de uma crítica à insuficiência dos argumentos apresentados para descrever a identidade da democracia possível, centrando-se, como é certo na intrigante imbricação entre democracia, direito e comunicação.[13]

Habermas se preocupa em afirmar sua divergência com relação ao argumento segundo o qual a legitimidade se baseia na aferição da estabilidade do poder.[14] Certamente, as exigências de uma democracia aprimorada devem ir além da mera pressuposição de que a estabilidade é capaz de traduzir aceitação do exercício do poder. Além disso, uma segunda divergência, de fundamental importância para aferir a insuficiência da democracia representativa, se encontra na base do estudo da regra da maioria. Quando a maioria acolhe essa ou aquela linha de votação e exerce o voluntarismo de base na formação da opinião pública, parecem estar cumpridas as exigências formais e procedimentais para a realização do acolhimento da vontade da maioria, como base para uma forma de entendimento político que evita as saídas radicais e o uso da violência e da força para a sucessão no poder. Mas, ainda aqui, Habermas constata a precariedade desse modelo, que está profundamente atrelado a uma ideia positivista de direito, e do argumento que se limita a aceitá-lo como condição única para a identificação da democracia,[15] e, nesse ponto tem razão, na medida em que Kelsen exprime exatamen-

---

[13] Nos comentários de Goyard-Fabre a respeito do modelo habermasiano: "Em outras palavras, o novo paradigma hoje necessário, depois da queda dos princípios do pensamento moderno, para a refundação e a reconstrução do direito, é o recurso à razão processual de uma política democrática deliberativa animada pela atividade comunicacional" (Goyard-Fabre, *O que é democracia?: a genealogia filosófica de uma grande aventura humana*, 2003, p. 324).

[14] O argumento extraído da análise empírica da democracia da teoria de Werner Becker, citado em *Direito e democracia*: "Qualquer legitimação é aceita, contanto que contribua eficazmente para a estabilização da autoridade política" (Habermas, *Direito e democracia*, II, 2. ed., 2003, p. 12).

[15] O argumento analisado se encontra detalhado neste trecho: "São os próprios indivíduos que produzem a validade normativa, através de um ato de livre assentimento. Tal compreensão voluntarista da validade desperta uma compreensão positivista do direito: vale como direito tudo

te essa opinião a respeito do assunto, ali entrevendo a máxima aproximação com a ideia de liberdade.[16] O princípio da maioria é insuficiente para falar da qualidade da democracia, exatamente porque não contém toda a liberdade possível. Para Habermas, a democracia aprisionada à dimensão do Estado é exatamente aquela que se tornou incapaz de observar os dois eixos fundamentais de ganhos herdados da modernidade, por isso, o modelo da democracia procedimental resgata de ambos os legados, o liberal e o republicano, as formas pelas quais se deve construir uma reflexão a respeito do papel que a esfera pública tem na construção da identidade da democracia. Por isso, o peso da política deliberativa no conjunto das reflexões elaboradas no interior da teoria do discurso: "De acordo com o resultado de nossas considerações sobre a teoria do direito, o processo da política deliberativa constitui o âmago do processo democrático" (Habermas, *Direito e democracia*, II, 2003, p. 18).

8.2 DEMOCRACIA PARTICIPATIVA E SUPERAÇÃO DO ATOMISMO SOCIAL

Por isso, a noção de democracia para a teoria política contemporânea é complexa e exigente, demandando mais do que se conheceu na tradição moderna. Mesmo a estratégia conceitual apresentada por Norberto Bobbio, em *O futuro da democracia*: uma defesa das regras do jogo, que se faz na base dos requisitos mínimos para a identificação da identidade de um sistema político democrático, é considerada por Habermas deflacionária.[17] Dessa forma, organizando seus argumentos na base de uma sociologia da democracia, extraindo seus conceitos das pesquisas em torno do trabalho de Robert Dahl (*Democracy and its critics*),[18] Habermas reúne argumentos para afirmar que:

"Esse processo deve proporcionar: a) inclusão de todas as pessoas envolvidas; b) chances reais de participação no processo político, repartidas equitativamen-

---

aquilo e somente aquilo que um legislador político, eleito conforme as regras, estabelece como direito" (Habermas, *Direito e democracia*, II, 2003, p. 14).

[16] "Desse ponto de vista, o princípio da maioria absoluta é o que representa a aproximação relativamente maior da ideia de liberdade" (Kelsen, *A democracia*, 2000, p. 128).

[17] "Na introdução à sua teoria da democracia, N. Bobbio segue uma estratégia deflacionária" (Habermas, *Direito e democracia*, II, 2003, p. 26). Mais adiante, Habermas identifica as características apresentadas por Bobbio: "As democracias preenchem o necessário mínimo procedimentalista na medida em que elas garantem: a) a participação política do maior número possível de pessoas privadas; b) a regra da maioria para decisões políticas; c) os direitos comunicativos usuais e com isso a escolha de diferentes programas e grupos dirigentes; d) a proteção da esfera privada. A vantagem dessa definição minimalista consiste no seu caráter descritivo" (p. 26-27). A respeito, ver, Bobbio, *O futuro da democracia*: uma defesa das regras do jogo, 5. ed., 1992.

[18] "Para a compreensão procedimentalista do processo democrático, Robert Dahl escolhe indicadores que exploram o conteúdo de processos democráticos e são melhores do que a operacionalização proposta por Norberto Bobbio" (Habermas, *Direito e democracia*, II, 2003, p. 42).

te; c) igual direito a voto nas decisões; d) o mesmo direito para a escolha dos temas e para o controle da agenda; e) uma situação na qual todos os participantes, tendo à mão informações suficientes e bons argumentos, possam formar uma compreensão articulada acerca das matérias a serem regulamentadas e dos interesses controversos" (Habermas, *Direito e democracia*, II, 2003, p. 42-43).

Essa concepção de democracia reflete, sem dúvida alguma, com maior pertinência, os desdobramentos teóricos sobre teoria da comunicação que ocuparam Habermas ao longo de seu percurso de discussão desde o desenvolvimento da *Teoria do agir comunicativo*.

Daí a importância da discussão sobre os processos de formação de um espaço público que seja capaz de favorecer a inclusão do outro, a transparência e o controle do poder, mais ainda, a própria dinâmica de formação do poder para além dos quadros limitados da representatividade democrática formal. Uma democracia procedimentalista deliberativa e participativa reclama, acima de tudo, a inclusão do outro. Esse "outro" não é uma entidade ou uma unidade, mas sim a multiplicidade das vozes que pleiteiam inclusão no discurso decisório, e, portanto, no momento de construção de normatividades sociais que possuem impacto prático na vida econômico-política de indivíduos socializados. Nesse sentido, a inclusão do outro do ponto de vista da democracia implica necessariamente o aumento da base de legitimação do exercício do próprio poder comunicativo que dá base para o funcionamento do poder administrativo. Para isto é necessário que as múltiplas vozes sejam ouvidas.

Abrir espaço discursivo às múltiplas vozes é, certamente, mais trabalhoso, mais complicado de se administrar, e a própria convivência dessa experiência pode se traduzir em uma realidade mais ruidosa e complexa. No entanto, é certamente mais democrático. Há quem prefira o unicórdio da própria voz; eis o gérmen da tirania. Há, no entanto, quem prefira a explosão de vida encontrada na multiplicidade e na diversidade de vozes que acorrem ao cenário das decisões de relevância político-social, com suas tendências, exigências, interesses e posturas, desde que carreguem legítimas reivindicações sustentáveis racionalmente na esfera pública.

A democracia dessa forma motivada, para sua radicalização, carece, portanto, de um especial alento em direção à formação de uma cultura participativa. Essa cultura participativa tem como ponto de apoio o processo de formação do intercâmbio comunicativo na esfera pública, independente do Estado, para se consolidar, numa segunda etapa, dentro das estruturas do Estado, consolidando-se, por meio da lei, em poder administrativo. A forma de estruturação desse se dá, portanto, por meio de instrumentos que agasalham e possibilitam o exercício do discurso de conformidade com exigentes pressupostos do agir comunicativo, legalizado, procedimentalizado e oficializado. O que se percebe, nessa linha de análise, é que a solução para os entraves na questão política hodierna está na própria prática daquilo que se deseja como ideal; é a participação que se tem por mecanismo fundamental da intersubjetividade democrática e responsável, mas é ela mesma o remédio para que se possa vencer, na experiência histórica, a autoafirmação gloriosa do individualismo na vida contemporânea. Isso implica também o desenvolvimento de capacidades e habilidades inerentes ao espírito do desenvolvimento moral, pois a descentração é um pré-requisito para a intensificação da prática democrática.[19] Por isso, uma das exigências fundamentais das preocupações formativas da cidadania se encontra no aprofundamento da experiência participativa e comunitária, sobre a qual se possa construir a dinâmica da vida social, o que depende de claros estímulos advindos do meio e da formação, como constatam os estudos antropológicos e psicanalíticos contemporâneos.[20] É isto o que motiva Kohlberg a escrever: "Actualmente la participación representa una respuesta educativa al creciente individualismo de la juventud" (Kohlberg, *La democracia en la escuela secundaria*: educando para una sociedad más justa, 1992, p. 18). Os cuidados com o processo formativo são a versão antecipada da sociedade que se pretende criar. Por isso, a cultura da democracia deve ser estimulada em múltiplas experiências, todas elas suscetíveis de criar um espírito de corresponsabilidade pelo que é comum, acima dos mitos de autoridade que fundam as sociedades que cultuam o mando e não a emancipação.

A democracia inscrita nesses moldes não é necessariamente inviável, como querem alguns, especialmente os que acreditam que isso significaria um aumento excessivo de complexidade no processo de afunilamento decisório. No entanto, a representatividade aqui aparece de novo, como filtro seletivo em direção à decisão final. O processo de decisão pode ser aberto com amplo espectro participativo e demonstrar capacidade de captação de todas as tendências de debate sobre um determinado tema de interesse público (por exemplo: aborto). Num segundo momento, os representantes de cada uma das tendências assinaladas nos debates preliminares (representantes das mulheres, CNBB, entidades médicas etc.) restam para firmar a existência de um *lugar de discurso* para cada uma das tendências e passar às deliberações racionais, capazes de formar a prática do agir comunicativo que exigirá de cada um dos participantes o cumprimento das exigências procedimentais que garantam a deliberação efetivamente racional. A intersubjetividade que se dá aqui, racionalmente, é garante da legitimidade da normatividade que se terá e que se desenvolverá aqui. A terceira etapa será propriamente aquela em que uma determinada posição sobre

---

[19] "Na perspectiva da teoria da intersubjetividade, a formação da identidade é indissociável de um quadro simbólico de relações sociais: o sujeito individual só adquire consciência da sua identidade a partir do momento em que ele próprio se coloca numa perspectiva exterior a si mesmo, quando se olha a partir do lugar do outro simbolicamente representado, isto é, quando se vê a si mesmo como participante de uma interacção social e de uma situação comunicacional, e, em conformidade, passa a assumir sobre si próprio o ponto de vista dos outros interlocutores" (Esteves, *Espaço público e democracia*: comunicação, processos de sentido e identidade social, 2003, p. 100).

[20] No âmbito dos estudos antropológicos, leia-se: "A construção da identidade é problema universal da sociedade. Em todo e qualquer grupo tribal, tradicional ou moderno, definem-se e classificam-se categoriais sociais sejam famílias, clãs, linhagens, classes, grupos de *status* etc. A importância e a ênfase no indivíduo agente empírico podem variar bastante como demonstraram Mauss e Dumont, entre outros. Ser parte de um todo pode significar ser membro de uma casta na Índia, de uma linhagem Nuer, de um clã Zuni etc. Nas sociedades complexas modernas as marcas de diferenciação entre grupos sociais em geral, étnicos, religiosos e a construção e manipulação de fronteiras e papéis já foram objeto de análises bastante conhecidas" (Velho, *Individualismo e cultura*, 7. ed., 2004, p. 44).

o assunto se firma, como entendimento dos falantes, para que a produção da norma seja levada ao momento de sua escritura. Este mecanismo de filtro não parte de pressuposição de representação, como na democracia representativa,[21] que é aquela que estrangula toda a vontade popular em vontade político-partidária,[22] e não lida com a ideia de que esquerda e direita sejam legendas suficientes para a cooptação de todas as manifestações de discurso possíveis sobre um determinado assunto. O processo de cooptação da vontade, em seu início, é amplo e aberto, tocando principalmente aos envolvidos nas consequências da normação do discurso, e se demonstra em seu surgimento na própria esfera pública política, onde entradas e saídas são livres e fundadas no processo de incremento da vida racional da própria sociedade.

A radicalização da democracia implica que não se aceite a possibilidade de um não lugar para determinadas posições sobre um assunto de interesse público. Não se pode lidar com a ideia do abafamento ou da aniquilação da possibilidade de participação no processo deliberativo, quando determinada posição é imprescindível para o debate sobre a construção da normatividade social, quando, de fato, o pior dos lugares é o *não lugar*. A democracia representativa convive com a possibilidade de não atribuir lugar a certas posições ou perspectivas. A opacidade de certas demandas pode ser a causa da ferocidade de revoltas populares, crises de legitimidade do Estado, distorção das políticas, desvio de poder, cooptação do poder político pelo poder econômico. Uma vez ampliada a capacidade de participação na decisão, torna-se assim também mais viável o controle direto do poder numa forma de democracia que se vê fundada no princípio da transparência e da publicidade das deliberações. A racionalidade comunicativa está, nesse sentido, intimamente associada à formação da legitimidade que dá sustentação e base para o exercício do poder deliberativo na democracia, e, portanto, a um processo de criação da justiça.

Para que em uma democracia a justiça seja possível, se torna fundamental que o estímulo à interação dialogal seja possibilitado, para que as próprias deliberações de justiça venham a refletir ambições concretas e necessidades próprias de uma determinada sociedade. Nesta medida, a própria linguagem se torna o lugar de realização de um dos pressupostos da democracia, que é a ideia da igual participação, da igual oportunidade, do igual respeito à posição do outro. Não há consciência das relações intersubjetivas fora da intersubjetividade, para a teoria do discurso. Daí a importância da prática da

---

[21] É de todo relevante a explicação do conceito de democracia representativa por Norberto Bobbio: "A expressão democracia representativa significa genericamente que as deliberações coletivas, isto é, as deliberações que dizem respeito à coletividade inteira, são tomadas não diretamente por aqueles que dela fazem parte mas por pessoas eleitas para esta finalidade" (Bobbio, *O futuro da democracia*: uma defesa das regras do jogo, 1992, p. 44).

[22] E, sabe-se, desde os estudos weberianos, que os partidos não agem somente pelos interesses dos representados, mas também pelos interesses do partido e de seus membros, por isso, muitas vezes, a vontade partidária está muito distante dos ideais da soberania popular, como se pode constatar neste trecho explícito de Weber: "As lutas partidárias não são, portanto, apenas lutas para consecução de metas objetivas, mas são, a par disso, e sobretudo, rivalidades para controlar a distribuição de empregos" (Weber, A política como vocação. In: *Ciência e política, duas vocações*, s. d., p. 68).

intersubjetividade comunicativa como remédio para o processo de apagamento da importância do horizonte da política. Ora, em verdade, quando se trata de pensar na articulação das práticas políticas democráticas, se trata de pensar nas formas pelas quais se torna possível o encontro comunicativo dar-se em condições de pleno paralelismo na formação da vontade decisória sobre interesses públicos.[23]

O ato de uso da palavra é mesmo considerado um ato de consideração do outro, quando a entrada no discurso se dá em condições de ação comunicativa. Por isso, a democracia ganha o tônus de ser o revestimento político da teoria do discurso. Assim, a democracia assume a forma de um processo que garante a fixação de procedimentos, sem os quais a corrupção da comunicação consente a distorção da própria manifestação da vontade soberana popular. A preparação educacional, a ampliação das formas de participação, a igualdade nas condições de participação no discurso, a formação de redes de comunicação sem as quais se torna impossível pensar a esfera pública, a garantia de direitos de participação e de expressão são alguns dos elementos condicionantes da realização deste ideal contrafactual da democracia.[24] Isso porque a ideia da democracia é ela mesma contrafactual.[25] O fato de ser contrafactual não significa que não sejam aplicáveis em parte alguma. Como afirmam Heller e Fehér, significa apenas que "no presente não são *consistentemente* aplicados em *parte alguma*, e mais, que, no presente, *não podem* ser aplicados em *toda parte* (nesse sentido, no presente nenhum consenso pleno pode surgir)" (Heller; Fehér, *A condição política pós-moderna*, 1998, p. 108-109).

Não se pode deixar de considerar que existem assimetrias na capacidade de interação de cada indivíduo que não podem ser desprezadas pela teoria do agir comunicativo, a pretexto de realizar abstração das condições específicas de ação. De fato, há que se pensar o desafio de tornar a procedimentalização da justiça enquanto discurso em contextos muito concretos de fala, momento em que se percebe que as desigualdades sociais também se tornam potencialmente mecanismos de desigualdade discursiva. Se a teoria do agir comunicativo pressupõe acerto entre os atores, ao menos deve ser possível existir um nível de entendimento racional recíproco compatível e isento de violência. Existem formas de violência social que se transmitem também para o discurso. Por isso, o discurso não deixa de retratar essas mesmas assimetrias socioeconômicas.

---

[23] "Em termos comunicacionais, é a participação no discurso público que permite aos indivíduos adquirirem reflexivamente consciência da sua situação política e definirem uma posição face ao poder, em função de expectativas e aspirações intrínseca e autonomamente motivadas" (Esteves, *Espaço público e democracia*: comunicação, processos de sentido e identidade social, 2003, p. 131).

[24] Avritzer, *A moralidade da democracia*: ensaios em teoria habermasiana e teoria democrática, 1996, p. 121-123.

[25] No mesmo sentido: "O Público concebido como processo constitui, pois, uma alternativa consistente à perspectiva 'realista' da democracia (o governo de uma elite de especialistas), e sem carga negativa de idealismo. Confere sentido a uma possibilidade real: a de este processo poder originar um (ou mais) novo(s) público(s), capaz de interagir com as instituições políticas existentes de modo a influenciar (e alterar) as maiorias deliberativas – possibilidade, aliás, que se apresenta com um sólido fundamento não apenas normativo mas também empírico" (Esteves, *Espaço público e democracia*: comunicação, processos de sentido e identidade social, 2003, p. 40-41).

Quando se fala, portanto, em expansão da democracia, em formalização de métodos de participação, em amplificação das esferas de deliberação conjunta, não se está simplesmente a dizer que independente de condição social, de formação educacional, de inserção classial, de perspectiva econômica, o indivíduo necessariamente terá condições de proceder a uma discussão racional em paridade de armas com relação ao seu interlocutor. Por isso, a teoria do discurso não fala contra a possibilidade dessas estruturas favoráveis ao discurso e à comunicação racional serem portadoras da possibilidade de um agir orientado para o entendimento, em que indivíduos e seus interesses possam estar representados por terceiros, que falam por, em nome e em defesa de interesses legítimos que se postulam naquela arena de discussões.

Neste ponto, percebe-se que a questão da educação tem precípuo interesse nas discussões sobre a qualidade da democracia, na medida em que a participação e a mobilização políticas estão condicionadas aos níveis de entendimento crítico e de interesse pelas questões de comum relevância para a vida social. Tragados pelo imediatismo sistêmico de premissas pragmáticas do poder econômico, os indivíduos são behavioristicamente drenados para as exigências do mercado, do mundo do trabalho e consumo; a consciência acerca da responsabilidade moral, social e da solidariedade na vida coletiva é traço que carece de ser desenvolvido; dessa forma, não há inatismo, há cultura.[26] Por isso, quando se cresta a educação, as consequências são visíveis no plano da consciência crítica e social. Isso, pois, como assinala Norberto Bobbio, em *A democracia dos antigos comparada à dos modernos*, a democracia não é feita pelo 'povo', como abstração conceitual, mas feita por indivíduos, cujas necessidades e demandas concretas não podem ser desprezadas, de onde se extraem efetivamente as formas pelas quais pensar o desafio da incrementação da democracia e de dar eficácia a seus ideais políticos.[27] Na mesma linha da consideração sociológica de que o 'povo' é uma ficção, que confere unidade à teoria democrática da soberania popular, ficção esta que se rende diante da multiplicidade dos indivíduos que determinam os resultados da ação política democrática, também pensa Kelsen, advertindo para o fato de que a política democrática carece ter a consciência dessa limitação da noção sobre a qual se apoia.[28]

Considerando a pertinência dessas críticas, a teoria do discurso avalia, para o atendimento de razões de convívio e política, a importância do tema da educação, em seu amplo sentido, como uma forma de garantia de reprodução simbólica do mundo, da vida e do processo de socialização e recíproco entendimento, de modo a ter ampla sig-

---

[26] "Com a predominância da racionalidade sistêmica, o espaço público reservado à educação vai definhando, diminuindo as possibilidades de ações voltadas ao entendimento, à responsabilidade e à solidariedade humana" (Gomes, *Educação e consenso em Habermas*, 2007, p. 146).

[27] "Na democracia moderna o soberano não é o povo, mas sim todos os cidadãos. 'Povo' é uma abstração, cômoda mas falaciosa. Os indivíduos, com seus defeitos e interesses, são uma realidade" (Bobbio, *Três ensaios sobre a democracia*, 1991, p. 49).

[28] "Dividido por posições nacionais, religiosas e econômicas, o povo aparece, aos olhos do sociólogo, mais como uma multiplicidade de grupos distintos do que como uma massa coerente de um único e mesmo estado de aglomeração" (Kelsen, *A democracia*, 2000, p. 36).

nificação para o espírito democrático. Nesse sentido, são os indivíduos que são aculturados de forma a ser absorvidos enquanto conscientes de seus direitos e deveres no interior do convívio pluralista e democrático. Uma democracia plena depende, em muito, de substanciais esforços no campo da educação, formal ou informal, um fator preponderante, na esfera pública, para a formação da consciência crítica e participativa. Por isso, o espírito democrático depende, certamente, da educação, mas é importante que se perceba de que tipo de educação se está a falar, quando, necessariamente, a evocação da educação em direitos humanos e dialogal, que prepara para a vida democrática, desponta como um paradigma de fundamental importância para a construção de uma cultura pluralista, democrática e tolerante.[29]

Isso permite um pouco espantar a ideia de que uma teoria que fala a favor de uma discussão em que vençam os melhores argumentos defenda um modelo elitista, que pressuponha que todos tenham o mesmo nível de entendimento, o mesmo esclarecimento, o mesmo acesso à educação e à cidadania,[30] a mesma disponibilidade para travar discussões, o mesmo interesse por assuntos de interesse público. De fato, este ponto que parece ser a *vexata quaestio,* e que suscita diversos questionamentos na teoria política contemporânea,[31] que pode ser superado pela inclusão no discurso que se faça através de mecanismos legítimos de representação de interesses, o que pressupõe que os procedimentos consintam a habilitação de instituições, entidades, indivíduos, organizações não governamentais, profissionais da área, que preencham a ausência de lugar de discurso no plano do agir comunicativo voltado para o interesse universalizável desse ou daquele indivíduo ou grupo de indivíduos. Entram em cena, exatamente nesse momento, os diversos mecanismos de aprimorar e garantir direitos e participação política, como as formas de representação travadas pela promotoria, pelos movimentos sociais, pelas ONGs, por entidades setoriais e sindicatos, por associações específicas, bem como de entidades de representação de grupos e minorias. Se isso já ocorre em

---

[29] A respeito, ver Adorno, *Educação e emancipação*, 2003; Candau, Educação em direitos humanos: desafios atuais. In: *Educação em direitos humanos*: fundamentos teórico-metodológicos (Silveira et al., orgs.), João Pessoa, UFPB, 2007, p. 399-412; Benevides, Direitos humanos: desafios para o século XXI. In: *Educação em direitos humanos*: fundamentos teórico-metodológicos (Silveira et al., orgs.), João Pessoa, UFPB, 2007, p. 335-350; Sader, Contexto histórico e educação em direitos humanos no Brasil: da ditadura à atualidade. In: *Educação em direitos humanos*: fundamentos teórico-metodológicos (Silveira et al., orgs.), João Pessoa, UFPB, 2007, p. 75-84; Maués; Weyl, Fundamentos e marcos jurídicos da educação em direitos humanos. In: *Educação em direitos humanos*: fundamentos teórico-metodológicos (Silveira et al., orgs.), João Pessoa, UFPB, 2007, p. 103-116.

[30] Esse é, claramente, um ponto problemático da democracia real, como bem assinala Norberto Bobbio: "A sexta promessa não cumprida diz respeito à educação para a cidadania" (Bobbio, *O futuro da democracia*: uma defesa das regras do jogo, 1992, p. 31).

[31] "Nesse ponto, as perguntas precipitam-se em cascata. Será que a ética da discussão prática dá lugar, de maneira conjuntural e contingente, à consulta, à exposição de motivos e de conselhos, a um comércio ou a uma troca de ideias, à negociação, ao debate, à transação, aos compromissos...? Como e por quem são conduzidas as sucessivas fases da discussão? A que critérios obedece a *performance* argumentativa que parece ser o nervo central da discussão?" (Goyard-Fabre, *O que é democracia?*: a genealogia filosófica de uma grande aventura humana, 2003, p. 329).

escala embrionária na própria legislação vigente de muitos modos, amplificar o espaço de ação e interlocução entre esses atores parece ser fundamental para a sobrevivência da própria mecânica de funcionamento da democracia contemporânea.

A forma comunicativa de interação, uma vez incentivada, deve ensinar no convívio com a liberdade. Isso significa que o potencial comunicativo carece de ser incentivado e animado, assim como carece de ser aprimorado por meio da cultura, da educação e dos mecanismos de interação social.[32] É da tradição crítica frankfurtiana que Habermas herda a ideia de que a questão da liberdade está profundamente atrelada ao modo de construção da emancipação, não por concessão do Estado e pela pressão física sobre os indivíduos, mas sobre a capacidade dos indivíduos se tornarem vetores da própria mudança social. Horkheimer expressa esta preocupação,[33] que é também reverberada no pensamento de Marcuse que, em seus estudos em torno de maio de 1968, afirma: "Educar para a liberdade só pode significar aqui uma coisa: ajudar os homens a educarem-se a si mesmos para a liberdade, pois não se pode impor a liberdade" (Marcuse, *A grande recusa hoje*, 1999, p. 119). É o mergulho na liberdade que ensina o uso da liberdade na história.

A forma comunicativa de interação deve também ensinar e educar para práticas de convívio com a diferença, de aceitação e compreensão com o outro. O outro previsto pela teoria do discurso não é a *mímesis* do ego, mas exatamente aquele que apresenta a diferença, que deve ser, em primeiro lugar, compreendida, e, em segundo lugar, tomada como ponto de partida para um jogo de mútuas e recíprocas concessões em direção ao entendimento. A intersubjetividade, portanto, não está fundada na ideia de uma igualdade *natural* dos indivíduos, mas na ideia de uma igualdade de *posições* na prática do discurso. É essa igualdade de *posições*, ante pressupostos de validade, que consente que todas as perspectivas diferentes sejam assimiladas como possíveis, ante a criticabilidade sempre possível dos pressupostos pragmáticos da interação. A ideia de uma igualdade *natural* dos indivíduos como fundamento para a dialogicidade, e mesmo como condição para o convívio social, reflete claramente a ideia de uma sociedade totalitária. É na diversidade que se funda a troca intersubjetiva, e este é o cerne do diálogo, a abertura para com o outro como um diferente, em direção a quem a única ponte possível de interligação racional continua sendo a comunicação.

---

[32] "Se o potencial emancipatório reside na própria comunicação, a tarefa da educação decorre essencialmente do fortalecimento da crítica sobre as formas de utilização da linguagem que compõe o contexto interativo da educação. Daí a necessidade do consenso como critério fundamental para a formação de uma competência comunicativa. A educação precisa rearticular seu vínculo com a racionalidade comunicativa e com o mundo da vida, restabelecendo, desta forma, o potencial de racionalidade ofuscado pelo domínio de uma cultura estrategicamente racionalizada" (Gomes, *Educação e consenso em Habermas*, 2007, p. 145).

[33] A partir de Horkheimer, pode se concluir que "[...] a educação compreendida de maneira ampla deveria ajudar no processo de restabelecimento do sujeito moral" (Silva, *Ética e educação para a sensibilidade em Max Horkheimer*, 2001, p. 28).

Os mecanismos de inclusão no discurso não são ideais, pelo contrário, são concretos, podendo encontrar concretas vias de escoamento institucional, como já se pôde aferir a partir de experiências bem-sucedidas na própria realidade brasileira, experiências que registram a tendência à introdução da lógica de ampliação na participação construtiva do discurso jurídico.[34] Ora, nem tudo carece de debate e nem tudo é arbitrariamente dialógico; há regras e procedimentos, há consensos mínimos extraídos do mundo da vida, há momentos de participação e interação dialógica a serem regulamentados por regras que definem o modo de interação a ponto de viabilizar temporalmente a produção da decisão. Ampliar a democracia não significa abrir campo para o debate infinito e arbitrário, mas implica que os indivíduos sejam capazes e sejam capacitados para essa "[...] prática pública da permuta de fundamentos" (Habermas, *Agir comunicativo e razão destranscendentalizada*, 2002, p. 65-66), onde a guerra pelo convencimento é de todo importante para a vivacidade dinâmica do próprio processo democrático. Ademais, não se pode esquecer que o mundo da vida (*Lebenswelt*) funciona como a âncora a impedir que os processos dialógicos se desdobrem infinitamente sem nenhum rumo ou fundamento prático-existencial; é na base de um conjunto de interpretações já aceitas e fundadas na experiência histórica desses atores que se constrói toda possibilidade de debate.

Na mesma medida, pode-se dizer que o consenso não é uma obrigação do processo democrático, mas se está mais próximo do próprio ideal democrático a cada vez que um bem-sucedido processo de representação dos interesses e projeção de um espaço deliberativo justo forma as condições para uma interlocução em que a partilha de sentido e a vocação para o debate sobre o interesse comum se desenvolvem. Nessa medida, a democracia se torna a evocação permanente dessas condições de possibilitação do diálogo sobre o que é comum.[35] Nesse sentido, Habermas insiste que: "Sob condições das sociedades complexas, somente é possível uma democracia concebida a partir da

---

[34] Uma dessas iniciativas vem narrada por Cruz, como segue: "[...] Assim, se se souber ouvir as pessoas mais carentes social, pedagógica e economicamente, os representantes das minorias religiosa, étnica, de origem, de gênero, as crianças, os idosos e até mesmo os portadores de deficiência, não terá praticado caridade e sim concretizado uma exigência/ dever do princípio de integração social constituidor da legitimidade, da democracia e do Estado de Direito. A democracia se torna elemento de integração social quando afasta do governo e dos políticos práticas meramente plebiscitárias diante da população mais carente.

O exemplo do sucesso de inclusão/participação de comunidades de pescadores em quase todo o litoral de um país continental em prol da preservação e da conservação como as ações públicas em que se associam a municipalidade e as associações de moradores de favelas, como no caso do morro da Mangueira, no Rio de Janeiro, ilustram de forma candente essa perspectiva habermasiana aqui mesmo no Brasil [...]" (Cruz, *Habermas e o direito brasileiro*, 2006, p. 111-112).

[35] "Nem sempre o consenso pode facticamente ser concretizado, mas espera-se então, pelo menos, que se possa chegar a estabelecer um compromisso aceitável – uma garantia ainda assim segura (embora em menor grau que o consenso) quanto à possibilidade de uma partilha de sentido e experiência entre os interlocutores (os membros do público), capaz de projectar o público como verdadeiro agente de acção social, com uma performatividade própria (Esteves, 1988a: 85-99)" (Esteves, *Espaço público e democracia:* comunicação, processos de sentido e identidade social, 2003, p. 28).

teoria da comunicação" (Habermas, Uma conversa sobre questões de teoria política: entrevista de Jürgen Habermas a Mikael Carlehedem e René Gabriels. *Revista Novos Estudos*, nº 47, 1997, p. 87). Com a ampliação das esferas de participação na democracia, amplia-se a inclinação para a transparência do poder, aumenta a consciência de compromisso público com a cidadania e as vias de escape para a inclusão no discurso de demandas não contidas pela representação político-partidária. A opinião pública, neste sentido, deve ser exercitada na esfera do comum. Daí a importância da esfera pública política para este debate.

Nessa linha de raciocínio, a radicalização da democracia significa a retomada da humanização da política, na medida em que as tendências da tecnocracia a convertem em objeto de uma especialidade que distancia razão técnica de razão prática.[36] Essa questão, Habermas a carrega como problemática desde seus escritos políticos de primeira fase, e ela reaparece em *Direito e democracia*. Essa questão se colhe neste trecho: "E o acesso privilegiado às fontes do saber político relevante abre as portas para uma dominação imperceptível que se estende sobre o público dos cidadãos, os quais não têm acesso a estas fontes, alimentando-se de uma política simbólica" (Habermas, *Direito e democracia*, II, 2003, p. 44). No entanto, agora tematizado de forma menos crítica e mais propositiva, no sentido da necessidade de combate ao tecnocratismo político pela frente de democratização do acesso à informação politicamente relevante através dos meios de comunicação. E isto porque a qualidade da democracia depende da capacidade de gerar, por procedimentos adequados e institucionalizações redutoras de complexidade, mecanismos de deliberação através dos quais a representatividade alcance níveis mais aproximados das condições ideais de fala. "Por isso, o nível discursivo do debate público constitui a variável mais importante" (Habermas, *Direito e democracia*, II, 2003, p. 28).

Preparar o conjunto das instituições e dos complexos organizatórios da sociedade brasileira para uma experiência de intensificação da dialogicidade política é caminhar em direção à formação de uma politicidade genuína, ou seja, fundada num processo aberto e plural de interação social responsável.[37] Segundo leituras céticas, teme-se que os efeitos desse processo sejam prejudiciais ao desenvolvimento da cultura democrática. Os interesses mediados devem, necessariamente, ser dispostos através de procedimentos que tornem possível sua própria implementação e consecução, pois, evidentemente, a ideia de democracia direta é inservível em seu modelo puro para a forma de organização social das sociedades complexas. Com razão, afirma Bobbio: "É

---

[36] "The depoliticization of the mass of the population, which is legitimated through technocratic consciousness, is at the same time men's self-objectification in categories equally of both purposive-rational action and adaptive behavior. The reified models of the sciences migrate into the sociocultural life-world and gain objective power over the latter's self-understanding. The ideological nucleus of this consciousness is the elimination of the distinction between the practical and the technical" (Habermas, Technology and science as ideology. In: *Toward a rational society*, 2005, p. 112-113).

[37] Ver Aragão, *Habermas*: filósofo e sociólogo do nosso tempo, 2002, p. 189.

evidente que, se por democracia direta se entende literalmente a participação de todos os cidadãos em todas as decisões a eles pertinentes, a proposta é insensata. Que todos decidam sobre tudo em sociedades sempre mais complexas como são as modernas sociedades industriais é algo materialmente impossível" (Bobbio, *O futuro da democracia*: uma defesa das regras do jogo, 1992, p. 42).

Da mesma forma, Habermas considera que as sociedades complexas não são passíveis de se organizarem de forma a realizar todo o potencial normativo contido na ideia da situação ideal de fala, tomada como parâmetro e mediador para a modelização das instituições políticas e da forma de atuação da razão prática. Por isso, Habermas avança e diz que: "Nenhuma sociedade complexa conseguirá corresponder ao modelo de socialização comunicativa pura, mesmo que sejam dadas condições favoráveis" (Habermas, *Direito e democracia*, II, 2003, p. 54). Tendo-se presente isto, e com realismo, é possível construir formas de aprimoramento da democracia que não tornem inviável o próprio projeto de sua radicalização. Essa ideia deve servir com condição para que se recaia no argumento ceticista, que marca a própria forma de argumentação das tendências discursivas antidemocráticas, profundamente entrelaçadas com um olhar elitista sobre a política.[38]

A radicalização da democracia deve ela mesma ser entendida como uma forma de dinamização da vida política social, e, por isso, uma alternativa ao imperante estado de individualismo. Mais que isto, uma forma de se pensar numa alternativa razoável, concreta e viável, de evitação da crise do Estado, da soberania popular e do recurso às forças de exceção, como tem percebido o constitucionalismo contemporâneo.[39] Os incentivos vindos do universo da cultura, como garantia de reprodução simbólica do mundo da vida descolonizado, especialmente através de uma esfera pública ativa e participativa, crítica e responsável socialmente, bem como de uma educação formadora e capaz de incentivar formas de socialização voltadas para o entendimento, são de fundamental importância para os arranjos qualitativos em torno da realização dos ideais da democracia moderna, como afirmava Habermas desde *A lógica das ciências sociais*, no debate sobre a questão da legitimidade.[40] Trata-se de uma estratégia política

---

[38] Conhece-se a crítica a respeito: "[...] Está claro que os 'céticos de plantão' poderiam objetar: as elites dominantes do Brasil jamais permitirão que a esfera pública possa se desenvolver a ponto de se tornar um processo de depuração dos procedimentos e instituições dos espaços públicos e privados. Logo, a teoria discursiva é imprestável/ inaplicável por essas bandas [...]" (Cruz, *Habermas e o direito brasileiro*, 2006, p. 200). Se assim for, nada pode ser feito pois as iniciativas sempre serão alvo das elites, o que sempre congela e paralisa os processos de emancipação social.

[39] Este ponto aparece como conclusivo no trabalho de investigação desenvolvido em *Soberania e constituição* por Gilberto Bercovici: "A alternativa ao estado de exceção econômico permanente e às ameaças de dissolução da soberania popular, do Estado e do poder constituinte do povo é o resgate mais intenso da democracia" (Bercovici, *Soberania e constituição*, 2008, p. 343).

[40] Como alternativa às formas tradicionais de exercício do poder como legitimidade, no texto de 1971, *Discussão com Niklas Luhmann*: teoria sistêmica da sociedade ou teoria crítica da sociedade, publicado inicialmente na obra em coautoria de Habermas e Luhmann (*Theorie der Gesellschaft oder Sozialtechnologie*), contido em *A lógica das ciências sociais*, Habermas afirma: "La alternativa a

de afirmação de uma cultura de interação marcada pela valorização do espaço público partilhável como forma de integração nas causas públicas e socialmente relevantes.

O lugar do público deve ser estimulado a ser ocupado por práticas de publicidade participativa e interativa, e esse fator é já determinante para a saúde da democracia; é na história de suas particulares necessidades políticas que os atores sociais descobrem pelo exercício o espírito de liberdade e democracia. A liberdade tem que ser exercida como forma de aprendizagem do próprio convívio com a democracia, e é, ela mesma, um laboratório de processos de aprendizagem do convívio, da tolerância e do exercício do pluralismo. Salvo correndo-se o risco de manter-se estagnada a atual crise de legitimidade das práticas políticas hodiernas, não se pode obstar o aprimoramento da democracia, salvo recorrendo-se a perigosos argumentos,[41] algo que sempre se faz com base em ideias que evocam a inconsciência do povo sobre seus próprios destinos, sem que com isso não se esteja a bloquear o próprio processo de construção da identidade que um povo tem de si mesmo.[42]

---

que me refiero es la democratización de todos los procesos de decisión ficticia y que permitiría tomar la palabra a las normas de acción que pretenden validez, para verificar discursivamente esa pretensión o rechazarla" (Habermas, *La lógica de las ciencias sociales*, 4. ed., 2007, p. 400).

[41] A partir de Horkheimer: "Para o nosso filósofo, não há outra maneira de garantir a democracia, sem a forte participação dos cidadãos na vida política. Somente por meio da liberdade política se conduzirá à realização da democracia. O mal-estar, supostamente provocado pela política, não é um argumento suficiente para nos isentarmos do debate sobre a liberdade política; pelo contrário, ele se transforma no mais perigoso argumento, pois nos exime de qualquer responsabilidade perante a situação está posta, tornando-a ainda pior" (José da Silva, *Ética e educação para a sensibilidade em Max Horkheimer*, 2001, p. 239-240).

[42] Na verdade, nisso está implícito o aspecto elitista das práticas políticas brasileiras: "[...] É preciso que se diga que essa exclusão dos grandes debates nacionais se dá mais por uma postura elitizante de uma minoria que assume duas posições: a primeira que faz com que 'os políticos' e o governo finjam escutá-los mas o fazem de uma perspectiva meramente plebiscitária e de outro, aquela que inviabiliza até mesmo essa oitiva por entender que a maioria excluída seria incapaz de opinar sobre questões técnicas. Contudo, é preciso perguntar: será que alguém seria incapaz de traduzir em palavras sua carência de proteínas, de habitação, vestuário, educação, lazer, enfim, de suas condições de vida? [...]" (Cruz, *Habermas e o direito brasileiro*, 2006, p. 113-114).

9

A Educação como Formação para a Cidadania[1]

9.1 EDUCAÇÃO E EMANCIPAÇÃO

A proposta de reflexão e crítica à racionalidade herdada da modernidade, as práticas educacionais vigentes,[2] e, na esteira da Escola de Frankfurt, constatar a insuficiência desse modelo para a educação do século XXI e, a partir daí, encadear uma série de reflexões sobre questões fundamentais ligadas ao ensino jurídico contemporâneo.

Desde logo, deve ser desmistificada a ideia tradicional de que tudo o que tem a ver com educação e racionalização tem a ver com progresso, desenvolvimento e melhoria. O mito de que educar é formar deve ser desfeito. Educar pode significar também a preparação que direciona o desenvolvimento dessas ou daquelas qualidades, habilidades

---

[1] A primeira versão deste texto foi publicada em *Educação em direitos humanos: fundamentos teórico-metodológicos* (SILVEIRA, Rosa Maria Godoy, org. et al.), João Pessoa: Editora Universitária, 2007.

[2] Essa crítica do legado moderno do Iluminismo é compartilhada pelos principais autores que inspiram as teorias educacionais contemporâneas, entre os quais se encontra Michel Foucault. Aliás, sobre esta proximidade entre Escola Crítica e Foucault, leia-se: "A questão da emergência e do desenvolvimento das formas de racionalidade na cultura ocidental e seus efeitos constituem um dos temas cardeais tanto nas pesquisas de Weber, quanto nas dos frankfurtianos e nas de Foucault. Quando, em uma das teses mais polêmicas de *Vigiar e Punir*, assevera que as mesmas Luzes que descobriram as liberdades inventaram as disciplinas, situa-se no mesmo campo de crítica e reprovação dos autores da primeira geração da Escola de Frankfurt, afinal eles "[...] começaram a expor o que chamaram de 'a dialética do Iluminismo' – o lado sombrio do Iluminismo que fomenta sua própria destruição" (Bernstein, 1993, p. 35-36). Tanto Weber como Adorno e Horkheimer são, ao mesmo tempo, herdeiros do Iluminismo e seus críticos." (Rago; Lacerda Orlandi; Veiga-Neto (orgs.). *Imagens de Foucault e Deleuze:* ressonâncias nietzschianas. Rio de Janeiro: DP&A, 2002, p. 73-74).

e competências, podendo atrofiar dados importantes da personalidade humana. Todo projeto educacional induz certos valores, não há educação isenta. Nesse processo de indução formadora, desvios podem ocorrer, por exemplo, aqueles que induzam ao fortalecimento de uma ideia de coletivo que sufoque a autonomia individual.

Por isso, não somente se constata que Himmler não era um indivíduo deseducado, mas também que a educação pode ser opressiva e forjadora da consciência opressora, na leitura de "Educação após Auschwitz", de Theodor W. Adorno.[3] Daí, o problema herdado pela filosofia da educação de pensar como lidar com esses problemas, já que se tornou complexo pensar após Auschwitz ignorando Auschwitz, e ignorando a responsabilidade histórica do educador.

A racionalidade está profundamente impregnada pelo gérmen de sua própria contradição, de sua própria destruição. Quanto mais especialista, mais ignorante! Quanto mais racional, menos sentimental! Formação e *de-formação* podem estar andando lado a lado! Essas forças contraditórias são capazes de produzir horrores históricos, morais, políticos, ideológicos, o que motiva por si só que se repense que sentido têm as práticas educacionais e o que engendram a partir de si mesmas.[4]

Mas, se a intenção for a de pesquisar a mais apropriada concepção de educação, deve-se desde logo dizer que educar só tem sentido enquanto preparação para o desafiar. Uma educação que não seja desafiadora, que não se proponha a formar iniciativas, que não prepare para a mobilização, que não instrumente a mudança, que não seja emancipatória é mera fábrica de repetição das formas de ação já conhecidas. Educação é, por essência, incitação à formulação de experiência, em prol da diferenciação, da recriação, do colorido da diversidade criativa. A partir da educação deve-se ser capaz de ousar. Em "Educação – para quê?", Adorno se recorda de Goethe para grifar este aspecto: "Lembro apenas de que há uma frase de Goethe, referindo-se a um artista de quem era

---

[3] "Por um lado, eles representam a identificação cega com o coletivo. Por outro, são talhados para manipular massas, coletivos, tais como os Himmler, Höss, Eichmann. Considero que o mais importante para enfrentar o perigo de que tudo se repita é contrapor-se ao poder cego de todos os coletivos, fortalecendo a resistência frente aos mesmos por meio do esclarecimento do problema da coletivização" (Adorno, *Educação e emancipação*, 3. ed., 2003, p. 127). E também este outro trecho: "A educação contra a barbárie": "Por outro lado, que existam elementos de barbárie, momentos repressivos, e opressivos no conceito de educação e, precisamente, também no conceito da educação pretensamente culta, isto eu sou o último a negar. Acredito que – e isto é Freud puro – justamente esses momentos repressivos da cultura produzem e reproduzem a barbárie nas pessoas submetidas a essa cultura" (Adorno, *Educação e emancipação*, 3. ed., 2003, p. 157).

[4] Essa leitura da educação vem inspirada do crédito dado pela Escola de Frankfurt à teoria freudiana, segundo a qual *Eros* (impulso de vida) e *Tánatos* (impulso de morte) caminham lado a lado na história. Leia-se: "Entre as intuições de Freud que realmente também alcançam o domínio da cultura e da sociologia, uma das mais profundas, a meu ver, é a de que a civilização engendra por si mesma o anticivilizatório e o reforça progressivamente. As suas obras *O mal-estar na civilização* e *Psicologia de grupo e a análise do ego* mereceriam a maior difusão, precisamente em relação a Auschwitz. Se a barbárie está no próprio princípio da civilização, então a luta contra esta tem algo de desesperador" (Adorno, *Palavras e Sinais*, 1995, p. 105).

amigo, em que diz que – 'ele se educou para a originalidade'. Creio que o mesmo vale para o problema do indivíduo" (Adorno, *Educação e emancipação*, 3. ed., 2003, p. 153).

Ainda em *"Educação – para quê?"*, Adorno traduz esta ideia de que a tarefa da educação para a democracia é a de conceder capacidade de expansão da autonomia individual. Educação e emancipação estão conceitual e umbilicalmente comprometidas:

> "A seguir, e assumido o risco, gostaria de apresentar a minha concepção inicial de educação. Evidentemente não a assim chamada modelagem de pessoas, porque não temos o direito de modelar pessoas a partir do exterior; mas também não a mera transmissão de conhecimentos, cuja característica de coisa morta já foi mais do que destacada, ma a produção de uma consciência verdadeira. Isso seria inclusive da maior importância política; sua ideia, se é permitido dizer assim, é uma exigência política. Isto é: uma democracia com o dever de não apenas funcionar, mas operar conforme seu conceito, demanda pessoas emancipadas. Uma democracia efetiva só pode ser imaginada enquanto uma sociedade de quem é emancipado" (Adorno, *Educação e emancipação*, 3. ed., 2003, p. 142).

A educação que prepara para a emancipação deve ser sobretudo uma educação que não simplesmente formula problemas em nível abstrato, mas aquela que conscientiza do passado histórico, tornando-o presente, para a análise da responsabilidade individual ante os destinos coletivos futuros.

Por isso, se há que se enunciar, preliminarmente, de que conceito de educação se está a falar, não se apresentaria outro senão aquele trazido pelo pensamento adorniano, em *"Educação após Auschwitz"*: "A educação tem sentido unicamente como educação dirigida a uma auto-reflexão crítica" (Adorno, *Educação e emancipação*, 3. ed., 2003, p. 121).

9.2 A PROBLEMÁTICA CONDIÇÃO DA SUBJETIVIDADE NA PÓS-MODERNIDADE E A EDUCAÇÃO DESAFIADA

O contexto no qual se fala de educação demanda esclarecimentos. A educação pode ser especialmente desafiada por certas condições contextuais; certas conjunturas contextuais demandam reações especiais por parte da educação que não se confundem com aquelas reações necessárias para outros períodos. Por isso, pensar na pós-modernidade é extremamente desafiador, na medida em que demanda a consciência desse tempo de cuja identidade ainda se tem pouca clareza. O tempo presente é sempre menos bem analisado do que o tempo passado, por isso uma sociologia da subjetividade e do presente é extremamente fundamental para efeitos da análise das condições de pensamento.

E que sociedade se está a investigar, senão a sociedade pós-moderna, cujos arquétipos e modelos herdados da modernidade estão em franca revisão, em diversos níveis e desdobramentos? E qual é a sua principal marca, senão a de uma sociedade que nos convida à anestesia reflexiva sobre ela mesma, à apatia política sobre os desafios futuros comuns, à inércia expectadora e à aceitação do *status quo*, e, enfim, ao consumo compensador.

Será que quanto mais razão, quanto mais técnica, quanto mais informação, quanto mais desenvolvimento material, pode-se avançar no sentido de afirmar, mais consciência, mais democracia, mais engajamento, mais moralidade, mais desenvolvimento social? A sociedade pós-moderna é a prova de que essa equação funciona em proporção inversa. Será que se vive hoje em uma época de esclarecimento, evocando a ideia de *Aufklärung*, como forma de emancipação dos indivíduos? Será que se vive hoje em condições tais que seja possível afirmar que o desenvolvimento alcançado proporcionou ampliação da consciência humana? Em "Educação e emancipação", Adorno, pressentindo essa temática, e definindo-a como um problema para a educação, afirma: "Se atualmente ainda podemos afirmar que vivemos numa época de esclarecimento, isto tornou-se muito questionável em face da pressão inimaginável exercida sobre as pessoas, seja simplesmente pela própria organização do mundo, seja num sentido mais amplo, pelo controle planificado até mesmo de toda realidade interior pela indústria cultural" (Adorno, *Educação e emancipação*, 3. ed., 2003, p. 181).

E, de fato, não se vive uma época de esclarecimento geral porque a sociedade pós-moderna treina as consciências e as coopta: pela rapidez da sucessão de imagens televisivas; pela sobrecarga de informação inconsistente a ser drenada; pelo bombardeio instantâneo de dados provenientes de todos os meios de comunicação; pela sedução do gosto ao infindável atrativo dos objetos de desejo no consumo; pela fluidez das relações humanas superficiais nos diversos ambientes de alta rotatividade humana; pela mecanização da vida, na esteira da operosidade inconsciente das atividades cotidianas; pela sensualidade da estética das vitrines e dos balcões de ofertas de novidades de consumo; pelo imediatismo e pelo eficientismo cobrados pelo mercado de trabalho e pela pressa acumulativa e de resultados, inerentes à maximização do capital; pela aceleração do ritmo de vida, marcado pela contingência e pela fugacidade; pela imperativa escravização da mão de obra assalariada à condição do trabalho, como forma de conservação do emprego ante o agigantamento da massa de manobra constituída pelo exército de reserva do desemprego; pela fungibilidade do humano ante a evolução técnica e tecnológica; pela massificação e a tendência ao anonimato na indiferença do coletivo distante e amorfo; pela cooptação dos projetos educacionais para a vala comum do treinamento/adestramento tecnológico-profissionais determinados pela lógica imediatista de recrutamento pelo mercado de trabalho; pela depreciação da formação humana diante dos imperativos pragmáticos e as exigências de qualificação exclusivamente técnicas ou tecnocráticas das profissões.

Apesar da impressão de aumento de liberdade, o homem pós-moderno vive o paradoxo do adensamento da opressão e da fragilidade pessoal. Vivendo em uma sociedade de controle, ou sociedade *big brother*, em que o aumento crescente das formas e técnicas de controle pratica crescentemente mais poder de determinação do comportamento, tem-se por consequência que a subjetividade na pós-modernidade, além de atrofiada, mostra-se: fragmentada pela dispersão fluída do tempo televisivo; inflacionada de regras (éticas, técnicas, laborais, jurídicas, etiqueta, sucesso, mercado, marketing, estética, medicina...); atravessada pelo arcabouço normativo das exigências estéticas contemporâneas, que determinam a mensuração da importância das coisas pela forma e pela aparência; globalizada, tornando-se mais tolerante à diversidade, mas também igualmente vitimizada pela mundialização da troca e pela padronização do gosto; presa de seu próprio hedonismo, a partir da pressão advinda dos fluxos de consumo, seguindo o tempo financeiro do *marketing*, sequiosa que é de autoafirmação pela exposição do *status* contido nas mercadorias que ostenta; livre (desoneração da sobrecarga normativa externa) pela prática do excesso (esporte radical, gostos extraordinários de consumo...), como mecanismo para desprender-se das amarras de uma sociedade hipernormativa, que avança crescentemente em direção ao controle do subconsciente; não enxerga a face do outro, na medida em que o outro tornou-se redundante pela abundância das massas que acorrem a um modo de vida urbano (em que predominam a cultura de massa, o consumo de massa, o trânsito, o pânico coletivo, o anonimato...), algo que, como experiência humana, abre espaço para a banalização e para a indiferença do outro; amorfa, pela inconsistência dos valores que cruzam o mercado axiológico, no mesmo ritmo em que são substituídos nas prateleiras dos supermercados e lojas de magazine; determinada por fortes pressões de mercadurização da compreensão do outro, na medida em que o mercado direciona o encontro com o outro; despregou-se da tarefa do pensar e da autonomia, por isso, ser crítico significa somente ser possuidor de uma consciência fragmentária e jornalística extraída da dispersão de fatos e episódios; ansiosa, pelo ritmo maquinístico que lhe é imposto pelo trânsito das coisas; carregando a marca do medo e da insegurança, por isso suas proteções e máscaras são muitas, atrás das quais sequer o próprio indivíduo consegue se enxergar. Em poucas palavras, a subjetividade (amesquinhada e não autônoma) vem marcada pela fungibilidade, na medida da própria fluidez da troca de mercado.

Ora, a subjetividade está profundamente ameaçada em sua capacidade de emergir desse cenário através da autonomia. Muito longe da autonomia e do esclarecimento, como abandono da menoridade, na leitura de Kant, a subjetividade se vê acossada por um forte influxo de heteronomias estrangeiras a si e que determinam como a subjetividade deve ser desde fora. Está-se em uma era da heteronomia e não da autonomia. Contra esse cenário, deve-se recobrar o sentido das práticas educacionais, reforçadas em sua base, para a construção de condições favoráveis à implementação de uma ética da resistência.

O recomeço com relação a toda forma de heteronomia forte demanda também um forte esforço de recuperação da subjetividade. Foi o caso do holocausto, que demandava também uma forte reflexão por parte da filosofia da educação. Adorno, em "A educação contra a barbárie", afirma que: "Eu começaria dizendo algo terrivelmente simples: que a tentativa de superar a barbárie é decisiva para a sobrevivência da humanidade" (Adorno, *Educação e emancipação*, 3. ed., 2003, p. 156). Em nosso contexto, a recuperação da subjetividade depende sobretudo de um fortalecimento da autonomia do indivíduo, plenamente tragado para dentro das exigências da sociedade de controle, da sociedade pós-moderna. No lugar de promover a adaptação, a reação somente pode vir das mentes capazes de veicularem a resistência.[5] Por isso, se deve repetir o que se lê em "Educação – para quê?": "Eu diria que hoje o indivíduo só sobrevive enquanto núcleo impulsionador da resistência" (Adorno, *Educação e emancipação*, 3. ed., 2003, p. 154). Aqui está o gérmen da mudança, somente possível se fundada numa perspectiva semelhante à incentivada por Michel Foucault, em seus últimos escritos sobre ética, de criação de uma ética da resistência como forma de enfrentamento da microfísica do poder.

9.3 OS TEMPOS DESAFIADORES: A PÓS-MODERNIDADE E O DIÁLOGO COM O TEMPO PRESENTE

A vida contemporânea está recheada de eventos que marcam a identidade (diluída, líquida, amorfa) de um tempo, este que se tem costumado chamar de pós-moderno. Neste *iter cultural*, o que está em voga é uma cultura da emancipação do *ego*,[6] vivida de um modo tão intenso que se redefinem as concepções de vida a partir desse epicentro.

De fato, o individualismo contemporâneo é uma espécie de marco da definição dos papéis sociais, das formas de fruição do mundo, dos modelos de ação, dos paradigmas sociais, dos desejos coletivos, das projeções de esperança da psicologia social etc., de modo a agir sobre as mentalidades a ponto de definir novas condições de vida, novas práticas sociais, novas identidades culturais, gestando e cristalizando novos valores na esfera do convívio humano.

Trata-se de verificar como se trata de um tempo sem congênere maior, e, portanto, de um tempo onde as marcas do individualismo e das subjetividades diversificadas se definem de um modo tão acidental quanto as opções possíveis (todas válidas e adotáveis) de vida, indefinidas em sua abertura, mas capazes de conviver na diferença. A regra é: não há regra. *Il n'y a pas de règle*, diriam os franceses.[7]

Há pressões diluídas em fornalhas de criação do ideário social que tornam o *indivíduo pós-moderno* (diluído, líquido, amorfo, apático, como seu tempo) a caixa de ressonân-

---

[5] Essa reflexão aparece em "Educação – para quê?", onde se lê: "A educação por meio da família, na medida em que é consciente, por meio da escola, da universidade teria neste momento de conformismo onipresente muito mais a tarefa de fortalecer a resistência do que de fortalecer a adaptação" (Adorno, *Educação e emancipação*, 3. ed., 2003, p. 144).

[6] Segundo Lipovetsky: "La culture post-moderne est du feeling et de l'émancipation individuelle élargie à toutes les catégories d'âge et de sexe" (Lipovetsky, *L'ère du vide: essais sur l'individualisme contemporain*, 1983, p. 32).

[7] O registro da identidade dessa época é: "Le moment post-moderne est bien davantage qu'une mode, il révèle le procès de l'indifférence pure en ce que tous les goûts, tous lês comportements peuvent cohabiter sans s'exclure, tout peut être choisi à loisir, le plus opérationnel comme le plus ésotérique, le nouveau comme l'ancien, la vie simple-écologiste comme la vie hypersophistiquée, dans un temps dévitalisé sans repère stable, sans coordonnée majeure" (Lipovetsky, *L'ère du vide: essais sur l'individualisme contemporain*, 1983, p. 58).

cia de diversas eras, diversas tendências, diversas formas de compreensão de mundo, diversas exigências morais e sentimentais etc. Tudo permite que se projete sobre ele um conjunto de exigências suficientes para criarem uma pressão contínua em torno do *ser* ou *não ser* capaz de responder a todas as demandas externas, aumentando o grau de complexidade das decisões estabilizadoras da personalidade.

O que se é na pós-modernidade deixou de ser uma pergunta simples para a qual se possa encontrar uma resposta fácil. O indivíduo pós-moderno é um ser *ubíquo*,[8] na medida em que ocupa muitos lugares no mundo, inclusive alguns díspares e contraditórios entre si, a fim de satisfazer às exigências de seu tempo, questão esta que abeira o nível da sobrevivência (material, econômica, social, psicológica etc.).

Para além do fato de toda essa convergência de pressões multiplicar o espaço da indecisão, da despersonalização, do conflito moral, exacerbando a incapacidade de entendimento e compreensão das relações intrasubjetivas e intersubjetivas, ou seja, além de gerar transtornos ético-comportamentais e psicorrelacionais, tudo isso também culmina numa dificuldade mútua de compreensão entre as pessoas (tendo em vista que não há limites para os comportamentos, tudo é possível; tendo em vista que não há estabilidade de comportamentos, qualquer coisa é lícita ao comportamento; tendo em vista que não há padrões estanques de moralidade social, esses que foram rompidos com os movimentos ocorridos no seio da pós-modernidade, o outro é sempre um estranho irreconhecível).[9]

Os níveis de recrutamento do outro passam do nível da pré-aceitação ao nível da pré-desconfiança, determinando o estranhamento como critério de construção dos intercâmbios humanos e socioculturais.

A *hiperindividualidade*, para usar uma linguagem de Lipovetsky, é a marca deste tempo, excessivamente descolado da capacidade de oferecer modelos unânimes ou concepções de mundo universais. O quadro apresentado, portanto, descreve, por unitermos, o universo das transformações sofridas ao longo das últimas décadas e que afetam diretamente os modelos sociais vigentes, determinando resultados sociocomportamentais dirigidos conforme novos paradigmas.

Presentemente, o que se tem é não só um choque de gerações e universos de valores se processando, mas sobretudo o aparecimento de uma nova geração, cultivada sob a insígnia do contexto pós-moderno, e, portanto, erigida sob a marca desses tempos;

---

[8] O termo vem da reflexão de Gilles Lipovetsky: "On peut ainsi être simultanément cosmopolite et régionaliste, rationaliste dans son travail et disciple intermittent de tel gourou oriental, vivre à l'heure permissive et respecter, à la carte d'ailleurs, les prescriptions religieuses. L'individu post-moderne est destabilizé, il est en quelque sorte 'ubiquiste'. Le post-modernisme n'est en fait qu'un cran supplémentaire dans l'escalade de la personnalisation de l'individu voué un self-service narcissique et aux combinaisons kaléidoscopiques indifférentes" (Lipovetsky, *L'ère du vide: essais sur l'individualisme contemporain*, 1983, p. 59).

[9] Se dizia mesmo que é proibido proibir: "On disait 'il est interdit d'interdire'" (Lipovetsky, *L'ère du vide: essais sur l'individualisme contemporain*, 1983, p. 317).

esta seria a primeira geração efetivamente marchetada por essa vivência, fruidora que é de uma série de benefícios oriundos dos avanços da ciência, da tecnologia e do conforto, do mesmo modo como já está sendo a geração que suporta os efeitos de tempos que não foram criados por seus indivíduos, mas cujo saldo (positivo e negativo) de diversas revoluções ocorridas historicamente ao longo das últimas décadas (revolução tecnológica, revolução feminina, revolução sexual, revolução dos costumes, revolução estudantil, revolução juvenil, revolução da moda, revolução dos padrões religiosos...) deverá ser administrado pelo quociente de capacidades de adaptação ao choque de valores de gerações que acabaram por desenvolver. Trata-se de avaliar o quanto as biografias se torcem e retorcem para atender a condições de vida cada vez mais complexas.

Vive-se, portanto, mais que tudo, numa sociedade do medo (medo da traição, medo da violência, medo do roubo, medo do golpe, medo da inflação, medo da queda do governo, medo do PCC, medo do plano monetário, medo da traição societária...), de um medo permanente, que está sempre à espreita, fator este que acaba projetando uma série de neuras hiperindividualizantes, capazes de construir uma nova lógica das relações intersubjetivas, assim como, em última instância, também das relações afetivas: laços esporádicos, com o mínimo de comprometimento possível, com um grau de parceria reduzido, capazes de gerar no máximo uma espécie de *união instável*, conveniente enquanto dura e enquanto é capaz de gerar maior conforto físico-sexual (certa estabilidade sexual), afetivo-emocional (certa estabilidade emocional) e material-estrutural (certa estabilidade relacional, financeira e jurídica) aos parceiros de relação.[10]

A lógica do medo é, sem dúvida alguma, uma espécie de ácido que corrói as relações morais, determinando a ética dos comportamentos, bem como o *modus* das relações afetivas hodiernas, o que leva ao estado fluido das relações afetivas no mundo pós-moderno. A figura dos indivíduos em rotação, ora em fuga (de um medo presente ou potencial), ora à procura de algo (concreto ou inindentificado), mas sempre em alta velocidade,[11] é a melhor metáfora a exprimir a explosão de comportamentos díspares que geram a incompreensão mútua, o desaparecimento da capacidade de entendimento da alteridade, o estranhamento do outro como precondição das identidades recíprocas, com as demais resultantes daí decorrentes.

---

[10] "Na sociedade moderna, muitas vezes, parece mais decisivo, para a própria realização pessoal, crescer na carreira profissional, dando mais importância às relações funcionais que se caracterizam pela competição individualista e tendem a favorecer a fragmentação da pessoa. Além disso, difunde-se uma sensibilidade que considera qualquer vínculo como uma amarra mortificante, parecendo desejável ficar livre de qualquer relacionamento mais profundo" (Petrini, *Pós-modernidade e família: um itinerário de compreensão*, 2003, p. 73-74).

[11] "Estar em movimento, antes um privilégio e uma conquista, torna-se uma necessidade. Manter-se em alta velocidade, antes uma aventura estimulante, vira uma tarefa cansativa. Mais importante, a desagradável incerteza e a irritante confusão, supostamente escorraçadas pela velocidade, recusam-se a sair de cena" (Bauman, *Amor líquido*: sobre a fragilidade dos laços humanos, 2004, p. 13).

9.4 A ESCOLA DE FRANKFURT E A CRÍTICA DA RACIONALIDADE: A RAZÃO FRENÉTICA

Quando se pensa que se está constituindo uma sociedade na qual quanto mais conhecimento, mais liberdade se tem, pelo contrário, não somente o que se consome, como também o que se produz são decorrência mera e simples do processo de autodestruição da razão por si mesma, mas de uma forma de racionalidade que se nivela pelo condicionamento, como razão instrumental (guiada por interesses externos a ela como fim), tornando a sociedade ainda menos sapiente e mais dependente.

A razão instrumental reifica a si própria, criando as condições para o processo de aniquilamento da razão em si mesma.[12] Por isso, fica fácil hoje dizer que numa sociedade pós-moderna, numa sociedade da informação, quanto mais comunicação, informação e conhecimento, em razão inversa, menos crítica, menos sabedoria, menos conhecimento. Numa sociedade da informação, curiosamente, quanto mais informação, mais alienação, exatamente como resultado da falta de autonomia, que somente se conquista pelo desenvolvimento da lucidez que decorre da capacidade crítico-reflexiva.

Na sociedade da cultura de massa, tudo é indiferente, exatamente porque tudo é igual, nada é dissemelhante, porque todas as peças se juntam para formar um sistema, um grande sistema, "Pois a cultura contemporânea confere a tudo um ar de semelhança. O cinema, o rádio e as revistas constituem um sistema. Cada setor é coerente em si mesmo e todos o são em conjunto" (Horkheimer; Adorno, *Dialética do esclarecimento*, 1985, p. 113). Na dispersão total cria-se uma sistematização completa por um processo de dominação pelo incremento da incapacidade de exercício – ante o frenético êxtase racional diante do consumo desenfreado de imagens – do pensamento propriamente dito. Aí está plantada toda a condição favorável para o desenvolvimento de uma razão frenética.

No lugar da *razão fronética* (de *phrónesis*), de origem aristotélica, prudencial, deliberativa, ponderadora, que calcula meios e fins, vigora nos tempos hodiernos uma outra razão, a *razão frenética*, incapaz de julgamento, atônita, vitimizada, definhante, estonteada, atordoada, impulsionada pela inculcação do desejo. Essa versão da razão é somente uma nova forma de batizar aquilo que já era batizado pelos frankfurtianos como a *razão instrumental*.

Ora, a perda da razão emancipatória, ideada pelo Iluminismo, significa um vácuo na construção de uma parte do ideário moderno que se perdeu, porque cogitado dentro da reflexão kantiana e anestesiado pelas formas e táticas de atuação do poder.

Uma sociedade mecanizada e amplamente colonizada, na esfera do mundo da vida, na leitura de Habermas, pela lógica da razão instrumental é exatamente o que consente que tudo se desvirtue em ser simplesmente produto; o ser humano é produto,

---

[12] "O pensar reifica-se num processo automático e autônomo, emulando a máquina que ele próprio produz para que ela possa finalmente substituí-lo" (Horkheimer; Adorno, *Dialética do esclarecimento*, 1985, p. 37).

a educação é produto, o raciocínio é produto.[13] Ora, a razão instrumental deve existir e persistir, mas sobretudo manter-se, como racionalidade do cálculo e da decisão tendo em vista fins pragmáticos, restrita à dimensão do agir estratégico, especialmente o econômico. Por isso, a redefinição do cenário de valores que se tem deve vir instrumentada por uma forte concepção de resgate da identidade da vida comum pelo simbólico na esfera pública, pela limitação da colonização sobre ela produzida pela razão instrumental. Daí o papel da emancipação, da construção da autonomia, o que só é possível de ser operada pela educação.

9.5 RECUPERANDO A SUBJETIVIDADE PERDIDA: A EDUCAÇÃO APÓS AUSCHWITZ

"A exigência que Auschwitz não se repita é a primeira de todas para a educação" (Adorno, *Educação e emancipação*, 3. ed., 2003, p. 119). Esta frase abre a reflexão do célebre escrito de Adorno intitulado "Educação após Auschwitz". O que é Auschwitz para nós hoje? Será que a barbárie desapareceu no ventilador da história, ou a poeira foi empurrada para baixo do tapete?

Ainda aqui, e mais uma vez, a consciência da história (presente e passada) deve ser trabalhada com afinco nos meios acadêmicos, como modo de fomentar a criação de um enraizamento entre conceitos abstratos, aprendidos em disciplinas isoladas, e tempo histórico-aplicativo.

E, quando se trata de enfrentar a necessidade de formação de uma juventude, que carece observar na história a realidade que a cerca, como única forma de reação, deve-se também considerar o quanto a memória não possui um papel pedagógico fundamental, porque formativo para o direcionamento futuro.

A descolorida apatia política, a invisibilidade dos problemas sociais, a indiferença social, a insatisfação sublimada no consumo, a inércia mobilizadora precisam ser superadas através de um movimento pedagógico que aja na contramão desse processo.

Por isso, e por outros motivos mais, Auschwitz não pode ser esquecida.[14] Não se trata de um problema do povo alemão, mas de um problema da humanidade. Não se

---

[13] "As patologias da modernidade, segundo Habermas, resultam da não-percepção dessas esferas distintas de racionalidade ou de ingerências indevidas em domínios alheios. Não se trata de uma simples contraposição de racionalidades, muito menos de uma exclusão recíproca. A racionalidade instrumental deve ficar restrita ao âmbito da integração sistêmica. Já a racionalidade comunicativa, que se encontra encarnada nos processos de reprodução simbólica do mundo da vida, deve prevalecer no âmbito da integração social" (Boufleuer, *Pedagogia da ação comunicativa*: uma leitura de Habermas, 3. ed., 2001, p. 16).

[14] "A exigência de que Auschwitz não se repita é primordial em educação. Ela precede tanto a qualquer outra, que acredito não deve nem precise justificá-la. Não consigo entender por que se tem tratado tão pouco disso até hoje. Justificá-la teria algo de monstruoso ante a monstruosidade do que ocorreu" (Adorno, *Palavras e Sinais*, 1995, p. 104).

trata de um problema conjuntural e político local, do nacional-socialismo alemão do início do século XX, mas de uma questão que envolve a própria lógica contraditória interna da dialética da razão, da modernidade e de seus resultados para a humanidade.[15] Não se trata de um problema de uma geração passada, já superado no pós-guerra, mas uma cicatriz na história da civilização e na história da racionalidade moderna.

Os educadores devem se perguntar, principalmente quando trabalham em Faculdades de Direito, que lidam com a relação entre liberdade e poder, não importa com qual disciplina estejam trabalhando, o que é Auschwitz para um jovem hoje? Será que um jovem de hoje conhece o que foi a realidade dos dias de Auschwitz? Por isso, Auschwitz não pode ser esquecida, e junto dela: Treblinka, Ditadura Militar, Impeachment do Collor, Ruanda, 11 de setembro, Kosovo, Invasão do Iraque etc.

A racionalidade técnica não colabora para a melhoria das condições de análise de nosso tempo. Em poucas palavras, ela é a linguagem da própria dominação, e não condição para sua libertação.[16] Um bacharel altamente especializado em direito processual civil, geralmente, é insuficientemente preparado para a análise de quadros de conjuntura social, política e econômica. A consequência? O próprio bacharel formado e especializado, pode sobrestar um dia sua marcha e se perguntar: para que tanto conceito processual se metade da população não chega sequer a ter acesso à justiça?

O conhecimento instrutivo e técnico, preparatório para exames simplistas e operatórios (OAB, Concursos Públicos, Provas Semestrais Monodisciplinares...), é alienante, se desacompanhado de uma ampliação crescente da capacidade de leitura da realidade histórico-social.

Nenhum desses raciocínios técnico-operativos consente a formação de habilidades libertadoras, mas, muito pelo contrário, fornece instrumentos para operar dentro do contexto de uma sociedade exacerbadamente competitiva, consumista, individualista e capitalista selvagem.

Nada impede que um bom operador do direito hoje, formado em uma boa e bem conceituada IES brasileira, seja autor de atitudes serenamente guiadas pelos mesmos princípios que levaram Rudolf Hess, Hermann Goering, Rudolf Hoess, Joseph Goebbels, Wilhelm Keitel, Himmler e Eichmann a cometerem as atrocidades que cometeram à frente da máquina nazista. A visão de gabinete, a compreensão de mundo autocentrada, a ideia de responsabilidade restrita à dinâmica da responsabilidade do código

---

[15] Sobre este tema, leia-se: "Só a cegueira do antissemitismo, sua falta de objetivo, confere uma certa verdade à explicação de que ele seria uma válvula de escape. A cólera é descarregada sobre os desamparados que chamam a atenção. E como as vítimas são intercambiáveis segundo a conjuntura: vagabundos, judeus, protestantes, católicos, cada uma delas pode tomar o lugar do assassino, na mesma volúpia cega do homicídio, tão logo se converta na norma e se sinta poderosa enquanto tal. Não existe um genuíno antissemitismo e, certamente, não há nenhum antissemita nato" (Horkheimer; Adorno, *Dialética do esclarecimento*, 1985, p. 160).

[16] "A racionalidade técnica hoje é a racionalidade da própria dominação. Ela é o caráter compulsivo da sociedade alienada de si mesma" (Horkheimer; Adorno, *Dialética do esclarecimento*, 1985, p. 114).

de ética da categoria, a noção de mundo fixada pela orientação da ordem legal, a ação no cumprimento do 'estrito' dever legal... são rumos e nortes do agir do profissional bacharelado pelas escolas de direito que conhecemos.

Mas, a autonomia, conhecida e importante autonomia, esta é uma estranha desconhecida das Faculdades de Direito do Brasil. Não só não é cultivada, como quando dá mostras de sua aparição é rápida e severamente repreendida em sua aparição. Serenidade e sobriedade parecem ser virtudes que orientam a horizontalidade do olhar do educador do ensino jurídico, formado como um técnico estrito senso em sua competência monodisciplinar. Por isso, suas práticas pedagógicas são desestimulantes da autonomia, que, na leitura de Adorno, seria o único elemento que poderia se antepor à Auschwitz.[17]

9.6 AS TAREFAS PARA O ENSINO DO DIREITO

Será que estamos suficientemente preparados e conscientes para os desafios de nossos tempos, que se definem como sendo o estado atual da nossa barbárie? O tema da barbárie é recorrente na leitura da sociologia da educação da Escola de Frankfurt, exatamente como forma de se pensar os desafios que ela traz para a educação.[18]

Nesse sentido, seria interessante pensar qual é a nossa barbárie, aquela que devemos evitar. Todos os países, todas as nações, produzem as suas barbáries. A da Alemanha foi a exteriorização mais cruel do ufanismo da barbárie coletivamente assentida e praticada através do holocausto.

Mas, será que essa barbárie germânica é muito diversa da barbárie hodiernamente praticada a céu aberto, ao se consentir que milhares de seres humanos morrem de fome, vivam em estado de subnutrição, estejam alijados da dignidade mínima para viver? Não há barbárie nisso? O ensino jurídico não deve preparar para isso? Que noção de cidadania é ensinada e praticada nas Faculdades de Direito?

As lições sobre educação e barbárie extraídas do pensamento de Adorno possuem plena atualidade e pertinência ao sentido de educação que desejamos praticar, e, exatamente por isso, significa a possibilidade de ferramentar a mudança. Suas adaptações aos nossos desafios são fundamentais para que se construa a ideia de uma perspectiva engajada de educação.

---

[17] "A única força verdadeira contra o princípio de Auschwitz seria a autonomia, se me for permitido empregar a expressão Kantiana; a força para a reflexão, para a autodeterminação, para o não deixar-se levar"(Adorno, *Palavras e Sinais*, 1995, p. 110).

[18] Ainda com Adorno, em "A educação contra a barbárie": "Como alguém que pensa psicologicamente, isto parece-me quase uma obviedade. Isto deve-se a que a perpetuação da barbárie na educação é mediada essencialmente pelo princípio da autoridade, que se encontra nesta cultura ela própria" (Adorno, *Educação e emancipação*, 3. ed., 2003, p. 166).

O ensino jurídico, nesse sentido, deve permanecer em seu quietismo? Deve consentir com a barbárie?

O ensino jurídico que se tem e o ensino jurídico que se quer são muito diferentes. Aquele está marchetado pela cultura do mercado, que é a cultura do "salve-se quem puder" e da competição. Será que a lógica da competição favorece o desenvolvimento da autonomia? A resposta a esta questão aparece neste trecho:

> "Partilho inteiramente do ponto de vista segundo o qual a competição é um princípio no fundo contrário a uma educação humana. De resto, acredito também que um ensino que se realiza em formas humanas de maneira alguma ultima o fortalecimento do instinto de competição. Quando muito é possível educar desta maneira esportistas, mas não pessoas desbarbarizadas" (Adorno, *Educação e emancipação*, 3. ed., 2003, p. 161).

O ensino jurídico mercadurizado, tornado objeto de fetiche consumista, ou como forma de ascensão social rápida, se converteu em um ensino forjado a partir das exigências da heteronomia de mercado. Por isso, sua função preparatória (formativa) se minimiza em uma função instrutória (deformativa). Faculdades de Direito se tornam, não raro, fábricas de adestramento. No lugar da preparação para a emancipação, pratica-se adestramento (que se faz com ratos de laboratório por condicionamento) aos imperativos do mercado, às exigências imediatistas.

Por isso, o cotidiano das disciplinas ensinadas nas Faculdades, no lugar de produzir capacidade de autonomia, produz, em seu conjunto, o esvaziamento de ideais de vida (gerando em seu lugar o conformismo), a formatação de mentalidades para a aceitação (a inaceitação é sempre mal-recebida), o encapsulamento de vontade de libertação (gerando apatia), a castração da luta pela sempre presente exigência da pureza do conceito (criando a consciência da abstração e da nulidade da ação). Trata-se de um modelo de ensino que desestimula, em todos os momentos, a dúvida – ela é malvista e mal-recebida – e profundamente deslocada –, mas somente se torna bem-vinda quando se trata da dúvida meramente 'esclarecedora da matéria lecionada'. O recomeçar de modo diferente não é autorizado, por isso o pensar é aniquilado a cada passo que se dá na 'ministração da matéria oficial a ser lecionada para cumprir o currículo mínimo'. A opressão (poder) é a marca desse sistema, e não a liberdade (autonomia). A opressão está em tudo: distância docente, frieza calculista dos olhares, tapetes vermelhos, rituais acadêmicos pomposos e formais, impermeabilidade das congregações ou conselhos acadêmicos, verticalidade das estruturas burocráticas, na feição sisuda do magistrado-professor que adentra a sala de aula sem se desvestir do cargo, na falta de transparência das políticas das coordenadorias, na massividade impessoal das salas lotadas de pessoas cujas esperanças de ascensão social se depositam sobre o sonho de serem igualmente autoridades, reproduzindo o *status quo*, em um país onde só se respeita a autoridade do título ou do cargo.

Se é realidade hoje que Faculdades de Direito não formam juristas, propriamente ditos, pode-se ir mais longe para se dizer que Faculdades de Direito nem sequer chegam a formar operadores do direito, mas produzem em escala quase fabril quantidades enormes de operários do sistema.

9.7 PRÁTICAS PEDAGÓGICAS E O RETORNO À AUTONOMIA

Autonomia é, fundamentalmente, em seu traçado interior, liberdade. Significa a posse de um estado de independência com relação a tudo o que define a personalidade heteronomicamente. Isso importa na capacidade de analisar e distinguir, para o que é necessária a crítica, pois somente ela divisa o errado no aparentemente certo, o injusto no aparentemente justo.

Por isso, os educadores podem encontrar à sua disposição instrumentos para agir na berlinda de suas atuais e desafiadas práticas pedagógicas. Se tudo fala contra a formação da consciência crítica (a televisão, o consumo, a internet, o individualismo, a estética...), a consciência histórica deve reaparecer como centro das preocupações pedagógicas hodiernas, pois, fundamentalmente, a subjetividade pós-moderna é a de um indivíduo *deslocado*, sem lugar próprio, e, exatamente por isso, incapaz de independência e autonomia.

Uma pedagogia histórica trabalha sobretudo o resgate, e com quais instrumentos, senão com aqueles que se tornaram linguagem corrente da sociedade de informação? Cinema, Internet, notícias de jornais, imagens, fotojornalismo internacional, literatura animada, imagens, marketing instrutivo... que apropriadas pelo discurso pedagógico se tornam ferramentas de grande valor para o resgate da "consciência situada", já que o enraizar significa fincar bases, instituir um solo-base, como modo de se evitar o 'ser levado pela força da maré'.

Para alguns, a televisão, por exemplo, é entendida como um mal em si, e que, portanto, deve ser evitada. Ao se questionar o problema dentro da educação, pode-se perguntar se a inclusão de práticas pedagógicas que incorporem o uso desses mecanismos de *mass media* seria deletéria ou positiva para a construção da autonomia. Adorno responde a essa questão, em "Televisão e formação", da seguinte forma: "Creio que o conceito de informação é mais apropriado à televisão do que o conceito de formação, cujo uso implica certos cuidados, e que provavelmente não é tão apropriado em relação ao que acontece na tevê" (Adorno, *Educação e emancipação*, 3. ed., 2003, p. 79). Formação e informação, como se vê diferem. Podem-se, seletivamente, eleger imagens, mensagens, histórias, fatos, documentários, testemunhos, casos, situações históricas, e torná-las objeto do processo de ensino-aprendizagem.

É certo que, em "Televisão e formação", Adorno afirma seu descontentamento com a dinâmica do uso das televisões e das transmissões televisivas (como instrumentos de dominação do gosto e de definição alienadora da condição de si, no modelo *television for fun*): "Entretanto, suspeito muito do uso que se faz em grande escala da televisão, na medida em que creio que em grande parte das formas em que se apresenta, ela seguramente contribui para divulgar ideologias e dirigir de maneira equivocada a consciência dos espectadores". Porém, ressalta, neste mesmo trecho: "Eu seria a última pessoa a duvidar do enorme potencial da televisão justamente no referente à educação, no sentido da divulgação de informações de esclarecimento" (Adorno, *Educação e emancipação*, 3. ed., 2003, p. 77). Isto mostra que seu potencial pode ser drenado para dentro dos mecanismos pedagógicos capazes de gerar sensibilização.

9.8 POR UMA PEDAGOGIA DA AUTONOMIA

Se nos encontramos diante desse cenário, e a educação parece estar em estado de penúria, igualmente perplexa e atônita, como a razão frenética, essa recuperação passa pela reconstrução do cenário reflexivo.

Daí a importância da superação dos dogmas que centralizam a atenção dos educadores, no sentido de se caminhar em direção ao desenvolvimento de técnicas que consintam converter o inimigo em amistoso colaborador do processo pedagógico.

Parece ser vital, para o processo pedagógico, nesse contexto de amorfismo, de apatia diante do real, de indiferença perante tudo e todos, que o colorido do real seja retomado. Por isso, a educação desafiada deve, sobretudo, sensibilizar, agindo de modo a ser mais que instrutiva (somatória de informações acumuladas), formativa (geradora da autonomia do pensar). O que quer dizer isso, senão que pretende tocar o espírito humano, quanto às suas aflições, ambiguidades, torpezas, vilezas, virtudes, capacidades, no jogo da condição humana? E, para isto, o recurso à história, aos fatos, a contextos, a casos, a julgamentos, a episódios morais, a conflitos... parece favorecer a recuperação da memória e da consciência.

O abandono de certas práticas pedagógicas corriqueiras é fundamental como método de recuperação do espaço perdido pela educação para a dinâmica sedutora da sociedade de consumo. Mas, o que é que se encontra no ensino jurídico, por parte dos professores, senão: a pressuposição de que o aluno está consciente da importância da disciplina em sua formação (o aluno precisa ser convencido); a erudição vazia do discurso (da qual o aluno se sente simplesmente alijado); o distanciamento da realidade entre ser e dever-ser (o aluno não percebe a conexão entre realidade ideada e realidade vivida); o apelo excessivamente teórico (aluno não constrói a ponte com a prática); o amor pela obscuridade da linguagem técnico-jurídica (com a qual o aluno não se identifica).

Por isso, as técnicas pedagógicas devem se orientar no sentido de uma geral recuperação da capacidade de sentir e de pensar. Isto implica uma prática pedagógica capaz de penetrar pelos sentidos, e, que, portanto, deve espelhar a capacidade de tocar os sentidos nas dimensões do ver (uso do filme, da imagem, da foto na prática pedagógica), do fazer (tornar o aluno produtor, capaz de reagir na prática pedagógica), do sentir (vivenciar situações em que se imagina o protagonista ou a vítima da história), do falar (interação que aproxima a importância de sua opinião), do ouvir (palavras, músicas, sons, ruídos, efeitos sonoros, que repercutem na ênfase de uma informação, de uma análise, de um momento, de uma situação). Esse arcabouço de formas de fomentar a aproximação do sentir e do pensar crítico se dá pelo fato de penetrar pelos poros, gerando angústia, medo, dúvida, revolta, mobilização, reflexão, interação, opiniões exaltadas, espanto, descoberta, curiosidade, anseios, esperanças... Quando isso está em movimento, a sala de aula foi tornada um laboratório de experiências significativas ao nível pedagógico. O educando precisa, sobretudo, sentir-se tocado em diversas dimensões e de diversas formas, assim como ter despertados os próprios sentidos à percepção do real, o que permite recuperar a possibilidade de aproximação da prática educativa, numa correção de rumos, em direção à reconquista da subjetividade humanista, autônoma, crítica e reflexiva.

10

A Devastação Ambiental, a Barbárie Humana e a Realidade Brasileira[1]

10.1 MODERNIDADE E NATUREZA

É no mundo moderno que irá se desenvolver a visão segundo a qual a natureza deve ser alvo da exploração do *sujeito-cognoscente*. Esse sujeito (S) volta a observação e a constatação empírica por sobre um objeto (o), e, por isso, a natureza é convertida em *objeto do conhecimento*. Numa relação dualista entre S-o,[2] o homem se conduz à condição de portador da racionalidade que devassa o mundo-objeto, na lupa do laboratório. Mais que isso, na própria filosofia cartesiana do sujeito, que traça os fundamentos da modernidade, figura o sujeito como *res cogitans*, sendo a natureza confundida com o estatuto do não sujeito, ou seja, sua definição se dá por exclusão, e, por isso, é mera *res extensa*.[3] Não há mistério, pois tudo é devassável; não há conhecimento que não seja apreensível pela razão humana, não há aquilo que não possa ser conhecido pelo homem moderno. Como afirma Renato Janine Ribeiro, a ciência moderna nasce do esgotamento da ideia de contemplação.[4] O homem moderno é guindado à condição de 'sujeito da razão', e, por isso, essa subjetivação conduz ao enaltecimento da des-

---

[1] A primeira versão deste capítulo compunha a 2ª edição desta obra sob o título "Natureza e barbárie no séc. XXI".

[2] "Na filosofia de Descartes, o dualismo do ego e da natureza é de certo modo neutralizado pelo seu catolicismo tradicional" (Horkheimer, *Eclipse da razão*, 2002, p. 111).

[3] "A analogia aristotélica entre alma e natureza física é totalmente contrariada pela distinção radical entre substância extensa e substância pensante, proposta por Descartes" (Leopoldo e Silva, *Descartes*: a metafísica da modernidade, 2005, p. 45).

[4] "A ciência moderna nasce, assim, do esgotamento da especulação – e da contemplação -, que os medievais haviam herdado dos antigos" (Ribeiro, Novas fronteiras entre natureza e cultura. In: *O homem-máquina*: a ciência manipula o corpo, 2003, p. 15).

coberta e da ciência, à glória da dominação e da domesticação da natureza; o homem, agora, se assenhora da natureza pelo poder do conhecimento.[5] O método é a garantia e a segurança da produção da verdade, e a verdade uma adequação da mente às coisas (*adequatio mens ad rerum*). A vitória da subjetivação vai, aos poucos, conduzindo o homem aos píncaros da afirmação egoica e narcísica da razão subjetiva, e, por isso, não é de se estranhar que tudo isto redunde numa relação de tirania entre o 'sujeito moderno egoico' e a 'natureza instrumental servil', como se percebe em Fichte, na crítica de Horkheimer.[6]

Daí o desencantamento, como constata Weber, se opor completamente ao mistério na racionalização social moderna. O pensamento positivista entroniza essa perspectiva, que ganha no evolucionismo a linha de uma engrenagem fatalista de condução da existência, uma vez que é o homem desvendando as leis misteriosas e os desígnios ocultos da evolução das espécies.[7] O positivismo darwinista até mesmo dispensa o lugar da filosofia e de suas lições, uma vez que existe uma mecânica decifrada pelo 'homem de ciência', que desloca o discurso filosófico ao sem-sentido do teórico sem fim. Nesse sentido, como Horkheimer se pode afirmar que, "[...] segundo o darwinismo popular, a natureza não precisa de filosofia para falar por ela: a natureza, poderosa e venerável deidade, é governante e não governada" (Horkheimer, *Eclipse da razão*, 2002, p. 128).

Daí, à natureza se tornar, no trânsito entre os interesses de desenvolvimento da ciência e de desenvolvimento da técnica e da economia, *objeto de exploração*, o salto foi muito rápido. Alvo da lógica da economia capitalista nascente, torna-se aquilo que é apropriável como recurso, e, por isso, dimensionada como a fonte e base da qual parte todo o pensamento econômico moderno. Apesar de pensadores jusnaturalistas modernos, como Rousseau, verem-na como abundante e infinita, provedora e fonte inexaurível, a natureza vai se comprovando cada vez mais escassa para o próprio modelo produtivista e desenvolvimentista, que ganha proporções crescentes. Não espanta que a

---

[5] A respeito, ainda, com Renato Janine: "Talvez o traço decisivo das ciências da natureza tenha sido tratar como *objeto* a natureza, o mundo em geral e também o homem, procurando-se entender o que os determina. Um lema constantemente retomado, desde o século XVII, foi tornar o homem senhor do mundo" (Ribeiro, Novas fronteiras entre natureza e cultura. In: *O homem-máquina*: a ciência manipula o corpo, 2003, p. 15). Também, pode-se ler em Descartes o nascimento desta concepção, conforme analisa Franklin Leopoldo e Silva: "Tudo isso decorre na concepção da supremacia do sujeito. Descartes herda do século XVI, mais precisamente de Francis Bacon, a ideia de que o homem está destinado não apenas a contemplar, por meio do conhecimento, os segredos da natureza, mas também a dominá-los" (Leopoldo e Silva, *Descartes*: a metafísica da modernidade, 2005, p. 83).

[6] "O exemplo mais frisante disso é a extrema filosofia subjetivista-transcendental de Fichte. Na sua doutrina inicial, segundo a qual a única *rasion d'être* do mundo consiste em propiciar um campo de atividade para o imperioso eu transcendental, a relação entre o ego e a natureza é de tirania" (Horkheimer, *Eclipse da razão*, 2002, p. 111).

[7] "Darwin foi essencialmente um cientista físico, não um filósofo. A despeito dos seus sentimentos religiosos pessoais, a filosofia subjacente às suas ideias era claramente positivista. Assim, seu nome veio a representar a ideia da dominação da natureza pelo homem em termos de senso comum" (Horkheimer, *Eclipse da razão*, 2002, p. 127).

natureza, desde então, seja vista e tratada como matéria-prima, ou ainda, que seja vista como simples *commodity* de mercado, inclusive com a colaboração do direito moderno.[8] Cada bem é, portanto, interpretado, na lógica da retificação do capital, como *valor de troca*, produzindo-se uma redução do sentido das coisas ao utilitarismo economicista que a tudo atravessa. A esse respeito, Horkheimer afirma: "A moderna insensibilidade com a natureza é de fato apenas uma variação da atitude pragmática que é típica da civilização ocidental como um todo" (Horkheimer, *Eclipse da razão*, 2002, p. 108).

Assim, a lógica do mercado atravessa tudo com a capacidade de afirmar-se como danoso método de avaliação da vida natural, e, juntamente com isso, da relação entre homem e natureza. À carreira dos conceitos da vida econômica moderna, é o próprio mundo da vida que é colonizado pelos imperativos do sistema econômico, quando a significação do termo *natureza* se vê reduzida à sua simples *utilidade*. Somente a racionalidade instrumental torna todo o aparato da técnica, do desenvolvimento material e da criação do espírito humano ameaças à vida humana e condena a natureza a desequilíbrios ecossistêmicos. Sob pressões produtivistas e diante do pragmatismo eficientista, tudo se converte em valor-utilidade, e, nesse sentido, os outros e a natureza são também servilizados aos imperativos sistêmicos.

Dos antigos aos modernos, o que se percebe é que uma redução de sentido operou-se, e uma *designificação empobrecedora* tomou conta da relação entre homem e natureza.[9] Por isso, hoje, a filosofia vê com espanto – não o mesmo espanto curioso e investigativo (*Thaumatzein*) – a natureza, mas o espanto assustado da face que encontra com o horror, o que o homem fez da natureza... Despontando como um problema global de ameaça à vida no planeta, eis aí um tema filosófico, por natureza.[10]

Evidentemente, ao lidar com os efeitos arrasadores do capitalismo industrialista do século XIX, Marx lida e discute essas questões, podendo-se referir aos seus desastrosos efeitos sobre o homem e sobre a natureza. Em *O capital*, Marx afirma: "O desenvolvimento da agricultura e da indústria em geral mostrou-se desde tempos imemoriais tão ativo na destruição das florestas que, em face disso, tudo o que inversamente se fez para sua conservação e produção é uma grandeza completamente evanescente" (Marx,

---

[8] A constatação é de Herman Benjamin: "O direito clássico, pós-Revolução Francesa, listava a Natureza e seus componentes na categoria de *coisa* ou *bem* (ou, para usar uma expressão econômica e na moda, *commodity*), quando não os vendo como simples *res nullius* ou *res communes*. Coisa para ser utilizada e, eventualmente, até destruída, ao bel-prazer daquele que contasse com sua posse ou propriedade" (Benjamin, A natureza no direito brasileiro: coisa, sujeito ou nada disso? In: *Grandes temas do direito administrativo*: homenagem ao Professor Paulo Henrique Blasi, Carlin, (org.), 2009, p. 50).

[9] "A natureza não tem um fim próprio, ela é um material inerte, oferecido à instrumentalização humana" (Larrière, Natureza: natureza e naturalismo, verbete. In: *Dicionário de ética e filosofia moral*, v. 2, 2003, p. 231).

[10] "A agressão ao meio ambiente é um problema global: econômico, político e ecológico. Porém, no fundo da questão, que permite um mundo hostil ao homem – com tanta passividade da grande maioria – trata-se, radicalmente, de um problema filosófico" (Chiavenato, *O massacre da natureza*, 1989, 3. ed., p. 7).

O capital, 3. ed., 1988, v. III, p. 70). Michael Löwy discute, a partir de Marx, para quem a natureza é definida como "o corpo não orgânico do homem", o estatuto da luta ambiental contemporânea pela sobrevivência do planeta. Por isso, Marx não vê no homem uma substância separada da natureza, como o faz Descartes, mas vê no homem uma parte da própria natureza, da mesma forma como o fazia Aristóteles.[11] A abolição da propriedade privada seria um recomeço para a reintegração do homem com a natureza, "o naturalismo completo do homem e o humanismo completo da natureza", numa fusão que permitiria solver aquilo que dicotomicamente a ciência moderna aí havia erigido. Nessa medida é que lança as bases da perspectiva possível para a afirmação do pensamento crítico e da tradição frankfurtiana que se formará no início do século XX, ocupando-lhe plenamente os horizontes.

No mundo contemporâneo, a questão ecológica reclama necessariamente o desenvolvimento de um olhar filosófico, uma vez que a degradação do meio ambiente está enredada numa trama ainda muito mais complexa de questões da mecânica social, aí incluído o problema da ideologia do progresso. Nesse sentido, a pergunta, sobre 'por que a Filosofia Crítica deve se ocupar da questão da natureza e do meio ambiente?' deve ser colocada em seu devido lugar, a saber, para se dizer que a Filosofia Crítica se ocupa dos temas que giram em torno do que é comum. E a natureza não é o que é que comum a todos? Não é aquilo de que todos dependem? Assim, o problema da conversão da natureza em mero instrumental é um problema filosófico. Em verdade, a natureza-objeto e a natureza-mercadoria são apenas facetas de um processo mais amplo de apresentação do conjunto dos efeitos da modernidade, enquanto realizadora da racionalidade instrumental, conforme se constata na *Dialética do esclarecimento*, de Adorno e Horkheimer.[12] Daí a atualidade do pensamento crítico e sua necessidade para operar esta revisão, como afirma Löwy, enquanto ponto de vista necessário para o enfrentamento dos desafios do início do século XXI.[13]

10.2 PROGRESSO, DESENVOLVIMENTO E MODERNIDADE

A modernidade é atravessada pela ideologia do progresso. Em verdade, o progresso é uma ideologia moderna por excelência.[14] É do alento a essa ideia que aparentemente

---

[11] "Dizer que a vida psíquica e intelectual do homem esta indissoluvelmente ligada à natureza não significa outra coisa senão que a natureza está indissoluvelmente ligada com ela mesma, pois o homem é uma parte da natureza. (Marx, 1962:62-87)" (Löwy, *Ecologia e socialismo*, 2005, p. 21).

[12] Ver Adorno; Horkheimer, *Dialética do esclarecimento*: fragmentos filosóficos, 1985.

[13] "A questão ecológica é, na minha visão, o grande desafio para uma renovação do pensamento marxista no início do século XXI. Ela exige dos marxistas uma ruptura radical a ideologia do progresso linear e com o paradigma tecnológico e econômico da civilização industrial moderna" (Löwy, *Ecologia e socialismo*, 2005, p. 38).

[14] No entanto: "O paradoxo inerente do capitalismo é, a longo prazo, sua perdição: o capitalismo é como uma cobra que se alimenta do próprio rabo..." (Bauman, *Tempos líquidos*, 2007, p. 33).

se nutre um consenso social otimista com relação aos prognósticos de desenvolvimento da história. Se os medievais acreditavam em Deus, sacralizavam rituais de vida em nome de Deus e cometiam barbaridades em nome de Deus, os modernos descobriram um novo Deus, a quem se devota igualmente a mesma dedicação febril e cega: o progresso.[15] Totemizado, esse novo Deus da era das luzes polariza as energias sociais focando olhares entusiasmados no amor abstrato ao futuro prometido, ao mesmo tempo que dá alento a processos de degradação e destruição; então, o progresso, em sua atual feição, é destrutivo.[16]

A ilusão de que investir em progresso conduziria ao bem-estar continua operando no interior de uma sociedade encantada com o princípio básico que alimenta o materialismo social hodierno. Afirma Marcuse:

"O sacrifício compensou bastante: nas áreas tecnicamente avançadas da civilização, a conquista da natureza está praticamente concluída, e mais necessidades de um maior número de pessoas são satisfeitas numa escala nunca anteriormente vista. Nem a mecanização e padronização da vida, nem o empobrecimento mental, nem a crescente destrutividade do atual progresso, fornecem bases suficientes para pôr em dúvida o "princípio" que tem governado o progresso da civilização ocidental. O contínuo incremento da produtividade torna cada vez mais realista, de um modo constante, a promessa de uma vida melhor para todos" (Marcuse, *Eros e civilização*: uma interpretação filosófica do pensamento de Freud, 1999, p. 38).

As promessas nascidas com a modernidade se convertem em realizações materiais inegáveis.[17] Mas, a ciência, ao mesmo tempo, converteu a natureza em produto,

---

[15] "A terra prometida é uma das tantas imagens teológicas da *fé no progresso*, que fundam a história da salvação e, por conseguinte, o conceito mesmo de história" (Borges, *Crítica e teorias da crise*, 1994, p. 136).

[16] "Muitos aspectos são notáveis neste texto: primeiramente, a ideia de que o progresso pode ser destrutivo, um 'progresso' na degradação e na deterioração do meio ambiente natural" (Löwy, *Ecologia e socialismo*, 2005, p. 29-30). Também, em Bauman: "O progresso, que já foi a manifestação mais extrema dói otimismo radical e uma promessa de felicidade universalmente compartilhada e permanente, se afastou totalmente em direção ao polo oposto, distópico e fatalista da antecipação: ele agora representa a ameaça de uma mudança inexorável e inescapável que, em vez de augurar a paz e o sossego, pressagia somente a crise e a tensão e impede que haja um momento de descanso" (Bauman, *Tempos líquidos*, 2007, p. 16).

[17] Horkheimer afirma, em *Eclipse da razão*: "Sua liberdade cresceu tremendamente com o aumento das potencialidades produtivas. Em termos de quantidade, um trabalhador moderno tem um leque muito mais amplo de escolha de bens de consumo do que um aristocrata do *ancién regime*" (Horkheimer, *Eclipse da razão*, 2002, p. 102). "Não podemos negar o progresso técnico e material; ninguém quer hoje voltar à candeia de azeite e à escravidão – em que pesem os problemas com o meio ambiente e com a formalização do direito – mas são inevitáveis a consideração da ideia mesma de progresso e a sensação de que nessa área do conhecimento e da argumentação não demos ainda um bom passo adiante" (Borges, *Crítica e teorias da crise*, 1994, p. 228).

e uma vez tornada produto sob a lupa de investigação do cientista, também se tornou produto na esteira de produção capitalista. Afirma Horkheimer que "...la naturaleza es considerada hoy más que nunca como un mero instrumento de los hombres. Es el objeto de una explotación total, que no conoce objetivo alguno puesto por la razón, y, por lo tanto, ningún límite. El imperialismo limitado del hombre jamás se ve saciado..." (Horkheimer, *Crítica de la razón instrumental*, 2006, p. 127).

O pragmatismo insaciável, que de tudo retira a aura, nascido desse processo, que se infla da ideia progressista, é o mesmo que alimenta os processos de acelerada destruição do mundo natural e exaustão do ambiente físico sobre o qual se lastreia a própria sobrevivência da humanidade.[18] Em nome do progresso, conseguiu-se um regresso tão ilimitado que ameaça colocar a humanidade toda sob uma catastrófica e irreversível condição de barbarização. Mas esta advertência já havia sido feita por Adorno e Horkheimer, quando afirmam: "A maldição do progresso irrefreável é a irrefreável regressão" (Adorno; Horkheimer, *Dialética do esclarecimento*, 1985, p. 46). Quando na técnica se antevia a liberdade, ela a converter em fator de aprisionamento; quanto maior a progressão, maior a regressão, e o deslimite alcança aos poucos a expressão do descontrole. Com isso, o auge da civilização é a sua própria aniquilação, e dessa forma, se realiza a dialética do esclarecimento.

Mais que isto, o processo de afirmação das sucessivas etapas do capital, do industrial ao financeiro, do nacional ao global, condicionou a própria identidade humana a um processo de alienação de sua própria natureza, onde o instrumento se converte em fim, e os meios operam independentemente do próprio ingrediente humano. Com a modernidade, abriu-se campo para a possibilidade de instrumentalização da razão, que agora se converte na inoperância de uma razão que tolera o convívio com a desnaturação da própria condição humana, social e ambiental. No lugar de realizar o princípio de vida, a modernidade está consagrando o princípio de morte (*tánatos*). O pensamento de Freud não deixa de ser sensível a esta profunda contradição, o paradoxo da civilização moderna ocidental.[19] Quando *tánatos* ecoa em nosso tempo, as

---

[18] "Esse sossego se radicaliza em solidão e autoerotismo, evidenciando impossibilidades de estabelecer e sustentar laços e compromissos para além das próprias aspirações e necessidades; o domínio sobre a natureza converte-se facilmente em destruição sistemática dos recursos necessários à preservação da vida sobre a Terra e a sistemática dos recursos necessários à preservação da vida sobre a Terra e a intoxicação química sustenta redes planetárias de usurpação e monitoração dos desejos que, imantados na satisfação química imediata e absoluta, se aniquilam no esgotamento da autonomia, encontrando no objeto um encerramento autoerótico, consumido, muitas vezes, até a morte" (Endo, *A violência no coração da cidade*, 2005, p. 142).

[19] "As provas aduzidas por Freud têm duplo aspecto: primeiro, deriva-as analiticamente da teoria dos instintos; e, segundo, encontra analise teórica corroborada pelas grandes doenças e descontentamentos da civilização contemporânea: um ciclo ampliado de guerras, perseguições ubíquas, antissemitismo, genocídio, intolerância e a imposição de ilusões, trabalho forçado, doença e miséria, no meio de uma riqueza e conhecimento crescentes" (Marcuse, *Eros e civilização*: uma interpretação filosófica do pensamento de Freud, 1999, p. 83).

consequências se projetam sobre o homem. Suas ressonâncias tornam inaudíveis as vozes que falam a favor de *éros*.

Como afirma Benjamim: "Para que falar de progresso a um mundo que afunda na rigidez cadavérica?" (Benjamin, Parque central. In: *Obras escolhidas*, III, 1989, p. 171). O progresso pressupõe, dialeticamente, crise, de modo que nenhuma crise do capitalismo é acidental, mas parte do processo de afirmação do próprio capital.[20] Um mundo tomado por essa lógica, cuja expansão se dá na base do neoliberalismo internacional, é um mundo tomado por uma parelha de forças que tornam incontornável e irreversível a marcha em direção a catástrofes cada vez mais cíclicas, profundas e arrasadoras, tanto do ponto de vista produtivo, quanto do ponto de vista econômico, quanto do ponto de vista natural. A ideia de uma progressão infinita somente pode ser agressiva às condições de sobrevivência, como tem destacado Serge Latouche. Ao mesmo tempo que a economia se mantém aquecida, também se torna possível que essa equação conduza ao aquecimento do planeta, ao crescimento das taxas de doenças, ao aumento da pobreza e das desigualdades sociais, ao aumento do lixo, ao aumento da poluição, num ciclo que tem redundado em sinais claros de exaustão e enfurecimento reativo do mundo natural.[21] Mais uma vez, a dialética da modernidade opera sob nossos olhos. E é ela mesma que permite que a racionalidade instrumental determine as condições de vida e existência; onde ela opera, aves não cantam, mas choram, enquanto crianças soluçam.

10.3 MUNDO NATURAL E MUNDO CULTURAL: POR UMA FILOSOFIA ANTROPO-NATURALISTA

Esta parelha de conceitos – cultura e natureza – serve como divisão didática para delimitar campos que se querem precisos e diferenciados entre si, entre homem e natureza. Ela serve às formas modernas de organização do mundo, e serve também à demonstração da superioridade da cultura sobre a natureza. Faz parte, portanto, das tensões conceituais e invenções modernas que opõem civilização e barbárie, culto e inculto, bem como ciências naturais e ciências do espírito.[22] Como o homem se cons-

---

[20] "Uma ecologia que ignora ou negligencia o marxismo e sua crítica do fetichismo da mercadoria está condenada a não ser mais do que correção dos "excessos" do produtivismo capitalista" (Löwy, *Ecologia e socialismo*, 2005, p. 37-38).

[21] "E cada progresso da agricultura capitalista não é só um progresso da arte de saquear o solo, pois cada progresso no aumento da fertilidade por certo período é simultaneamente um progresso na ruína das fontes permanentes dessa fertilidade" (Löwy, *Ecologia e socialismo*, 2005 p. 29).

[22] Sobre a questão da ciência: "...temos, de um lado, as ciências naturais, caracterizadas pela exterioridade entre o sujeito e o objeto, bem como pela fabricação de efeitos sobre as coisas; e, de outro, as ciências humanas, distinguidas pela não exterioridade entre sujeito e objeto, assim como pela ação – sempre passível de reciprocidade – sobre o ser humano" (Ribeiro, Novas fronteiras entre natureza e cultura. In: *O homem-máquina*: a ciência manipula o corpo, 2003, p. 18).

trói, e constrói historicamente relações sociais, implica como o homem se relaciona com o mundo natural e se apropria de suas riquezas.[23]

A decifração do mundo pela ordem do humano, na prática, significou, historicamente, a imposição da cultura ao mundo.[24] No mundo do artifício a palavra de ordem é o civilizar. O mundo do artifício é aquele no qual imperam os modos de ser do *Homo faber*, absolutamente onívoros e onipotentes. Essa presença aniquilante e absorvente, em relação às demais formas de vida, é que tem causado a paulatina exaustão ambiental do planeta. Por isso, assim ritmada, a cultura não se encontra senão em conflito com a natureza.[25] Não importa o que seja ou o que haja pela frente, o princípio que move a humanidade civilizadora é o de que a natureza está posta para servi-la, ainda que isso represente sua plena exaustão decorrente do mau uso dos recursos disponíveis. Por isso, fica fácil entender que o império da cultura tem significado o não lugar da natureza, que deve ser devassada, extrinsecada, demonstrada, cultivada, contornada, moldada, urbanizada, e tudo a pretexto de modernização.

Desleixo, displicência, menosprezo e extrativismo predatório são palavras que combinam entre si. Tudo isso está muito presente na memória e na consciência populares. Isso é de fácil constatação e percepção no uso cotidiano da linguagem, pois é de costume dizer-se: "Daqui para frente é só mato!"; "Daquele lado não há nada além de mato!"; "Tudo isto nada mais era antes do que mato!". Na palavra *mato*, grife-se, está escondido o desprezo pelo mundo natural, decorrência direta da ignorância humana, que qualifica, por vezes, ecossistemas complexos como a mata atlântica, o cerrado, a floresta amazônica, com um único termo (mato) que trata de modo indiferente e homogêneo a biodiversidade e a riqueza naturais.

---

[23] "Assim como o selvagem tem de lutar com a Natureza para satisfazer suas necessidades, para manter e reproduzir sua vida, assim também o civilizado tem de fazê-lo, e tem de fazê-lo em todas as formas de sociedade e sob todos os modos de produção possíveis. Com seu desenvolvimento, amplia-se esse reino da necessidade natural, pois se ampliam as necessidades; mas, ao mesmo tempo, ampliam-se as forças produtivas que as satisfazem. Nesse terreno, a liberdade só pode consistir em que o homem social, os produtores associados, regulem racionalmente esse seu metabolismo com a Natureza, trazendo-a para o seu controle comunitário, em vez de serem dominados por ele como se fora uma força cega; que o façam com o mínimo emprego de forças e sob as condições mais dignas e adequadas à sua natureza humana. Mas este sempre continua a ser um reino da necessidade. Além dele é que começa o desenvolvimento das forças humanas, considerando como um fim em si mesmo, o verdadeiro reino da liberdade, mas que só pode florescer sobre aquele reino da necessidade como sua base. A redução da jornada de trabalho é a condição fundamental" (Marx, *O capital*, 3. ed., 1988, v. V, p. 255).

[24] "A palavra *objeto* significa isso: que as coisas sejam colocadas (*jeto*) à nossa frente (*ob*). Passamos a vê-las, a olhá-las, a tratá-las como decifráveis" (Marx, *O capital*, 3. ed., 1988, v. V, p. 16).

[25] "Dicha enemistad y desconfianza se instaló definitivamente en la conciencia de los seres humanos, instaurando con ello el eterno conflicto entre lo cultural y lo natural que ha contaminado gran parte del pensamiento filosófico y científico originado en el espacio cultural occidental" (Flores, De los vértices a los vórtices: abriendo el camino al imaginario ambiental bio(socio) diverso. In: *Hiléia – Revista de Direito Ambiental da Amazônia*, 2004, p. 38).

Esse espírito 'colonizador' humano confunde empreendedorismo com destruição, exploração com exaustão. Em nome da civilização, tudo está autorizado. É com esse espírito que o que é urbano tornou-se antônimo do que é natural, e não do que é rural, e isso porque o urbano converteu-se no símbolo do artificialismo que expropria toda e qualquer manifestação natural. Eis o retrato das metrópoles, conurbações, megalópoles e grandes centros urbanos mundiais. Nesses 'centros de humanidade' vive-se em meio ao concreto, esbarra-se com estruturas metálicas, caminha-se sobre o asfalto, num universo de onde foram expulsas as formas naturais, como se fizessem parte de uma outra dimensão, a do não civilizado, a do rural, a do não urbano. Por isso, o primeiro passo para civilizar um local, uma região, uma área, é desfigurar-lhe completamente a configuração natural, para que a ela se confira uma 'estética humana', um 'toque especial', para que se dê vazão ao projeto urbanista.

O que há de curioso nesse ser humano 'colonizador' é seu esdrúxulo amor pelo que é raro. A raridade é algo que cultua e contempla com fervor. Se a natureza, em todas as suas formas, era abundante, torna-a escassa, para que seja rara, e, portanto, valiosa. Então, nos redutos onde a escassez está preservada, são cobradas taxas ambientais, são construídas casas milionárias, são edificados empreendimentos e *ecoresorts* de luxo, disponíveis para poucos, são exploradas caminhadas pela floresta intocada, são deslocados pesquisadores e bases científicas para estudo da região, são delimitados os espaços de terreno, para que não haja invasões... De todas as incoerências, essa parece ser a mais terrível. Assim é que foram erigidos os limites das selvas de pedra. Aos poucos, a natureza foi-se reduzindo ao cativeiro: animais se observam nos zoológicos; povos indígenas estão confinados, diante do expansionismo das terras produtivas, a terras demarcadas;[26] os rios limpos estão apenas nas fotos antigas, a vegetação está restrita a parques e reservas; de determinadas espécies animais extintas só se encontram traços e vestígios embalsamados e empoeirados em museus...

O que se percebe, portanto, é que esta parelha de conceitos *natureza* e *cultura* esconde a tensão sobre a relação entre *homem* e *natureza*, na qual inclusive, como constata Marx, se encontra a questão do trabalho.[27] A tradição cartesiana quer ver aí a oposição

---

[26] "Nesta atividade expansionista, ocorre o confronto entre movimento de criação cultural nas sociedades tradicionais e o movimento de incorporação e mercantilização das culturas que se desenvolvem com outro tempo. Deste confronto, a submissão da cultura à lógica do mercado é a colonização da cultura pelo mercado" (Derani, Tutela jurídica da apropriação do meio ambiente e as três dimensões da propriedade. In: *Hiléia – Revista de Direito Ambiental da Amazônia*, ano 1, nº 1, 2003, p. 80).

[27] "Antes de tudo, o trabalho é um processo entre o homem e a Natureza, um processo em que o homem, por sua própria ação, media, regula e controla seu metabolismo com a Natureza. Ele mesmo se defronta com a matéria natural como uma força natural. Ele põe em movimento as forças naturais pertencentes à sua corporalidade, braços e pernas, cabeça e mão, a fim de apropriar-se da matéria natural numa forma útil para sua própria vida. Ao atuar, por meio desse movimento, sobre a Natureza externa a ele e ao modificá-la, ele modifica, ao mesmo tempo, sua própria natureza. Ele desenvolve as potências nela adormecidas e sujeita o jogo de suas forças a seu próprio domínio" (Marx, *O capital*, 3. ed., 1988, v. I, p. 142).

entre *res cogitans* e *res extensa,* num dualismo que afasta o humano do natural, cabendo à cultura humana autoproclamar-se o centro da natureza a partir do referencial narcísico humano. Neste ponto, é Horkheimer quem afirma: "A subjetivação que exalta o sujeito também o condena" (Horkheimer, *Eclipse da razão*, 2002, p. 98). Repensar as bases deste pensamento é de fundamental importância para afirmar, na crítica da modernidade, também a crítica a ideologia. Na base de um pensamento anticartesiano, pode-se afirmar que não há isto "o homem" sem a natureza... o homem é natureza, e, por isso, para ele vige o imperativo de sua conciliação com aquilo que lhe é próprio. Não há isso, a *natureza lá* (fora), e este outro, a *natureza em mim* (dentro), como consolidações diversas e dicotômicas, opostas e separadas. Isso permite dizer que o homem não reina na natureza, apenas acredita reinar sobre a natureza, e a natureza dessa ilusão é aquela que produz o ofuscar de seu próprio deslumbramento.[28] Mais que tudo, no lugar de antagonizar com a natureza, a cultura pressupõe a natureza, até mesmo para se autodefinir por negação.[29]

O *Homo erectus*, na *scala naturae*, é somente uma das mais recentes espécies do planeta (espécie que carece de 2 a 3 bilhões de anos para seu desenvolvimento),[30] e, no entanto, a espécie que tornou impossível a sobrevida nele, comprometendo a sua existência, como a dos demais seres. Somente essa recente espécie, na ainda mais recente história da técnica na modernidade, tornou possível que seu potencial seja agressivo contra a sua própria sobrevivência e a sobrevivência da totalidade das relações ecossistêmicas e naturais.

Nesse sentido, a civilização aparece como uma negação de si mesma, permitindo com que opere dialeticamente a oposição de vetores no entrechoque da humanidade e do mundo natural, este último, subjugado aos imperativos da humanidade. Com base na filosofia culturalista, nas premissas antropocêntricas e racionalistas, no mentalismo do idealismo, na alienação do método especializado do positivismo, na divisão entre o mundo da cognição e o mundo da extensão, na lógica desigual entre razão e natureza, foi possível construir o fosso que torna abissal o distanciamento que ofusca a possibilidade de uma humanidade redimida do sofrimento.

---

[28] "Os fatos nos lembram a todo instante que nós não reinamos sobre a natureza do mesmo modo que um colonizador reina sobre um povo estrangeiro, como alguém que está fora da natureza, mas que nós lhe pertencemos com nossa carne, nosso sangue, nosso cérebro, que nós estamos em seu seio e que toda a nossa dominação sobre ela reside na vantagem que levamos sobre o conjunto das outras criaturas por conhecer suas leis e por podermos nos servir dela judiciosamente. (Engels, 1968:180-181)" (Löwy, *Ecologia e socialismo*, 2005, p. 22).

[29] "Para nosotros, la cultura hay que verla como el producto de un proceso continuo de reacción simbólica con respecto a las formas específicas de relación que mantenemos no sólo con los otros y con nosotros mismos, sino, de un modo básico y fundamental, con la naturaleza" (Flores, De los vértices a los vórtices: abriendo el camino al imaginario ambiental bio(socio)diverso. In: *Hiléia – Revista de Direito Ambiental da Amazônia*, 2004, p. 40).

[30] "Para que essa tremenda máquina fosse fabricada, foram precisos 2 a 3 bilhões de anos" (Chiavenato, *O massacre da natureza*, 1989, p. 13-14).

A natureza deve ser conhecida, entendida, estudada, mas com reverência, respeito e respondendo a uma ética do cuidado. Enquanto o saber tradicional dos povos indígenas retira sabedoria do seio das florestas,[31] da observação da vida animal, organizando formas integradas de convívio com a natureza de modo ancestral, o homem moderno torna a natureza mero objeto precificável.[32] Onde a lógica do saber tradicional opera com a preservação da tradição ancestral, inclusive, também isto hoje se quer qualificar como direito de propriedade intelectual, para que se possa sobre isso, de um lado, exercer um direito de proteção, mas de outro, exercer o poder de barganha, quantificação e apropriação. O sagrado da árvore é o sagrado daquilo que não posso criar e que é anterior a mim, daquilo que condiciona a possibilidade de mim e do outro, deste substrato fundamental e material da própria condição humana. Neste ponto, vale acompanhar a resposta que o Chefe Seattle dá ao Grande Chefe branco de Washington, em 1854, como resposta a uma oferta de compra de terras indígenas:

> "Como se pode comprar ou vender o firmamento, ou ainda o calor da terra? Tal ideia é-nos desconhecida. Se não somos donos da frescura do ar nem do fulgor das águas, como poderão vocês comprá-los? Cada parcela desta terra é sagrada para o meu povo. Cada brilhante mata de pinheiros, cada grão de areia das praias, cada gota de orvalho nos escuros bosques, cada outeiro e até o zumbido de cada inseto é sagrado para a memória e para o passado do meu povo. A seiva que circula nas veias das árvores leva consigo a memória dos Peles Vermelhas."[33]

Desapropriado de natureza, o homem não é mais homem, e, assim, dialeticamente se vê desprovido daquilo que lhe faz ser o que é. A linha de raciocínio biofílica exige que a vida seja protegida em suas múltiplas manifestações (não somente a vida humana). Não se trata nem de exaltar a natureza, deificando-a ou santificando-a como intocável (pois volta a ser um produto estagnado numa vitrine), nem de desprezá-la

---

[31] "Os saberes dos povos indígenas brasileiros, assim como de toda comunidade tradicional, conforme visto anteriormente, constituem fenômenos complexos construídos socialmente a partir de práticas e experiência culturais, relacionadas ao espaço social, aos usos, costumes e tradições, cujo domínio geralmente é difuso" (Dantas, Os povos indígenas brasileiros e os direitos de propriedade intelectual. In: *Hiléia – Revista de Direito Ambiental da Amazônia*, ano 1, nº 1, 2003, p. 100).

[32] A proteção do conhecimento tradicional associado ao patrimônio genético... Ver Derani, Tutela jurídica da apropriação do meio ambiente e as três dimensões da propriedade. In: *Hiléia – Revista de Direito Ambiental da Amazônia*, ano 1, nº 1, 2003, p. 76. Ademais: "Está claro que o reconhecimento constitucional dos direitos coletivos diferenciados dos povos indígenas constitui um novo marco no contexto sócio-jurídico brasileiro, e demanda um novo marco de efetivação desses direitos a orientar relação que valorizem a dignidade humana desses povos" (Id., p. 115).

[33] "Como os direitos indígenas são cosmogônicos, as práticas sociais e por consequência, os costumes, mantêm uma vinculação originária com os mitos de criação do mundo, às quais se aliam o sentido da tradição e o etnoconhecimento, segundo a concepção de cada modo indígena de pensar e construir a vida comunitária, seu meio e suas instituições" (Dantas, Os povos indígenas brasileiros e os direitos de propriedade intelectual. In: *Hiléia – Revista de Direito Ambiental da Amazônia*, ano 1, nº 1, 2003, p. 100).

como fonte de riquezas exploráveis pelo aguçado economicismo humano. A conciliação[34] com a natureza não acontece com um retorno às formas de vida pré-modernas, e isto Horkheimer deixa muito claro em sua exposição: "As doutrinas que exaltam a natureza ou o primitivismo às expensas do espírito não favorecem a conciliação com a natureza; pelo contrário, enfatizam a frieza e a cegueira em relação à natureza" (Horkheimer, *Eclipse da razão*, 2002, p. 129).

Fato é que, sem descentração, o homem não conseguirá entender o seu entorno como parte de si mesmo. Nem a alteridade é concebível, nem o ambiente é suscetível de proteção. Não se trata, portanto, na relação homem-natureza, de tornar a natureza intocável, mas de construir uma relação em que o respeito que a ela se projeta seja um respeito à sua própria casa, e, portanto, a si mesmo, às futuras gerações, como manifestação de uma forma de solidariedade intrageracional e intergeracional.[35]

Eis aqui as bases de uma filosofia antroponaturalista, nem ecocêntrica, nem antropocêntrica, nem fundada num determinismo biológico, nem fundada num especismo isolacionista e culturalista,[36] mas que seja capaz de traduzir a integração entre humanidade e natureza, pois o homem é acima de tudo natureza – em toda a sua animalidade –, nem uma essência a ela superior (somente porque a conhece), nem uma espécie simplesmente comparável às demais, pois possui moralidade, cultura e responsabilidade como fatores distintivos de sua constituição. É como *homem*, e como produtor de

---

[34] "A razão subjetiva instrumentalizada ou louva a natureza como pura vitalidade ou a deprecia como força bruta, em vez de considerá-la como um texto a ser interpretado pela filosofia, que, se for corretamente lido, revelará uma história de sofrimento infinito. Sem cometer a falácia de igualar natureza e razão, a humanidade deve tentar conciliá-las" (Horkheimer, *Eclipse da razão*, 2002, p. 128).

[35] A respeito: "Um dos pilares da noção de sustentabilidade é exatamente a solidariedade intergeracional. Já observamos que a preocupação com as gerações futuras (transgeracionalidade) amplia temporalmente os braços do Direito Ambiental. Logo, a solidariedade (ou equidade), tradicionalmente utilizada no âmbito das relações intrageracionais (entre sujeitos de uma mesma época), agora se põe, de modo muito mais desafiador para o jurista, no relacionamento entre gerações diversas" (Benjamin, A natureza no direito brasileiro: coisa, sujeito ou nada disso? In: *Grandes temas do direito administrativo*: homenagem ao Professor Paulo Henrique Blasi; Carlin, (Org.), 2009, p. 59). De outro modo formulado, está problema já posto por Marx, no século XIX: "Do ponto de vista de uma formação econômica superior da sociedade, a propriedade privada de certos indivíduos sobre o globo terrestre parecerá tão absurda quanto a propriedade privada de um ser humano sobre outro ser humano. Mesmo uma sociedade inteira, uma nação, mesmo todas as sociedades coevas em conjunto não são proprietárias da Terra. São apenas possuidoras, usufrutuárias dela, e como *boni patres familias* devem legá-la melhorada às gerações posteriores" (Marx, *O capital*, 3. ed., 1988, v. V, p. 224).

[36] "Por consiguiente, tan absurdo será el llamado 'reduccionismo biologicista' que, anula la peculiar novedad de la cultura humana al reducir los fenómenos culturales a términos biológicos, y acaba traduciendo los conceptos culturales al lenguaje científico natural; como el 'aislacionismo culturalista', que hace de la cultura un realidad hermética, carente de raíces, incomunicada con la biología y surgida de un modo casimágico – por la gracia del simbolismo- en el mundo humano" (Flores, De los vértices a los vórtices: abriendo el camino al imaginario ambiental bio(socio) diverso. In: *Hiléia – Revista de Direito Ambiental da Amazônia*, 2004, p. 55).

cultura, que o homem tem de ser capaz de produzir sua conciliação com a natureza; de outras espécies, simplesmente não se exigiria isto. Por isso, nem ave e nem criança são uma ou outra mais importante. Percebe-se a complementaridade do canto da ave com o choro da criança. Perceber isso é de fundamental importância, pois determina a forma que devem assumir, como fundamento, o modo de se pensar e interpretar a forma de operar dos direitos humanos, quando a matéria é a questão do meio ambiente.

10.4 A DIGNIDADE HUMANA EM PERIGO? PROTEÇÃO AMBIENTAL E DIREITOS HUMANOS COMO DESAFIOS

É possível indagar-se: Se a natureza fosse legisladora, ela não escreveria a sua própria tábua de direitos? Qual seria o conteúdo desta carta? Não seria a natureza codificadora de seus próprios direitos invioláveis, ao estilo dos direitos humanos? Quem disse que o equilíbrio ecossistêmico não é uma forma de lei? Assim sendo, se a natureza tem suas próprias leis, pode o homem violá-las impunemente?[37]

Essas perguntas, sobre um direito *da natureza*, soam estranhas, uma vez que todo direito parece referido ao *mundo da cultura*, e não ao *mundo da natureza*. Todo direito somente pode ser *humano*. No entanto, uma cultura humana centrada no desenvolvimento dos valores contidos nos direitos humanos não pode prescindir de pensar a inserção e dependência do homem com a matéria que lhe dá suporte existencial e condiciona os limites de sua ação. E isso porque não há dignidade humana em meio ao lixo, à degradação, à poluição e à forma vilipendial de desgaste produtivista de água, ar e solo. A definição da dignidade da pessoa humana[38] não passa pela questão das condições ambientais de desenvolvimento da pessoa humana? Não implica, portanto, uma compreensão de mundo descentrada de uma certa visão etnocêntrica, racionalista, moderno-europeia de mundo? Fica claro, portanto, que os direitos da natureza são construções histórico-culturais humanas que compreendem a relação que o homem mantém com a natureza, ao modo de uma conciliação.

Exatamente por isso compreende-se que os direitos humanos não podem ter uma fundamentação antropocêntrica, como direitos do *homem* para o *homem*, uma vez que uma vez que os direitos humanos são interdependentes e eles incluem a proteção do meio ambiente. Enquanto caminho de humanização, como defende Joaquín Herrera Flores, os

---

[37] As perguntas podem até mesmo parecer pueris, mas são também feitas por Herman Benjamin: "O que deveria ser incluída num eventual *Carta de Direitos da Natureza*?" (Benjamin, A natureza no direito brasileiro: coisa, sujeito ou nada disso? In: *Grandes temas do direito administrativo*: homenagem ao Professor Paulo Henrique Blasi, Carlin, (Org.), 2009, p. 50).

[38] "[...] quando aqui se fala em dimensões da dignidade da pessoa humana, está-se a referir – num primeiro momento – a complexidade da própria pessoa humana e do meio no qual desenvolve sua personalidade" (Sarlet, As dimensões da dignidade da pessoa humana: Construindo uma compreensão jurídico-constitucional necessária e possível. In: Sarlet, (Org.), *Dimensões da dignidade*, 2005, p. 15).

direitos humanos somente podem apontar para a necessidade de preservação ambiental, entendendo o meio ambiente como fim em si mesmo, e não como instrumento.[39] Mas, não se trata simplesmente de afirmar a natureza como o entorno ao homem, numa noção equivocada, como constata Cristiane Derani,[40] e o meio ambiente como o conjunto dos fatores externos ao homem, ou voltados para a satisfação das necessidades do homem. Trata-se de perceber que esse descentramento do homem lhe permitirá reconhecer a inter-relação entre a natureza externa e a natureza interna. Não há este *si mesmo* humano sem este *outro natural*; os *direitos da natureza* são os *direitos do homem*.

A Constituição, como texto de vanguarda na proteção ambiental, é direta e clara ao mencionar o direito ao meio ambiente ecologicamente equilibrado como sendo um direito fundamental da pessoa humana. Em seu art. 225 CF 88, dispõe: "Todos têm direito ao meio ambiente ecologicamente equilibrado, bem de uso comum do povo e essencial à sadia qualidade de vida, impondo-se ao Poder Público e à coletividade o dever de defendê-lo e preservá-lo para as presentes e futuras gerações."[41] Ademais, no Princípio nº 1 da Declaração sobre Meio Ambiente e Desenvolvimento de 1992, a famosa ECO-92, afirma-se: "Os seres humanos estão no centro das preocupações com o desenvolvimento sustentável. Têm direito a uma vida saudável e produtiva, em harmonia com a natureza." Por consequência, encontra-se, no Plano Nacional de Direitos Humanos, do Brasil, na 429 Proposta de Ação Governamental: "Divulgar e promover a concepção de que o direito a um meio ambiente saudável constitui um direito humano." Neste sentido, não somente o direito ao meio ambiente vem sendo admitido e reconhecimento como uma expressão de direito humano, como também vem ganhando destaque o decréscimo da fundamentação filosófica antropocêntrica.[42]

---

[39] "En ese sentido, lo *derechos humanos* son la clave a partir de la cual se puede concretar ese principio cairológico, pues más que definir hechos, lo que posibilitan es esa invención, esa apertura, de carácter normativo, a la humanización emancipadora del ser humano" (Flores, De los vértices a los vórtices: Abriendo el camino al imaginario ambiental bio(socio)diverso. In: *Hiléia – Revista de Direito Ambiental da Amazônia*, 2004, p. 75).

[40] O conceito de meio ambiente da Lei nº 6.938/81 está errado: "Os seres humanos integram o ambiente. O conceito de meio ambiente não se reduz a ar, água, terra, mas deve ser definido como o conjunto das condições de existência humana, que integra e influencia o relacionamento entre os homens, sua saúde e seu desenvolvimento. O conceito de meio ambiente e, consequentemente, a proteção do meio ambiente só podem ser pensados e articulados dentro da base social onde se desenvolve a relação homem-natureza" (Derani, Tutela jurídica da apropriação do meio ambiente e as três dimensões da propriedade. In: *Hiléia – Revista de Direito Ambiental da Amazônia*, ano 1, nº 1, 2003, p. 62).

[41] "As Constituições anteriores a 1988 não faziam menção específica à proteção do meio ambiente, portanto, essa foi a primeira Constituição que tratou da questão ambiental de forma ampla e moderna. Pode-se afirmar também, que a partir da Constituição de 1988 as áreas protegidas ganharam uma preocupação constitucional" (Benatti; Fischer, As áreas protegidas no Brasil: uma estratégia de conservação dos recursos naturais. In: Costa, *Direitos Humanos em concreto*, 2008, p. 241).

[42] "O Direito, seja no terreno internacional, seja no campo das legislações nacionais, vem se afastando, cada vez mais, do antropocentrismo puro, sendo mesmo correto afirmar-se que o

10.5 A EQUAÇÃO DA NOVA BARBÁRIE: A QUANTAS PEGADAS ESTAMOS DO ABISMO?

"Trata a sua Mãe, a Terra e o seu irmão, o Firmamento, como objetos que se compram, se exploram e se vendem como ovelhas ou contas coloridas. O seu apetite devorará a terra deixando atrás de si só o deserto." A frase é do Chefe Seattle. E soa enigmático este final, "deixando atrás de si só o deserto". Para quem escreve no século XIX, a atualidade da frase, e sua utilidade para o século XXI, é estonteante.

Como não se poderá esperar ser possível deter o ritmo da aceleração produtivista, burocrática ou capitalista, mesmo do capitalismo de Estado chinês,[43] e como o mero reformismo pontual não trará soluções, uma vez que as consequências já são evidentes, o século XXI será redimido pelas respostas e reações às violências impingidas à natureza. Carestia, fome, sede, doenças, epidemias, mortandade generalizada, reproduções virais, catástrofes naturais, descontrole ambiental são experiências reflexas que estão previstas no itinerário do continuísmo ininterrupto do mundo do ter, desde a Revolução Industrial até os dias atuais.[44] Não se pode, com isso, culpar processos naturais de aquecimento, pois os dados desmentem estas hipóteses; as alterações produzidas são efeitos da ação do homem modernos, nos últimos 250 anos de história, sobre o planeta.[45] No Antropoceno, é o homem a razão de ser das alterações drásticas e velozes na natureza.[46] Afinal, vale como imperativo a regra, detectada por Marx, no funcionamento do mercado: *après moi le déluge*.[47]

---

paradigma predominante é o do antropocentrismo intergeracional, com crescentes bolsões de não-antropocentrismo, aqui e aí" (Benjamin, A natureza no direito brasileiro: coisa, sujeito ou nada disso? In: Carlin (Org.), *Grandes temas do direito administrativo*: homenagem ao Professor Paulo Henrique Blasi, 2009, p. 65). A opinião de José Renato Nalini: "Somente a ética poderia resgatar a natureza, refém da arrogância humana. Ela é a ferramenta para substituir o deformado *antropocentrismo* num saudável *biocentrismo*" (Nalini, *Ética ambiental*, 2001, p. 3).

[43] "Para os ecossocialistas a lógica do mercado e do lucro assim como a do autoritarismo burocrático de ferro e do 'socialismo real' – são incompatíveis como as exigências da preservação do meio ambiente natural" (Löwy, *Ecologia e socialismo*, 2005, p. 47).

[44] As evidências estão por toda parte, inclusive nos estudos científicos e na mídia: "Pior ainda: as alterações feitas nos ecossistemas, especialmente nos últimos 50 anos, estão provavelmente aumentando o risco de mudanças abruptas, como explosão de epidemias – como a de cólera que afetou a África subsaariana durante El niño de 1998 –, eutrofização de águas costeiras e mudança climática regional, induzida por desmatamento" (Angelo, Humanos esgotam capital natural da Terra, *Folha de S.Paulo*, São Paulo, 30 de março de 2005, A 12).

[45] "A concentração de dióxido de carbono na atmosfera cresceu 32% de 1750 até hoje. Cerca de 60% desse aumento ocorreu após 1959" (Angelo, Humanos esgotam capital natural da Terra, *Folha de S.Paulo*, São Paulo, 30 de março de 2005, A 12).

[46] "Mas certamente o aquecimento global do Antropoceno (Período Geológico marcado pela transformação da terra pelo homem) mudará a face do planeta com uma velocidade jamais observada" (Angelo; Cláudio, A casa caiu, *Folha de S.Paulo*, São Paulo, 15 de junho de 208, Caderno Mais!, p. 9).

[47] "O capital, que tem tão 'boas razões' para negar os sofrimentos da geração trabalhadora que o circunda, é condicionado em seu próprio movimento prático pela perspectiva do apodrecimento

A nova barbárie virá como consequência objetiva do processo de agressiva exploração e exauriente subjugação da natureza sob a lógica imperativa do gananscismo acumulativo. É a consciência da dor que fará que do século XXI saia o novo homem, cansado de sofrer, disposto a repensar o modo de constituição de seus valores e das formas de produção e satisfação de necessidades humanas. A esta altura, não se trata mais de ser catastrofista, mas de ser realista.[48] Somente a iludida, florida e alienada visão de mundo impede de perceber as proporções do que se agiganta sob nossos olhos. No momento em que estas linhas são escritas, já se constatou que 33% dos recursos naturais do planeta desapareceram apenas nos últimos 30 anos, período em que se exalta, na sociedade de consumo, a lógica desenfreada do *ter*. Nada menos que 10 a 30% dos anfíbios, mamíferos e aves estão ameaçados de extinção.[49] Enquanto 30% do globo é ocupado com terrenos destinados à agropecuária, as florestas estão se esvaziando, os ecossistemas se decompondo, a diversidade de espécies definhando em ritmo galopante.[50] A demanda por recursos naturais, no atual estágio de uma civilização do desperdício e do consumo,[51] desde o final dos anos 80 do século passado, superou em 30% a biocapacidade do próprio planeta; as ONGs que produzem esses relatórios

---

futuro da humanidade e, por fim, do incontrolável despovoamento tão pouco ou tanto como pela possível queda da Terra sobre o Sol. Em qualquer malandragem com ações ninguém ignora que um dia a casa cai, porém todos confiam que ela cairá sobre a cabeça do próximo, após ele próprio ter colhido a chuva de ouro e a posto em segurança. *Après moi le déluge!* é a divisa de todo capitalista e toda nação capitalista. O capital não tem, por isso, a menor consideração pela saúde e duração da vida do trabalhador, a não ser quando é coagido pela sociedade a ter consideração. À queixa sobre degradação física e mental, morte prematura, tortura do sobretrabalho, ele responde: Deve esse tormento atormentar-nos, já que ele aumenta o nosso gozo (o lucro)? De modo geral, porém, isso também não depende da boa ou da má vontade do capitalista individual. A livre-concorrência impõe a cada capitalista individualmente, como leis externas inexoráveis, as leis imanentes da produção capitalista" (Marx, *O capital*, 3. ed., 1988, v. I, p. 205-206).

[48] "Trata-se de uma questão muito mais urgente, que diz respeito diretamente às gerações atuais: os indivíduos que vivem no começo do século XXI *já* conhecem as consequências dramáticas da destruição e do envenenamento capitalista da biosfera, e correm o risco de se defrontar – pelo menos no que diz respeito aos jovens – em vinte ou trinta ambos com verdadeiras catástrofes" (Löwy, *Ecologia e socialismo*, 2005, p. 74).

[49] Cf. Angelo, Humanos esgotam capital natural da Terra, *Folha de S.Paulo*, São Paulo, 30 de março de 2005, A 12. A respeito, também, sobre pegada ecológica, ver <http://www.wwf.org.br>.

[50] "Mais terras foram convertidas em lavoura e pasto após 1945 do que nos séculos 18 e 19 somados. Hoje, a agropecuária ocupa quase 30% da superfície do planeta" (Angelo, Humanos esgotam capital natural da Terra, *Folha de S.Paulo*, São Paulo, 30 de março de 2005, A 12).

[51] Basta retornar a Marx para perceber a atualidade de seu pensamento: "A produção capitalista é, com toda a sua sovinice, completamente desperdiçadora do material humano, exatamente como, por outro lado, graças ao método da distribuição dos seus produtos pelo comércio e pela mania da concorrência, procede de maneira desperdiçadora com os meios materiais e perde, por um lado, para a sociedade o que ela ganha, por outro, para o capitalista individual" (Marx, *O capital*, 3. ed., 1988, v. IV, p. 66).

sobre créditos ambientais aí veem os sinais da exaustão e as causas das alterações na biosfera que têm sido responsáveis pelas crises ambientais.[52]

No caso do Brasil, em sua modernidade precária, é capaz de degradar sua sociobiodiversidade para acolher interesses endógenos e exógenos, à custa do equilíbrio desta relação. É de todo preocupante que pouco esteja sendo feito para conter o conjunto dos processos de degradação do país que, ao lado da Indonésia, é considerado o de maior biodiversidade do planeta.[53] O crescimento exponencial da degradação ambiental e da exploração desenfreada, especificamente nos últimos 20 anos, produziram como consequência, o atual quadro oficial de governo que indica 627 espécies animais ameaçadas de extinção, que revela, de 1989 a 2006 a triplicação do número de espécies constantes da lista, o chamado 'livro vermelho'.[54]

Essa equação absolutamente desproporcional da volúpia consumidora humana sobre o meio ambiente vem claramente estampada na dimensão da forma como, no Brasil, se ocupa e utiliza a região amazônica, esta que é considerada um grande celeiro da biodiversidade planetária.[55] Mas, apesar das questões locais, para efeitos de meio ambiente, tudo está absolutamente interconectado, por isso, a questão é da ordem e da dimensão de um problema global.[56] Indicadores recentes apontam: "As conclusões

---

[52] Cf. notícia da redação, intitulada 'Humanos já usam 1,3 planeta, diz relatório', *Folha de S.Paulo*, São Paulo, 29 de outubro de 2008, Ciência, p. A 16.

[53] Conforme dados do Ministério do Meio Ambiente, pode-se afirmar que: "O Brasil tem uma área de 8,5 milhões km², ocupando quase a metade da América do Sul. Essa área possui várias zonas climáticas que incluem o trópico úmido no norte, o semiárido no nordeste e áreas temperadas no sul. As diferenças climáticas contribuem para as diferenças ecológicas formando zonas biogeográficas distintas chamadas biomas. A maior floresta tropical úmida (Floresta Amazônica), com mais de 30 mil espécies vegetais, e a maior planície inundável (o Pantanal) do mundo se encontram nesses biomas, além do Cerrado (savanas e bosques), da Caatinga (florestas semiáridas) e da Mata Atlântica (floresta tropical pluvial). O Brasil possui uma costa marinha de 3,5 milhões km² com uma variedade de ecossistemas que incluem recifes de corais, dunas, manguezais, lagoas, estuários e pântanos.

A variedade de biomas reflete a riqueza da flora e fauna brasileiras, tornando-as as mais diversas do mundo, com mais de 20% do número total de espécies do planeta. Por este motivo, o Brasil é o principal país dentre os chamados países megadiversos" (Disponível em: <http://www.mma.gov.br>. Acesso em: 3 nov. 2008).

[54] Salomon, Livro lista os 627 bichos ameaçados de extinção, *Folha de S.Paulo*, São Paulo, 5 de novembro de 2008, Ciência, p. A 14.

[55] "O avanço sobre a floresta se mostra mais contundente no caso da pecuária: 73% das 74 milhões de cabeças de gado da região são criadas no bioma Amazônia, jargão que designa a floresta. Esse avanço é mais expressivo em Mato Grosso, Rondônia e Pará, que lideram o ranking do desmatamento" (Salomon, 40% de carne e soja vêm da Amazônia Legal, *Folha de S.Paulo*, São Paulo, 15 de junho de 2008, A 10). "Neste ano, o desmatamento deve superar 12 mil quilômetros quadrados, o equivalente a oito vezes a cidade de São Paulo" (Salomon, 40% de carne e soja vêm da Amazônia Legal, *Folha de S.Paulo*, São Paulo, 15 de junho de 2008, A 10).

[56] "O problema do meio ambiente é elevado a uma realidade global e não mais apenas local, sendo necessário reconhecer, igualmente, que o consumo excessivo não apenas implica em

da chamada Avaliação Ecossistêmica do Milênio, como quase tudo o que diz respeito ao ambiente global, são desalentadoras: quase dois terços dos chamados serviços ambientais estão em declínio acelerado".[57]

O discurso moderno promoveu às alturas a ideia de que haveria a vitória da civilização, mas o que se vive é o começo do fim de uma barbárie, a exploração do homem pelo homem, o que somente poderá se operar por meio da própria barbárie natural. Em Adorno das *Notas marginais sobre teoria e práxis*, se encontra a seguinte afirmação: "A recaída já se produziu. Esperá-la para o futuro, depois de Auschwitz e Hiroshima, faz parte do pobre consolo de que ainda é possível esperar algo pior."[58] À espreita se encontra o desafio de conviver com mais uma crise cíclica do capitalismo, agora global, e seus terrificantes efeitos sociais e ambientais.[59]

10.6 NATUREZA E REVOLUÇÃO: A NOVA FACE DA BARBÁRIE

No livro *Eclipse da razão*, no terceiro capítulo, intitulado "A revolta da natureza", Horkheimer procura estudar a relação da sociedade moderna com a natureza. E, apesar de se direcionar para temas sociais de seu tempo, como o problema da interpretação do sentido do nazismo como revolta contra a natureza, enquanto manipulação da publicidade de seu tempo, deixa pistas interessantes para o desenvolvimento do tema de como a questão da "revolta da natureza" pode ser vista neste início do século XXI.

Isso porque aquilo que se prometia como progresso e planificação social ontem, hoje reaparece alinhado ao eixo das questões que acomodam interesses exclusivamente

---

consequências negativas como tornará, simplesmente, impossível o acesso de todos a um modo de vida equiparável a longo prazo" (Bastos, O consumo de massa e a ética ambientalista. *Revista de Direito Ambiental*, 2006, p. 202).

[57] Angelo, Humanos esgotam capital natural da Terra, *Folha de S.Paulo*, São Paulo, 30 de março de 2005, A 12. "E clima instável significa fome, guerra e morte" (Angelo, Cláudio, A casa caiu, *Folha de S.Paulo*, São Paulo, 15 de junho de 208, Caderno Mais!, p. 9).

[58] Adorno, Notas marginais sobre teoria e práxis. In: *Palavras e sinais*: modelos críticos, 2, 1995, p. 214.

[59] "Crescimento exponencial da poluição do ar nas grandes cidades, da água potável e do meio ambiente em geral; aquecimento do Planeta, começo da fusão das geleiras polares, multiplicação das catástrofes 'naturais'; início da destruição da camada de ozônio; destruição, numa velocidade cada vez maior, das florestas tropicais e rápida redução da biodiversidade pela extinção de milhares de espécies; esgotamento dos solos, desertificação; acumulação de resíduos, notadamente nucleares, impossíveis de controlar; multiplicação dos acidentes nucleares e ameaça de um novo Chernobyl. Poluição alimentar, manipulações genéticas; 'vaca louca', gado com hormônios. Todos os faróis estão no vermelho: é evidente que a corrida louca atrás do lucro, a lógica produtivista e mercantil da civilização capitalista/industrial nos leva a um desastre ecológico de proporções incalculáveis. Não se trata de ceder ao 'catastrofismo' constatar que a dinâmica do 'crescimento' infinito induzido pela expansão capitalista ameaça destruir os fundamentos naturais da vida humana no Planeta" (Löwy, *Ecologia e socialismo*, 2005, p. 41-42).

exploratórios em larga medida, sob a face do global. Mas, a face da barbárie é sempre a face da barbárie, não importa do que esteja travestida. A face da barbárie é a face do horror, e a civilização que produz horror não realiza propriamente liberdade, mas o seu contrário. Por isso, a equação civilizatória de soma negativa é aquela que está governada por princípios que a negam como civilização. Horkheimer afirma: "A civilização como irracionalidade racionalizada integra a revolta da natureza como outro meio ou instrumento" (Horkheimer, *Eclipse da razão*, 2002, p. 99).

Nesse sentido, onde existem fome, sede, carência, desertificação, exaurimento, pobreza, desigualdade, indiferença humana, pode-se dizer que existe progresso? A teoria crítica, que se ocupa de perguntar sobre os destinos da revolução, sobre questão da condição humana na história, operando um diagnóstico do tempo e pensando a questão da liberdade humana, se detém nesse ponto, aí encontrando alento para uma reflexão claramente humanista.[60] Diante da nova equação, o previsível e irreversível horror do século XXI aparece como sendo o fruto da cultura do excesso, da lógica do progresso, da exploração produtivista e da forma materialista de desenvolvimento da sociedade moderna. É essa mesma cultura que nos coloca diante de uma equação sem retorno, uma situação que se coloca como primeira na história de toda a humanidade, como causa direta da ação do próprio homem sobre o planeta; não se trata de afirmar um quadro apocalíptico, mas de emitir um claro sinal de alerta, para o que, com propriedade aponta Julio José Chiavenato.[61]

Em 1854, em sua resposta ao grande Chefe da Casa Branca, o Chefe Seatle, em sua carta, afirma: "Porque o que suceder aos animais também sucederá ao homem. Tudo está ligado." E, ainda: "Tudo o que acontece à terra acontecerá aos filhos da terra. O homem não teceu a rede da vida, ele é só um dos seus fios. Aquilo que ele fizer à rede da vida ele o faz a si próprio." Por isso, não serão necessários campos de concentração, formas políticas perversas, sistemas totalitários, pois a própria civilização caminha para o seu exaurimento, quando a barbárie se dará a 'céu aberto'. Certamente, as vítimas serão os países mais pobres, mas são previsíveis prejuízos que atinjam milhares de pessoas, independente de classe, gênero, condição social, etnia, origem, ideologia, governo, riqueza etc. Assim, os efeitos serão devastadores para países pobres, em desenvolvimento, mas também para países ricos. O maior prejudicado? A própria humanidade. O causador? A própria humanidade.[62] Os alertas dados por Hans Jonas

---

[60] "Seja como for, a continuação do 'progresso' capitalista e a expansão da civilização fundada na economia de mercado – mesmo sob essa forma brutalmente desigualitária – ameaça diretamente, a médio prazo (qualquer previsão seria arriscada), a própria sobrevivência da espécie humana. A preservação do meio ambiente natural é, portanto, um imperativo humanista" (Löwy, *Ecologia e socialismo*, 2005, p. 50).

[61] "Mas, nesse desenvolvimento histórico, no que diz respeito ao meio ambiente do homem, chegamos progressivamente a uma situação trágica: pela primeira vez, na vida da Terra, corremos o risco de não sobreviver. Mais: de destruirmos o nosso próprio planeta" (Chiavenato, *O massacre da natureza*, 1989, 3. ed., p. 9).

[62] Neste ponto, não pode haver dúvida: "Ninguém duvida de que nossas atividades de hoje – esgotamento das reservas de petróleo, destruição das florestas tropicais e dos recursos marinhos,

sobre a necessidade do exercício do princípio de responsabilidade indicam que não há humanidade sem naturalidade.[63]

Uma vez molestada, aviltada, maltratada, domesticada, explorada, dilacerada, reduzida, assenhoreada, ultrajada, a natureza não haveria de reagir? *Gaia genetrix* não haveria de responder? Ou, é ela infinitamente mãe nutriz provedora, não reativa e fonte de amor incondicional? As leis naturais não haveriam de trazer consequências pela sua manipulação em face da soberba autoproclamada das leis dos homens (leis econômicas, leis jurídicas, leis antropológicas...) sobre as demais? Cada ação sobre o mundo deixa uma marca que, ainda que invisível ao consciente, mas palpável ao inconsciente coletivo, gera consequências que inevitavelmente devem ser colhidas na história... Por isso, a ordem *imposta* ao *kósmos* e à *physis*, que é a desordem da vontade humana, torna possível que aquilo que foi recalcado emerja inevitavelmente. Se a natureza é portadora do princípio de vida e do princípio de morte, é possível localizar na "revolta da natureza" um *eros* enfurecido e rebelde a manifestar que a repressão e o recalcamento já encontraram níveis excedentes de insatisfação. A rebelião que se afigura como realidade já em curso, mais dependente de forças objetivas do que de esforços humanos, é a expressão de uma repressão do feminino, fruto de uma civilização falocêntrica, e, por isso, instrumental. O homem moderno quis se proclamar o centro do universo, e, narcisicamente projetou sobre o mundo natural a sombra de sua imagem. O que recolhe a partir de então, é horror.

O mundo moderno constrói a imagem do homem senhor de si mesmo. Que, portanto, o homem veja no espelho a projeção de sua própria imagem, e constate o que 'plantou' para germinar no século XXI. A violência na civilização é a violência do homem contra o homem e do homem contra a natureza. Já em 1854, escrevia o Chefe Seatle: "Se os homens cospem no solo, cospem em si próprios." Não se pode calar Horkheimer, quando afirma: "A dominação da natureza envolve a dominação do homem" (Horkheimer, *Eclipse da razão*, 2002, p. 98). Assim como a violência do homem contra o homem é circular, a violência contra a natureza possui a mesma reversibilidade. Daí a ideia de uma "revolta da natureza". Se é verdade que nada é sem consequências na história e que a natureza opera por etapas, não fazendo saltos (*Natura non facit saltus*), como afirma Aristóteles (*De caelo*, 271 a, 30), o ciclo do que é natural se impõe sobre as pretensões de que o ciclo do artifício humano se sobreponha, tornando o adágio da Antiguidade Tardia 'Nada nasce do nada' (*De nihilo nihilum*), atual e verossímil, uma vez

---

costeiros ou não, contaminação do lençol freático e das águas de superfície, desaparecimento de espécies – repercutirão no futuro, ou seja, no tipo, qualidade e acessibilidade dos recursos que as gerações vindouras terão à sua disposição; o hoje, pois, determina a estrutura econômica, as oportunidades recreativas, as opções ambientais e até as preferências do amanhã" (Benjamin, A natureza no direito brasileiro: coisa, sujeito ou nada disso?, In: Carlin (Org.), *Grandes temas do direito administrativo*: homenagem ao Professor Paulo Henrique Blasi, 2009, p. 56).

[63] Cf. Larrière, Natureza: natureza e naturalismo, verbete. In: *Dicionário de ética e filosofia moral*, v. 2, 2003, p. 231.

que a revolta da natureza não nasce de si mesma, senão das intervenções do homem sobre ela, não dos usos da natureza propriamente, mas dos '*ab-usos*' da natureza.

A civilização plantou as condições de descerramento das surpresas contidas dentro da caixa de pandora da natureza, e onde o apologismo do "homem como centro do universo" existe, deverá aparecer a desilusão das fantasias antropocentradas de mundo. A razão instrumental cede em força no pugilismo que exerce contra as forças da natureza, estas que podem devolver o homem à pré-civilização, demonstrando-lhe que nada mais é do que mais um componente que ocupa a face do planeta, diante do que haverão de ceder a ganância, o egoísmo, a vontade de poder, o horror. A repressão da natureza desperta a projeção da violência dos elementos naturais sobre o homem. A natureza é a única força que demonstra ao homem como são vãs as suas artes e os seus engenhos, da mesma forma como demonstra como é frágil a condição humana. Não é possível atacar o núcleo material da existência sem atrair nefastas consequências... Abundam os dados, os estudos e as narrativas que descrevem como se processa, em avançado estágio, o processo de retorno do mal infligido ao próprio homem, tornando urgente a reversão deste quadro.[64]

A civilização que se constrói na base do emudecimento das vozes da natureza não significa uma civilização que caminhe para produzir conciliação, mas domesticação. A domesticação é uma forma de adestramento e repressão, o que torna as indomáveis forças da natureza descontroladas na expressão de sua potência. Toda tentativa de não renúncia, toda arrogância antropocêntrica é paga com o preço de um custo que é resultante da própria desordem imposta às coisas. A soberba do homem moderno, que vê na técnica a expressão de sua superioridade, torna possível uma civilização que, ao cultuar o progresso, caminha a passos largos para o regresso e o colapso do encontro com o exausto mundo natural. Se assenhoreando da natureza, se gaba de sua vitória na domesticação do mundo natural. Desapiedado, o homem se tornou a máquina voraz que consome as condições de sua própria sobrevivência, num consumismo desenfreado,[65] e, uma vez assim agindo, a cada nova conquista técnica, se aproxima cada vez mais das carestias elementares. O fator de conversão do bruto (material, primário e original) em "valor de troca" é o que potencializa que a apropriação dos recursos naturais se dê na base da expropriação reificadora e economicista do que é natural.

E, em sua distância da natureza, o homem que se urbaniza e se domestica à técnica, constrói a arapuca narcísica dentro da qual germina e floresce o processo da nova catarse da humanidade. Os sinais de exaustão foram dados através dos protestos de 1968, em que despontam as diversas e criativas faces de expressão dos movimentos ambientalistas, naturalistas, que, aos poucos, ganharão espaço para terem a necessária visibilidade da Eco-92. Mas, ainda assim, não foram ouvidos... e, entre nós, con-

---

[64] "Confrontamo-nos com uma *crise de civilização* que exige mudanças radicais" (Löwy, *Ecologia e socialismo*, 2005, p. 46).

[65] "É o *tipo de consumo* atual, fundado na ostentação, no desperdício, na alienação mercantil, na obsessão acumuladora, que deve ser questionado" (Löwy, *Ecologia e socialismo*, 2005, p. 52).

tinuam a ressoar os ecos do progresso. Por isso, sendo esta civilização surda, as vias humanas para a mudança vão sendo gestadas. Muitas foram tentadas, algumas como simples alarmes, outras como tentativas históricas de manifestação de *eros* em favor da vida: a revolução do proletariado, as manifestações de missionários, a criação de doutrinas éticas e filosóficas,... todos os caminhos foram e continuam vetados.[66] No entanto, estas saídas não foram adequadas ou bem-sucedidas. Para Horkheimer, inclusive, a saída de nos livrarmos hoje do próprio esclarecimento, herdeiros que somos dele, tornou-se impossível.[67] Por isso, se a filosofia nasceu como uma reflexão sobre a *natureza*, é para evitar que a filosofia morra junto com a morte da natureza, que os filósofos devem hoje ter por tarefa projetar suas preocupações com relação aos destinos da própria vida no planeta.

---

[66] Nesse sentido, cabe ao homem escolher os destinos que pretende ter, uma vez que o saber tem amplo potencial, desde que vinculado a certos valores: "Desse modo, podemos dizer que a filosofia de Descartes projeta a luz e a sombra. A consciência humana, por meio do saber e dos produtos desse saber, pode iluminar o mundo e a vida. Mas, se o progresso do saber não estiver vinculado aos parâmetros de autonomia, liberdade, dignidade e felicidade, o futuro do homem pode apresentar-se como um horizonte sombrio" (Leopoldo e Silva, *Descartes*: a metafísica da modernidade, 2005, p. 90).

[67] "Resumindo, somos os herdeiros, para melhor ou pior, do Iluminismo e do progresso tecnológico. Opor-se aos mesmos por um regresso a estágios mais primitivos não alivia a crise permanente que deles resultou" (Horkheimer, *Eclipse da razão*, 2002, p. 130).

11

A Liberdade no Ciberespaço e o Respeito à Dignidade Humana[1]

11.1 CIBERESPAÇO, DESAFIOS TECNOLÓGICOS E DIREITO DIGITAL

O vazio deixa lacunas difíceis de serem recobertas; a sensação de desabrigo, desnorte e incorreção são vertiginosas marcas de nossos tempos.[2] Muito do que se conheceu como território firme da modernidade, em sua expressão regulatória e em sua moralidade própria, foi abalado e desmantelado nas últimas décadas, o que se traduz na cisão entre *nómos* e *éthos* em nossos tempos, de onde surge a necessidade de elaborar o *nada*, operar o *nada*, e vencer o *nada* pela atribuição de algum tipo de resposta.[3] Isto

---

[1] Este texto é revisão da primeira versão do artigo publicado na *Revista Economia e Direito*, v. XVII, nº 1/2, intitulado "Os direitos humanos no espaço virtual", UAL, Portugal, Lisboa, 2012.

[2] "O vazio normativo aberto pela retirada da meticulosa regulamentação estatal sem dúvida traz mais liberdade. Nenhuma história de identidade está imune a correções; pode ser reformulada se insatisfatória ou não tão boa como outras. No vazio, a experimentação é fácil e encontra poucos obstáculos – mas o empecilho é que, agradável ou não, o produto experimental nunca é seguro; sua expectativa de vida é curta e por isso a segurança existencial que promete custa a chegar" (Bauman, *Comunidade*, 2003, p. 90).

[3] Nesse sentido, a crítica da sociedade pantécnica é de fundamental importância, na medida em que tem por foco o vazio criado pela própria hiper-afetação da dimensão da técnica, conforme a análise de Ferraz Junior: "O advento da sociedade pantécnica, como lugar da realização da técnica, está na origem da cisão contemporânea entre *éthos* e *nómos*, liberdade e lei, que se exprime nas diversas formas do positivismo ético e jurídico, como também da separação entre Ética e Política, que faz a política pesar sobre o homem hodierno como um destino trágico. Com isso, é gerado um *éthos* de indiferença, de indiferença controlada tecnicamente, em que a responsabilidade na moral e no direito, na vida social e na reclusão individual, só aparentemente se funda em convicções, mesmo em resultados das convicções, mas nessa vaga percepção de que *onde nada*

colabora para a acentuação de processos simultâneos de transformações, que se acumulam empilhadas, apontando para um novo cenário, sem que ainda se possa entrever seus resultados e suas formas mais acabadas. A insegurança, espalhada na atmosfera, define muito da condição humana hodierna.[4]

A realidade do ciberespaço, da forma como foi identificada em 1984 por William Gibson, é, pois, entre nós, 'realidade concreta'. A 'concretude' da 'virtualidade' é propriamente este paradoxo, da conversão em material e fundamental daquilo que é propriamente da dimensão do imaterial e do criacional-informativo. Com o evolver da cibernética, da robótica e da informática criaram-se as condições para o estágio atual da técnica;[5] a especialização da microeletrônica, a revolução *Microsoft*, os processos de automação, a ampliação prática da virtualidade e da digitalidade incorporada aos procedimentos operatórios do cotidiano desconstrói muito do que se conheceu como 'realidade' (concreta, empírica, natural) para constituir-nos em outra 'realidade' (virtual, digital, artificial).[6] As fronteiras do 'real' foram ampliadas e, simultaneamente, alteradas. Por isso, uma *redefinição* de nossa condição se dá a partir do impacto que a tecnologia opera na vida humana. Em *Zukunft der Menschlichen Natur*, de 2001, o filósofo alemão Jürgen Habermas já afirmava o caráter problemático da presença da tecnologia na redefinição da identidade do humano.[7]

Por isso, não se pode desprezar que o conjunto dos avanços traz consigo notáveis conquistas, mas que essas conquistas têm de ser mediadas por novas atividades regulatórias, por novas frentes de estudo e crítica, ponderadas a partir da reflexão. Ademais, não se pode desprezar o fato de que essas transformações infirmadas na dimensão dos progressos tecnológicos trazem significativos desafios que não são passíveis de resolução no nível meramente operatório, ou meramente técnico. Eis o limite da técnica.

---

pode ser feito, algo precisa ser feito. Por quem? Ninguém sabe" (Ferraz Junior, Responsabilidade sem culpa, culpa sem responsabilidade na sociedade tecnológica. In: *Impasses e aporias do direito contemporâneo*: estudos em homenagem a José Eduardo Faria, 2011, p. 142).

[4] A respeito do tema, ver Bittar, *O direito na pós-modernidade*, 2. ed., 2009, p. 145 e ss.

[5] "O rápido desenvolvimento da cibernética, da informática, da robótica e de outras disciplinas afins impôs, retrospectivamente, que se desse uma ordem à sucessão das inovações" (Losano, *Sistema e estrutura no direito*, 2011, p. 127).

[6] Newton De Lucca identifica na automação um processo tecnológico sem retorno, considerando o início destas transformações e seus resultados para o direito, imprevisíveis: "A automação, por outro lado, com a existência de robôs realizando tarefas de criação intelectual – como já é possível ver-se em algumas partes do globo terrestre – deixou de ser mera ficção científica para tornar-se uma inquestionável realidade. Com o advento da sociedade digital, a velocidade das transformações tende a aumentar cada vez mais" (De Lucca, Títulos e contratos eletrônicos: o advento da informática e suas consequências para a pesquisa jurídica, In: De Lucca; Simão Filho (Org.), *Direito e internet*: aspectos jurídicos relevantes, 2005, p. 38).

[7] Neste trecho, fica clara a identificação do problema: "Os desenvolvimentos notórios e temidos da tecnologia genética afetam a imagem que havíamos construído de nós enquanto ser cultural da espécie, que é o 'homem', e para o qual parecia não haver alternativas" (Habermas, *O futuro da natureza humana*, 2004, p. 56).

A técnica possui limites, e estes devem ser ponderados, porém seu movimento na determinação social, ultrapassou estes limites, e rompe barreiras com a mesma constância e voluptuosidade. Seu ritmo, na sociedade moderna, é avassalador, e, também, de certa forma, incontornável.

Aliás, sobre os avanços da técnica, as últimas notícias apresentadas nesse campo indicam a que velocidade se caminha em direção a um futuro tecnológico, que torna a translúcida e longínqua ficção científica uma realidade muito presente e palpável.

Uma primeira dimensão desse processo está indicada pela intensidade do processo de robotização de procedimentos virtuais; os estudiosos de realidade virtual identificam que a frequência do tráfego de robôs na *internet* supera em muito o tráfego de pessoas; está-se falando de 2 bilhões de pessoas usuárias em todo o planeta.[8]

Uma segunda dimensão desse processo está indicada pelo volume de transações comerciais, através do *e-commerce*; ele realiza um potencial de intercâmbio de mercadorias espantosamente significativo (53,5 bilhões de pedidos em 2011).[9] A mesma notícia vem acompanhada da impactante informação de que a *Enciclopédia Britânica* deixa de ser impressa, para assumir definitivamente a versão digital. Aqui, de fato, fica claro que o mundo de *Gutenberg* (*imprensa*) foi substituído pelo mundo *Wikipedia* (*internet*).

Uma terceira dimensão deste processo, recentíssima e espantosa, pode ser identificada pela intensa dependência da rede virtual sobre certos operadores, sistemas e mecanismos, representados em grandes corporações. A capacidade de protesto e mobilização de *Wikipedia, Mozilla, Yahoo, Twitter, Reddit, Wired* e *Google*, além de *WordPress* é impactante – afora as polêmicas geradas pelo *Wikileaks* –, e foi capaz de mudar o sentido das pressões políticas a favor dos interesses dos jovens ativistas da era da *internet*, quando a votação sobre a lei antipirataria na *web* nos EUA foi interrompida e redirecionada na Câmara e no Senado norte-americanos. Um dia de caos nas principais 'ferramentas' da *web* foi suficiente para indicar os novos rumos da lógica da disputa no âmbito do mercado de bens culturais e no tema da regulação da propriedade intelectual; novas ferramentas, novos atores, novas políticas, novos interesses e novas formas de operar as relações sociais, o que envolve novas formas de poder.

Uma quarta dimensão, na qual se projeta todo este campo, reside na busca de regulamentação do espaço virtual, considerando a disputa política explosivamente detonada no dia 14 de janeiro de 2012, identificada no artigo da *Folha de S.Paulo* intitulado *Nova mídia versus velha mídia*,[10] que também vem pelo protesto digital dos grandes

---

[8] Cf. notícia veiculada no Caderno Tecnologia, Robôs no comando, *Folha de S.Paulo*, 9 de abril de 2012, São Paulo, F1 e F3.

[9] Conforme noticia a *Folha de S.Paulo*, no Caderno Mercado, B5, em 14 de março de 2012.

[10] Se referindo aos eventos virtuais do dia 14 de janeiro de 2012, o jornalista Álvaro Pereira Júnior afirma: "Na quarta passada, a *Wikipedia* pintou de preto sua página principal em inglês, e praticamente saiu do ar. *Google, Yahoo, Twitter* e muitos outros também engendraram alguma forma de protesto" (Álvaro Pereira Júnior, Nova mídia × velha mídia, *Folha de S.Paulo*, São Paulo, 21 de janeiro de 2012, E 14).

conglomerados econômicos, cujos interesses são diretamente afetados pelas restrições normativas ao livre trânsito virtual. O autor do artigo bem identifica nesta luta, mais do que o embate entre progressistas e reacionários, a simbólica expressão de uma disputa virtual – e real – entre conglomerados poderosos economicamente, que opõe um perfil moderno e jovial de entendimento sobre propriedade compartilhada na *internet* – representando os interesses do "grupo do Vale do Silício" –, a um perfil antigo sobre propriedade intelectual, identificado pelos meios da indústria tradicional *hollywoodiana* – apresentado como o "grupo da antiga indústria fonográfica dos estúdios e gravadoras de *Hollywood*"; jogo de informações, disputa sobre modelos de uso do espaço virtual, guerra de poderes virtuais em torno do controle sobre a propriedade intelectual (e os lucros derivados da propriedade imaterial), oposição de interesses expõe, com bastante objetividade, que mais do que o interesse pelo "usuário" ou pela "liberdade", está um conjunto de interesses corporativos altamente valiosos, e de grande significado de mercado, para o presente e para o futuro.

A sociedade moderna, afirma-se, progressivamente, por suas conquistas no plano da ciência, da técnica e do desenvolvimento, e nisto articula-se um de seus eixos fundamentais, apontados para o futuro. Assim, pode-se reconhecer que o avanço da técnica traz significativas conquistas, mas não se pode fetichizar a técnica. Seu movimento desembestado em direção a novas técnicas pode significar mais do que um *rumo*, um *des-rumo*. É neste sentido que a tecnologia, em seu papel, pode ser interpretada ao modo como os gregos o faziam com o termo *pharmakón,* a um só tempo significando 'remédio' e 'veneno'. Da ambiguidade deste termo, nasce a compreensão de que a técnica tem o seu *valor*, e tem o seu *des-valor*. O que não se pode é fazer curvar a humanidade a ela; pelo contrário, sua serventia está no fato de estar a serviço da humanidade.

O homem precisa da reflexão, tanto quanto carece do ar para respirar. Isso imprime a ideia de que a técnica sozinha, imperiosa e onipotente do século XXI não é apanágio para todos os males. Daí, a importância da reflexão do pensamento acompanhar a progressão da técnica.

Nesta perspectiva, a discussão sobre o estatuto da técnica não pretende bloquear o futuro. Para efeitos deste estudo, 'compreender' criticamente não significa 'abominar', 'rejeitar', 'negar' ou 'impor preocupações excessivas'. Compreender criticamente significa pensar a 'projeção do futuro' (pois, o 'futuro mesmo' é sempre uma incógnita), medindo seus *avanços* e *conquistas* juntamente com seus *riscos* e *retrocessos*, colaborando para que o futuro esteja melhor habilitado a realizar sua tarefa de superar o que foi, sem que isso signifique desabilitar completamente conquistas cujo valor histórico e humano não sejam simplesmente desbaratadas.[11]

---

[11] Afinal, as conquistas históricas em torno dos direitos humanos significaram amplas lutas por afirmação de liberdades e garantias que não podem ser simplesmente vaporizadas pelo uso irracional da tecnologia. A respeito, consulte-se Comparato, *A afirmação histórica dos direitos humanos*, 1999, p. 403-414.

Com essas observações, considera-se a crítica da sociedade pantécnica a atividade do pensamento voltada a refletir sobre a mesura e a desmesura da técnica. Assim, não se trata de 'segurar' o processo de modernização 'na unha', mas de trazer alguns traços reflexivos a este processo, fazendo abrigar a percepção da área sobre algumas nuances que podem ter sentido para a produção do conhecimento qualificado sobre o tema e seus avanços.

Nessa medida, tem-se presente o quanto o processo de modernização tem seu caráter imperioso, considerando seus fluxos de progressiva avalanche. Por isso, não se trata de antepor-se à avalanche, nem mesmo de acompanhar a avalanche, mas de observar o seu movimento interno, para dela extrair o seu sentido. Esse tipo de investigação tem por escopo, sobretudo, a tarefa de trazer considerações que tornem ponderado o uso dos avanços tecnológicos nas dimensões do humano, do jurídico e do político. É assim que na atualidade deste processo de transformações que o *direito digital* começa a se erguer como uma nova frente de trabalho do direito, tal como conhecido tradicionalmente, a mover as fronteiras da epistemologia tradicional para o campo virtual, mas também como uma projeção das preocupações da sociedade contemporânea, em torno dos desafios cibernéticos carreados pelos avanços tecnológicos; se trata de considerar o quanto as revoluções da técnica e da ciência impactaram na formação das trocas de informação, nas trocas sociais, nas trocas econômicas, e, por isso, na dimensão do direito; nesta medida, não se compreende o direito fora da dinâmica imposta pelas transformações mais gerais da sociedade contemporânea.[12]

Por isso, o *direito digital* desponta como sendo uma nova fronteira do conhecimento jurídico, contornando-se como um gigante que assume as mesmas proporções que a velocidade, a intensidade e a presença das novas tecnologias vêm assumindo para a vida social contemporânea. Nesta medida, o que o *direito digital* traz consigo é a capacidade de responder a questionamentos dogmáticos e zetéticos no plano dos conflitos entre homem, legislação e tecnologia, na interface que envolve direitos humanos e necessidades sociais. Assim, parte-se da fase das dúvidas de aplicação da legislação, à ausência de normação, rumando-se para o campo da legiferação virtual. Por isso, nas pioneiras lições de Newton De Lucca[13] e de José de Oliveira Ascensão,[14] a respeito do

---

[12] Os clássicos estudos de Mario Losano sobre informática jurídica e direito da informática apontam exatamente para este tipo de preocupação nas fronteiras das grandes transformações que promoveram mudanças e revoluções na história do direito. Em suas palavras: "A história do direito, e talvez toda a história da humanidade, é condicionada pelas três revoluções da escrita, da imprensa e da informática" (Losano, *Os grandes sistemas jurídicos*, 2007, p. 14).

[13] Trata-se de uma fronteira tão recente dos estudos científicos do direito, que até mesmo a procura pela identidade da disciplina, e de sua nomenclatura mais apropriada, é debatida pelos especialistas, como revela o pioneiro estudo do autor: "[...] que se está convencionando chamar de direito virtual, direito do espaço virtual ou, ainda, direito da internet [...]" (De Lucca, Títulos e contratos eletrônicos: o advento da informática e suas consequências para a pesquisa jurídica. In: De Lucca; Simão Filho (Org.), *Direito e internet*: aspectos jurídicos relevantes, 2005, p. 36).

[14] A respeito, consulte-se os diversos estudos normativos e analíticos contidos em Ascensão, *Direito da internet e da sociedade da informação*: estudos, 2002.

tema, o *direito da internet* ou o *direito digital* surge como uma dimensão do direito que toca de perto esta perspectiva de trabalho.

11.2 A SOCIEDADE DIGITOCÊNTRICA E A CRISE DA LIBERDADE

Muitas são as formas de identificação da sociedade contemporânea, a partir de marcos referenciais os mais diferentes entre si. Utilizam-se, por isso, várias formas de batizamento, das mais usuais e disseminadas, às mais inusuais; podem-se destacar 'sociedade da informação',[15] esta amplamente disseminada, e, 'sociedade pantécnica', esta de circulação mais restrita.[16] Ambas as expressões são apropriadas para designar, seja o estado atual da técnica, seja a economia das trocas redimensionadas no plano da informação. Mas, para fins deste estudo, em oposição à clássica ideia de sociedade 'antropocêntrica', advinda do iluminismo humanista e do universalismo dos valores, empregar-se-á a expressão 'sociedade digitocêntrica' ou 'sociedade tecnocêntrica'.

Isso porque, neste quadro de análise, aparentemente, a liberdade ganhou novos ambientes para se expressar. Nesse primeiro sentido, teria sido ampliado o seu espectro de suas manifestações. Através do uso de novas tecnologias, nos tornaríamos mais livres e mais comunicativos pelo simples fato de termos novos implementos que permitem operações de comunicação mais próximas, mais céleres e eficazes, reduzindo fronteiras, limites e círculos de privacidade. Num segundo sentido, porém, haveríamos de perceber que o aumento da tecnificação da interação empobrece a qualidade da informação disponível[17] e reduz o potencial comunicativo da própria interação humana

---

[15] De maior divulgação, 'sociedade da informação' é adotada nos estudos de inúmeros juristas, a exemplo de seu emprego por Newton De Lucca, José de Oliveira Ascensão e Celso Pacheco Fiorillo.

[16] A expressão *sociedade pantécnica* é veiculada através do artigo "Responsabilidade sem culpa, culpa sem responsabilidade na sociedade tecnológica", de autoria de Tercio Sampaio Ferraz Junior. Do artigo, destaca-se o seguinte trecho: "No mundo pantécnico, dominado sobretudo pela tecnologia informática, este paradoxo, situado no terreno da simultaneidade e da rapidez das trocas de informações, provoca uma espécie de curto-circuito na noção de liberdade: toda decisão de informar torna-se, ao mesmo tempo, anárquica e conformada. Com isso, o conteúdo da noção de liberdade torna-se vazio" (Ferraz Junior, Responsabilidade sem culpa, culpa sem responsabilidade na sociedade tecnológica. In: *Impasses e aporias do direito contemporâneo*: estudos em homenagem a José Eduardo Faria, 2011, p. 143).

[17] Na perspectiva do jornalismo, isso significa o empobrecimento da forma como se produz informação: "Na busca incessante e neurastênica da novidade, e no medo de levar 'furos' ou 'barrigada', estão algumas das comprovações do fenômeno da convergência: as redações passam a trocar informações ou repetir notícias através daquelas geradas instantaneamente nos blogs, sites, agências, ou mesmo em outras mídias, iguais ou correlatas, mas também nas diferenciadas quanto à forma de veiculação, causando reforços exagerados de temas, repetições ou mesmo ausência de imaginação e criatividade para novos assuntos, sem falar, como no caso dos magazines, na sazonalidade da pauta, repaginada anual ou mensalmente. Os veículos ficaram muito semelhantes quanto ao conteúdo, variando no que qualifica a forma" (Salgado, Esfera pública

empalidecida,[18] fazendo do encontro intersubjetivo uma atividade cada vez mais opaca, tornando ainda mais distantes as condições para a implementação da 'situação ideal de fala' – tomada como parâmetro normativo – para o exercício do *agir comunicativo*, ao qual se refere o filósofo alemão Jürgen Habermas, em seu estudo de 1976, *O que é a pragmática universal?* (*Was heisst Universalpragmatik?*).[19]

A ideia de redes de comunicação fortalece a perspectiva da quantidade, mas desqualifica a perspectiva da qualidade. O notório aumento da quantidade de mensagens veiculadas na Internet, ou no Facebook, identifica um *modus* de socialização recente, e cujas vantagens são claras, mas que transmuta o foco das relações de comunicação *inter praesentes*, para relações de comunicação *inter absentes*. A tecnificação da interação continua dependente de traços que não se encontram no alojamento abstrato de relações potenciais e longevas, virtualizadas. No trânsito do *eu e tu* digitais, há perdas irreparáveis.

O aumento dos fluxos das comunicações e interações, muitas vezes, não é seguido senão por redes insustentáveis e superficiais, estruturando-se na base de laços líquidos,[20] como combinatórias alienadas de ações estratégicas ou parciais, refluindo num aumento em massa da comunicação e dos fluxos informativos, sem uma necessária repercussão no aumento qualitativo da densidade da interação ou de uma alteração significativa nas formas de entendimento humano. A poluição informacional é um dos traços do desnorteamento da sociedade "digitocêntrica".

Constata-se, pois, que a constituição das redes de relações no espaço virtual trouxe seus benefícios e praticidades, já bem mapeadas e identificadas.[21] Mas, a era da *inter-*

---

midiática na América Latina: uma interpretação com as categorias habermasianas. In: Souza; Mattos, *Teoria Crítica no Século XXI*, 2007, p. 219).

[18] A advertência é feita na perspectiva dos estudos sobre comunicação de Tercio Sampaio Ferraz Junior: "Na comunicação como um lugar virtual, porém, a troca de informações é cognitiva apenas pelo conteúdo das mensagens. Na verdade, em comunicação continuamos opacos. Por isso, a responsabilidade, que exige, no plano empírico, uma justificação, na medida em que admite soluções/argumentações adequadas ou interessantes para o problema veritativo a resolver, é no mundo virtual sempre precária. Precária não por força da relatividade das instâncias, mas por força da situação comunicacional sintética em que ego/tu se encontram na sua opacidade" (Ferraz Junior, Responsabilidade sem culpa, culpa sem responsabilidade na sociedade tecnológica. In: *Impasses e aporias do direito contemporâneo*: estudos em homenagem a José Eduardo Faria, 2011, p. 153).

[19] O ensaio de Habermas está publicado na coletânea *On the pragmatics of communication*, traduzida para a língua portuguesa e publicado sob o título *Racionalidade e comunicação*, 2002, p. 9-102.

[20] A respeito, o estudo sociológico detido sobre o problema, através do pensamento de Bauman, *Comunidade: a busca por segurança no mundo atual*, 2003, p. 13-39.

[21] "O advento da internet, a criação da rede mundial de computadores e as modificações constantes e endógenas nas novas tecnologias permitiram a ampla transmissão de dados, com caráter de quase instantaneidade, sejam imagens, palavras, fotos, textos e hipertextos, além de incentivarem os sincretismos das mais variadas formas de aplicativos, linguagens, tecnologias e interfaces, sempre com características laboratoriais, algorítmicas e indexicalizadoras. Nesse novo

net também se abre eivada de paradoxos e dificuldades, trazendo consigo *velhos* e *novos* riscos para a dimensão das liberdades.

Numa abordagem positiva, o espaço virtual: (a) acelera e impulsiona o comércio internacional; (b) colabora para a integração dos povos; (c) redimensiona a noção de espaço, projetando-o para a dimensão virtual; (d) elimina barreiras transfronteiriças, tornando a proximidade uma realidade; (e) amplia a visibilidade, a publicidade e a acessibilidade a dados e informações; (f) celeriza trocas, correspondências e transporte de dados; (g) desobstrui monopólios informativos e comunicacionais; (h) pluraliza o uso e acesso da cultura e da produção de bens culturais; (i) amplia o espectro de atuação da tecnologia no cotidiano não especializado dos cidadãos; (j) permite uma interação renovada e globalizada esfera pública mundial; (k) pluraliza a integração dos meios de comunicação, tornando a circulação de ideias mais inventivamente passível de partilha comunitária do espaço virtual (*Share it!*); (l) amplia o acesso franco a conteúdos digitais a custos ínfimos; (m) abre portas para a pesquisa sem fronteiras e integrada no ciberespaço; (n) torna possível a descoberta de dados e informações, tornando remotos acessos a patrimônios antes remotamente acessíveis; (o) abre horizontes culturais aos internautas infinitos, que vão desde o acesso a bibliotecas virtuais, documentos raros, sítios culturais e informações institucionais, até línguas, povos, pessoas, sem limites de fronteiras, ou restrições físicas; entre outros efeitos.

Numa abordagem negativa, o espaço virtual: (a) inflaciona e polui os campos de acesso à informação, por sua massificação e pulverização ao infinito; (b) abre campo ao terrorismo digital, tendo em vista a dependência que instituições, governos e dados têm de sua abertura ao mundo virtual; (c) institui a possibilidade de novas fronteiras à criminalidade, e até mesmo a novas modalidades de crimes, cujos limites transbordam clássicas concepções de fronteira; (d) torna a privacidade e a informação as mercadorias de um tempo; (e) projeta campos e possibilidades à turvada compreensão de mundo, a partir da guerra informacional; (f) cria a disputa, desestabilizadora de governos, pelos 'pacotes de informações' um campo de guerra entre o 'detentor da informação' e o 'chantageado da era da informação'; (g) aumenta o grau de insegurança na administração, posse e circulação da informação, onde o roubo de dados, a *hackerização* de programas e a insegurança tecnológica aparecem como constantes ameaças; (h) amplia o poder do sensacionalismo de ocasião, pois o espetáculo virtual se converte no *hit* cuja expansão entre usuários pode ser ilimitada; (i) amplifica os resultados do impacto da informação, enquanto disponível à circulação; (j) redefine a fronteira da privacidade, nos termos de novas aproximações de violações a direitos e liberdades; (k) inclina o usuário do sistema a uma visão equivocada de irresponsabilidade pela opacidade vir-

---

ambiente, popularmente batizado de virtual, mas na realidade ambiente de rede, um fenômeno galvanizou essas operações sumariadas no parágrafo, sendo já de senso comum, batizado de 'multimídia' ou 'hipermídia', e, para os mais sofisticados ou pedantes, 'ciberespaço'; contudo, do ponto de vista meramente técnico foi definido como convergência, e suas sínteses criaram a ilusão de que as diferenças entre as mídias (sublinhe-se o plural) desapareceram, conquanto se possa, por extensão, uni-las na palavra mídia (constata-se o singular)" (Salgado, Esfera pública midiática na América Latina: uma interpretação com as categorias habermasianas. In: Souza; Mattos (Org.), *Teoria Crítica no Século XXI*, 2007, p. 217).

tual da qual usufrui ao constituir-se como 'personagem virtual' e não como 'pessoa', no trânsito das relações do ciberespaço; (l) permite o rebaixamento cultural através das facilidades trazidas pelos mecanismos de pesquisa, sendo a cultura do *Google it!* a tradução do novo parâmetro do exercício da pesquisa e da produção do conhecimento; (m) amplia os poderes de flexibilização das relações de trabalho, definindo as condições de uma jornada de trabalho estendida para além dos limites da jornada de trabalho, para dentro da dimensão do trabalho *on demand*; entre outros efeitos; (n) cria o tráfico de dados e informações, a cibercriminalidade com finalidades danosas, invasivas e delituosas, aí incluindo a extorsão pela posse de informações desvantajosas; (o) torna possível o *cyberbullying* e outros conjuntos de práticas que tenham a ver com o constrangimento virtual e a ofensa à dignidade da pessoa humana; (p) torna possível a espetacularização da vida privada e dos dados pessoais, a ponto de provocar oportunidade para o *cyberstalking*, fenômeno que é fruto da obsessão virtual, da invasão da privacidade e da vontade curioso de controle sobre a dimensão da esfera do outro, podendo redundar em perseguições e constrangimentos, ensejando efeitos danosos prevenidos ou reparáveis através de medidas legais diretas ou indiretas etc.

Muitos desses fenômenos são frutos da era do espetáculo, da facilidade invasiva da comunicação, e da produção de uma consciência 'do tudo a meu dispor no toque dos dedos'.[22] Dentre esses, um grande número já possui solução na dinâmica da legislação vigente, e pode encontrar soluções rápidas e efetivas do ponto de vista jurídico.[23] No entanto, outros tantos fenômenos indicados estão desafiando a constituição de novas fronteiras para a cultura do direito, e que permitem acima de tudo a oportunidade para a abertura de visão em direção à dinâmica do direito digital. Muitos destes fenômenos têm a ver com a invasão da privacidade, com o abuso do uso de imagem, com a manipulação de informações danosos, com a geração de dano moral e patrimonial a pessoa física e/ou jurídica, com a violação de segredo de indústria, com o alargamento das fronteiras da liberdade e o esmagamento de outros valores garantidos pela ordem legal e constitucional. É nesta medida que devem ser incluídos, na dinâmica de preocupação da cultura dos direitos humanos, como tarefas de importante reflexão e consideração, na renovação da cultura do direito, diante dos mais recentes desafios que estão sendo conhecidos, mapeados, identificados e levados à análise do pensamento jurídico e da prática jurídica junto aos Tribunais.

11.3 AMEAÇAS NA REDE, SEGURANÇA E O RISCO DA IMPUNIDADE VIRTUAL

O deslocamento para a dimensão desta ágora virtual não significa um transplante da ágora real ao ciberespaço, pois o indivíduo está mediado pelo dígito na constituição

---

[22] Cf. Cunha, Eu persigo, tu persegues, nós perseguimos, *Folha de S.Paulo*, São Paulo, 11 de setembro de 2012, Caderno E, p. 4 e 5.

[23] A respeito, consulte-se Pinheiro, *Direito digital*, 4. ed., 2010, p. 300 e 301.

de sua 'entrada na rede'. Essa pequena e breve constatação parece apenas parte de uma operação técnica, mas é, enfim, o cerne da distância entre *ego* e *alter* nesta 'sociedade digitocêntrica'. Afinal, é 'na ponta dos dedos' e 'diante do dígito' que se conta o *poder de negociação* entre cada parceiro de interação virtual, sabendo-se que este poder é reduzido a uma capacidade de tornar o outro uma vítima em potencial de seu 'arbítrio digital'. Assim, o efeito *caos* da dispersão internética gera uma percepção distorcida da relação entre liberdade e responsabilidade, onde esta é prejudicada em favor da hiperafetação daquela.[24] Esta é somente mais uma frente de afetação entre *ego* e *alter*, agora mediados pelo dígitocentrismo.

Em seus estudos, José de Oliveira Ascensão afirma que: "Um dos mais graves problemas que a internet suscita consiste na possibilidade de ser utilizada como via para a difusão de conteúdos ilícitos".[25] Nessa linha de análise, a Internet é meio, é veículo, é instrumento; assim, o caráter criminoso, o sadismo humano e a busca de impunidade ao comportamento desviante podem se manifestar *inter praesentes* ou *inter absentes*, pelos mais variados mecanismos de interação. Nesse sentido, o Brasil tem-se destacado pelo volume de adesão ao espaço virtual, mas também pelo número de violações.[26] Mais além ainda, a Internet potencializa, ainda, a criação de *novas* armas, na medida em que o jogo entre pessoas, agora se afirma como um jogo de informações entre '*personagens virtuais*'. Nesse jogo, por vezes, fica difícil retirar as máscaras, para identificar 'pessoas' em ação.

Nessa medida é que preocupam o uso instrumental da rede, bem como o abuso da rede. A sensação de deslimite desobstrui o potencial destrutivo de certas atitudes dentro da rede, constituindo o efeito *nuvem* da *internet* no esconderijo preferencial para a maquiagem virtual a ações antissociais, manifestadas pelo *bullying* virtual, pela pedofilia transfronteiriça, pela facilitação do tráfico internacional de pessoas, pela divulgação de doutrinas neonazistas, discursos de ódio (*hate speech*),[27] expressões de racismos e

---

[24] "O indivíduo só é responsável dentro dessa teia comunicacional caótica. Ela não é uma instância, apenas um lugar virtual, que põe nossa opacidade em contato com a do outro" (Ferraz Junior, Responsabilidade sem culpa, culpa sem responsabilidade na sociedade tecnológica. In: *Impasses e aporias do direito contemporâneo*: estudos em homenagem a José Eduardo Faria, 2011, p. 151). Ademais, em *Direito digital*, pode-se ler: "Devemos observar que a Constituição Federal de 1988 protegeu a liberdade de expressão em seu art. 5º, IV, mas determinou que seja com 'responsabilidade'" (Pinheiro, *Direito digital*, 4. ed., 2011, p. 84).

[25] Ascensão, Conteúdos ilícitos na internet: uma resposta original da lei portuguesa. In: De Lucca; Simão Filho (Coord.), *Direito e internet*: aspectos jurídicos relevantes, Vol. II, p. 301-318, 2008, p. 301.

[26] "Pode parecer curioso, mas o Brasil, consoante os últimos levantamentos feitos pela organização *Attrition*, ocupava a primeira colocação em número de ataques piratas de internautas (3,56% de todas as invasões ocorridas no mundo), à frente dos Estados Unidos da América, com 2,65%" (Concerino, Arthur José, Internet e segurança são compatíveis? In: De Lucca; Simão Filho (Coord.), *Direito e internet*: aspectos jurídicos relevantes, p. 153-178, 2005, p. 166).

[27] "Discurso do ódio (*hate speech*) abrange 'manifestações... que se prestam a insultar, intimidar ou incomodar uma pessoa ou um grupo, bem como aquelas manifestações que se prestam

perseguições a minorias, pelo fortalecimento de redes de crime organizado, pela facilitação massiva da contrafação e da violação de direitos de propriedade intelectual.[28] O inventário destas preocupações toca em diversos campos, e por isso, afeta a percepção de que o uso da rede não pode ser imoderado.[29] Outra destas percepções é a de que os meios clássicos do direito são insuficientes para prevenir e para remediar de forma adequada as situações ofensivas e lesivas.[30]

Se as dimensões do espaço virtual rompem com as conhecidas limitações do espaço físico, o próprio alcance dos efeitos das 'ações digitais' se manifestam corporificadas numa dimensão que, agora, é tomada como ponto de apoio para plurais canais comunicativos, tornando a tarefa da 'fiscalização' uma tarefa que se exerce na dimensão de um espaço público, aberto e transfronteiriço. Um fato é que a Internet ressignificou a noção de fronteira; quando as fronteiras digitais erodiram as fronteiras como limites dos Estados-nação, uma nova onda de manifestação da integração entre povos tornou-se possível. Por isso, a noção de 'território' não é a mesma desde então, o que torna a tarefa da cultura do direito mais complexa,[31] na medida em que tem de se tornar transfronteiriça.[32] Assim, o dimensionamento dos efeitos das 'ações digitais' são globais, ainda que os recursos para o tratamento das 'questões digitais' esteja ainda pre-

---

a conclamar à violência, ao ódio ou à discriminação'. A razão do ódio ou da discriminação é quase sempre 'raça, religião, gênero ou orientação sexual'. Por isso, o tema do discurso do ódio também é discutido no contexto do tema da agitação racista" (Brugger, Winfried, Proibição ou tutela do discurso do ódio? Uma controvérsia entre a Alemanha e os EUA. In: Sarlet (Org.), *Direitos fundamentais, informática e comunicação*: algumas aproximações, p. 179-194, 2007, p. 180).

[28] "Especificamente no Brasil, os crimes mais comuns na rede são o estelionato e a pedofilia" (Pinheiro, *Direito digital*, 4. ed., 2011, p. 298).

[29] "Sofisticadas fraudes comerciais e bancárias, a pornografia infanto-juvenil, os crimes contra a ordem pública e ordem tributária, a lavagem de dinheiro, os crimes contra a honra e ameaças especialmente em site de relacionamento como o *Orkut* têm se revezado no topo do *ranking* das manchetes e discussões que envolvem a denominada criminalidade informática" (Daoun, Alexandre Jean, Crimes informáticos e o papel do direito penal na tecnologia da informação. In: De Lucca; Simão Filho (Coord.), *Direito e internet*: aspectos jurídicos relevantes, Vol. II, p. 173-204, 2008, p. 173).

[30] Eis a externada preocupação de José de Oliveira Ascensão: "Os bens atingidos podem ser de ordem muito variada. Podem ser, nomeadamente: – Os direitos das pessoas: invasão da privacidade; – A ordem pública: mensagens subversivas; – Os bons costumes: mensagens obscenas; – Os direitos intelectuais. Quem é então o responsável? E como se combatem estas violações, uma vez que os meios clássicos não são adequados?" (Ascensão, *Direito da internet e da sociedade da informação*: Estudos, 2002, p. 78).

[31] "As comunicações baseadas na interação entre computadores elevadas a códigos hipertextuais e com efeitos transfronteiriços criaram um domínio das relações humanas que fragmenta a legitimidade das normas baseadas no domínio estatal, fronteiras geográficas e territorialidade" (Basso, Maristela, Polido, Fabrício, Jurisdição e lei aplicável na internet: adjudicando litígios de violação de direitos da personalidade e as redes de relacionamento social. In: De Lucca; Simão Filho (Coord.), *Direito e internet*: aspectos jurídicos relevantes, Vol. II, p. 443-489, 2008, p. 443).

[32] "A internet muda o clássico conceito de território, e a noção de soberania também sofre transformações" (Limberger, Têmis, Direito e informática: o desafio de proteger os direitos do

cariamente atrelado a legislações pontuais, geralmente a partir de marcos normativos nacionais, ou supranacionais, mas ainda assim, neste último caso, geoespacialmente delimitadas em seus campos de alcance.

A segurança na rede encontra-se, portanto, num desnível com relação à sua amplitude. Esta é global, pulverizada, transnacional, e produz conteúdos com caráter definitivo. Aquela é local, limitada e articulada na base de recursos definidos pelos limites da lei. Porém, iniciativas interessantes têm sido conduzidas pelas tarefas da 'investigação de crimes digitais', em seu aspecto policial, indicando-se com isso que, como em qualquer outra dimensão em que se projeta a atividade humana, deve haver "policiais da rede", investigadores especializados e meios de denúncia efetiva.[33] Também, se pode destacar o perfil de trabalho desempenhado pela *Safernet* que atua no sentido de articular, com instituições públicas de alta credibilidade, o atendimento a demandas de usuários vítimas de violações de direitos humanos, o atendimento a denúncias de 'cidadãos digitais' que identificam páginas e conteúdos que promovem a violação de direitos humanos, tornando possível frentes de trabalho no sentido de mapear, identificar, desenvolver um conhecimento, educar e prevenir, como também combater a *cyber*-criminalidade, apresentando ao usuário uma consciência de uso democrático do espaço virtual.[34]

11.4 O POTENCIAL POLÍTICO DA *INTERNET* E A 'DEMOCRACIA VIRTUAL'

A descoberta do papel político da *internet* não é recente. Eleições se ganham e se perdem a partir do bom uso de seu ferramental, o que define que o jogo dos interesses políticos aposta cada vez mais nestas ferramentas, onde o internauta define muita coisa. A seguinte notícia do *The New York Times* dá conta de manifestar a dimensão da questão, em toda a sua atualidade:

> "A mídia social amplifica as vozes de cidadãos a tal ponto que os políticos estão constantemente reagindo às exigências mutáveis do público on-line. Essas vozes tornam mais difícil para o governo planejar para o longo prazo. *Howard Wolfson*, vice-prefeito da cidade de Nova York, disse ao *Times* que a mídia social 'cria ao mesmo tempo oportunidades – de compartilhamento de informação e de empoderamento dos cidadãos – e desafios para os governos, as empresas e

---

cidadão. In: Sarlet (Org.), *Direitos fundamentais, informática e comunicação*: algumas aproximações, p. 195-225, 2007, p. 200).

[33] "O maior estímulo aos crimes virtuais é dado pela crença de que o meio digital é um ambiente marginal, um submundo em que a ilegalidade impera" (Pinheiro, *Direito digital*, 4. ed., 2011, p. 301).

[34] Sobre o trabalho e as ferramentas disponíveis na página da *SaferNet*, consulte-se <www.safernet.org.br>.

a mídia enxergarem além do próximo *tuíte* ou do próximo posto no *blog*'" (Governo via Twitter, *The New York Times*, Folha de S.Paulo, 23 de abril de 2012).

Mas, quando se invoca a ideia de papel político da Internet, o seu sentido mais concreto e palpável data, claramente de 2011. Se em 2001, tornou-se possível na aparição da esfera pública global, tal como identificada pelo filósofo alemão Jürgen Habermas, em função dos atentados às torres gêmeas em *New York*, o ano de 2011 passa a ser o do uso de resistência da Internet, para a articulação e para a promoção dos eventos políticos que ficaram conhecidos como 'Primavera Árabe'.[35] No Brasil, essa data é junho de 2013, e se de início as redes sociais possuíam um sentido marcadamente narcisista e individualista, o uso egocêntrico da rede cedeu espaço para um *novo uso*, cujo sentido coletivo e político se tornou marcante, desde então.[36] Ainda que os laços humanos das redes sociais sejam mais superficiais, em sua generalidade, percebeu-se o seu potencial político com a descoberta de que a fluidez e a virtualidade joga a favor da comunicação célere e de massa;[37] desta forma, a mobilização encontra um novo nicho fácil e plural de recrutamento, em busca permanente de 'adeptos virtuais'. Assim, as fronteiras virtuais criam um novo espectro de distenção liberal por direito e de participação política.[38]

Com a Internet, tem-se podido assistir à emergência de fenômenos como a 'cidadania virtual' e tem sido possível a construção de uma 'cidadania global'. Participam desta reemergência política contemporânea 'personagens virtuais' cada vez mais representativos, dentro e fora da rede, tais como 'blogueiros', 'ciberativistas' e 'militantes virtuais'. As arenas virtuais e a oportunidade para a 'radicalização da democracia' tornam-se viáveis pelos instantes de *clics*; o protagonismo de ciberativistas tem efeito

---

[35] A este respeito, pode-se invocar a matéria de Vladimir Safatle, publicada na *Folha de S.Paulo*, Caderno Ilustríssima, *A volta do parafuso*, 22 de Janeiro de 2012, p. 6 e 7.

[36] "A igualdade e a justiça comunicativas supõem a pluralidade e a abertura dos procedimentos comunicativos, em termos compatíveis com a confrontação ideal e espiritual que caracteriza a vida em sociedade e com a autônoma formação da opinião pública e da vontade política" (Machado, Liberdade de programação televisiva: notas sobre os seus limites constitucionais negativos. In: Sarlet (Org.), *Direitos fundamentais, informática e comunicação*: algumas aproximações, p. 101-155, 2007, p. 104).

[37] "Adicionalmente, ressalta-se a potência da interatividade da informação digital, por conta de sua razoável independência do suporte físico" (Pedro, A inclusão do outro na sociedade digital – reflexões sobre inclusão e alteridade. In: Gómez; Lima (Org.), *Informação e democracia*: a reflexão contemporânea da ética e da política, Brasília: Distrito Federal: Instituto Brasileiro de Informação em Ciência e Tecnologia, 2011, p. 125).

[38] A filosofia que se concentra em torno dos estudos de Jürgen Habermas também identifica este mesmo potencial comunicativo na rede: "E isso torna possível a participação das pessoas na discussão de opiniões públicas e de pretensões de validade concorrentes. Mesmo que não participem sempre da articulação das opiniões, isso não impede que elas participem da avaliação dessas opiniões" (Siebneichler, Flávio Beno, Razão comunicativa e técnicas de comunicação e informação em rede. In: Gómez; Lima (Org.), *Informação e democracia*: a reflexão contemporânea da ética e da política, Brasília: Distrito Federal: Instituto Brasileiro de Informação em Ciência e Tecnologia, 2011, p. 32).

imediato e dilatado. Assim é que a cultura das redes emancipa e promove a oportunidade de *viabilizar* a extensão e a radicalização da democracia, pela via do aumento do grau de integração entre 'atores virtuais'.

O conceito de 'democracia virtual', ainda que esfumaçado, começa a ganhar valor e a definir-se como uma exigência política do ambiente de rede. Se os intentos de *Direito e democracia,* de Jürgen Habermas, procuravam algum meio para se realizar, através da energia e da sinergia dos usuários da rede, este é um recurso técnico não desprezível; o potencial político, democrático e cidadão da Internet deve ser reconhecido pela capacidade que possui de agregar, informar e mobilizar por causas de interesse público e comum.[39] As facilidades que ocasiona, pela acessibilidade, baixo custo, rapidez e amplo alcance da circulação de informações, torna seu potencial um incrível instrumento de aprimoramento do convívio democrático e cidadão.

Porém, ponderar a diferenciação entre o que é 'baderna virtual' e o que é 'relevância política' é por si mesmo o que volta a cobra de cada cidadão mais do que a imediatidade do impulso de um clic, mas a prudência crítica e ativa de perseguir a relevância pública pelos meios adequados, onde responsabilidade, consciência e engajamento cobram algo mais do que a capacidade de simplesmente estar 'antenado'. Isso diz um pouco o quanto a questão da legitimidade dos atos democráticos, a pedirem a adesão dos 'cidadãos virtuais', continua sendo por si mesma a revelação de um 'ato de cidadania' como expressão da mais alta entrega política na consciência de humanidade. Por isso, que o mero abuso dos meios virtuais não seja considerado instrumento de mobilização, mas precária forma de manifestação do desregramento virtual. Nesta medida, a cibercultura política continua dependente da consciência cidadã, pois participação implica formação, e formação implica aspectos que não são nem determinados e nem controlados pela rede, por serem anteriores e externos a ela. Assim, por vezes, saber discernir tem a ver com não deixar-se 'arrastar' pelos impulsos de ocasião, e, por vezes, 'protagonizar' processos de luta por transformação social.

11.5 *INTERNET* E LIBERDADE: EXPRESSÃO E 'RESPONSABILIDADE DIGITAL'

Toda a discussão sobre os usos e abusos da Internet – do 'espaço virtual livre' – levam diretamente à discussão sobre os limites da liberdade de expressão. Já que existem mais elementos que depõem a favor da rede, do que o contrário, toda restrição à

---

[39] "Por fim, sabe-se que a informação e a comunicação são a energia mais importante das redes sociais, operando em dois planos de participação dos agentes. Primeiro, como destreza técnica, cognitiva e política para a mobilização e a participação; segundo, como criação de identidade social de pertencimento a uma sociedade baseada no valor do conhecimento e da informação" (Marteleto, Regina Maria, Redes sociais: formas de participação e de informação. In: Gómez; Lima (Org.), *Informação e democracia*: a reflexão contemporânea da ética e da política, Brasília: Distrito Federal: Instituto Brasileiro de Informação em Ciência e Tecnologia, 2011, p. 182).

liberdade deve ser sempre vista como uma exceção. E mais, toda exceção deve ser justificada. O terreno é movediço, mas algumas pistas podem ser seguidas.

Nem tudo que é propalado como 'liberdade', como, inclusive, a própria defesa incondicional da *liberdade de expressão*, deve ser entendido como liberdade, e nem tudo que é protocrítico deve ser assumido como vanguarda. A apologia da liberdade irrestrita pouco auxilia neste domínio, pois a ideia da *internet* como um 'território livre' é irrazoável, e gera a equívoca percepção ao usuário de que a 'liberdade real' é restrita pelas imposições do *direito* (interpretado como 'castrador' da liberdade, e não como 'protetor' da liberdade), e de que a 'liberdade virtual' deveria ser mantida irrestrita, ilimitada e absoluta. Isto equivale a dizer que, se tivéssemos descoberto novas fronteiras de territórios reais, quiséssemos manter a lei, as instituições, o governo e o controle social fora destes novos domínios, mantendo-os restritos aos velhos domínios. O mesmo se aplica à ideia da 'descoberta' (em verdade, criação) das dimensões extensíveis ao infinito do universo virtual.

Esse uso equivocado vem propalando a concepção da *internet* como 'terra de ninguém', lugar onde se manifesta o 'tudo pode', ao estilo de um 'vale tudo virtual' (UFC virtual), onde o *ab-uso* dos poderes de expressão e manifestação permite até mesmo o encontro com o arbitrário do discurso, com a opressão pelas palavras, com o exercício de falas que causam constrangimento, com a deflação de sujeito e reflexão 'atrás dos teclados'. Atos, falas e ações que geram danos a outrem não podem estar protegidos atrás da rede. Na *Internet* se pode ver e ser visto, especialmente nas redes sociais, tudo mediado pela 'tela' e pelo 'dígito', que permitem o constrangimento do outro, na medida em que, no ambiente virtual, desaparecerem os 'freios morais', tornando-se possível também o 'autoritarismo digital'. De posse de um computador, de um teclado, e das técnicas de disseminação de informação, o novo 'personagem digital' se vê 'empoderado' de um arbítrio que usa conforme suas faculdades e conveniências. Nesta medida, todo tipo de aberração (ideias, concepções, opiniões, demonstrações, exposições, criações...) pode encontrar expressão nos meios virtuais. Em meio à anarquia digital, de onda em onda, as redes sociais podem disseminar o que há de melhor, mas também o que há de pior.[40] Assim, percebe-se que o ambiente virtual pode encriptar as mais nefastas formas de socialização, ou de depreciação do outrem, gerando todo tipo de conduta social e antissocial, de modo que ao ponderar o seu bom uso, não se deve descartar o seu mau uso; na mesma medida, o mau uso não deve impossibilitar a continuidade do bom uso.

---

[40] A ideia de curto-circuito também dá conta de delimitar este campo do caos informacional e do deslimite da responsabilidade: "Na crise contemporânea do curto-circuito da informação existe a crise do intermediário, daquilo que está entre a responsabilidade e a responsabilização. Nessa crise, a liberdade só é percebida negativamente. Ou seja, pode-se dizer que liberdade, todos sentem quando a perdem, mas ninguém sabe dizer o que é" (Ferraz Junior, Responsabilidade sem culpa, culpa sem responsabilidade na sociedade tecnológica. In: *Impasses e aporias do direito contemporâneo*: estudos em homenagem a José Eduardo Faria, 2011, p. 147).

11.6 *INTERNET*, PLURALISMO COMUNICATIVO E LIMITE À LIBERDADE DE EXPRESSÃO

A centralidade da liberdade de expressão, quando a questão é a sobrevivência da Internet, está em tela.[41] Para isso, o controle autoritário da rede é uma má resposta. Se a Internet valoriza o pluralismo comunicativo, potencializa uma comunicação expandida e permite a evasão de energias comunicativas, e somente por isso deve ser valorizada. Por isso, em seu circuito, a ideia de liberdade de comunicação é tão valorizada. Esta valorização tem a ver com este seu caráter de 'direito-mãe', a que se refere Jónatas E. M. Machado, quanto a uma série derivada de tantos outros direitos dele dependentes.[42] Mas, esta liberdade não carrega em suas costas toda a sustentação da rede; ao seu lado, caminham outros valores que sustentam a *e-dimension*; segurança, privacidade, interatividade, comércio são outros pontos de apoio do sistema.

É possível opor, na perspectiva dos estudos atuais sobre o tema, na esteira de compreensão de Frank I. Michelman, à ideia de liberdade de expressão (identificada como 'tênue'), em sua interpretação tradicional, a ideia de uma liberdade de expressão democrática (identificada como 'densa').[43] A liberdade de expressão tênue implica apenas uma negativa de sua invasão e se constitui na dimensão de um *laissez faire, laissez passer*.[44] Por sua vez, a liberdade de expressão densa ou democrática implica um outro tipo de atitude, a saber:

---

[41] No capítulo "O direito autoral sobreviverá ao desafio da internet?", Henrique Gandelman afirma: "O fato é que o ciberespaço modifica certos conceitos de propriedade, principalmente a da intelectual – atingindo também princípios éticos e morais tradicionais, o que vem dando origem a uma nova cultura baseada na 'liberdade de informação'" (Gandelman, *De Gutenberg à Internet*, 2007, p. 185).

[42] "O direito à liberdade de expressão constitui o *direito-mãe* a partir do qual as demais liberdades comunicativas foram sendo gradualmente autonomizadas tendo em vista responder às sucessivas mudanças publicísticas, tecnológicas, econômicas e estruturais ocorridas no domínio da comunicação" (Machado, Liberdade de programação televisiva: notas sobre os seus limites constitucionais negativos. In: Sarlet (Org.), *Direitos fundamentais, informática e comunicação*: algumas aproximações, p. 101-155, 2007, p. 104).

[43] "A liberdade de expressão densa, em contraste, significa tanto algo mais quanto algo diferente. Significa uma situação na qual a expressão não é juridicamente livre, mas é material e socialmente livre. Em outras palavras, isso significa que as oportunidades e capacidades comunicativas de alguns membros da sociedade não estão sendo injustamente oprimidas por atos e decisões, não só do Estado, mas de outros agentes na sociedade. Outro nome que tem sido usado recentemente para esta maneira de conceber a liberdade de expressão é liberdade de expressão 'democrática'; espero indicar logo porque este é na verdade um termo adequado para ela" (Michelman, Relações entre democracia e liberdade de expressão: discussão de alguns argumentos. In: Sarlet (Org.), *Direitos fundamentais, informática e comunicação*: algumas aproximações, p. 49-61, 2007, p. 51).

[44] "Em uma concepção tênue, jurídica, a liberdade de expressão está em vigor tão logo o Estado se abstenha de reprimi-la ou obstruí-la por meio de seus próprios atos e leis. A liberdade de expressão tênue significa pura e simplesmente que o Estado não impõe nem faz vigorar nenhuma lei contrária à livre expressão do pensamento" (Michelman, Relações entre democracia e

"Significa, antes, que as leis do Estado terão sido criadas para assegurar que as oportunidades e potencialidades reais para expressar e comunicar ideias e opiniões estão mais ou menos distribuídas de modo igual e que não são injustamente restringidas por tomada de decisão e direcionamento privados. Isso significa que o Estado por vezes terá de legislar de modo a restringir a liberdade de expressão subjetiva de alguns – digamos, a liberdade de gastar sem limites em campanhas políticas, ou de insuflar preconceito contra grupos étnicos – a fim de garantir a liberdade de expressão para todos."[45]

Não sendo um direito absoluto, não se pode considerar a liberdade de expressão uma forma de demonstração da lógica do absurdo: tudo à liberdade, e nada aos deveres. Liberdade e igualdade têm de se equilibrar, nesta perspectiva.[46]

Isso está bem assentado na compreensão do constitucionalismo contemporâneo, que não se baseia em valores perenes, absolutos e constantes, pois os direitos e liberdades convivem num espaço denso, rico e político de atritos e tensões normativas permanentes, como se constata através dos estudos de Luís Roberto Barroso.[47] É dinamicamente que os direitos constitucionais e as liberdades fundamentais vão se afirmando através da criação e da aplicação do direito. Dentro do ambiente constitucional, os valores da liberdade, da igualdade, da honra, da intimidade, da vida privada, da comunicação social, da liberdade de imprensa etc. têm de conviver. Os conflitos entre liberdades vão ganhando contorno na medida em que incidentalmente entram em confronto entre si, gerando a necessidade da aplicação que considera o *balancing* o meio de equalizar diferenças e assimetrias, desproporções e 'usos abusivos' das próprias razões. Nesse sentido, todo 'uso abusivo' é um deslimite, uma ruptura com o razoável, uma forma de demonstração de que é necessária a repreensão à liberdade de comunicação.[48]

---

liberdade de expressão: discussão de alguns argumentos. In: Sarlet (Org.), *Direitos fundamentais, informática e comunicação*: algumas aproximações, p. 49-61, 2007, p. 59).

[45] Michelman, Relações entre democracia e liberdade de expressão: discussão de alguns argumentos. In: Sarlet (Org.), *Direitos fundamentais, informática e comunicação*: algumas aproximações, p. 49-61, 2007, p. 59.

[46] "A liberdade de expressão densa e democrática, portanto, demanda seja observada a proporcionalidade entre a proteção das liberdades subjetivas dos indivíduos de se expressarem como desejam e a promoção de uma igualdade básica entre as pessoas no que concerne a ter uma justa oportunidade de ter suas percepções, opiniões e vontades ouvidas e avaliadas nos canais e fóruns de discussão da sociedade" (Michelman, Relações entre democracia e liberdade de expressão: discussão de alguns argumentos. In: Sarlet (Org.), *Direitos fundamentais, informática e comunicação*: algumas aproximações, p. 49-61, 2007, p. 59).

[47] "Independentemente da tese que se acaba de registrar, é evidente que tanto a liberdade de informação, como a de expressão, e bem assim a liberdade de imprensa, não são direitos absolutos, encontrando limites na própria constituição" (Barroso, Liberdade de expressão versus direitos da personalidade. Colisão de direitos fundamentais e critérios de ponderação. In: Sarlet (Org.), *Direitos fundamentais, informática e comunicação*: algumas aproximações, p. 63-100, 2007, p. 84-85).

[48] "Justamente quando a convivência entre os direitos ou princípios fundamentais não seja possível é o momento em que se verifica a referida colidência, fruto de incontestável abuso no

No atual estágio da 'sociedade digitocêntrica', se a visibilidade e a transparência definem muito da liquidez do espaço virtual, a privacidade ganha um novo sentido, pois agora é o combustível dos processos de troca virtual, especialmente nas redes sociais. "Os dados pessoais são o petróleo que move a internet. Cada um de nós está sentado sobre nossas próprias vastas reservas", lê-se no *The New York Times*.[49] Assim, cada usuário que se expõe, expõe a própria vida pessoal, a própria identidade, a própria privacidade, a um conhecimento generalizado, cujo uso torna-se, a um certo momento, incontrolável. Começa-se a definir a tarefa de exercício de responsabilidades das empresas que traficam e trabalham com estes dados.[50]

Afinal, a primeira lição que o direito confere é a de que não existe liberdade sem limite. Assim, não se pode tomar o avanço da tecnologia como a máscara atrás da qual se encobrem os abusos e as violações a direitos.[51] Ao avanço da circulação de dados e informações na Internet, deve-se ressalvar o respeito aos direitos da personalidade como expressões dos direitos humanos fundamentais. A liberdade de comunicação, muito menos, pode ser utilizada como 'cortina de fumaça' a justificar o arbítrio, o abuso e o uso autoritário das próprias razões. O direito comparece, neste sentido, como forma

---

exercício do direito por parte do titular; observando-se, inclusive, que as situações que se verifica a hipótese normalmente envolvem a liberdade de informação que fica maquiada em excesso, ou seja, a liberdade voltada para a deformação" (Podestá, Direito à intimidade em ambiente da internet. In: De Lucca; Simāro Filho (Coord.), *Direito e internet*: aspectos jurídicos relevantes, p. 179-207, 2005, p. 198). Nesta mesma linha: "A solução de conflitos entre o direito à informação e os direitos de personalidade, entre os quais destacamos o direito à vida, o direito à honra, o direito à intimidade, o direito à vida privada e o direito à imagem, é confiada ao legislador, o qual realiza a ponderação dos bens envolvidos, visando resolver a colisão perante o sacrifício mínimo dos direitos em jogo" (Svalov, O direito à informação e a proteção dos direitos da personalidade. In: Gozzo (Coord.), *Informação e direitos fundamentais*: a eficácia horizontal das normas constitucionais, São Paulo, Saraiva, 2011, p. 70).

[49] Protegendo a privacidade on-line, *The New York Times*, in Folha de S.Paulo, São Paulo, 13 de fevereiro de 2012.

[50] O que tem levado as empresas a comparecem no espaço público midiático para se defender, a exemplo da Google, quando afirma: "Não coletamos informações adicionais sobre os usuários. Nunca vendemos dados pessoais. E continuaremos a utilizar a melhor segurança do mercado para manter suas informações a salvo. O Google acredita no direito à escolha e no controle do usuário. O internauta tem total liberdade de não concordar que o compartilhamento de informações aprimorará a sua experiência de uso da internet", conforme escreve Alma Whitten, diretora global de privacidade para produtos e engenharia da Google, em 12 de março de 2012, em Tendências e Debates, *Folha de S.Paulo*, A3 (*Google*: controle nas mãos do usuário).

[51] É o que afirma, na linha da proteção dos direitos da personalidade, Roberto Senise Lisboa: "O avanço tecnológico não pode jamais se constituir em um meio de violação dos direitos da personalidade, que exsurgem na sociedade da informação como direitos individuais indisponíveis e de relevância social, de tal sorte que apenas em situações excepcionalíssimas, mediante decisão judicial devidamente fundamentada, é que se poderia permitir a violação da privacidade, inclusive nas comunicações efetuadas via internet" (Lisboa, A inviolabilidade de correspondência na internet. In: De Lucca; Simão Filho (Coord.), *Direito e internet*: aspectos jurídicos relevantes,, p. 509-535, 2005, p. 528). A respeito, consulte-se, no âmbito da relação entre liberdade e informação, Machado, *Direito à informação e meio ambiente*, 2006, p. 31 e 32.

de equalizar a correlação entre *ego* e *alter*, pois direito não é somente expressão do *eu*, é, na boa definição, fundamentalmente reciprocidade (*nós*).[52]

11.7 *INTERNET* E A 'INTEGRIDADE VIRTUAL' DA PESSOA HUMANA

No Brasil, como indicam os estudos especializados, o grave problema da *internet* reside na esparsa e ainda limitada legislação, e, portanto, na carência de um marco regulatório unificado, sistematizado e efetivo; situação apenas recentemente equacionada com a edição do Marco Civil da Internet (Lei nº 12.965, de 23.04.2014); do contrário, corre-se o risco de se viver, em ambiente de rede, num 'faoreste informático', invocando-se a feliz metáfora de Têmis Limberger.[53] Se há exemplos na experiência de outros países, como Portugal, eles são válidos recursos para esta tarefa de nacionalização destas preocupações. Por isso, é de premente utilidade a criação de um marco regulatório que pacifique os contornos da *regulação da coexistência virtual*, acenando para propostas de solução de conflitos e responsabilidade dos provedores, albergando conteúdos e conceitos já tradicionais em outras áreas, mas que precisam ter tratamento unificado, sistemático e coeso.

Às potências técnicas da 'sociedade digitocêntrica', esta idolatrada por suas vantagens, deve-se opor as potências do 'valor da pessoa humana'. Este, para sua consideração, não pode depender e nem ser negligenciado, em função de contextos sociais específicos, do estado social da técnica, nem mesmo em favor desta ou daquela conjuntura sociopolítica. Alçar a dignidade da pessoa humana ao patamar de valor dos valores (art. 1º da Declaração Universal dos Direitos Humanos, 1948), significa afirmar que sua projeção não tem fronteiras, e, por isso, tem de ser respeitada, dentro ou fora do ambiente virtual. Aliás, do fundamento universal de proteção à pessoa humana, pode-se afirmar que deriva o respeito aos direitos humanos no espaço virtual.

Assim é que na atualidade desta correlação entre liberdade e dignidade, pode-se falar em 'responsabilidade digital' como forma de apurar e aferir a impossibilidade da impunidade no espaço virtual. De um lado, a tendência é a de redimensionamento da integridade da 'pessoa' nos termos das múltiplas cadeias de relações informativas de seus códigos identificadores, onde a reconstrução de 'pessoa', no espaço virtual, cor-

---

[52] "Depois, em segundo lugar, por se ter vindo a introduzir, também em Direito, a certeza de que só por existir influencio os outros; todos os meus actos actuam sobre os outros; e não existo/vivo/evoluo/auto-crio-me sem os outros. Assim, relação jurídica quer dizer realisticamente *nós*" (Campos, O direito em nós, Separata da *Revista da Ordem dos Advogados*, set./dez., 2008, p. 557).

[53] "Desde logo, percebe-se que o Brasil deve promover esforços para legislar sobre o tema, sob pena de ser um país destituído de uma legislação específica, ficando à margem deste momento histórico, transformando-se em um 'faroeste informático'" (Limberger, Têmis, Direito e informática: o desafio de proteger os direitos do cidadão. In: Sarlet (Org.), *Direitos fundamentais, informática e comunicação*: algumas aproximações, p. 195-225, 2007, p. 197).

responde a uma outra identidade, a 'identidade virtual', para o que, ou o indivíduo 'existe para a rede', ou, simplesmente, é um 'nulo'.[54]

De outro lado, a tendência é a de criação de um consenso mínimo que defina tarefas negativas e positivas, para o exercício concreto da responsabilidade nas interações virtuais, e para o estabelecimento de níveis de civilidade que representem formas de respeito a direitos humanos. As regulamentações não são por isso arbitrárias, mas manifestações das necessidades de delimitação entre o campo de ação e intervenção entre *ego* e *alter*. Se a 'liberdade' possui limites, a 'liberdade virtual' também possui limites. Aliás, a própria ideia de democracia e de Estado Democrático de Direito torna essas exigências atuais, como destaca Celso Pacheco Fiorillo.[55]

Assim, o ser pessoa, a que se refere Diogo Leite de Campos,[56] que é algo, simultaneamente, da estrutura unipessoal do indivíduo, e da estrutura social do convívio, carece, portanto de investimentos e implicações no *ciberespaço*. A longo prazo, perceber-se-á a criação de uma interdependência de cujos benefícios nasce a solidariedade exercida como corresponsabilidade, entre os povos;[57] a tendência não pode ser outra senão a de criação de necessidades cada vez maiores entre povos e nações, que atraiam a níveis de reciprocidade mais elevados, na codependência das tarefas de recriminação de delitos virtuais. Se a 'integridade virtual da pessoa humana' é um desafio para a cultura da dignidade humana, é exatamente por isso que sua atualidade, e sua dificuldade, convidam à reflexão.

---

[54] "O fato a ser reconhecido é que, fora da rede (rede normativa, do Estado, das organizações privadas, de informações comerciais, de cadastramentos, de registros civis, de registros bancários, de empregados na empresa, de analistas de mercado, de informações em geral, etc.), qualquer um, se pensado isoladamente, é um nulo" (Ferraz Junior, Responsabilidade sem culpa, culpa sem responsabilidade na sociedade tecnológica. In: *Impasses e aporias do direito contemporâneo*: estudos em homenagem a José Eduardo Faria, 2011, p. 153).

[55] "[...] a democracia dos meios de comunicação social, para se tornar efetiva, necessita de controles impostos em decorrência dos fundamentos do Estado Democrático de Direito, mas adaptada à estrutura básica deste" (Fiorillo, *O direito de antena em face do direito ambiental no Brasil*, 2009, p. 95).

[56] "O estatuto jurídico da pessoa depende, nos seus traços fundamentais, da personalidade, do 'ser pessoa'. Assim, os direitos humanos (da personalidade, de ser humano) decorrem do valor moral da pessoa e da dignidade de 'ser pessoa'" (Campos, *A capacidade sucessória do nascituro* (ou a crise do positivismo legalista), 2009, p. 47).

[57] "A dimensão do 'nós' – em que todos são constituintes do eu e o eu constituinte de todos – aparece na imensa interdependência da aldeia global. Em que o bater de asas de uma borboleta na Amazónia faz chover em Lisboa" (Campos, *As relações de associação*: o direito sem direitos, 2011, p. 52).

Referências

ABBAGNANO, Nicola. *Diccionario de filosofía*. México: Fondo de Cultura Económica, 1998.

ABDOUL-NOUR, Soraya Dib. *O conceito de direito internacional em Kant e sua recepção na filosofia política do direito internacional e das relações internacionais*. São Paulo; Munique (Tese – Doutorado) – Universidade de São Paulo, 1999.

ADEODATO, João Maurício. *Ética e retórica*: para uma teoria da dogmática jurídica. São Paulo: Saraiva, 2002.

_____. Filosofia do direito e dogmática jurídica. *Revista da ESMAPE* (Escola Superior da Magistratura do Estado de Pernambuco), p. 266-287, jun. 1996.

_____. Modernidade e direito. *Revista de Ciências Sociais*, Rio de Janeiro, v. 3, nº 2, p. 264-279, dez. 1997.

ADORNO, Sérgio. Um país que se tornou refém da impunidade (Entrevista). *O Globo*, Rio de Janeiro, 22 set. 2002, Especial, 3.

_____. *Os aprendizes do poder*: o bacharelismo liberal na política brasileira. São Paulo: Paz e Terra, 1988.

_____. Contemporaneidade, poder e novos ilegalismos. *Direito e perspectivas jurídicas*: Revista dos Anais do I Congresso de Iniciação Científica da Faculdade de Direito da Universidade de São Paulo, São Paulo, C.A. XI de Agosto/FAPESP, 1, p. 137-147, 1996.

ADORNO, Sérgio; MESQUITA, Myriam. Direitos humanos para crianças e adolescentes: o que há para comemorar? In: AMARAL JÚNIOR, Alberto do; PERRONE-MOISÉS, Claudia (Org.) *O cinquentenário da Declaração Universal dos Direitos do Homem*. São Paulo: Editora da Universidade de São Paulo, 1999. p. 265-289.

ADORNO, Theodor W. *Minima moralia*. Tradução de Artur Morão. Lisboa: Edições 70, 2001.

_____. Notas marginais sobre teoria e práxis. In: _____. *Palavras e sinais*: modelos críticos, 2, Petrópolis: Vozes, 1995.

_____. Progresso. In: _____. *Palavras e sinais*: modelos críticos, 2, Petrópolis: Vozes, 1995.

ADORNO, Theodor W. *Teoria estética*. Tradução de Artur Morão. Lisboa: Edições 70, 2006.

ADORNO, Theodor W.; HORKHEIMER, Max. *Dialética do esclarecimento*. Tradução de Guido Antonio de Almeida. Rio de Janeiro: Jorge Zahar, 1985.

ALMEIDA, Guilherme Assis de. *Direitos humanos e não violência*. São Paulo: Atlas, 2001.

_____; CHRISTMANN, Martha Ochsenhofer. *Ética e direito*: uma perspectiva integrada. São Paulo: Atlas, 2002.

ALMEIDA, Paulo Roberto de Almeida. *Relações internacionais e política externa do Brasil*. Porto Alegre: Editora da Universidade Federal do Rio Grande do Sul, 1998.

ALTHUSSER, Louis. *Freud e Lacan. Marx e Freud*. Tradução de Walter José Evangelista. 4. ed. Rio de Janeiro: Graal, 2000.

ALVES, Allaor Caffé. *Estado e Ideologia*. Tese (Doutorado) – Departamento de Filosofia e Teoria Geral do Direito da Faculdade de Direito da Universidade de São Paulo. São Paulo: USP, s.d.

ANDERSON, Perry. *As origens da pós-modernidade*. Tradução de Marcus Penchel. São Paulo: Zahar, 1999.

ANGELO, Claudia. Humanos esgotam capital natural da Terra. *Folha de S.Paulo*, São Paulo, 30 mar. 2005, A 12.

APEL, Karl-Otto. *Ética do discurso como ética da responsabilidade*. Tradução de Maria Nazaré de Camargo Pacheco Amaral. *Cadernos de Tradução*, 3, Departamento de Filosofia, Universidade de São Paulo, p. 8-40, 1998.

AQUINO, São Tomás. *Suma teológica*. Tradução de Alexandre Corrêa. 2. ed. Porto Alegre: Sulinas, 1980.

ARENDT, Hannah. *A condição humana*. Tradução de Roberto Raposo. 10. ed. Rio de Janeiro: Forense Universitária, 2000.

_____. *Entre o passado e o futuro*. Tradução de Mauro W. Barbosa de Almeida. 2. ed. São Paulo: Perspectiva, 1972.

_____. *Lições sobre a filosofia política de Kant*. Trad. André Duarte de Macedo. Rio de Janeiro: Relume Dumará, 1993.

_____. *Sobre a violência*. Tradução de André Duarte. 3. ed. Rio de Janeiro: Relume Dumará, 2001.

ARISTÓTELES. *Física*. Traducción de Guillermo R. de Echandía. Madri: Gredos, 1995.

ASCENSÃO, José de Oliveira. *Direito da internet e da sociedade da informação*: Estudos. Rio de Janeiro: Forense, 2002.

_____. *O direito*: introdução e teoria geral, uma perspectiva luso-brasileira. 6. ed. Coimbra: Almedina, 1991.

ATTANASIO JÚNIOR, Mari Roberto; ATTANASIO, Gabriela Muller Carioba. O dever de elaboração e implementação do zoneamento ecológico-econômico e a efetividade do licenciamento ambiental. *Revista de Direito Ambiental*. Revista dos Tribunais, ano 11, p. 203-222, jul./set. 2006.

AZEVEDO, Antonio Junqueira. Inexistência, invalidade e ineficácia. In: FRANÇA, Rubens Limongi (Coord.). *Enciclopédia Saraiva do Direito*. São Paulo: Saraiva, 1980.

BARROS, Alberto Ribeiro. *A teoria da soberania de Jean Bodin*. Unimarco; FAPESP, 2001.

BARROSO, Luíz Roberto. Fundamentos teóricos e filosóficos do novo direito constitucional brasileiro (pós-modernidade, teoria crítica e pós-positivismo), *Revista Diálogo Jurídico*, Salvador, CAJ, v. I, n. 6, set. 2001.

BASTOS, Lucia Elena Arantes Ferreira. O consumo de massa e a ética ambientalista. *Revista de Direito Ambiental*, Revista dos Tribunais, ano 11, p. 175-202, jul./set. 2006.

BATALHA, Wilson de Souza Campos. *Nova introdução ao direito*. Rio de Janeiro: Forense, 2000.

BAUMAN, Zygmunt. *Amor líquido*: sobre a fragilidade dos laços humanos. Tradução de Carlos Alberto Medeiros. Rio de Janeiro: Jorge Zahar, 2003.

_____. *Comunidade*: a busca por segurança no mundo atual. Tradução de Plínio Dentzien. Rio de Janeiro: Jorge Zahar, 2003.

_____. *Em busca da política*. Tradução de Marcus Penchel. Rio de Janeiro: Jorge Zahar, 2000.

_____. *Ética pós-moderna*. Tradução de João Rezende Costa. São Paulo: Paulus, 1997.

_____. *La globalización*: consecuencias humanas. Tradução de Daniel Zadunaisky. 2. ed. México: Fondo de Cultura Económica, 2001.

_____. *Medo líquido*. Tradução de Carlos Alberto Medeiros. Rio de Janeiro: Jorge Zahar, 2008.

_____. *Modernidade e ambivalência*. Rio de Janeiro: Jorge Zahar, 1999.

_____. *Modernidade líquida*. Tradução de Plínio Dentzein. Rio de Janeiro: Jorge Zahar, 2001.

_____. *O mal-estar da pós-modernidade*. Tradução de Mauro Gama; Cláudia Martinelli Gama. Rio de Janeiro: Jorge Zahar, 1998.

_____. *Tempos líquidos*. Tradução de Carlos Alberto Medeiros. Rio de Janeiro: Jorge Zahar, 2007.

BEAUDANT, Ch. *Cours de droit civil français*. 2. ed. Tome I: Introduction et exlication du titre préliminaire du Code Civil. Paris: Rousseau et Cie. Éditeurs, 1934.

BENATTI, José Helder; FISCHER, Luly Rodrigues da Cunha, As áreas protegidas no Brasil: uma estratégia de conservação dos recursos naturais. In: COSTA, Paulo Sérgio Weyl A. *Direitos Humanos em concreto*. Curitiba: Juruá, 2008.

BENJAMIN, Antonio Herman, A natureza no direito brasileiro: coisa, sujeito ou nada disso? In: CARLIN, Volnei Ivo (Org.) *Grandes temas do direito administrativo*: homenagem ao Professor Paulo Henrique Blasi. Florianópolis: Conceito, Millennium, p. 2009.

BENJAMIN, Walter. Parque central. In: _____. *Obras escolhidas*, III, Tradução de José Martins Barbosa, Hemerson Alves Baptista. São Paulo: Brasiliense, 1989.

BERCOVICI, Gilberto. *Desigualdades regionais, estado e constituição*. São Paulo: Max Limonad, 2003.

BIRNFELD, Carlos André. *Manual prático dos critérios de avaliação da qualidade dos cursos de Direito*. Pelotas: Delfos, 2001.

BITTAR FILHO, Carlos Alberto. Da existência, validade, vigência e eficácia da lei no sistema brasileiro atual. *Revista dos Tribunais*, 81, v. 683, p. 29-36, set. 1992.

BITTAR, Eduardo C. B. *O direito na pós-modernidade e reflexões frankfurtianas*. 2. ed. Rio de Janeiro: Forense Universitária, 2009.

_____. *Democracia, justiça e direitos humanos*: ensaios de teoria crítica e filosofia do direito. São Paulo: Saraiva, 2011.

_____. Educação e metodologia para os direitos humanos: cultura democrática, autonomia e ensino jurídico. In: SILVEIRA, Rosa Maria Godoy Silveira et al. *Educação em direitos humanos*: fundamentos teórico-metodológicos. João Pessoa: Editora da UFPB, 2007.

_____. Filosofia crítica e filosofia do direito: por uma filosofia social do direito. *Revista Cult*, São Paulo, Dossiê Filosofia do Direito: o que foi, e o que é que será? ano 10, n. 112, p. 53-55, abr. 2007.

BITTAR, Eduardo C. B.; ALMEIDA, Guilherme Assis de. Mini-Código de Direitos Humanos. Brasília; São Paulo: Secretaria Especial de Direitos Humanos; Juarez de Oliveira, 2008.

BOBBIO, Norberto. *A era dos direitos*. Tradução de Carlos Nelson Coutinho. Rio de Janeiro: Campus, 1992.

_____. *As ideologias e o poder em crise*. 4. ed. Tradução de João Ferreira. Brasília: Unb, 1999.

_____. *Igualdade e liberdade*. Tradução Carlos Nelson Coutinho. 3. ed. Rio de Janeiro: Ediouro, 1997.

_____. *O futuro da democracia*. Tradução de Marco Aurélio Nogueira. Rio de Janeiro: Paz e Terra, 1986.

_____. *O positivismo jurídico*: lições de filosofia do direito. São Paulo: Ícone 1999.

_____. *Teoria da norma jurídica*. Tradução de Fernando Pavan Batista; Ariani Bueno Sudatti. São Paulo: Edipro, 2001.

BOFF, Leonardo. Justiça e cuidado: opostos ou complementares? In: PEREIRA, Tania da Silva; OLIVEIRA, Guilherme de (Orgs.). *O cuidado como valor jurídico*. Rio de Janeiro: Forense Universitária, 2008.

BORGES, Bento Itamar. *Crítica e teorias da crise*. Porto Alegre: EDIPUCRS, 2004.

BORNHEIM, Gerd. *Sartre*: metafísica e existencialismo. 3. ed. São Paulo: Perspectiva, 2003.

BOURDIEU, Pierre. *Contrafogos*: táticas para enfrentar a invasão neoliberal. Tradução Lucy Magalhães. Rio de Janeiro: Zahar, 1998.

BRANDÃO, Ignácio de Loyola. *Manifesto verde*. São Paulo: Círculo do Livro, 1985.

BRANT, Leonardo (org.). *Diversidade cultural*. Globalização e culturas locais: dimensões, efeitos e perspectivas. Volume 1. São Paulo: Escrituras Editora: Instituto Pensarte, 2005.

BRUYERON, Roger. *La sensibilité*. Paris: Armand Colin, 2004.

BUCCI, Maria Paula Dallari. *Direito administrativo e políticas públicas*. São Paulo: Saraiva, 2002.

CAMPILONGO, Celso Fernandes. O trabalhador e o direito à saúde: a eficácia dos direitos sociais e o discurso neoliberal. In: CAMPILONGO, Celso Fernandes; DI GEORGI, Beatriz; PIOVESAN, Flávia (Orgs.) *Direito, cidadania e justiça*: ensaios sobre lógica, interpretação, teoria, sociologia e filosofia jurídicas. São Paulo: Revista dos Tribunais, 1995.

_____. *O direito na sociedade complexa*. São Paulo: Max Limonad, 2000.

_____. *Direito e democracia*. São Paulo: Max Limonad, 1997.

CAMPOS, Diogo Leite de. A capacidade sucessória do nascituro (ou a crise do positivismo legalista). Separata de *Pessoa Humana e Direito*, Lisboa, Almedina, p. 47-54, 2009.

_____. *As relações de associação*: o direito sem direitos. Lisboa: Almedina, 2011.

_____. O direito em nós. Separata da *Revista da Ordem dos Advogados*, p. 555-573, set./dez. 2008.

CASTANHEIRA NEVES, A. A crise actual da filosofia do direito no contexto da crise global da filosofia: tópicos para a possibilidade de uma reflexiva reabilitação. *Boletim da Faculdade de Direito de Coimbra*. Coimbra: Coimbra Editora, 2003.

_____. *O direito hoje e com que sentido?* O problema actual da autonomia do direito. Lisboa: Instituto Piaget, 2002.

CASTORIADIS, Cornelius. *O mundo fragmentado*: as encruzilhadas do labirinto. Tradução Ana Barradas. Lisboa: Cmpo da Comunicação, 2003.

CASTRO, Celso Antonio Pinheiro de. *Sociologia do direito*. 7. ed. São Paulo: Atlas, 2001.

CESNIK, Fábio de Sá. Medidas vitoriosas e desafios da cultura. *Folha de S.Paulo*, São Paulo, 29 fev. 2012, Tendências e Debates A3.

CESNIK, Fábio de Sá. *Guia do incentivo à cultura*. São Paulo: Manole, 2002.

CHAUÍ, Marilena. *Brasil*: mito fundador e sociedade autoritária. São Paulo: Fundação Perseu Abramo, 2000.

_____. *Convite à filosofia*. 12. ed. São Paulo: Ática, 1999.

_____. Público, privado e despotismo. In: NOVAES, Adauto (Org.). *Ética*. São Paulo: Companhia das Letras; Secretaria Municipal de Cultura, 1992.

CHIAVENATO, Julio José. *O massacre da natureza*. 3. ed. São Paulo: Moderna, 1989.

COELHO, Luiz Fernando. *A teoria do direito na pós-modernidade*. São Paulo, 2002. Disponível em: <http://www2.uerj.br/~direito/publicacoes/mais-artigos/a-teoria-critica.html>. Acesso em: 26 ago. 2002.

COMPARATO, Fábio Konder. *A afirmação histórica dos direitos humanos*. São Paulo: Saraiva, 1999.

CORNFORD, F. M. *Principium sapientiae*: as origens do pensamento filosófico grego. 3. ed. Tradução de Maria Manuela Rocheta dos Santos. Lisboa: Fundação Calouste Gulbenkian, 1989.

COSTA, Cacilda Teixeira da. Rediscutindo a natalidade. *Folha de S.Paulo*, São Paulo, 20 jan. 2003, Opinião, p. A3.

CUNHA, Juliana. Eu persigo, tu persegues, nós perseguimos. *Folha de S.Paulo*, São Paulo, 11 set. 2012, Caderno E, p. 4-5.

DALLARI, Dalmo de Abreu. *Direitos humanos e cidadania*. São Paulo: Moderna, 1998.

DANTAS, Fernando Antonio de Carvalho. Os povos indígenas brasileiros e os direitos de propriedade intelectual. *Hiléia*: Revista de Direito Ambiental da Amazônia, Manaus, Governo do Estado do Amazonas, Universidade do Estado do Amazonas, ano 1, n. 1, p. 85-120, ago./dez. 2003.

DANTAS, Marcelo Navarro Ribeiro, Existência, vigência, validade, eficácia e efetividade das normas jurídicas. *Revista da Procuradoria-Geral da República*, São Paulo: Revista dos Tribunais, 2, p. 154-170, jan./mar 1993.

DE LUCCA, Newton; FILHO, Adalberto Simão (Coord.). *Direito e internet*: aspectos jurídicos relevantes. 2. ed. São Paulo: Quartier Latin, 2005. v. I.

_____ (Coord.). *Direito e internet*: aspectos jurídicos relevantes. São Paulo: Quartier Latin, 2008. v. II.

DEMOLOMBE, C. *Cours de Code Napoléon*. 4. ed. Paris: Auguste Durand, Hachette et Cie., 1869.

DERANI, Cristiane, Tutela jurídica da apropriação do meio ambiente e as três dimensões da propriedade. *Hiléia*: Revista de Direito Ambiental da Amazônia, Manaus, Governo do Estado do Amazonas, Universidade do Estado do Amazonas, ano 1, n. 1, p. 61-84, ago./dez. 2003.

DINIZ, Maria Helena. *Compêndio de introdução à ciência do direito*. 12. ed. São Paulo: Saraiva, 2000.

_____. Eficácia da norma constitucional. In: *Dicionário jurídico*. v. 2, p. 275-276, 1998.

_____. *Norma constitucional e seus efeitos*. São Paulo: Saraiva, 1989.

DORIA, Francisco Antonio. *Marcuse*. 3. ed. Rio de Janeiro: Paz e Terra, 1983.

DUBY, Georges; ARIÈS, Philippe. *História da vida privada*. Tradução de Hildegard Feis. São Paulo: Companhia das Letras, 1990.

DUPAS, Gilberto. *Ética e poder na sociedade da informação*. 2. ed. São Paulo: UNESP, 2001.

_____. Técnicas alimentares: saúde ou doença? *Folha de S.Paulo*, São Paulo, 4 nov. 2008, Tendências e Debates, p. A 3.

ENDO, P. C. *A violência no coração da cidade*: um estudo psicanalítico sobre as violências na cidade de São Paulo. São Paulo: Escuta; Fapesp, 2005.

FACHIN, Luiz Edson. Homens e mulheres do chão levantados. *Hiléia: Revista de Direito Ambiental da Amazônia*, Manaus, Governo do Estado do Amazonas, Universidade do Estado do Amazonas, ano 1, n. 1, p. 21-34, ago./dez. 2003.

FALCÃO, Raimundo Falcão. Processos e mecanismos independentes de regulação jurídica estatal. *XVI Conferência Nacional dos Advogados*: Direito, advocacia e mudança, Livro de teses: tema I, Brasília, Conselho Federal da OAB, p. 31-36, set. 1996.

FARIA, José Eduardo O. C. Os desafios do judiciário. *Dossiê judiciário, Revista USP*, Universidade de São Paulo, Coordenadoria de Comunicação Social, n. 21, p. 47-57, mar./maio 1994.

_____ (Org.). *Direitos humanos, direitos sociais e justiça*. São paulo: Malheiros, 1998.

_____. O direito como processo: Bobbio e a eficácia jurídica. *Economia e sociologia*, Évora, n. 43, p. 5-27, 1987.

_____. O grau de ineficácia da Constituição de 1988. In: *Constituição de 1988: revisão constitucional de 1993, Colóquios, Cadernos Liberais,* Brasília, Instituto Tancredo Neves, 99/90, p. 8-14, 1990.

_____. *A reforma do ensino jurídico*. Porto Alegre: Sergio Antonio Fabris, 1987.

_____. *Eficácia jurídica e violência simbólica*: o direito como instrumento de transformação social. São Paulo: EDUSP, 1988.

_____. *O direito na economia globalizada*. São Paulo: Malheiros, 1999.

_____. O futuro dos direitos humanos após a globalização econômica. In: AMARAL JÚNIOR, Alberto do; PERRONE-MOISÉS, Claudia (Org.) *O cinquentenário da Declaração Universal dos Direitos do Homem*. São Paulo: Edusp, 1999.

FARIAS, Flávio Bezerra. *A globalização e o estado cosmopolita*: antinomias de Jürgen Habermas. São Paulo: Cortez, 2001.

FELIPPE, Marcio Sotelo. *Razão jurídica e dignidade humana*. São Paulo: Max Limonad, 1996.

FÉLIX, Loussia Mousse. Da reinvenção do ensino jurídico: considerações sobre a primeira década. *OAB recomenda*, Brasília, OAB, Conselho Federal, p. 26-59, 2001.

FERRAZ JUNIOR, Tercio Sampaio, Responsabilidade sem culpa, culpa sem responsabilidade na sociedade tecnológica. In: _____. *Impasses e aporias do direito contemporâneo*: estudos em homenagem a José Eduardo Faria. São Paulo: Saraiva, 2011.

FIGUEIREDO, Guilherme José Purvin de. Direitos da pessoa portadora de deficiência. *Advocacia Pública e Sociedade*, São Paulo, Max Limonad, ano 1, n. 1, 1997.

FIORILLO, Celso Antonio Pacheco. *O direito de antena em face do direito ambiental no Brasil*. São Paulo: Fiuza, 2009.

FLORES, Joaquin Herrera. De los vértices a los vórtices: abriendo el camino al imaginario ambiental bio(socio)diverso. *Hiléia: Revista de Direito Ambiental da Amazônia*, ano 2, n. 2, Manaus, Universidade do Estado do Amazonas, p. 37-104, 2004.

FONSECA, Marcio Alves. Direito e exclusão: uma reflexão sobre a noção de deficiência. Direitos da pessoa portadora de deficiência. *Advocacia Pública e Sociedade*, São Paulo, Max Limonad, Ano 1, n. 1, p. 117-127, 1997.

FONSECA, Marcio Alves. *Michel Foucault e o direito*. São Paulo: Max Limonad, 2002.

FOUCAULT, Michel. A ética do cuidado de si como prática da liberdade. In: _____. Ética, sexualidade, política. Ditos e escritos (V). Tradução de Elisa Monteira; Inês Autran Dourado Barbosa. Rio de Janeiro: Forense Universitária, 2004.

_____. *A ordem do discurso*: aula inaugural no Collège de France, pronunciada em 2 de dezembro de 1970. Tradução de Laura Fraga de Almeida Sampaio. São Paulo: Loyola, 1996.

_____. *Ditos e escritos II*: arqueologia das ciências e história dos sistemas de pensamento. Rio de Janeiro: Forense Universitária, 2000.

FOUCAULT, Michel. *Ditos e escritos IV*: estratégia, poder-saber. Rio de Janeiro: Forense Universitária, 2003.

_____. *Las palabras y las cosas*: una arqueología de las ciencias humanas. 22. ed. Tradução de Elsa Cecilia Frost. Mexico: Siglo Veintiuno,1993.

FRANCA, Leonel. *A crise do mundo moderno*. 4. ed. Rio de Janeiro: Agir, 1955.

FREUD, Sigmund. Além do princípio de prazer. In: _____. *Obras completas*. Rio de Janeiro: Imago, 1999. v. XVIII.

_____. *O mal-estar na civilização*. Tradução de José Octávio de Aguiar Abreu. Rio de Janeiro: Imago, 1997.

FROMM, Eric. *A arte de amar*. Tradução de Eduardo Brandão. São Paulo: Martins Fontes, 2006.

_____. *La revolución de la esperanza*. Daniel Jiménez Catillejo. México: Fondo de Cultura Económica, 2003.

_____. *Ter ou ser?* Tradução de Nathanael C. Caixeiro. 4. ed. São Paulo: LTC, 1987.

GABARDO, Emerson. *Eficiência e legitimidade do Estado*. São Paulo: Manole, 2003.

GANDELMAN, Henrique. *De Gutenberg à Internet*. 5. ed. São Paulo: Record, 2007.

GARDELLA, Juan Carlos. Eficácia del orden jurídico. In: ENCICLOPEDIA juridica Omeba, IX. Buenos Aires: Editorial Bibliográfico Argentina, 1986.

GIANOTTI, José Arthur. Moralidade pública e moralidade privada. In: NOVAES, Adauto (Org.). *Ética*. São Paulo: Companhia das Letras; Secretaria Municipal de Cultura, 1992.

GIDDENS, Anthony. *As consequências da modernidade*. Tradução de Raul Fiker. São Paulo: Editora Unesp, 1991.

GIDDENS, Anthony; BECK,Ulrich; LASH, Scott. *Modernização reflexiva*: política, tradição e estética na ordem social moderna. Tradução de Magda Lopes. São Paulo: Editora Unesp, 1997.

GILISSEN, John. *Introdução histórica ao direito*. Tradução de A. M. Hespanha. Lisboa: Fundação Calouste Gulbenkian, 1988.

GIOVANNETTI, Marcio de Freitas. O sujeito e a lei. In: GROENINGA, Giselle; PEREIRA, Rodrigo da Cunha (Coord.). *Direito de família e psicanálise*: rumo a uma nova epistemologia. Rio de Janeiro: Imago, 2003.

GOHN, Maria da Glória. Educação, trabalho e lutas sociais. In: GENTILI, Pablo; FRIGOTTO, Gaudêncio (Org.) *A cidadania negada*: políticas de exclusão na educação e no trabalho. São Paulo; Buenos Aires: Cortez; CLACSO, 2001.

GÓMEZ, Maria Nélida González de; LIMA, Clóvis Ricardo Montenegro de (Org.). *Informação e democracia*: a reflexão contemporânea da ética e da política. Brasília: Distrito Federal: Instituto Brasileiro de Informação em Ciência e Tecnologia, 2011.

GRAU, Eros Roberto. *A ordem econômica na Constituição Federal de 1988*: interpretação e crítica. 3. ed. São Paulo: Malheiros, 1997.

_____. *Direito, conceitos e normas jurídicas*. São Paulo: Revista dos Tribunais, 1988.

_____. *Ensaio e discurso sobre a interpretação/aplicação do direito*. São Paulo: Malheiros, 2002.

GROENINGA, Giselle; PEREIRA, Rodrigo da Cunha. *Direito de família e psicanálise*: rumo a uma nova epistemologia. Rio de Janeiro: Imago, 2003.

GRONDONA, Mariano. *Os pensadores da liberdade*. São Paulo: Mandarim, 2000.

GRZEGORCZYK, Christophe; MICHAUT, Françoise; TROPER, Michel (sous a direction de). *Le positivisme juridique*. Paris; Bruxelles: CNRS; Université Paris X; LGDJ; Story Scientia, 1992.

GUARDINI, Romano. *O fim da Idade Moderna*: em procura de uma orientação. Lisboa: Edições 70, 2000.

HABERMAS, Jürgen. *A constelação pós-nacional*: ensaios políticos. Tradução de Márcio Seligman-Silva. São Paulo: Littera-Mundi, 2001.

_____. *A crise de legitimação do capitalismo tardio*. 3. ed. Tradução de Vamireh Chacon. Rio de Janeiro: Tempo Brasileiro, 1999.

HABERMAS, Jürgen. *A inclusão do outro*: estudos de teoria política. Tradução de George Spencer; Paulo Astor Soethe. São Paulo: Loyola, 2002.

_____. Bestialidade e humanidade. *Cadernos de Filosofia Alemã*. Tradução de Luiz Repa. Departamento de Filosofia: São Paulo: Universidade de São Paulo, v. 5, p. 77-87, ago. 1999.

_____. *Consciência moral e agir comunicativo*. Tradução de Guido A. de Almeida. Rio de Janeiro: Tempo Brasileiro, 1989.

_____. *Écrits politiques*. Traduction de Christian Bouchindhomme et Rainer Rochlitz. Paris: CERF, 1990.

_____. *O discurso filosófico da modernidade*. Tradução de Ana Maria Bernardo; José Rui Meirelles Pereira; Manuel José Simões Loureiro; Maria Antónia Espadinha Soares; Maria Helena Rodrigues de Carvalho; Maria Leopoldina de Almeida; Sara Cabral Seruya. Lisboa: Dom Quixote, 1990.

_____. *O futuro da natureza humana*. Tradução de Karina Jannini. São Paulo: Martins Fontes, 2004.

_____. *Racionalidade e comunicação*. Tradução de Paulo Rodrigues. Lisboa: Edições 70, 2002.

HABERMAS, Jürgen; BAUDRILLARD, J.; SAID, E.; JAMESON, F. *La posmodernidad*. Traducción Jordi Fibla. Barcelona: Kairós, 2006.

HARVEY, David. *Condição pós-moderna*: uma pesquisa sobre as origens da mudança cultural. Tradução de Adail Ubirajara Sobral; Maria Stela Gonçalves. São Paulo: Loyola, 2002.

HELLER, Agnes; FÉHER, Ferenc. *A condição política pós-moderna*. Tradução de Marcos Santarrita. Rio de Janeiro: Civilização Brasileira, 1998.

HENRIQUES, Ricardo. *Desigualdade racial no Brasil*: evolução das condições de vida na década de 90. Brasília, IPEA (Instituto de Pesquisa Econômica Aplicada), n. 807, jul. 2001.

HERMANN, Fábio. Psicanálise e política: no mundo em que vivemos. *Percurso*: Revista de psicanálise, ano XVIII, n. 36, p. 5-25, 2006.

HOBBES, Thomas. *Leviatã*. Tradução de João Paulo Monteiro; Maria Beatriz Nizza da Silva. São Paulo: Abril Cultural, 1999.

HOBSBAWM, Eric. *Era dos extremos*: o breve século XX. 2. ed. Tradução de Marcos Santarrita. São Paulo: Companhia das Letras, 1995.

_____. *O novo século*. Tradução de Allan Cameron; Claudio Marcondes. São Paulo: Companhia das Letras, 2000.

HORKHEIMER, Max. *Crítica de la razón instrumental*. Traducción de Jacobo Muñoz. Madrid: Trotta, 2002.

_____. *Eclipse da razão*. Tradução Sebastião Uchoa Leite. São Paulo: Centauro, 2002.

HUC, Théophile. *Commentaire théorique et pratique du Code Civil*. Paris: Librairie Cotillon, 1892.

IHERING, Rudolf Von. *A luta pelo direito*. Tradução de João Vasconcelos. Rio de Janeiro: Forense, 1999.

JUNQUEIRA, Eliane Botelho. *Faculdades de direito ou fábricas de ilusões?* Rio de Janeiro: IDES, Letra Capital, 1999.

KANT, Immanuel. *A paz perpétua e outros opúsculos*. Tradução de Artur Morão. Lisboa: Edições 70, 1995.

_____. *Crítica da razão prática*. Tradução de Artur Morão. Lisboa: Edições 70, 1994.

KELSEN, Hans. *A ilusão da justiça*. Tradução de Sérgio Tellaroli. São Paulo: Martins Fontes, 1995.

_____. *O problema da justiça*. Tradução de João Baptista Machado. 3. ed. São Paulo: Martins Fontes, 1998.

_____. *O que é justiça?* A justiça, o direito e a política no espelho da ciência. Tradução de Luís Carlos Borges. São Paulo: Martins Fontes, 1998.

_____. *Teoria Geral das Normas*. Tradução de José Florentino Duarte. Porto Alegre: Sergio Antonio Fabris Editor, 1986.

_____. *Teoria pura do direito*: introdução à problemática científica do Direito. 2. ed. Tradução de José Cretella Junior; Agnes Cretella. São Paulo: Revista dos Tribunais, 2002.

_____. *Teoria pura do direito*. Tradução de João Baptisa Machado. 4. ed. Coimbra: Arménio Amado, 1976.

KIRK, G. S.; RAVEN, J. E.; SCHOFIELD, M. *Los filósofos presocráticos*. Versión española de Jesús García Fernández. Madrid: Gredos, 1994.

LANDULFO, Domenico Antonio. *Dimensões do direito do trabalho*. São Paulo: Tese (Doutorado) – Faculdade de Direito. Universidade de São Paulo, 2003.

LARENZ, Karl. *Metodologia da ciência do direito*. 2. ed. Tradução de José Lamego. Lisboa: Fundação Calouste Gulbenkian, 1989.

LARRIÈRE, Catherine, Natureza: natureza e naturalismo, verbete. In: DICIONÁRIO de ética e filosofia moral. Tradução de Ana Maria Ribeiro-Althoff, Magda França Lopes, Maria Vitória Kessler de Sá Brito, Paulo Neves. Rio Grande do Sul, Unisinos, 2003. v. 2.

LATOUR, Bruno. *Jamais fomos modernos*: ensaio de antropologia simétrica. Tradução de Carlos Irineu da Costa. Rio de Janeiro: Editora 34, 2000.

LEHER, Roberto, Tempo, autonomia, sociedade civil e esfera pública: uma introdução ao debate a propósito dos novos movimentos sociais na educação. In: GENTILI, Pablo; FRIGOTTO, Gaudêncio (Org.). *A cidadania negada*: políticas de exclusão na educação e no trabalho. São Paulo; Buenos Aires: Cortez; CLACSO, 2001.

LEIS do século 19 regem a vida do brasileiro. *O Estado de S. Paulo*, São Paulo, 24 dez. 2000, p. A8, Geral-Justiça.

LEITE, Marcelo. Em busca do Kyoto perdido. *Folha de S.Paulo*, São Paulo, 19 out. 2008, Caderno Mais!, p. 9.

LEMERT, Charles. *Pós-modernismo não é o que você pensa*. Tradução de Adail Ubirajara Sobral. São Paulo: Loyola, 2000.

LEONE, Nair. Diversos conceitos de validade e eficácia das normas. *Revista da Faculdade de Direito de Olinda*, ano I, n. 01, p. 47-69, dez. 1997.

LEOPOLDO E SILVA, Franklin. *Descartes*: a metafísica da modernidade. 2. ed. São Paulo: Moderna, 2005.

LESSA, Carlos. Desenvolvimento como imperativo econômico. *Folha de S.Paulo*, São Paulo, 21 mar. 2004, p. 6, Caderno Mais!.

LIOYD, Dennis. *A idéia de lei*. Tradução de Álvaro Cabral. São Paulo: Martins Fontes, 1998.

LIPOVETSKY, Gilles. *L'ère du vide*: essais sur l'individualisme contemporain. Paris: Gallimard, 1993.

_____. *Os tempos hipermodernos*. Tradução de Mário Villela. São Paulo: Barcarolla, 2004.

LOPES, José Reinaldo Lima. Justiça e poder judiciário ou a virtude confronta a instituição. *Dossiê judiciário*, Revista USP, Reitoria, São Paulo, Universidade de São paulo, Coordenadoria de Comunicação Social, n. 21, p. 23-33, mar./maio 1994.

LOSANO, Mario. *Os grandes sistemas jurídicos*. São Paulo: Martins Fontes, 2007.

_____. *Sistema e estrutura no direito*. Tradução de Carlos Alberto Dastoli. São Paulo: Martins Fontes, 2011. v. 3.

LÖWENTAL, Ana Maria Valiengo. Exame da expressão "A dignidade da pessoa humana" sob o ângulo de uma semiótica jurídica. *Revista da Universidade Ibirapuera*, v. 1, n. 3, p. 21-30, dez. 2000.

LÖWY, Michael. *Ecologia e socialismo*. São Paulo: Cortez, 2005.

LUHMANN, Niklas. *Sociologia do direito*. Tradução de Gustavo Bayer. Rio de Janeiro: Tempo Brasileiro, 1983.

LYOTARD, Jean-François. *A condição pós-moderna*. 2. ed. Tradução de José Bragança de Miranda. Lisboa: Gradiva, 1989.

LYOTARD, Jean-François. *Heidegger e os judeus*. Tradução de Jorge Seixas e Souza. Lisboa: Instituto Piaget, 1999.

MACHADO, Hugo de Brito, Morosidade, formalismo e ineficácia das decisões judiciais: uma sugestão para a revisão constitucional. *Revista de Informação Legislativa*, Brasília, ano 30, n. 120, p. 119-123, out./dez. 1993.

_____. Vigência e eficácia da lei. *Revista dos Tribunais*, ano 80, v. 669, p. 29-32, jul. 1991.

_____. Vigência e eficácia da lei. *Revista Forense*, Rio de Janeiro, Forense, ano 87, v. 313, jan.-mar. 1991.

MACHADO, Luiz Toledo. *O preço do futuro*: um modelo de reconstrução nacional. Rio de Janeiro: Vozes, 2000.

MACHADO, Paulo Affonso Leme. *Direito à informação e meio ambiente*. São Paulo: Malheiros, 2006.

MACYNTIRE, Alasdair. *Depois da virtude*. Tradução de Jussara Simões. São Paulo: EDUSC, 2001.

MAI 68. Préface de Daniel Conh-Bendit. Paris: Denoël, 2008.

MALDONADO, Alejandro Sahuí. Dogmática jurídica y sistema social breve aproximación a través de la obra de Niklas Luhmann. *Revista Crítica Jurídica*, Faculdade de Ciências Sociais Aplicadas do Brasil, Curitiba, n. 21, p. 217-224, jul-dez. 2002.

MALTEZ, José Adelino. *Curso de relações internacionais*. Lisboa: Principia, 2002.

MAQUIAVEL, Nicolau. *O príncipe*. 2. ed. Tradução de Maria Júlia Goldwasser. São Paulo: Martins Fontes, 2001.

MARCUSE, Herbert. *A dimensão estética*. Tradução de Maria Elisabete Costa. Lisboa: Edições 70, 2007.

_____. *A grande recusa hoje*. Organizacão de Isabel Loureiro. Tradução de Isabel Loureiro e Robespierre de Oliveira. Rio de Janeiro: Vozes, 1999.

_____. *Eros e civilização*: uma interpretação filosófica do pensamento de Freud. Tradução de Álvaro Cabral. 8. ed. Rio de Janeiro: LTC, 1999.

MARQUES, Cláudia Lima. A crise científica do direito na pós-modernidade e seus reflexos na pesquisa. *Arquivos do Ministério da Justiça*. Brasília, v. 50, n. 189, p. 49-64, jan./jun. 1998.

MARTINEZ, André. *Democracia Audiovisual*: uma proposta de articulação regional para o desenvolvimento. São Paulo: Escrituras; Instituto Pensarte, 2005. v. 2.

MARTINS, Lucia. Brasileiros vivem menos. É a violência. *O Estado de S. Paulo*, São Paulo, 3 dez. 2002, Caderno Cidades, C3.

MARX, Karl. *Crítica da filosofia do direito de Hegel*. Tradução de Rubens Enderle e Leonardo de Deus. São Paulo: Boitempo, 2005.

_____. *O capital*. 3. ed. Tradução de Regis Barbosa; Flávio R. Khorte. São Paulo: Nova Cultural, 1988.

MARX, Karl; ENGELS, Friedrich. *A ideologia alemã*. Tradução de Luis Cláudio de Castro e Souza. São Paulo: Martins Fontes, 2001.

MATHEUS, Carlos. Indivíduo e globalização. *Hýpnos* (*A filosofia: seu tempo, seus lugares*), São Paulo, EDUC; Palas Athena, ano 4, v. 5, n. 5, p. 59-67, ago./dez. 1999.

MATOS, Olgária C. F. *A Escola de Frankfurt*: luzes e sombras do iluminismo. 2. ed. São Paulo: Moderna, 2005.

MATTOS, Patrícia Castro. *As visões de Weber e Habermas sobre direito e política*. Porto Alegre: Sergio Antonio Fabris, 2002.

MELLO, Aymoré Roque Pottes de. A política neoliberal de endividamento e de exclusão social e os instrumentos para o exercício da cidadania e da democracia. *Cidadania e justiça*, Revista da Associação dos Magistrados Brasileiros, Rio de Janeiro, ano 5, n. 11, p. 6-18, ago./dez. 2001.

MINISTÉRIO DA JUSTIÇA. 68 a geração que queria mudar o mundo (FERRER, Eliete, org.). Brasília: Comissão de Anistia, 2011.

MINISTÉRIO DO MEIO AMBIENTE. <http://www.mma.gov.br>. Acesso em: 3 nov. 2008.

MIRANDOLLA, Giovanni Pico Della. *Disurso sobre a dignidade do homem*. Tradução de Maria de Lurdes Sirgado Ganho. Lisboa: Edições 70, 2001.

MONCADA, L. Cabral de. *Filosofia do direito e do Estado*. Coimbra: Coimbra Editora, 1995.

MONTEIRO, Claúdia Servilha. Direito argumentativo e direito discursivo: a contribuição de Perelman e o desafio de Habermas para a teoria da argumentação jurídica. *Sequência 40*, Revista do curso de pós-graduação em Direito da UFSC, XXI, p. 87-107, jul. 2000.

MORAES, Alexandre de. *Direitos humanos fundamentais*. 3. ed. São Paulo: Atlas, 2000.

_____. *Reforma administrativa*. 4. ed. São Paulo, Atlas, 2001.

MORIN, Edgar. *Para sair do século XX*. Tradução de Vera de Azambuja Harvey. Rio de janeiro: Nova Fronteira, 1986.

NALINI, José Renato. *Ética ambiental*. Campinas: Millennium, 2001.

NESTLE, Wilhelm. *Historia del espíritu griego*. Traducción de Manuel Sacristán. Barcelona: Ariel, 1987.

NIETZSCHE, Friedrich Wilhelm. *A genealogia da moral*. 3. ed. São Paulo: Moraes, 1991.

_____. *Além do bem e do mal*. São Paulo: 2001.

NOVAES, Fernando A. (Org.). *História da vida privada no Brasil*: contrastes da intimidade contemporânea. São Paulo: Companhia das Letras, 1998. v. 4.

OLIVEIRA, Eliane; VIEIRA, Enio; FADUL, Sergio. Ministro adota linha de miséria do Ipea. *O Globo*, Rio de Janeiro, 3 jan. 2003, p. 21.

OLIVEIRA, Roberto Cardoso; SEVCENKO, Nicolau; SANTOS, Jair Ferreira dos et al. *Pós-modernidade*. 5. ed. São Paulo: UNICAMP, 1995.

ORDEM DOS ADVOGADOS DO BRASIL. CONSELHO FEDERAL. *OAB recomenda*: um retrato dos cursos jurídicos. Brasília: OAB, Conselho Federal, 2001.

PASUKANIS, Eugeny Bronislanovich. *A teoria geral do direito e o marxismo*. Tradução de Paulo Bessa. Rio de Janeiro: Renovar, 1989.

PEREIRA JÚNIOR, Álvaro, Nova mídia × velha mídia. *Folha de S.Paulo*, São Paulo, 21 jan. 2012, E 14.

PEREIRA, Heloísa Prates. *Tradição e cibercultura*: a cultura gaúcha no ciberespaço. Mestrado em Comunicação e Semiótica. Pontifícia Universidade Católica de São Paulo. São Paulo: PUC, 2008.

PEREIRA, Vinicius Andrade. *Estendendo McLuhan*: da aldeia à teia global. Comunicação, memória e tecnologia. Porto Alegre: Sulina, 2011.

PETERS, F. E. *Termos filosóficos gregos*: um léxico histórico. 2. ed. Tradução de Beatriz Rodrigues Barbosa. Lisboa: Calouste Gulbenkian, 1983.

PINHEIRO, Patrícia Peck. *Direito digital*. São Paulo: Saraiva, 2010.

PINHEIRO, Paulo Sérgio. Corrupção: a crônica da morte anunciada dos governos. *Direitos Humanos no Brasil*, 95, Núcleo de Estudos da Violência e Comissão Teotônio Vilella, p. 63-68, 1995.

PIOVESAN, Flávia. A proteção internacional dos direitos humanos e o direito brasileiro. *Direitos Humanos no Brasil*, 95, Núcleo de Estudos da Violência e Comissão Teotônio Vilella, ps. 55-62, 1995.

_____. Direitos humanos globais, justiça internacional e Brasil. In: MELO, Celso D. de Albuquerque; TORRES, Ricardo Lobo (Org.). *Arquivos de direitos humanos*. São Paulo: Renovar, 1999.

PIZA, Paulo Luiz Toledo. *A pós-modernidade do direito internacional*: o direito humanitário e o papel da sociedade civil. São Paulo, 2002. Disponível em: <http://www.ceveh.com.br/biblioteca/revistas/tb/tb-p-r-modernidade.htm>. Acesso em: 26 ago. 2002.

PLANO NACIONAL DE EDUCAÇÃO EM DIREITOS HUMANOS. Secretaria Especial dos Direitos Humanos; Ministério da Educação; Ministério da Justiça; UNESCO. Brasília: Comitê Nacional de Educação em Direitos Humanos, 2007.

POUND, Roscoe. *Justiça conforme a lei*. 2. ed. Tradução de E. Jacy Monteiro. São Paulo: IBRASA, 1976.

PRADO, Lídia Reis de Almeida. *O juiz e a emoção*: aspecto da lógica da decisão judicial. 2. ed. Campinas: Millenium, 2003.

QUESADA C., Francisco Miró. Contracultura, anticultura, racionalidad. *Anais do 13º Colóquio Internacional da International Association for Semiotics of Law*, Direito Oficial, Contracultura e Semiótica do Direito, Faculdade de Direito da Universidade de São Paulo, São Paulo, p. 169-176, 1997.

RANIERI, Nina Beatriz. *Educação superior, direito e estado*. São Paulo: FAPESP; EDUSP, 2000.

RAWLS, John. *O direito dos povos*. Tradução de Luís Carlos Borges. São Paulo: Martins Fontes, 2001.

REALE, Miguel. Eficácia. In: FRANÇA, Rubens Limongi. *Enciclopédia Saraiva do Direito* São Paulo: Saraiva, 1980.

_____. *Filosofia do direito*. 19. ed. São Paulo: Saraiva, 1999.

REALE, Miguel. *Lições preliminares de direito*. 24. ed. São Paulo: Saraiva, 1999.

RIBEIRO, Darcy. *O povo brasileiro*: a formação e o sentido do Brasil. São Paulo: Companhia das Letras, 1995.

RIBEIRO, Renato Janine, Novas fronteiras entre natureza e cultura. In: NOVAES, Adauto (Org.). *O homem-máquina*: a ciência manipula o corpo. São Paulo, Companhia das Letras, 2003.

RIBEIRO, Wesllay Carlos. Os princípios constitucionais como substrato material da dignidade humana. *Direitos Humanos Fundamentais*, Osasco, ano 11, n. 2, p. 227-247, ago./dez. 2011.

RIBERTI, Hercilia Aparecida G.; KALSING, Sirlene Beatriz; COVER, Andréa Tereza; BEZERRA, Marcelo Amaral. Eficácia das normas públicas. *Revista da Faculdade de Direito*, Pelotas, Universidade Federal de Pelotas, v. 40, n. 16, p. 98-109, jul. 1999.

ROCHA, Maria Lúcia Antunes. O constitucionalismo contemporâneo e a instrumentalização para a eficácia dos direitos fundamentais, *Revista da Comissão de Estudos Judiciários* (CEJ), Brasília, v. 1, n. 3, p. 76-91, set./dez. 1997.

ROUANET, Luiz Paulo. *Rawls e o enigma da justiça*. São Paulo: Unimarco, 2002.

ROUANET, Sergio Paulo. *As razões do iluminismo*. São Paulo: Companhia das Letras, 2000.

ROUSSEAU, Jean-Jacques. *Du contrat social*. Paris: Garnier Frères/ Flammarion, 1992.

SAFATLE, Vladimir. A volta do parafuso, *Folha de S.Paulo*, São Paulo, 22 jan. 2012, p. 6-7, Caderno Ilustríssima, 2012.

SALGADO, Gilberto Barbosa. Esfera pública midiática na América Latina: uma interpretação com as categorias habermasianas. In: SOUZA, Jessé; MATTOS, Patrícia (Org.). *Teoria crítica no século XXI*. São Paulo: AnnaBlume, 2007.

SALOMON, Marta. 40% de carne e soja vêm da Amazônia Legal. *Folha de S.Paulo*, São Paulo, 15 jun. 2008, A 10.

_____. Livro lista os 627 bichos ameaçados de extinção. *Folha de S.Paulo*, São Paulo, 5 nov. 2008, Ciência p. A 14.

SANTOS, Antonio Silveira Ribeiro dos. *Combate à poluição do ar*: questão planetária. São Paulo, 2002. Disponível em: <http://www.aultimaarcadenoe.com.br>. Acesso em: 24 dez. 2002.

SANTOS, Boaventura de Souza. *A crítica da razão indolente*: contra o desperdício da experiência. São Paulo: Cortez, 2001.

_____. *Introdução a uma ciência pós-moderna*. Rio de Janeiro: Graal, 1989.

_____. *Reconhecer para libertar*: os caminhos do cosmopolitismo multicultural. São Paulo: Difel, 2003.

SANTOS, Romualdo Baptista dos. *A tutela jurídica da afetividade*: os laços humanos como valor jurídico na pós-modernidade. Curitiba: Juruá, 2011.

SARLET, Ingo Wolfgang (Org.). *Direitos fundamentais, informática e comunicação*: algumas aproximações. Porto Alegre: Livraria do Advogado, 2007.

_____. As dimensões da dignidade da pessoa humana: construindo uma compreensão jurídico-constitucional necessária e possível. In: _____. *Dimensões da dignidade*: ensaios de Filosofia do Direito e Direito Constitucional. Porto Alegre, Livraria do Advogado, 2005.

SARLO, Beatriz. *Cenas da vida pós-moderna*: intelectualismo, arte e videocultura na Argentina. 2. ed. Tradução de Sérgio Alcides. Rio de Janeiro: UFRJ, 2000.

SARTRE, Jean Paul. *A náusea*. Tradução de Rita Braga. Rio de janeiro: Nova Fronteira, 2000.

SEATLE, Chef. *Poema ecológico*. Lisboa: Itaú, s.d.

SILVEIRA, Rosa Maria Godoy; NADER, Alexandre Antonio Gili; DIAS, Adelaide Alves. *Subsídios para a elaboração das diretrizes gerais da educação em direitos humanos*. João Pessoa: Editora Universitária, 2007.

SIQUEIRA, Holgonsi Soares G. *A pós-modernidade*: consequência da revolução gnóstica e igualitária. Disponível em: <http://www.angelfire.com/id/Viotti/PosModern.html>. Acesso em: 25 ago. 2002.

SOUTO, Claudio; FALCÃO, Joaquim. *Sociologia e direito*: textos básicos para a disciplina de sociologia jurídica. São Paulo: Thomson, 1999.

SOUZA JÚNIOR, José Geraldo de. *Sociologia jurídica*: condições sociais e possibilidades teóricas. Porto Alegre: Sergio Antonio Fabris, 2002.

SVALOV, Bárbara, O direito à informação e a proteção dos direitos da personalidade. In: GOZZO, Débora (Coord.). *Informação e direitos fundamentais*: a eficácia horizontal das normas constitucionais. São Paulo: Saraiva, 2011.

TARNAS, Richard. *A epopéia do pensamento ocidental*: para compreender as ideias que moldaram nossa visão de mundo. 5. ed. Tradução de Beatriz Sidou. Rio de Janeiro: Bertrand Brasil, 2002.

TELLES JÚNIOR, Goffredo da Silva. *Iniciação na ciência do direito*. São Paulo: Saraiva, 2001.

TEUBNER, Gunther. *Le droit, um système autopïétique*. Traduction Gaby Maier; Nathalie Boucquey. Paris: Presses Universitaires de France, 1993.

UNIVERSIDADE DE SÃO PAULO. NÚCLEO DE ESTUDOS DA VIOLÊNCIA. *Os direitos humanos no Brasil*. Universidade de São Paulo, Núcleo de Estudos da Violência e Comissão Teotônio Vilela. São Paulo: NEV; CTV, 1995.

VENTURA, Zuenir. *1968*: o ano que não terminou. 3. ed. São Paulo: Planeta, 2008.

_____. *1968*: o que fizemos de nós. São Paulo: Planeta, 2008.

WARAT, Luis Alberto. *Territórios desconhecidos*: a procura surrealista pelos lugares do abandono do sentido e da reconstrução da subjetividade. Florianópolis: Fundação Boiteux, 2004. v. 1.

WEBER, Max. *A ética protestante e o espírito do capitalismo*. Tradução de Pietro Nassetti. São Paulo: Martin Claret, 2001.

_____. *Sociologia*. Tradução de Amélia Cohn; Gabriel Cohn. São Paulo: Ática, 2003.

WIGGERSHAUS, Rolf. *A Escola de Frankfurt*: história, desenvolvimento teórico, significação política. Rio de Janeiro: DIFEL, 2002.

ZAVASCKI, Teori Albino, Eficácia social da prestação jurisdicional. *Revista de Informação Legislativa*, Brasília, Senado Federal, ano 31, n. 122, abr./jun. 1994.

Formato	17 x 24 cm
Tipografia	Iowan 10/13
Papel	Book Max 80 g/m² (miolo)
	Supremo 250 g/m² (capa)
Número de páginas	344

Pré-impressão, impressão e acabamento

grafica@editorasantuario.com.br
www.editorasantuario.com.br

Aparecida-SP

Sim. Quero fazer parte do banco de dados seletivo da Editora Atlas para receber informações sobre lançamentos na(s) área(s) de meu interesse.

Nome: _____
_____ CPF: _____ Sexo: ○ Masc. ○ Fem.
Data de Nascimento: _____ Est. Civil: ○ Solteiro ○ Casado

End. Residencial: _____
Cidade: _____ CEP: _____
Tel. Res.: _____ Fax: _____ E-mail: _____

End. Comercial: _____
Cidade: _____ CEP: _____
Tel. Com.: _____ Fax: _____ E-mail: _____

De que forma tomou conhecimento deste livro?
☐ Jornal ☐ Revista ☐ Internet ☐ Rádio ☐ TV ☐ Mala Direta
☐ Indicação de Professores ☐ Outros: _____

Remeter correspondência para o endereço: ○ Residencial ○ Comercial

Indique sua(s) área(s) de interesse:

○ Direito Civil / Processual Civil
○ Direito Penal / Processual Penal
○ Direito do Trabalho / Processual do Trabalho
○ Direito Financeiro Tributário / Processual Tributário
○ Direito Comercial
○ Direito Administrativo
○ Direito Constitucional
○ Direito Difusos e Coletivos
○ Outras Áreas _____

Comentários

_____
_____
_____

ISR-40-2373/83

U.P.A.C Bom Retiro

DR / São Paulo

CARTA - RESPOSTA
Não é necessário selar

O selo será pago por:

01216-999 - São Paulo - SP

REMETENTE:
ENDEREÇO: